EL FIN DE LA SUPERSTICIÓN
EN EL MANAGEMENT

Jeffrey Pfeffer
y Robert I. Sutton

El fin de la superstición en el management

La nueva dirección de empresas
basada en la evidencia

EMPRESA ACTIVA

Argentina - Chile - Colombia - España
Estados Unidos - México - Uruguay - Venezuela

Título original: *Hard Facts, Dangerous Half-Truths, and Total Nonsense*
Editor original: Harvard Business School Press, Boston
Traducción: Mariona Barrera Aguilera, revisada por Jordi Ainaud Escudero

© 2006 *by* Jeffrey Pfeffer and Robert I. Sutton
   All Rights Reserved
© de la traducción 2007 *by* Mariona Barrera Aguilera
© 2007 *by* Ediciones Urano, S. A.
   Aribau, 142, pral. – 08036 Barcelona
   www.empresaactiva.com
   www.edicionesurano.com

ISBN: 978-84-96627-22-2
Depósito legal: B-39.665-2007

Fotocomposición: APG Estudi Gràfic, S.L. – Barcelona
Impreso por Romanyà Valls, S. A. – Verdaguer, 1
   08786 Capellades (Barcelona)

Impreso en España - *Printed in Spain*

Índice

TERCERA PARTE
De las pruebas a la acción

Para Kathleen y Marina,
los amores de nuestras vidas

Prólogo

Nuestro último libro, *The Knowing-Doing Gap*, conmocionó a un sinnúmero de personas. En muchas empresas, había gente experimentada, inteligente y motivada que, tanto individual como colectivamente, sabía qué hacer, pero que no podía o no llegaba a obrar de acuerdo con esos conocimientos. Identificamos las causas principales de esas brechas entre el saber y el hacer, y cómo las empresas podían evitar o invertir esos impedimentos. También averiguamos que el problema no se limitaba a las organizaciones con ánimo de lucro. Escuchamos muchas historias de personas de los ámbitos de la investigación pedagógica y de la administración escolar que contaban cómo se desatendían décadas de investigación sobre la enseñanza y el aprendizaje en las prácticas promulgadas realmente en las universidades. Mientras escribimos este prólogo en otoño del 2005, vemos que el problema vuelve a presentarse. La terrible devastación y el sufrimiento humano causados por el huracán Katrina, que casi destruyó Nueva Orleans y gran parte de la costa del golfo de México, y los esfuerzos de rescate iniciales, vacilantes y desorganizados, reflejan el fracaso para implementar lo que se sabía y hasta se había planeado durante meses y años para atenuar los efectos de un huracán y agilizar los esfuerzos de la recuperación. No hay duda alguna de que la brecha entre el saber y el hacer persiste como un gran problema tanto en el sector privado como en el público.

Después de escribir *The Knowing-Doing Gap*, no tardamos en dar con un problema empresarial diferente y algo inesperado. La gente seguía contándonos las maravillas que hacían para implementar el conocimiento, pero lo que hacían solía chocar —y a veces era todo lo contrario— con lo que sabíamos sobre las empresas y el personal. Después de algunas investigaciones, no tardamos en descubrir que muchos gerentes se habían sentido motivados por un seminario, por un libro o por algunos asesores para llevar a cabo acciones que estaban reñidas con los datos más fiables sobre lo que funciona. Empezamos a denominarlo el problema «hacer-saber»: hacer sin saber, o al menos sin saber lo suficiente.

Nos fascinó averiguar el porqué de la existencia de ese problema y qué podía hacerse al respecto. También nos fascinaron algunas medias verdades que no dejábamos de escuchar una y otra vez, ideas y principios que eran parcialmente ciertos en ocasiones, pero lo bastante deficientes y erróneos como para causarles problemas graves a las empresas. Opiniones como «las mejores empresas cuentan con los mejores trabajadores», «la estrategia es el destino» y «los grandes líderes tienen el control y deberían tenerlo» contienen un elemento verdadero, pero cuando se consideran como verdades absolutas y se aplican a todas las decisiones y para diseñar todos los programas y prácticas, provocan daños graves a las compañías, a las carreras empresariales y a la fidelidad, esfuerzos y salud mental de los empleados. Mientras tanto, presenciamos algunos intentos de introducir las prácticas empíricas en la educación, esfuerzos que —a pesar de tener las mejores intenciones— solían topar con una resistencia que socavaba el aprendizaje y hacía perder miles de millones de dólares. También seguimos el avance de la medicina empírica, porque varios de nuestros ex alumnos son médicos cuya práctica y trabajo se centra especialmente en la investigación. Empezamos a preguntarnos si había principios que pudieran aplicarse en todos los dominios y que sirvieran para tomar decisiones y obrar con más sensatez. De hecho, en la publicación del National Institute of Health (Instituto Nacional de Salud), *Keeping Patients Safe*, hay un capítulo titulado «Management empírico».

Así pues, salimos a estudiar empresas, leer, reflexionar y, sin sorprender a nadie que nos conozca, a argumentar y debatir sobre las mejores lógicas, pruebas y prácticas empresariales. El resultado es este libro. Es una invitación al management empírico, una argumentación sobre su impacto potencial y una guía sobre cómo usarlo. *El fin de la superstición en el management* identifica algunas de las barreras para implementar el management empírico y presenta medidas que los líderes pueden tomar para superar esos obstáculos, y hace hincapié en cómo gestionar en vista de las medias verdades más peligrosas que afectan a las empresas.

Acabamos este ejercicio con una apreciación renovada de lo difícil que es gestionar y liderar una compañía, y de la cantidad de tiempo y esfuerzos que los directivos deben dedicar a adquirir sus habilidades. Además, comprendimos mejor cómo el management empírico puede contribuir a que los gerentes y líderes mejoren su trabajo de aprendizaje y la práctica de su profesión, y a que esas difíciles actividades resulten un poco menos exigentes y tengan más éxito. No hay respuestas simples ni fáciles, pero *hay* respuestas: formas mejores de reflexionar sobre el conocimiento empresarial y formas más empíricas de comprender la práctica empresarial. Este libro pretende compartir nuestras ideas y los resultados de nuestras investigaciones, reflexiones, lecturas y, por supuesto, discusiones y debates con los lectores.

PRIMERA PARTE

Crear el marco

1

Por qué todas las compañías necesitan un management empírico

El día que Synoptics y Wellfleet Communications se fusionaron para formar Bay Networks, los ingresos de la compañía eran casi iguales que los de su principal competidora, Cisco Systems. Si nunca ha oído hablar de Bay Networks, no se sorprenda. Esa fusión entre dos empresas, de dimensiones similares y ubicadas en las costas opuestas de los Estados Unidos, fracasó se mire por donde se mire. Bay Networks pasó por una época muy dura económicamente, fue pulverizada tecnológicamente por Cisco y otras empresas y, finalmente, fue adquirida por Nortel, otra compañía de gestión de redes en apuros, que sufrió problemas operativos como consecuencia de fusiones erróneas. A menudo las fusiones no llegan a buen puerto. ¿Se acuerda de Conseco, la compañía de servicios financieros y seguros que compró Green Tree Lending, una empresa que financiaba la compra de caravanas por parte de prestatarios no principales? Conseco terminó en bancarrota y despidieron al consejero delegado, Stephen Hilbert. ¿O se acuerda de Mattel, la famosa compañía de juguetes? En un intento de diversificar su franquicia de Barbie, Mattel llevó a cabo la adquisición desastrosa de Learning Company, una empresa educativa basada en tecnología. El acuerdo le costó a Mattel mucho dinero, provocó un descenso significativo de su cotización en Bolsa y, en la práctica, puso fin a la carrera empresarial de la consejera delegada Jill Barad. ¿Y recuerda las fusiones nefastas de Daimler-Chrysler, American Online-Time Warner y Hewlett-Packard-Compaq?

Éste no es un fenómeno nuevo ni sorprendente; la lista de fracasos de fusiones es larga y ofrece material para mucha atención mediática.[1] Estudio tras estudio demuestra que la mayoría de las fusiones —algunos calculan que son el 70% o más— no consiguen reportar los beneficios esperados y destrozan el valor económico en el proceso. Un análisis reciente de 93 estudios que abarcan más de 200.000 fusiones difundido en publicaciones evaluadas por expertos expone que, en promedio, los efectos negativos de una fusión sobre el valor neto se hacen evidentes antes de un mes después de que se anuncie y persisten a partir de ese momento.[2]

Los líderes corporativos que quieren practicar el management empírico empiezan reconociendo que los pronósticos van en su contra a la hora de llevar a cabo una fusión y, en consecuencia, se resisten a los impulsos de fusionarse. Los líderes más juiciosos puede que hagan lo que hizo Cisco Systems: descifrar los factores asociados a las fusiones prósperas y fracasadas y, después, usar esos conocimientos para orientar el comportamiento. En 1993, el consejero delegado de Cisco, John Chambers, y su equipo ejecutivo decidieron que tenían que incrementar su crecimiento e introducirse en las tecnologías de sistemas de redes nuevas y emergentes de forma continuada, en parte a través de las adquisiciones. De modo que Cisco se embarcó en una política de adquisiciones agresivas de nuevas tecnologías y empresas. Entre 1993 y 1998 adquirió, en promedio, una empresa por trimestre, y desde 1998 ese ritmo ha continuado, si no intensificado.[3] Con todo, un artículo de la revista *Fortune* sobre fusiones erróneas señaló que «el gigante de infraestructuras Cisco ha digerido 57 compañías sin sufrir ardores».[4]

La diferencia entre Cisco y otras muchas empresas tiene poca relación con la suerte para encontrar entidades buenas que comprar, o con el carisma y el encanto de los directivos que, sea como fuere, hicieron funcionar las fusiones. El éxito de Cisco surge de su análisis sistemático de los datos sobre qué había funcionado bien y qué había funcionado mal en las fusiones de otras compañías, así como también en las suyas propias. Cisco resolvió que las fusiones entre empresas de tamaños parecidos pocas veces funcionan, ya que suele haber luchas sobre qué equipo controlará la entidad fusionada (piense en Daimler-Chrysler o Dean Witter-Morgan Stanley). Los dirigentes de Cisco también determinaron que las fusiones funcionan mejor cuando las empresas están próximas geográficamente, lo que facilita mucho la integración y la colaboración (piense en Synoptics y Wellfleet Communication, que no sólo no tenían unas dimensiones parecidas, sino que además estaban a unos 4.000 km de distancia), y también descubrieron la importancia de la compatibilidad cultural empresarial para el éxito de la fusión, una lección perdida en muchas otras empresas.

Pero Cisco, como se ha indicado, es una excepción. Siebel, la empresa de software para la gestión de la relación con los clientes, también es otra compañía que ha echado a perder numerosas adquisiciones: por ejemplo, comprar una compañía de formación de ventas industriales y disminuir sus ingresos de 75 a 10 millones de dólares en menos de cinco años. El ejecutivo de desarrollo empresarial de Siebel admitió que todas las adquisiciones de la compañía habían fracasado y señaló que un estudio interno indicaba que los «conflictos culturales» eran la causa en todos los casos.[5] Cisco, en cambio, trabaja implacablemente para comprender las dimensiones cruciales de su cultura versus la de la empresa objetivo para determinar si encajan o no. Cisco se ha alejado de acuerdos en los que no existía el requisito del encaje cultural.

Finalmente, y quizá sea lo más importante, Cisco ha desarrollado y utiliza un proceso de integración de las fusiones para garantizar que los trabajadores (lo que realmente están comprando) se queden en la compañía, se sientan como en casa y puedan usar sus conocimientos para hacer aportaciones clave. Las actividades de integración se planifican meticulosamente y se implementan con rapidez para ayudar a garantizar que los problemas no tengan la oportunidad de surgir. La compañía, además, sigue refinando su proceso de integración de fusiones, así como también el proceso de desarrollo empresarial para identificar a los candidatos a las fusiones y aprender con el tiempo a mejorar aún más su capacidad de adquisición, ya de por sí impresionante.[6]

La experiencia y las lecciones de Cisco, así como también las lecciones de otras adquisiciones prósperas y fracasadas, no son difíciles de entender ni secretas: se ha escrito mucho sobre ellas. Se podría llegar a pensar que las compañías aprenden de todas estas experiencias y toman muy pocas decisiones equivocadas sobre fusiones. También se podría llegar a pensar en un mundo de supuesta «hipercompetitividad», en el que las compañías gastan miles de millones cada año en asesores, otros miles de millones en intranets y jefes de servicios de gestión del conocimiento, y más fortunas en formación; todo ello para adquirir y usar el conocimiento en un momento en el que las empresas y sus líderes están buscando todas las ventajas competitivas posibles y en el que los líderes empresariales reciben cuantiosas recompensas, tanto con dinero como con estatus, por sus éxitos. Y se podría llegar a pensar que las decisiones empresariales se basan en los datos más fiables, que los directivos aprenden sistemáticamente de la experiencia y que las prácticas organizativas reflejan principios sólidos de pensamiento y análisis.

Pero si usted creyera alguna de estas afirmaciones, se estaría equivocando. Las decisiones empresariales, como pueden certificar muchos de nuestros colegas en el mundo de los negocios y nuestra propia experiencia, suelen basarse en la esperanza o en el miedo, en lo que los demás parecen estar haciendo, en lo que la alta dirección ha hecho y cree que ha funcionado en el pasado, y en las ideologías que mantienen con gran cariño; en resumen, en muchas cosas excepto en los hechos. A pesar de que la práctica empírica se esté abriendo paso en el campo de la medicina y, con más dificultad y retraso, en el mundo de la educación, ha tenido poca influencia en el management o en el funcionamiento de la mayoría de compañías. Si los médicos practicaran la medicina del mismo modo que muchas empresas practican el management, habría muchos más pacientes enfermos y muertos, así como también muchos más médicos en la cárcel.

Sin embargo, hay buenas noticias para los líderes y las compañías en toda esta obstinación. Como se demostrará en este libro, practicar el management empírico no es arcano ni extraordinariamente complicado, y puede producir resultados superiores. Y además puede generar una ventaja competitiva duradera, porque, como hay muy pocas empresas y líderes que lo practiquen, la probabilidad de imitación no es demasiado alta.

Antes de referirnos a qué es el management empírico y a cómo ponerlo en práctica, hay que exponer por qué y cómo usted y su empresa deberían poner fin a algunas formas habituales de tomar decisiones que están tan aceptadas y tan ampliamente recomendadas que a penas se cuestionan, aunque sean completamente erróneas. Aunque no acabe adoptando un enfoque basado en hechos comprobados, su compañía sufrirá menos daños si deja de lado esas prácticas sospechosas. Así que vamos a empezar explicándole qué *no es* el management empírico y qué debería evitar hacer, antes de contarle qué *es* el management empírico y cómo ejercerlo.

Prácticas basadas en decisiones erróneas, y cómo reconocerlas y evitarlas

El catálogo de las prácticas basadas en decisiones equivocadas es inmenso, pero vamos a centrarnos en tres de las más habituales y, por nuestra propia experiencia, de las más perjudiciales para las compañías.

Benchmarking informal

No hay nada malo en aprender de la experiencia de los demás: el aprendizaje indirecto, en oposición a las experiencias directas, es un modo importante, tanto para las personas como para las empresas, de aprender a navegar por el mundo. Después de todo, es mucho más barato y sencillo aprender de los errores, reveses y éxitos de los otros que tratar todo reto empresarial como algo que ninguna compañía ha afrontado nunca. Por lo tanto, el *benchmarking* —utilizar el rendimiento y la experiencia de otras empresas para marcar los criterios de la propia compañía— tiene mucho sentido. Al final, un rendimiento positivo o negativo se define y se evalúa, en gran parte, en relación con lo que hacen los demás.

El problema reside en la forma como se suele practicar el *benchmarking*: es demasiado «informal». La lógica que hay detrás de lo que les funciona a las empresas más rentables, por qué les funciona y de si funcionará en otra parte pocas veces llega a dilucidarse, lo que ocasiona imitaciones burdas. Consideremos un par de ejemplos rápidos. Cuando United Airlines decidió en 1994 competir con Southwest en el mercado de vuelos regionales de California, la compañía intentó imitar a Southwest. United vistió al personal de tierra y a los auxiliares de vuelo con ropa informal; volaba sólo con Boeings 737; bautizó el servicio con un nombre diferente, «Puente Aéreo de United», y le destinó aviones y tripulación independientes; dejó de servir comida; incrementó la frecuencia de los vuelos y redujo el tiempo que los aviones pasaban en tierra, copiando los legendarios tiempos de respuesta rápidos de Southwest. Sin embargo, Southwest terminó con una cuota de mercado en California mayor de la que tenía antes de que United lanzara su imitación.[7] El Puente Aéreo fracasó y en la actualidad no está operativo.

Cuando las compañías automovilísticas norteamericanas decidieron adoptar la gestión integral de la calidad y emular a Toyota, el líder mundial de fabricación de automóviles, muchas copiaron las prácticas de sus fábricas. Instalaron cordones de tiro que paraban la cadena de montaje si se percibían defectos, sistemas de inventario justo a tiempo y gráficos de control de proceso estadístico. Sin embargo, hoy en día, décadas más tarde, los fabricantes de coches norteamericanos, la mayor parte, siguen por detrás de Toyota en productividad —las horas precisas para montar un coche— y muchos van a la zaga en calidad y también diseño de componentes. Errores parecidos han sido los esfuerzos inútiles de los minoristas por copiar el sistema de comisiones comerciales de Nordstrom para lograr unos niveles de servicio superiores, y los intentos fallidos de numerosas compañías que han intentado copiar el sistema de clasificación forzada en curvas de General Electric.

En estos y en muchísimos más ejemplos, un par de problemas fundamentales convierten en ineficaz el *benchmarking* informal. El primero es que la gente copia las prácticas más visibles, obvias y, a menudo, las menos importantes. El éxito de Southwest se basa en su cultura y filosofía empresarial, la prioridad que concede a sus empleados (Southwest no despidió ni a una sola persona después de la tragedia del 11 de septiembre en la industria de la aviación), y no en cómo se visten los empleados de tierra y auxiliares de vuelo, qué aviones vuelan o cómo los programan. Del mismo modo, el secreto del éxito de Toyota no es un conjunto de técnicas, sino su *filosofía*: la actitud de gestión integral de la calidad y mejora continuada que ha adoptado, y la relación de la compañía con los empleados que le ha permitido explotar sus conocimientos profundos. Como dijo un sabio ejecutivo en una de nuestras clases sobre cómo imitar a los demás, «Hemos estado utilizando el *benchmarking* para cosas equivocadas. En vez de copiar lo que los otros *hacen*, deberíamos copiar cómo *piensan*.»

Este ejecutivo tenía una parte de razón, pero no toda. El segundo problema es que las compañías suelen tener estrategias diferentes, entornos competitivos distintos y modelos empresariales diversos: todo ello implica que lo que tienen que hacer para triunfar es diferente de lo que hacen los demás. Algo que es útil para una compañía puede perjudicar a otra. Esto es especialmente cierto en el caso de compañías que toman prestadas prácticas de otros sectores, pero suele ser cierto también para empresas que están dentro del mismo sector.

El problema fundamental es que hay muy pocas compañías que, en su anhelo de copiar —un impulso a menudo estimulado por asesores que, del mismo modo que las abejas dispersan el polen entre las flores, cogen ideas de un sitio y de otro—, lleguen a plantearse la pregunta básica de *por qué* algo podría llegar a mejorar el rendimiento. Antes de que se lance a realizar *benchmarkings* tontamente, derrochando esfuerzos y dinero sin obtener nada a cambio, o peor aún, generando problemas que nunca había tenido, pregúntese:

- ¿El éxito que observa en la empresa objetivo del *benchmarking se debe* a la práctica que intenta emular? Southwest Airlines es la compañía aérea de mayor éxito de la historia en su sector. Herb Kelleher ha sido consejero delegado durante la mayor parte de la historia de Southwest y sigue siendo su presidente en la actualidad. Kelleher bebe mucho whisky Wild Turkey. Por tanto, ¿significa eso que si su consejero delegado empieza a beber tanto Wild Turkey como Kelleher, su compañía acabará dominando el sector? ¿Lo ha entendido?
- *¿Por qué* una práctica concreta está vinculada a la mejora de rendimiento?, ¿cuál es la lógica? Si no puede explicar la lógica o teoría que justifiquen por qué algo debería mejorar el rendimiento, es probable que esté recogiendo un aprendizaje supersticioso y que esté copiando algo irrelevante o, incluso, perjudicial.
- ¿Cuáles son los inconvenientes o desventajas de implementar la práctica, aunque sea una buena idea? ¿Hay alguna forma de mitigar esos problemas, a lo mejor formas que usa la empresa modelo y que usted no ve?

Hacer lo que funcionó (o parece haber funcionado) en el pasado

Supongamos que fuera a un médico que le dijera: «Voy a hacerle una apendectomía». Y que cuando le preguntara el porqué, el médico le respondiera: «Porque se la hice a mi último paciente y ahora se encuentra mejor». Imaginamos que se esfumaría de la consulta, porque sabe que el tratamiento debería concordar con la enfermedad, con independencia de que ese tratamiento haya ayudado o no a un anterior paciente. Aunque parezca mentira, ese proceso de pensamiento lógico se produce más de lo que estamos dispuestos a admitir en la mayoría de compañías.

Veamos un par de ejemplos sectoriales. En una reunión de consejo sobre salarios de una pequeña empresa de software con la que colaboramos, el presidente del consejo, un ejecutivo de éxito e inteligente, recomendó seguir la política salarial que había utilizado en su última empresa. Hasta sugirió que el ex responsable de recursos humanos llamara al responsable de recursos humanos de esa compañía para asegurar que la imitación fuera exacta. El hecho de que las dos compañías tuvieran dimensiones notablemente diferentes, usaran métodos de distribución distintos y vendieran a mercados y a clientes diferentes no les importó ni a él ni a muchos de sus colegas del consejo. Esa compañía no es la excepción: ¿cuántas empresas están usando formas de valoración del rendimiento que los ejecutivos trajeron de otras empresas? Y, luego se da el caso que se utiliza la misma estrategia y el mismo enfoque con independencia de la situación. Al Dunlap —el célebre «Motosierra Al»— practicó despidos (y resulta que fraudes contables) en todas sus compañías, incluidas Scott Paper y Sunbeam. Del mismo modo, los ejecutivos que creen que cualquier unidad que no figure en el primer o segundo puesto del mercado tiene que venderse suelen llevarse esa mentalidad a sus nuevos empleos. El aforismo de que nada sirve mejor para prever los comportamientos futuros que los comportamientos pasados es especialmente válido en el caso de ejecutivos que crean una plantilla y la usan una y otra vez en todas las situaciones.

No hay nada malo en aprender de la experiencia y adquirir competencia en algunas estrategias y tácticas concretas. Deberíamos aprender de la experiencia, usarla para obtener mejores resultados en lo que hacemos y desarrollar especialidades y talentos que podamos ejecutar con suma habilidad. El problema surge cuando la nueva situación es diferente a la del pasado y cuando lo que «aprendimos» que era correcto en el pasado, de entrada, podría haber sido erróneo o incompleto.

En el ejemplo de la compañía de software, el sistema recomendado por el presidente —pago de incentivos individuales con bonificaciones significativas por las ventas realizadas— habría arruinado el proceso de ventas consultivo que era esencial para vender el producto concreto de esa compañía. Los despidos utilizados de forma rutinaria por Al Dunlap y por muchos otros ejecutivos no suelen funcionar. Copiar ciegamente el mismo enfoque sin ni siquiera considerar los problemas empresariales subyacentes es una absoluta estupidez.[8] Y muchas empresas se han metido en problemas al importar, sin pensarlo lo suficiente, prácticas de management del rendimiento y otras valoraciones de experiencias anteriores de otras empresas.

En el caso del *benchmarking*, plantearse algunas preguntas sencillas y obrar de acuerdo con las respuestas puede contribuir a evitar los resultados negativos que resultan de repetir mecánicamente el pasado:

- ¿Tiene la certeza de que la práctica que está a punto de repetir está asociada con el éxito pasado? Procure no confundir el éxito que ha tenido lugar *a pesar de* alguna política o acción con el éxito que se ha producido *gracias a* esa acción.
- ¿La nueva situación —el negocio, la tecnología, los clientes, el modelo empresarial, el contexto competitivo— es tan parecida a situaciones anteriores que lo que funcionó en el pasado seguirá funcionando en ese nuevo contexto?
- ¿*Por qué* cree que las prácticas anteriores que pretende volver a utilizar fueron eficaces? Si no puede resolver la lógica de por qué funcionaron las cosas, es improbable que sea capaz de determinar si funcionarán o no en esa ocasión.

Seguir creencias profundamente arraigadas pero no comprobadas

La tercera base errónea, y muy extendida, para tomar decisiones es la que suele causar más daños, porque es la más difícil de cambiar. Se da cuando la gente está muy influida por creencias u opiniones profundamente arraigadas, que provocan que la empresa adopte algunas prácticas empresariales, no porque estén basadas en una lógica sólida o en hechos innegables, sino porque los directivos «creen» que funcionan, o que encajan con sus suposiciones (a veces equivocadas) sobre lo que empuja a las personas y a las empresas a prosperar.

El uso y la defensa de las opciones sobre acciones como estrategia retributiva es un magnífico ejemplo de opinión refutada por las pruebas, en detrimento de las empresas. En los primeros años del nuevo milenio se produjo una ola sin precedentes de quiebras de empresas y escándalos financieros. Los altos ejecutivos mintieron sobre el rendimiento de las compañías, mientras vendían acciones y convertían los fondos de pensiones y otros valores de los inversores en papel sin ningún valor. Hoy en día, los expertos y las pruebas atribuyen gran parte de la culpa de los escándalos financieros al abuso de las opciones sobre acciones y a los incentivos salariales mediante acciones.

Carol Bowie, directora de los servicios de investigación de gestión en el Investor Responsability Research Center (Centro de Investigación sobre la Responsabilidad de los Inversores), concluyó: «En el mejor de los casos, las opciones tendieron a fomentar un enfoque a corto plazo [...] y, en el peor, fomentaron una actividad fraudulenta para manipular las ganancias».[9] Roy Satterthwaite, beneficiario de la manía por las opciones mientras fue vicepresidente de Commerce One, indica que las opciones no sólo prolongaban las jornadas de trabajo, sino que además distorsionaban las prioridades de decisión de la gente, que se centraban demasiado en cerrar tratos y aumentar ingresos, que eran los números en los que parecía fijarse el mercado.[10] Satterthwaite confesó que las opciones «hicieron que adoptáramos una perspectiva egoísta, a corto plazo» y no crearon valor añadido a largo plazo. Los datos relativos a las opciones sobre acciones y sus efectos tampoco son simplemente anecdóticos. Un estudio que compara 435 compañías que tuvieron que actualizar sus cuentas anuales con compañías que no tuvieron que hacerlo concluyó que cuanto mayor era la proporción del sueldo de los altos ejecutivos en opciones sobre acciones, más probable era que la compañía tuviera que revisar a la baja sus beneficios.[11] Un estudio de la agencia de calificación de solvencia Moody's concluyó que los paquetes de incentivos podían «crear un entorno que acabe llevando al fraude».[12]

La propia lógica en que se basa el empleo de las opciones como incentivo para los directivos es errónea si se tiene en cuenta cuáles son las conductas que realmente se recompensan. Roger Martin, decano de la Facultad de Empresariales de la Universidad de Toronto y uno de los cofundadores de la empresa consultora sobre estrategia Monitor, señaló los problemas de mezclar la valoración y la recompensa de los resultados en un mercado de expectativas —la Bolsa— con la valoración y la recompensa de los resultados en el mercado real de ventas, beneficios y productividad. Como indicó, en la liga estadounidense de fútbol americano, a los jugadores nunca se les permitiría aprovecharse de la diferencia de puntos entre equipos prevista por las casas de apuestas —el mercado de las expectativas—, porque alentaría todo tipo de actividades nefastas. Martin argumentaba que «los salarios basados en acciones son un incentivo para aumentar las expectativas, no los resultados. La mejor forma de incrementar las expectativas es dando bombo a las acciones».[13]

De hecho, hay pocas pruebas de que los incentivos en acciones de cualquier tipo, incluidas las opciones sobre acciones, aumenten el rendimiento de las empresas. Un análisis de más de 220 estudios concluyó que la propiedad del capital social no tenía efectos coherentes sobre el rendimiento financiero.[14] Otro estudio y análisis a gran escala de las investigaciones realizadas sobre las retribuciones de los ejecutivos publicado por el National Bureau of Economic Research (Oficina Nacional de Investigación Económica) informó que la mayoría de planes trazados con el objetivo de que coincidiesen los intereses de los directivos con los de los accionistas fracasaban; en vez de eso, las prácticas retributivas de los ejecutivos simplemente operaban como mecanismos para enriquecer a los altos cargos, quienes solían recibir la mayor parte de las opciones de adquisición de acciones.[15]

Sin embargo, los ejecutivos, sobre todo los que trabajan en el campo de la alta tecnología, siguen mostrándose desdeñosos y poco convencidos ante la lógica y las pruebas, y se enzarzan en disputas para evitar incluir como gastos las opciones sobre acciones en sus estados de ingresos y gastos y mantienen que las opciones sobre acciones no sólo son útiles, sino que son esenciales para construir sus empresas. A pesar de las pruebas, muchos ejecutivos sostienen que las opciones crean una cultura de propiedad que fomenta las semanas laborales de 80 horas, la frugalidad con el dinero de la compañía y una serie de sacrificios personales con el objetivo de volver más valiosas las opciones. El caso de T. J. Rodgers, máximo responsable de Cypress Semiconductors, es un ejemplo típico. Mantiene que, sin las opciones, «ya no tendría accionistas empleados, sino simples empleados».[16]

Las opciones sobre acciones son más importantes para el éxito, y quizás es menos probable que den pie a cotizaciones infladas, en las empresas pequeñas, de nueva creación y en manos de pocos accionistas. El espíritu emprendedor avivado por las opciones contribuye a hacer despegar a las nuevas empresas. La mayoría de empresas de nueva creación andan escasas de efectivo, y la oportunidad de hacer fortuna atrae a talentos que, de otro modo, estarían fuera de su alcance. No obstante, a pesar de esas virtudes, la fe inquebrantable en las opciones sobre acciones, tan omnipresente entre los líderes de las empresas de alta tecnología, no está basada en pruebas sólidas ni en la lógica.

Y las opciones sobre acciones son sólo un ejemplo de que las opiniones vehementes en vez de la lógica y las pruebas guían las ideas y acciones empresariales. Una serie de estudios demuestra que la gente, sobre todo la que escribe para la prensa económica y la que lee, cree en la ventaja de ser el primero: que la primera compañía en entrar en un sector o mercado tendrá ventaja sobre los competidores. Las pruebas empíricas existentes son contradictorias y poco claras respecto a la existencia de este tipo de ventaja, y muchas de las «historias de éxito» que se asegura que corroboran la ventaja de ser el primero resultan ser falsas; Amazon.com, por ejemplo, no fue la primera compañía que empezó a vender libros en Internet. Cuanto más lee la gente la prensa económica, más decididamente cree en la ventaja de ser el primero en entrar al mercado. Pero la gente ajena al mundo empresarial suele ser del mismo parecer, aparentemente debido a la tendencia de nuestra cultura a dar más importancia al primero, y al enfrentarse a datos contradictorios al respecto, ninguno de los dos grupos —experimentados o ingenuos— pierde su fe en la ventaja de ser el primero. Las opiniones arraigadas en la ideología o en valores culturales son muy «pegajosas»: se resisten a las pruebas que las desmienten y siguen afectando a valoraciones y elecciones, sean ciertas o no .[17]

Para evitar sucumbir al uso de las opiniones o de la ideología frente a las pruebas, plantéese:

- ¿Siento preferencia por una práctica empresarial concreta única y principalmente porque encaja con mis intuiciones sobre la gente y las empresas?
- ¿Exijo o no el mismo nivel de pruebas y la misma cantidad de datos según si creo en el tema o no?
- Y, lo más importante, ¿mis colegas y yo estamos permitiendo que nuestras opiniones nublen nuestra buena disposición para reunir y tener en cuenta datos que podrían ser pertinentes para nuestras elecciones?

¿Qué es el management empírico?

Cuando Andy Grove, ex presidente y consejero delegado de Intel, contrajo un cáncer de próstata, buscó con perseverancia todos los datos que pudo para comparar las opciones de tratamiento y sus riesgos y beneficios, y reunió la información más fiable disponible para orientar sus decisiones médicas.[18] Eso es lo que esperaríamos de un ingeniero y científico bien preparado. Sin embargo, Grove, como muchos de sus amigos de Silicon Valley, continúa insistiendo en los beneficios de las opciones y no dice en qué pruebas se basan sus opiniones, a pesar de que, con otras decisiones empresariales, Grove se ciña estrictamente a los hechos.

La conducta contradictoria es instructiva. Muchas compañías y muchos líderes muestran muy poco interés en someter sus prácticas y decisiones de negocios al mismo rigor científico que usarían para cuestiones técnicas o médicas. Es una pena, porque, de hecho, sabemos mucho sobre cómo hacer más eficaces las empresas y a la gente. Cada día las compañías tienen oportunidades para usar mejor la información a fin de obtener una ventaja sobre la competencia. Hacerlo no implica más que utilizar el management empírico.

Si se toma en serio, el management empírico puede cambiar la manera de pensar y de actuar de todos los directivos. En primer lugar, es una forma de entender el mundo y de pensar en el arte del management. El management empírico parte de la premisa de que usar una lógica mejor y más profunda y partir de los hechos, en la medida de lo posible, permite que los líderes hagan mejor su trabajo. El management empírico se basa en la creencia de que afrontar los hechos innegables sobre lo que funciona y lo que no, conocer las peligrosas medias verdades que constituyen gran parte de la sabiduría convencional sobre el management, y rechazar los disparates que suelen pasar por consejos válidos, contribuirán a que las empresas obtengan mejores resultados.

Medicina empírica: un modelo para el management empírico
Nuestro interés por el management empírico estuvo inspirado y, hasta cierto punto, orientado por el movimiento de la *medicina* empírica. La idea de que las acciones de los médicos deberían estar guiadas por investigaciones sólidas tiene, como mínimo, doscientos años de antigüedad. Las sangrías fueron usadas rutinariamente hasta 1836, cuando el médico francés Pierre Louis llevó a cabo

uno de los primeros ensayos clínicos en medicina. Louis comparó a los pacientes de neumonía a los que trataba con sangrías agresivas con los pacientes a quienes trataba sin esa práctica. Louis descubrió que la sangría estaba vinculada a un mayor número de muertes, lo que ayudó a convencer a los médicos de que acabaran con esa práctica. Por desgracia, ese descubrimiento llegó demasiado tarde para George Washington, el primer presidente de los Estados Unidos, que murió dos días después de que un médico le tratara las anginas extrayéndole casi dos litros y medio de sangre.[19]

El doctor David Sackett suele describirse como el fundador del movimiento moderno de la medicina empírica. Sackett ha trabajado con algunos colegas en la Universidad McMaster, en Canadá, para formar a los médicos en la valoración de métodos de investigación y desarrollo para filtrar todo excepto las buenas investigaciones; su equipo criba el 98% de los artículos publicados. Sin embargo, un porcentaje notablemente elevado de decisiones médicas sigue reflejando las prácticas con frecuencia obsoletas que un médico aprendió en la facultad de Medicina, las tradiciones arraigadas de un hospital o región, y la influencia (mucha o poca) de los médicos en una especialidad concreta. Otros motivos por los que muchos médicos no usan los datos más fiables nos recuerdan por qué los directivos a veces tampoco lo hacen: confían en su experiencia clínica más que en la investigación, hay demasiados datos para que una persona los asimile, y los que intentan estar al día de los avances en la materia no suelen tener la formación necesaria para distinguir las investigaciones sólidas de las poco convincentes. Además, los médicos se enfrentan a un bombardeo incesante de vendedores que los confunden exagerando los beneficios y minimizando los riesgos de usar sus productos. Es posible que recuerde la táctica de Merck para vender Vioxx: los comerciales recibieron instrucciones de echar balones fuera, evitando iniciar discusiones y esquivando las preguntas de los médicos sobre las investigaciones que establecían un vínculo entre el analgésico y las cardiopatías.[20]

El movimiento de la medicina empírica tiene sus detractores, en especial médicos que están preocupados por que se sustituya el criterio clínico por motores de búsqueda y que temen que los contables de las organizaciones sanitarias veten las técnicas caras o experimentales. Pero, a pesar de que el uso de los datos empíricos en medicina todavía está lejos de lo deseable, el movimiento ha hecho muchos progresos y parece ayudar a los médicos a facilitar una mejor atención a los pacientes. Los hospitales clínicos que adoptan la medicina empírica intentan superar los obstáculos a su desarrollo proporcionando formación, tecnologías y prácticas profesionales para incorporar los resultados críticos de los principales estudios al trato con los pacientes. En la actualidad, la revista *Evidence-Based Medicine Journal* cuenta con la elevada cifra de 70.000 suscriptores. Además, algunos estudios iniciales sugieren que los médicos con formación en técnicas empíricas están mejor informados que sus colegas, incluso quince años después de haberse licenciado en medicina.[21]

La medicina empírica y el management empírico requieren una mentalidad que tiene dos componentes esenciales: primero, disposición para dejar de lado las creencias y sabiduría convencionales —las peligrosas medias verdades que muchos aceptan— y, en lugar de eso, escuchar y obrar de acuerdo con los hechos; segundo, un compromiso de no ceder para reunir los hechos y la información necesarios para tomar decisiones más informadas e inteligentes, y avanzar al mismo ritmo que las nuevas pruebas y usar los hechos nuevos para actualizar las prácticas.

Sustituir la sabiduría convencional por hechos
En casi todos los ámbitos, existen verdades aceptadas, o una sabiduría convencional, que orientan las decisiones y las acciones. Y en casi todas las áreas, incluida la medicina, muchos profesionales y sus asesores no están dispuestos a observar el mundo de forma sistemática, o no son capaces de hacerlo, porque están atrapados por sus opiniones e ideologías. Sus observaciones están contaminadas por lo que esperan ver o porque no son suficientemente lógicas en

su razonamiento. El resultado es que la mayor parte de la sabiduría convencional es errónea. Las empresas pueden obtener una ventaja competitiva si se toman la molestia de sustituir la tradición popular por hechos y de analizar la sabiduría convencional a la luz de los datos. Las dos empresas siguientes ilustran cómo se consigue.

En la industria del juego o del «entretenimiento de los casinos» abunda la sabiduría convencional, y algunos de sus tópicos están tan extendidos que también se conocen fuera del sector. Una opinión profundamente arraigada es que la clave del éxito es atraer a los grandes apostadores, gente que se deja mucho dinero en las mesas de juego o en la ruleta. Otra creencia es que los casinos deben ofrecer descuentos en las habitaciones y en los restaurantes de los hoteles o, incluso, regalar el alojamiento, para atraer a la gente hacia el casino, donde gastará dinero en el juego, en los restaurantes y en ocio. Otras creencias muy extendidas sobre lo que hay que hacer son éstas:

- Construir sitios adaptados para las familias con atracciones, como mini-Disneylandias, atrae a clientes, sobre todo a familias, hacia los locales de juego.
- Construir instalaciones lujosas —y caras— que se parezcan a Venecia, París o que recuerden el *skyline* de Nueva York es la mejor manera de ganarse a la clientela de otros casinos.
- Incrementar la «retención» (el dinero que el casino retiene de las máquinas tragaperras) provocará que la gente se marche de su casino.
- Hacer publicidad en la radio o en televisión es una de las mejores maneras de generar un flujo de clientes e ingresos.

Cuando Gary Loveman fue nombrado director general de Harrah's en 1998, para lo que cogió la excedencia de su plaza de profesor asociado en la Harvard Business School, sabía muy poco sobre los detalles de las operaciones de los casinos, su diseño de interiores o su arquitectura. Loveman había trabajado como asesor para Harrah's y había estudiado el sector minorista. Llegó con el fervor típico de los profesores universitarios por llevar a cabo análisis rigurosos y por tomar decisiones basadas en hechos. Loveman no tardó en incorporar ese fervor a la cultura de la compañía, hasta tal punto que, como nos explicó cuando hablamos con él, había tres maneras de ser despedido de Harrah's: robar, acosar a las mujeres o instituir un programa o una política sin haber efectuado primero comprobaciones empíricas. Los casinos generan montones de datos, sobre aspectos como ingresos, ocupación, rentabilidad y rotación de la plantilla. Loveman estaba decidido a usar esos datos y a reunir más información llevando a cabo, de forma sistemática, pequeños experimentos a fin de descubrir hechos que sirvieran para que la empresa ganara más dinero.

Loveman y sus colegas no tardaron en descubrir que la mayor parte de la sabiduría convencional que existía en el sector era errónea, y cambiaron las prácticas de la compañía para que reflejaran lo que iban aprendiendo. En vez de confiar en la publicidad en medios de comunicación, Harrah's utiliza el mailing directo: promociones destinadas a clientes preseleccionados para invitarlos a gastar más dinero en un casino Harrah's y convencerlos de que vuelvan si hace tiempo que no han estado en ninguno. Harrah's averiguó que los clientes más rentables eran los lugareños, muchas veces personas mayores jubiladas o semijubiladas, que iban a jugar a los casinos a menudo para divertirse. Esas personas estaban menos interesadas en descuentos en las habitaciones que en descuentos en las comidas y en fichas de juego de regalo. En uno de sus experimentos, Harrah's ofreció a un grupo de control el paquete promocional típico por valor de 125 dólares (habitación gratis, cena con filete de segundo y 30 dólares en fichas); a los clientes del grupo experimental sólo les ofrecieron fichas gratis por valor de 60 dólares. La oferta de 60 dólares generó más ingresos de juego que la oferta de 125 dólares, a un coste inferior.[22]

Harrah's se dio cuenta de que las familias con niños pequeños, un público objetivo para muchos competidores, por lo general tenían poco tiempo o dinero de libre disposición, así que no era rentable cortejarlas. La compañía también descubrió que invertir más dinero en la selección y retención de los empleados, lo que incluía presentar de forma más realista el trabajo, aumentar la formación y reforzar la calidad de la supervisión del personal de primera línea, reducía la rotación y provocaba que los empleados estuvieran más motivados. Como consecuencia, Harrah's fue capaz de reducir la rotación de la plantilla en casi un 50%. Loveman y sus colegas razonaron, basándose en investigaciones científicas sobre la eficacia de los servicios, que contar con unos empleados más experimentados, comprometidos y mejor organizados mejoraría la atención a los clientes, lo que, a su vez, aumentaría la satisfacción de los huéspedes y, en último término, sus ganas de volver. Esa atención a los trabajadores, además de la inversión de Harrah's en almacenamiento y análisis de datos, que permitió que la compañía hiciera un seguimiento y analizara el comportamiento de los clientes, dio unos frutos mucho mejores que malgastar el dinero en las instalaciones.

Con unos ingresos anuales de las máquinas tragaperras de Harrah's de 50.000 millones de dólares, Loveman insistió en realizar experimentos para comprobar si las retenciones podían variarse, por ejemplo, según la ubicación de la máquina, sin que eso incidiera en el juego. La sabiduría convencional de la industria dictaba que no se podían alterar para nada los premios, pero Loveman no lo aceptó. De modo que preguntó a un grupo de estudiantes de Stanford cómo era posible que el precio (que es lo que es en realidad la retención) fuera absolutamente intocable si una mujer puede comprar un vestido negro por valor de 1000 dólares en la tienda de un diseñador y otra puede comprar un vestido negro parecido por 100 dólares en Target, y ambas se sienten igual de satisfechas con la compra. Harrah's descubrió que se puede incrementar la retención, lo que genera ingresos adicionales que van a parar directamente a beneficios.

Harrah's ha obtenido muy buenos resultados desde la llegada de Loveman; los beneficios no dejan de subir, así como la cotización de las acciones. En la actualidad, Loveman es el presidente y director general tras la jubilación de Phil Satre, el consejero delegado que tuvo el coraje y la visión de futuro de ofrecerle el puesto de director general. Lo que hoy en día parece evidente sobre el negocio del juego no lo era en absoluto cuando él empezó. Y cabe destacar que los competidores de Harrah's, la mayoría, no han copiado la filosofía de la compañía de tomar decisiones basadas en hechos, ni han dejado de confiar en la sabiduría convencional para dirigir sus negocios.

Utilizar los hechos en lugar de la sabiduría convencional puede llegar a ayudar a derrotar las fuerzas del mercado, como ilustra el caso del equipo de béisbol Oakland Athletics. Un principio básico de la economía clásica es que un mercado competitivo determina eficientemente el valor tanto de la mano de obra como de los bienes, de modo que el precio es un indicador exacto de calidad. Eso significaría que el talento que tiene a su disposición un equipo de las Grandes Ligas, la liga profesional de los Estados Unidos, debería estar muy relacionado con las nóminas, ya que los jugadores con más talento deberían exigir salarios más altos. La sabiduría convencional en el béisbol dice que un talento en bruto es lo único que importa. Y a pesar de que el calibre de la nómina está asociado al rendimiento, la relación es sorprendentemente débil. Un estudio no halló ninguna diferencia significativa entre la cantidad de dinero que los equipos fuertes gastaban en los salarios de los jugadores entre 1997 y el 2001 en comparación con los equipos más débiles. El mismo estudio reveló una gran diferencia en los costes de personal entre los equipos. En el 2001, un equipo medio pagaba aproximadamente 630.000 dólares de salario por cada partido que ganaba, y el coste por partido ganado oscilaba entre un mínimo de 225.000 dólares, caso de los Minessota Twins, y un máximo de más de 1 millón de dólares, caso de los Boston Red Sox.[23] En agosto del 2005, un análisis mostró que los New York Yankees y los Kansas City Royals habían gastado unos 4,8 millones de dólares por partido ganado —lo que refleja la inflación en los salarios desde el 2001—, mientras que los Cleveland Indians gastaron unos 800.000 dólares por partido ganado, menos de la sexta parte, y los Oakland Athletics gastaron sólo 1,1 millones de dólares por victoria.[24]

Las diferencias surgen porque algunos gerentes, y Billy Beane de los Oakland Athletics es el ejemplo más claro, han analizado los factores que facilitan el éxito —muchos van en contra de la sabiduría convencional— y usan esa información en una especie de arbitraje para superar las limitaciones del presupuesto para salarios del que disponían. El uso de dicha información ha provocado que los Athletics rechacen las típicas perogrulladas sobre los talentos y habilidades que utilizan los equipos ganadores, como, por ejemplo, que «batear en el *clutch*», los batazos de sacrificio y las bases robadas son esenciales para el rendimiento del equipo. Durante los partidos, el equipo está dirigido de tal manera que anima a los jugadores a hacer aquello por lo que han sido seleccionados y para lo que han sido entrenados, mientras se ignoran reglas generales que no estén respaldadas por hechos. Por ejemplo, en el 2002, los Athletics dieron menos batazos de sacrificio y robaron menos bases que cualquier otro club de la liga profesional estadounidense, a pesar de la creencia general en el béisbol de que esas tácticas hacen ganar partidos. Otra convicción de la sabiduría convencional que los Athletics y otros equipos que buscan la eficiencia salarial han evitado es la idea de que hay que contratar a grandes estrellas para triunfar. El problema de esa media verdad es que el rendimiento pasado no garantiza los resultados futuros, y las grandes estrellas suelen ser mayores y propensas a lesionarse. Así pues, «a los equipos medianos se les ha concedido la oportunidad de usar las herramientas de la revolución de la información en el béisbol —vídeos, informes de lesiones, estadísticas poco conocidas— para encontrar a jugadores en alza, mientras que los grandes derrochadores suelen contratar a estrellas cuyos mejores partidos podrían haber quedado atrás».[25]

Entre 1999 y el 2002, los Yankees pagaron tres veces más que los Athletics por el jugador medio de su plantilla. Los salarios de los Yankees sumaron 130 millones de dólares en el 2002; los de los Athletics, sólo 40 millones de dólares. Sin embargo, la diferencia de resultados entre ambos equipos fue *sorprendentemente* escasa teniendo en cuenta la enorme diferencia en salarios. Los Yankees jugaron los *playoffs* del campeonato en el 2000, 2001 y 2002, pero también las jugaron los Athletics. Los Yankees llegaron hasta la World Series en el 2000 y 2001, y la ganaron en el 2000. Pero durante la fase regular del 2002, los Athletics y los Yankees ganaron cada uno 103 partidos. Simplemente, imagínese qué podrían haber conseguido los Athletics combinando los datos y un presupuesto ilimitado.

El compromiso con la toma de decisiones basada en hechos reales

A veces, a diferencia de la liga profesional de béisbol estadounidense, donde se reúnen montones de datos —o incluso de Harrah's, donde las propias operaciones y su sistema de información generan datos de forma regular—, los hechos que se requieren para tomar decisiones no se tienen a mano con tanta facilidad. Eso no es una excusa para continuar confiando únicamente en que el *benchmarking* informal, las experiencias anteriores, la ideología y la sabiduría convencional dicten lo que su empresa tiene que hacer en el momento presente y hará en el futuro inmediato. Las compañías que practican el management empírico se comprometen a sacar el máximo rendimiento de lo que tienen en ese momento, mientras toman medidas para reunir información nueva y posiblemente más útil. Dichas compañías son implacables a la hora de valorar la utilidad de sus indicadores nuevos o antiguos y, sobre todo, a la hora de comprometerse ideológicamente con la toma de decisiones basada en las pruebas, tanto cuantitativas como cualitativas. Fíjese en los tres ejemplos siguientes.

Enterprise Rent-A-Car es la empresa de alquiler de coches más grande de los Estados Unidos, con unos ingresos en el 2005 de unos 8.000 millones de dólares. Cuando Andy Taylor sucedió a su padre al frente de esta compañía privada a principios de los años ochenta, la empresa tenía unos ingresos de 76 millones de dólares, aproximadamente; así pues, se han multiplicado por cien en veinte años. Con 6.000 oficinas en cinco países, el interés en proporcionar una atención excelente al cliente es una parte importante del éxito de esta compañía. A los clientes se les pide: «Indique su nivel de satisfacción con su última experiencia de alquiler de coches», para que la definan según una escala de cinco puntos. Sólo se mide el porcentaje de gente que responde que se sintió plenamente satisfecha, o sea, que les da un cinco sobre cinco. Los datos de que dispone la empresa demuestran que es tres veces más probable que la gente que da esa puntuación vuelva a alquilar un automóvil de Enterprise. Si un gerente está siquiera un solo punto por debajo de la media en esa valoración, no lo pueden ascender. Al centrarse en esa pregunta, que ha sido validada a través de estudios internos como la más adecuada para prever conductas futuras (empezaron con otras, como si los clientes recomendarían o no Enterprise a un amigo), con el tiempo, la compañía ha ido subiendo el porcentaje medio de clientes satisfechos. Además, ha reducido enormemente la varianza en las respuestas. Enterprise, a diferencia de la mayoría de empresas, presta atención a la variación en las respuestas, ya que cree que «uno no puede ser más bueno que su punto más débil».

Enterprise no confía a sus empleados la realización de encuestas, ya que podrían sentir la tentación de hacer trampas o de influir en los resultados (como el mecánico de BMW que entregó una encuesta a Robert Sutton y le rogó que le diera un cinco sobre cinco porque si no tendría problemas). En lugar de eso, Enterprise contrató a una tercera empresa, una firma de encuestas objetiva, para seleccionar aleatoriamente y encuestar entre 25 y 30 clientes de cada sucursal cada mes —unas 150.000 encuestas en total—. Además, Enterprise lleva a cabo experimentos de forma constante —por ejemplo, respecto a la publicidad y la fijación de precios— y los evalúa cuantitativamente para aprender cómo mejorar su operaciones y su éxito.

Analicemos otro ejemplo de una industria diferente. En octubre de 1999, cuando Kent Thiry se unió a DaVita, un operador de centros de diálisis renal valorado en 2.000 millones de dólares, la compañía estaba retrasada en los pagos de los créditos bancarios, apenas podía pagar las nóminas y se tambaleaba al borde de la quiebra. Gran parte del esfuerzo de recuperación implicó educar a los administradores de las instalaciones, gran parte de los cuales eran enfermeras, para que usaran datos que guiaran sus decisiones. Eso se consiguió gastando más de 5 millones de dólares al año en la Universidad DaVita, junto con varias reuniones y cursillos DaVita, para explicar el negocio al personal de toda la empresa. El equipo de alta dirección y el responsable de información de la compañía, Harlan Cleaver, han trabajado incesantemente en la creación e instalación de sistemas que ayuden a los líderes de todos los niveles a saber cómo están trabajando y para que se aseguren de que cuentan con toda la información necesaria para dirigir la empresa. El lema de Thiry es «Alardes, no; hechos», y el director general, Joe Mello, es licenciado en Ingeniería Industrial por Georgia Tech. Cuando Thiry se levanta en un cursillo de DaVita, en una reunión de unos 400 empleados de primera línea de toda la compañía, e indica que la compañía cuenta con el mejor tratamiento de calidad del sector, esa afirmación se corrobora con comparaciones concretas, cuantitativas, y termina la presentación diciendo: «Alardes, no; hechos».

Una parte notable de la cultura de la compañía implica un compromiso con la calidad de la atención a los pacientes. Los informes y las reuniones siempre empiezan con datos sobre la efectividad de sus tratamientos de diálisis y sobre la salud y el bienestar de los pacientes. Además, cada administrador de las instalaciones recibe un informe mensual de ocho páginas que contiene numerosos indicadores de la calidad de la atención, que se resumen en el Índice de Calidad de DaVita (ICD). Este énfasis en los datos se hace extensivo a los temas gerenciales, de modo que los administradores también reciben información sobre las operaciones, que incluye el número de tratamientos por día, fidelización de empleados, fidelización de pacientes particulares de pago que reportan mayores beneficios, e indicadores de utilización de recursos, como las horas de trabajo por tratamiento y los gastos controlables. Los datos permiten que los administradores comparen sus instalaciones con otras de la misma región, así como también con la empresa DaVita en conjunto.

El aspecto más interesante de esos informes mensuales es lo que *todavía no* se ha incluido en ellos. Joe Mello explica que, si la compañía decide que un indicador concreto es primordial, pero todavía no puede recopilar datos, se incluye igualmente en el informe con la anotación «no disponible». Mello señala que la aparición continua de un indicador significativo no disponible motiva al personal a encontrar maneras y sistemas de medirlo. Por ejemplo, en la programación de visitas, una cuestión crítica del nivel de eficiencia, las cosas se complican por culpa de pacientes que voluntariamente no se presentan o que están en el hospital, de vacaciones o que se ausentan por otros motivos. En el informe de junio del 2005, hay un lugar para que se recoja este indicador con la anotación «no disponible». Muchos aspectos impresionantes de la cultura de DaVita han contribuido a su éxito para disminuir en un 50% la rotación voluntaria del personal, aumentar la calidad de la atención a los pacientes para convertirla en la mejor del sector y producir unos resultados financieros excepcionales. Pero la importancia otorgada a la toma de decisiones a partir de los datos y a una cultura que hace hincapié en decir la verdad con respecto a la evolución de las cosas es un componente esencial.

Yahoo! también es experta en realizar experimentos y aprender de ellos, así como en crear una cultura que hace hincapié en el management empírico. Usama Fayyad, jefe de datos de Yahoo!, comenta que, como su portal recibe literalmente millones de visitas cada hora, la compañía puede diseñar experimentos rigurosos que reportan resultados en una hora o menos, en los que asignan, al azar, por ejemplo, 100.000 o 200.000 visitantes al grupo experimental y varios millones al grupo de control. Anteriormente, Fayyad había dirigido una compañía que ofrecía servicios de análisis y de obtención de datos a grandes empresas. Yahoo! era uno de sus clientes. En la actualidad, dirige los esfuerzos de Yahoo! para llevar a cabo experimentos y usar los resultados para aumentar los ingresos y beneficios de la compañía. Gran parte de eso se puede conseguir muy rápido; a veces los resultados se pueden ver en el plazo de unos minutos tras ajustar algo en el portal principal o en el correo de Yahoo! Eso significa que, a menudo, no existen motivos para perder el tiempo discutiendo qué variación se va a explorar o qué oportunidades de diseño se van a seguir; suele ser más barato, más sencillo y más rápido probarlos todos y descubrir qué funciona de verdad. Por lo general, Yahoo! realiza unos veinte experimentos al mismo tiempo, manipulando elementos, como colores, situación de los anuncios y ubicación del texto y de los botones. Estos pequeños experimentos pueden tener efectos enormes, como el que llevó a cabo Nitin Sharma, que demostró que sólo con mover el cuadro de búsqueda de un extremo al centro de la página se producirían suficientes «clics» adicionales para ganar unos 20 millones de dólares más en ingresos publicitarios cada año.

Este enfoque parece obvio visto en retrospectiva. Es cierto que Yahoo! recibe muchísimas visitas y es cierto que eso significa que Yahoo! tiene la oportunidad de variar la experiencia de muchas maneras para obtener información más rápido sobre qué atrae a los visitantes a quedarse y a gastar más dinero, elementos que reportan ingresos y beneficios. Sin embargo, aprovechar esa oportunidad requiere una mentalidad que diga: «En vez de debatir qué diseño de pantalla es más atractivo o qué ubicación de los contenidos y qué elección de contenidos concretos funcionan mejor, vamos a probarlo todo y a observar qué es lo que funciona». Créanos: hemos tenido relación con muchas compañías con páginas web y hemos visto muy pocas que lleven a cabo experimentos y analicen los resultados. De hecho, esa observación —la disposición a enzarzarse en discusiones interminables en vez de intentar varias cosas y aprender de lo que realmente funciona— vale para ámbitos que van desde las ventas hasta la producción.

El propio Fayyad confirmó nuestra opinión de que se prescinde de los experimentos y los datos cuando habló de su experiencia en el grupo DMX, la consultora creada por DigiMine, compañía que él había cofundado. En reuniones con directores generales de empresas que figuran en la lista de las 500 principales de la revista *Fortune* (*Fortune 500*), solía encontrarse con una acogida favorable cuando describía qué se podía hacer en el campo de la inteligencia empresarial. Pero, tal como nos contó, «cuando llegaba el momento de reunirse con muchos de los directivos de empresas del *Fortune 500*, celebrábamos esas reuniones y se implicaban de verdad. Y lo que descubrí es que los directores generales de las empresas no entendían en absoluto qué importancia podían tener los datos para ellos. Los consideraban otro servicio, parte de la infraestructura, cosas que hacen los de IBM».[26]

Qué hacer cuando no se dispone de datos válidos

Los ejemplos que se han descrito podrían parecer desalentadores para compañías que se enfrentan a incertidumbres y complejidades enormes, a menudo carentes de sistemas de información e infraestructuras que consigan datos suficientes a tiempo. Sin embargo, incluso cuando las compañías tienen pocos datos o no disponen de ellos, hay medidas que los ejecutivos pueden tomar para confiar más en las pruebas y en la lógica y menos en suposiciones, miedos, opiniones o esperanzas. Para los que empiezan, los datos cualitativos, sobre todo el trabajo de campo para probar las suposiciones existentes, pueden ser herramientas muy eficaces a fin de reunir pruebas útiles rápidamente. En una ocasión, trabajamos con una gran empresa informática que tenía problemas para vender sus ordenadores en las tiendas minoristas. Los altos ejecutivos no dejaban de quejarse del personal de marketing y ventas porque creían que hacían un trabajo pésimo, y no escuchaban sus quejas de que era difícil conseguir que los clientes compraran un producto espantoso; hasta que un fin de semana los miembros del equipo directivo fueron a las tiendas e intentaron comprar sus ordenadores. Todos los ejecutivos se encontraron con vendedores que intentaban disuadirles de comprar los ordenadores de la empresa, y citaban como motivos los precios desmesurados, un cúmulo de defectos, su aspecto desfasado y un servicio técnico deficiente.

Sin embargo, incluso antes de reunir datos, puede evaluar las ideas que está usando o que se está planteando utilizar: desglose las suposiciones que subyacen tras la política, práctica o intervención propuestas, y confronte esas suposiciones con su sabiduría y experiencia colectiva para comprobar si parecen razonables. Si lo son, siga adelante; si no, no se preocupe. La tabla 1.1 presenta una serie de preguntas de diagnóstico que se han de responder antes de experimentar con algún enfoque.

Podemos concretar este proceso con un ejercicio que solemos llevar a cabo con ejecutivos. Analicemos los complementos personales del salario de los profesores. Como muchos lectores sabrán, dado que suele afirmarse que los colegios públicos estadounidenses no hacen un buen trabajo y la educación es una cuestión política candente, las escuelas se enfrentan a presiones constantes para cambiar sus prácticas de gestión a fin de mejorar los resultados, que suelen evaluarse mediante notas estándar en lectura, matemáticas y ciencias. Rara vez se recurre a una investigación exhaustiva sobre escuelas, aprendizaje y puntuaciones de exámenes a la hora de diseñar ese tipo de reformas.

En la mayoría de colegios públicos norteamericanos, los profesores están afiliados a sindicatos, pero, con independencia de que lo estén o no, su sueldo está determinado casi exclusivamente por su antigüedad, total de años de experiencia docente y credenciales.

Tabla 1.1 Preguntas que plantearse antes de probar una idea o práctica empresarial

¿Qué es lo que da por sentado esa idea o práctica acerca de la gente y las empresas? ¿Qué tendría que ser cierto sobre la gente y las empresas para que la idea o la práctica fueran eficaces?

¿Qué suposiciones les parecen razonables y correctas a usted y a sus colegas? ¿Cuáles les parecen equivocadas o sospechosas?

¿Esa idea o práctica podría seguir siendo eficaz si las suposiciones resultaran ser falsas?

¿Cómo podrían llegar a reunir, usted y sus colegas, datos rápida y económicamente para probar la sensatez de las suposiciones subyacentes?

¿Qué otras ideas o prácticas empresariales se le pueden ocurrir que aborden el mismo problema o cuestión y que sean más coherentes con lo que considera que es aplicable a la gente y las empresas?

El salario casi nunca se basa en los resultados o en el rendimiento, lo que choca con lo que se cree que es la tónica dominante en el sector privado y molesta a los votantes y líderes empresariales, que se lamentan de que no haya premios y castigos para motivar adecuadamente a los profesores. En consecuencia, a finales de la década de 1990 hubo una gran presión para implementar complementos personales en función de los resultados, presión que continúa hasta la fecha.

Resulta que el pago de complementos personales para los profesores en función de los resultados es una idea que tiene casi cien años y que ha sido objeto de muchas investigaciones. En un estudio realizado en 1918, «el 48% de distritos escolares norteamericanos encuestados usaban sistemas retributivos que llamaban *sa-*

lario en función de los resultados».[27] Ahora bien, antes de mostrar el frutos de esas investigaciones, podemos ilustrar cómo deducir si el salario en función de los resultados es útil o no, y en qué condiciones lo es, limitándonos a enumerar las suposiciones inherentes a casi todos los planes de pagar a los profesores en función de los resultados:

- La motivación de los profesores es *uno* de los factores determinantes del aprendizaje y del éxito de los estudiantes, quizá *el factor principal.* (Como el salario en función de los resultados es algo que se aplica a los profesores y los administradores —y no, por ejemplo, a los padres o a los alumnos—, la hipótesis de partida debe ser que los profesores y demás personal de los centros son los principales agentes causales en el aprendizaje.)
- El aprendizaje puede evaluarse de modo *fiable y preciso* a través de un examen de periodicidad anual, o menos. (El éxito, tal como lo definen esos planes, casi siempre se evalúa mediante las notas estándar de los exámenes.)
- Los profesores están motivados en gran parte, o al menos considerablemente, por incentivos económicos; de modo que el salario en función de los resultados producirá un esfuerzo mayor y más efectivo.
- La enseñanza es una actividad solitaria; hay poca interdependencia con el resto de profesores del colegio. (Muchos planes recompensan sólo a los profesores individuales; no hay incentivos por cooperar o compartir con los demás, y algunos planes recompensan a los profesores que acaparan conocimientos en competencia con sus colegas.)

¿Estas suposiciones parecen plausibles? Piénselo. ¿Puede imaginar a una persona diciendo: «Me motiva mucho el dinero, o sea que creo que enseñar en primaria es la mejor carrera para mí»? Y ¿hasta qué punto cree que la motivación de los profesores es importante para el éxito de los alumnos, en comparación con las habilidades de los profesores (y las habilidades no están influidas por los incentivos), la implicación de los padres, la comunidad donde viven los niños, la calidad de las instalaciones y recursos, la cultura de la escuela y la educación y la renta de los padres? ¿El apoyo y el aprendizaje de los colegas son importantes a la hora de influir en el rendimiento de los profesores? ¿Cuáles son las consecuencias de valorar y recompensar el rendimiento de los estudiantes según una serie de pruebas estandarizadas?

No es necesario que lea los datos de décadas de investigaciones para reconocer los problemas que plantean los complementos salariales según resultados para los profesores. Los datos demuestran que los planes de incentivos salariales rara vez duran más de cinco años y que los complementos salariales según resultados nunca logran mejorar el rendimiento de los estudiantes.[28] La propia lógica de los complementos salariales según resultados aplicados a los profesores sugiere que no conseguirán lo que se pretende, o por lo menos no muy bien. Además, la indicación de que todo lo que importa es la nota de los alumnos en los exámenes, y la concesión de recompensas por la mejora de esas puntuaciones, estimulan a algunos profesores a engañar al sistema. Después de todo, si se quiere subir las notas de los alumnos en una prueba, una forma de lograrlo es dándoles el examen o las respuestas de antemano. La investigación que llevaron a cabo los economistas Brian Jacob y Steven Levitt sobre trampas hechas por profesores y alumnos motivó, directamente, que despidieran a varios directores y profesores de Chicago. El estudio también reflejaba que las trampas eran bastante comprensibles debido al calibre de los incentivos que se otorgaban por mejorar las notas de los alumnos.[29] Anthony Bryk, un prestigioso investigador en el ámbito de la pedagogía, expone que los problemas con la implementación de los complementos salariales según resultados no les sorprenden ni a sus colegas ni a él, porque ya surgieron cuando los mismos sistemas salariales se implementaron en los años ochenta. Bryk bromea: «Es como si los responsables de tomar las decisiones sufrieran de amnesia».[30]

Hemos comprobado que suele bastar con un análisis meticuloso de las ideas preconcebidas que hay detrás de las intervenciones para reproducir la información que se obtiene de montones de estudios empíricos. Eso no significa que no deba intentar acceder a ese tipo de estudios ni recopilar sus propios datos, sino que, en ausencia de datos disponibles, a veces un análisis meticuloso y estructurado puede conducirle casi hasta el mismo punto.

La concentración en medias verdades peligrosas

Como se ha comprobado en varios sectores, que van desde el juego hasta el béisbol pasando por la educación, el hecho de no encontrar ni seguir la mejor lógica y datos hace que se confíe en la sabiduría convencional, que muchas veces es incorrecta o incompleta y, por consiguiente, amenaza directamente la solidez de la organización. *El fin de la superstición en el management* explica cómo los gerentes pueden esquivar esos obstáculos y obtener una ventaja competitiva de tres formas entrelazadas. Primera, como se ha explicado en este capítulo, los directivos y sus empresas pueden beneficiarse de utilizar el management empírico como forma de pensar. Segunda, el segundo capítulo mostrará cómo usar criterios sencillos, pero convincentes, para valorar qué consejos y qué prácticas defendidas en el extenso mercado de las ideas empresariales son válidos, cuáles son sospechosos y cuáles son una rotunda tontería. Esos criterios para valorar la lógica y las pruebas que hay detrás de los consejos que dan autores, gurús, asesores y académicos chocan con los criterios que suelen reinar en el mercado, pero son mucho más coherentes con los fundamentos del razonamiento lógico y del método científico. Y tercera, este libro lo ayudará a aplicar la mentalidad del management empírico cuestionándose seis creencias, comúnmente aceptadas y aplicadas, pero erróneas e incompletas, sobre la gestión de recursos humanos y empresas.

Estas ideas son medias verdades peligrosas, porque gozan de gran aceptación y cuentan con muchos defensores, aunque suelen aplicarse de modo incorrecto y en el momento equivocado. Es evidente que las creencias que son una absoluta tontería perjudican y deben ser desacreditadas a través de la práctica del management empírico. Sin embargo, centraremos más nuestra atención en las medias verdades peligrosas. Mucho más peligrosas son las creencias en parte ciertas y que algunas veces son pertinentes, pero que, cuando se tratan como rotundamente ciertas y se aplican con toda su fuerza a todas las decisiones y acciones, minan el rendimiento, destrozan las carreras empresariales y arruinan el bienestar de los empleados. Las verdades a medias son más difíciles de desenmascarar que las tonterías absolutas, ya que siempre se pueden reunir argumentos sobre momentos y situaciones en los que son correctas, y luego se generalizan a los contextos y los momentos equivocados. Además, las medias verdades requieren habilidades sutiles y un conocimiento más completo para sortearlas adecuadamente, porque —más que recurrir a eslóganes y consignas atractivos pero simplistas— los líderes tienen que saber cuándo son correctas esas ideas y cuándo son incorrectas a fin de orientar las decisiones y acciones empresariales. Analizaremos medias verdades peligrosas sobre la compaginación del trabajo con la vida personal, la gestión del talento, la estructuración de las recompensas, la definición de estrategias, la gestión del cambio y el liderazgo, y se explicará cómo gestionar a la luz de la lógica y los datos más fiables sobre cada una de las verdades a medias.[31]

El capítulo 3 examina la que quizá sea la verdad a medias más primaria: «El trabajo es fundamentalmente diferente del resto de la vida y debería ser así». Es posible que algunos de los lectores no hayan experimentado la dificultad de vivir en mundos separados o el efecto dominó de vivir con alguien que se esfuerza por compaginar su vida laboral con el resto de su vida. Sin embargo, todos los datos que hemos recopilado, incluidas nuestras propias experiencias, muestran que es un problema molesto y que cada vez va a peor. La media verdad de que son y deberían ser campos separados es fundamental, porque muchos otros aspectos dependen de ella. Las prácticas empresariales que consideramos que son las mejores para gestionar el talento y para implementar las recompensas, o incluso nuestras opiniones sobre un liderazgo eficaz, son bastante distintas de lo que observamos —o, por lo menos, de aquello a lo que aspiramos— en nuestras familias, iglesias, sinagogas, mezquitas y organizaciones comunales. Eso se debe a que realizamos, pensamos y toleramos cosas en el trabajo que son diferentes de lo que haríamos, o incluso intentaríamos no hacer, en otras áreas.

La selección de miembros (a quién se admite y quién se puede quedar) y cómo se recompensa a la gente una vez dentro son dos de los procesos más importantes y que requieren más tiempo en cualquier entidad. El capítulo 4 explica por qué la idea de que «las mejores empresas cuentan con los mejores empleados» es una verdad a medias, con una atención especial al lenguaje metafórico de la «guerra por el talento» que se adoptó durante el *boom* de las empresas *puntocom* y que perdura en conferencias sobre gestión de talento y programas para atraer y retener a trabajadores con un gran potencial. Como podrá observar, muchas de esas prácticas de gestión del talento a las que se da tanto bombo reflejan presunciones carentes de una base lógica sólida y, a pesar de las afirmaciones vehementes de asesores expertos y caros, se contradicen con los datos más fiables. El capítulo 5 examina una de las medias verdades más profundamente arraigadas en el mundo empresarial: «Los incentivos económicos impulsan el rendimiento de la compañía». Nos hemos encontrado con muchas entidades que tratan los incentivos económicos como si fueran la solución a todos los males, incluidos los problemas causados por los incentivos económicos en primer lugar. Se repasarán las tesis que orientan las intervenciones, y se demostrará que, a pesar de que los incentivos económicos son el móvil de algunas conductas, los datos más fiables indican que usarlos para solucionar muchos problemas provoca que las compañías se desvíen de sus objetivos y perjudica el rendimiento.

Las tres medias verdades restantes pasan al ámbito organizativo del análisis y se centran en los desafíos de dirigir la empresa. El capítulo 6 cuestiona si y cuándo la «estrategia es el destino» y argumenta empíricamente que una fe excesiva en la toma de decisiones estratégicas es peligrosa para la vitalidad de la empresa. Se hace mucho hincapié en la estrategia en el mundo de los negocios, lo que refleja la creencia de que si las compañías definen bien su estrategia, todo lo demás saldrá bien. Resulta que eso no es del todo cierto, y que disponer de la estrategia adecuada puede llegar a ofrecer menos ventaja competitiva de lo que creen muchos de los altos ejecutivos, gurús y asesores empresariales más respetados y mejor pagados. También existe mucho interés en los desafíos del cambio organizativo, en parte porque para implementar la estrategia elegida, las empresas suelen tener que cambiar las líneas de producción, adoptar nuevas tecnologías y fusionarse con otras firmas. El capítulo 7 analiza los datos y la lógica errónea que se esconden detrás del mantra «renovarse o morir». Ésta es una verdad a medias peligrosa, porque en realidad muchos cambios incrementan más que disminuyen las posibilidades de fracaso, de modo que aplazar y evitar algunos cambios puede ser útil para unas empresas, incluso cuando esas modificaciones parecen encajar con la estrategia. Ese capítulo también se enfrenta a una media verdad relacionada: que los cambios son difíciles y que requieren mucho tiempo. Se demostrará que no siempre es así y se describirá qué pueden hacer las compañías para acelerar el cambio. El capítulo 8 examina qué se espera que hagan los líderes en comparación con lo que realmente pueden y deberían hacer. En un mundo de líderes heroicos, que a menudo llevan a cabo acciones que no resultan demasiado heroicas, ningún libro que tenga en cuenta las medias verdades peligrosas estaría completo sin examinar la creencia fundamental, y en parte equivocada, de que los «grandes líderes tienen el control de sus compañías» y de si esos líderes deberían tener el control y en qué situaciones.

Vamos a concentrarnos en esas verdades a medias porque los líderes que entiendan por qué cada una de esas creencias es errónea y que reflexionen sobre las pruebas a favor y en contra de cada una de ellas podrán desarrollar enfoques más eficaces y elaborados para dirigir las empresas. Y no nos limitamos a enseñar por qué cada una de esas opiniones es, como mínimo, medio equivocada; explicamos cómo y qué pueden hacer las empresas para prosperar en vista de los datos más fiables sobre esas creencias.

Facilitar un poco la difícil tarea de dirigir

Una cosa es argumentar que las empresas obtendrían mejores resultados si los líderes conocieran y aplicaran los datos más fiables. Y otra cosa es conseguirlo. Entendemos lo difícil que es para los gerentes y ejecutivos activos llevar a cabo sus trabajos. La necesidad de tomar decisiones es incesante, la información es incompleta e incluso el mejor de los ejecutivos puede cometer muchos errores y afrontar críticas y dudas constantes de las personas tanto de dentro como de fuera de la compañía. En ese sentido, los gerentes son como los médicos que se enfrentan a una decisión tras otra. No es posible ni para el mejor de los médicos —o directivos— tomar la decisión acertada cada vez. Hipócrates, el famoso griego que escribió el juramento de los médicos, describió bien esa difícil situación: «La vida es breve, el arte largo, la ocasión fugaz, vacilante la experiencia y el juicio difícil».[32]

Esas limitaciones significan que sería ingenuo afirmar que el management empírico, o cualquier otra actitud o práctica, puede mejorar todas las decisiones y acciones directivas. Pero, desde luego, las pruebas y los datos son esenciales. Hay mejores y peores formas de reflexionar sobre la solución a problemas organizativos, y muchas empresas y sus líderes no logran usar los mejores datos y la mejor lógica para navegar por lo que, sin duda, son cuestiones peliagudas.

Eso plantea la pregunta de *por qué* no se utiliza más el management empírico. Creemos que los directivos se dejan seducir mu-

cho más por las medias verdades: ideas que son, en parte, correctas, pero que también son, en parte, incorrectas, y que perjudican
sus carreras y empresas una y otra vez. Sin embargo, los directivos
ignoran o rechazan constantemente pruebas sólidas de que esas perogrulladas son inexactas. El problema no es sólo que los ejecutivos se enfrenten a una falta de tiempo, conocimiento o datos. Es
peor. Cuando escarbamos en el mercado en busca del conocimiento empresarial, identificamos una serie de criterios claros, aunque
tácitamente aceptados, y profundamente erróneos para valorar los
conocimientos de management y la bibliografía sobre el tema, que
están muy arraigados y que son muy contraproducentes. Antes de
que el management empírico se pueda convertir en realidad, tienen
que describirse, comprenderse y rechazarse muchas de las formas
existentes de reunir y evaluar el conocimiento empresarial, y luego
habrá que sustituirlos por criterios y directrices mejores. El próximo capítulo presenta cómo y por qué muchos de los criterios actuales para evaluar las ideas empresariales y las prácticas directivas están equivocados y, a continuación, ofrece algunas formas
alternativas de acercarse al mercado en busca de ideas más coherentes con los conceptos del management empírico. Esos criterios
mejores pueden ayudar a los líderes a entender qué consejos tendrán que seguir y, lo que es más importante, cuáles ignorar.

2

Cómo poner en práctica
el management empírico

La búsqueda de información y de ideas basadas en la investigación es una obsesión en los mercados de capitales. Existe una verdadera industria de analistas, negociadores de inversiones, gestores de carteras e inversores que buscan cualquier ventaja informativa, que es una de las razones por las que los académicos que estudian las finanzas —como, por ejemplo, Myron Scholes, William Sharpe y Michael Spence, ganadores del Premio Nobel— han sido contratados para trabajar en Wall Street y con los gestores del mercado de dinero. El valor de las decisiones de inversión basadas en pruebas sólidas también explica por qué la actuación sobre la información privada —contratación en Bolsa con información privilegiada— está regulada tan estrictamente y por qué las compañías norteamericanas tienen prohibido divulgar información a grupos elitistas de inversores y analistas. En lugar de eso, deben realizar videoconferencias y anuncios que lleguen simultáneamente al público en general. La investigación cuantitativa sobre los mercados de capitales abunda, y compañías como, por ejemplo, Vanguard, Fidelity, Barclays Global Investors y cientos más la han usado para desarrollar productos y estrategias de inversión.

El beneficio potencial de utilizar información válida es aún mayor cuando se trata de *dirigir* empresas. Los mercados de capitales se encuentran entre los más eficientes del mundo, de modo que es difícil lograr una ventaja informativa duradera. Innovaciones como los bonos basura, los fondos de inversión indexados y los derivados, por ejemplo, se copiaron a la velocidad de un rayo. La imitación es mucho más lenta y menos eficaz en el mundo de las prácticas empresariales, en parte porque este tipo de prácticas depende del conocimiento tácito y de las habilidades de implementación, de saber no sólo *qué* hacer, sino *cómo* hacerlo. Y las prácticas y la lógica empresariales resisten las copias debido a la fuerza de los precedentes y de la ideología descrita en el capítulo anterior. Piense en todo el tiempo durante el que Southwest Airlines tuvo su modelo empresarial y un récord sorprendente de rentabilidad incomparable en la industria aeronáutica antes de que JetBlue y unas cuantas compañías más empezaran a copiarla en serio. U observe el fracaso de los competidores para alcanzar a Toyota con respecto a la productividad, la calidad o el tiempo para comercializar innovaciones de productos nuevos, aunque Toyota ofrezca visitas a los competidores y los fundamentos de su sistema se hayan descrito en numerosos libros y artículos.[1]

Nos hemos dado cuenta de que la mayoría de gerentes realmente *intentan* obrar de acuerdo con los datos más fiables. Siguen la prensa económica, compran libros de empresa, contratan a asesores y asisten a seminarios impartidos por expertos en negocios. Las compañías, desde luego, se benefician a veces de esos esfuerzos. Sin embargo, el management empírico se utiliza de forma poco rigurosa o se valora poco. ¿Por qué? ¿Y qué directrices prácticas podemos ofrecer para ayudar a los gerentes a poner en práctica el management empírico? Este capítulo aborda estas preguntas. Pero primero se van a analizar los impedimentos clave para implementar el management empírico y cómo superarlos. Después, se ofrecerán unas directrices y reflexiones para ayudar a las empresas a llevar dichas ideas a la práctica.

Obstáculos en el camino para implementar el management empírico

La implementación del management empírico es un trayecto de largo recorrido, no un parcheado rápido, y en el camino se encontrará con barreras y obstáculos. Nuestra tarea es explicarle algunos de los impedimentos potenciales más dañinos y darle algunos consejos sobre cómo esquivarlos y superarlos o, como mínimo, sobre cómo mitigar sus efectos.

Usar datos cambia la dinámica de poder

Un antiguo alumno que trabajaba en Netscape informó que James Barksdale, un ex consejero delegado de la compañía, indicó una vez en una reunión de la empresa algo que tuvo el efecto siguiente: «Si la decisión va a tomarse en base a los hechos, [entonces] los hechos que aporte cualquier persona, mientras sean pertinentes, tienen el mismo valor. Si la decisión va a tomarse sobre la base de las opiniones de la gente, entonces la mía [él era el consejero delegado en esa época] cuenta mucho más». Lo que ilustra esta anécdota es que los hechos y las pruebas son grandes niveladores de jerarquía. Por lo tanto, parte de la resistencia con respecto a las prácticas basadas en las pruebas surge porque, cuando se hacen bien, cambian las dinámicas de poder, y sustituyen la autoridad, reputación e intuición formales por datos. Un experto, refiriéndose a la medicina empírica, la definió como sustituir soldados por contables.[2]

Adoptar el management empírico podría tener unas repercusiones similares en todo el mundo corporativo. Los líderes principales suelen verse como héroes y son venerados por su sabiduría y capacidad de decisión. Los consejeros delegados y sus allegados podrían perder categoría si sus intuiciones fueran reemplazadas, al menos en algunos casos, por criterios basados en pruebas disponibles para casi cualquier persona formada con acceso a los datos. Pero, como sugiere un estudio reciente de Rakesh Khurana, los consejeros delegados y líderes menos heroicos que operen con los mejores datos y perspectivas realmente podrían promover un mejor rendimiento de la empresa.[3]

La implicación es que los líderes tienen que tomar una decisión fundamental: ¿quieren que les digan que siempre tienen razón o prefieren liderar empresas que realmente obtienen buenos resultados? Cuando Gary Loveman de Harrah's contó a un grupo de estudiantes de Stanford que él se equivocaba con frecuencia, que estaba dispuesto a escuchar todos los hechos y análisis, y que sus datos e ideas no tenían privilegios sobre los de otras personas, esa no fue una postura políticamente correcta. Loveman es una persona muy competitiva, y quiere que Harrah's gane, y ganar requiere recopilar la verdad y la mejor información posible para tomar decisiones, sin mostrar deferencia con respecto a la gente debido al puesto, al rango o a cualquier otro elemento. Esa clase de cultura igualitaria era, supuestamente, la norma en Silicon Valley, y sigue siendo evidente en lugares como Google, con una orientación más académica y a largo plazo.

Pero los egos son aún más amenazadores en compañías de tecnología punta, y las pruebas suelen disminuir la envergadura de los egos inflados. Existe una implicación clara en todo esto en el momento de seleccionar a los líderes: hay que evitar a toda costa a gente que crea que lo sabe todo. No lo sabe. Pero peor aún, es poco probable que asimile cualquier hecho que esté en desacuerdo con sus ideas preconcebidas. Por este motivo, uno de nuestros aforismos favoritos es: «Cuando dos personas siempre están de acuerdo, una de las dos es innecesaria».

Éste es un principio que ambos hemos aplicado al asesorar a líderes sobre cómo interactuar con los demás, al colaborar con compañías en la contratación de personal nuevo o al buscar a un coautor con el que trabajar.

A menudo, la gente no quiere oír la verdad

La frase «No se debe matar al mensajero» contiene grandes dosis de verdad, concretamente, que dar malas noticias no es algo que suela contribuir a ganarse muchas amistades. A la gente le gusta dar buenas noticias, con independencia de su validez, en gran parte porque la mayoría parece preferir recibir buenas noticias. En este caso, la perspectiva importante es que una mentira requiere dos elementos: la persona que dice la mentira y, con mucha frecuencia, el oyente que señala de varias maneras que quiere que le mientan.

Como Gary Loveman nos explicó, supongamos que va a un casino que no está obteniendo resultados buenos. Si los directores de las instalaciones le cuentan que conocen el problema y que saben cómo solucionarlo, él puede marcharse contento porque las cosas se arreglarán. Si, en cambio, le explican que han intentado muchísimas cosas, básicamente todo lo que se les ha ocurrido, y el casino sigue perdiendo frente a la competencia, Loveman y su equipo tienen que resolver el problema, posiblemente dar malas noticias a sus jefes, al consejo directivo, y no pueden marcharse contentos y tranquilos. Pero lo fundamental es que *pueden* solucionarlo, porque les han facilitado los hechos. Crear una cultura de decir la verdad y actuar de acuerdo a hechos innegables requiere una dosis enorme de autodisciplina a fin de no sólo estar dispuesto a escuchar la verdad, aunque sea desagradable, sino realmente de animar a la gente a dar malas noticias. Kent Thiry, el consejero delegado de DaVita, nos explicó que los altos directivos de su compañía buscan problemas y malas noticias de forma activa. Eso se debe a que las buenas noticias no precisan ninguna decisión ni acción; son las malas noticias las que crean la necesidad de hacer algo para arreglar el error. Y uno no puede solucionar las cosas ni aportar consejos o talentos para que carguen con los problemas, a menos que los conozca.

En realidad, sólo hay una forma en relación con esta desgana de hacer frente a los hechos innegables, y ésta es comprender, consciente y sistemáticamente, la propensión psicológica a querer tanto dar como recibir buenas noticias y trabajar, de forma activa, en contra de eso. Para poner en práctica el management empírico, primero necesita conocer la verdad real. Y es mejor saber la verdad desde el principio, cuando la situación puede arreglarse, que más adelante, cuando quizá sea demasiado tarde para hacer algo.

El mercado de ideas empresariales es confuso e ineficaz

Todavía hay otra barrera para la práctica del management empírico, que es el estado lamentable del mercado de ideas empresariales. Lo triste es que cualquier gerente, asesor o agente de cambio sensato que vague por el mercado en busca de conocimientos empresariales pronto se sentirá abrumado por una inmensa cantidad de consejos contradictorios y engañosos. El mercado de ideas empresariales es víctima de varios problemas interrelacionados a los que tiene que hacer frente cualquier persona que intente poner en práctica el management empírico seriamente.

En primer lugar, existe demasiada información para que pueda asimilarla un individuo. Hay, como mínimo, un centenar de revistas y periódicos dedicados a temas de empresa.[4] Se publica cada año un mínimo de 30.000 títulos sobre temas empresariales,[5] de los que 3500 son novedades.[6] En segundo lugar, las recomendaciones contradictorias e inconexas sobre prácticas empresariales raras veces se entrelazan de forma que sea más fácil, o a lo mejor hasta posible, recordarlas o reflexionar sobre ellas. Piense, por ejemplo, en el libro *Business: The Ultimate Resource*, un tomo enciclopédico que pesa más de tres kilos y medio y con 2172 páginas de gran formato. *Business* afirma que «se convertirá en el «sistema operativo» de cualquier empresa o persona que trabaje en el mundo de los negocios». Esta afirmación es falsa, porque un buen sistema operativo está construido de forma lógica y sin fisuras. Por desgracia, esta recopilación de más de 150 estudios y artículos se presenta al lector como una serie de consejos inconexos y desordenados. No se ha hecho ningún esfuerzo tangible para integrarlos. *Business* ofrece consejos sobre una lista vertiginosa de temas que van desde cómo crear un lugar de trabajo divertido hasta calcular el capital de explotación, pasando por cómo crear marcas potentes o diseñar una página web. Aparte de eso, al lector no se le facilita casi ninguna información sobre qué pruebas, teorías o lógica (si existe) respaldan los miles de recomendaciones y prohibiciones que formula la revista, lo que hace imposible valorar la calidad de todos esos consejos.[7]

En tercer lugar, los consejos que los gerentes reciben de la oferta enorme y en constante aumento de libros, artículos, gurús y asesores sobre temas de empresa son notablemente incoherentes. Observe las siguientes recomendaciones de signo contrario, extraídas directamente de libros de empresa populares: contrate a un consejero delegado carismático; contrate a un consejero delegado modesto.[8] Adopte la teoría de la complejidad; esfuércese por la simplicidad.[9] Conviértase en una empresa centrada en la estrategia; no desperdicie demasiado tiempo en la planificación estratégica, porque tiene muy poco valor.[10] Cuanto más lo analice, más confuso y desconcertante se volverá todo. La tabla 2.1 ilustra sólo una muestra reducida de los consejos contradictorios que reciben los directivos del mercado de los libros de empresa.

Todavía peor, como los buenos consejos suelen ser difíciles de distinguir de los malos, los gerentes se sienten atraídos por prácticas empresariales erróneas y las implementan. Eso ocurre, en parte, porque los asesores y otras personas que venden ideas y técnicas *siempre* son recompensados por trabajar, sólo *a veces* son recompensados por realizar un buen trabajo y *casi nunca* son recompensados sólo si sus consejos acaban mejorando los resultados.[11] Los incentivos suelen ser aún más perversos, porque si los problemas de la compañía de un cliente sólo se resuelven en parte, eso representa más trabajo para la consultoría. Los altos ejecutivos de una consultoría de recursos humanos, por ejemplo, nos conta-

Tabla 2-1.   ¿A quién debería creer? Títulos de libros de empresa contradictorios

En busca de la excelencia: lecciones de las mejores empresas de los Estados Unidos

El mito de la excelencia: por qué las grandes compañías jamás tratan de ser lo mejor en todo

Charisma: Seven Keys to Developing the Magnetism That Leads to Success (Carisma: siete claves para desarrollar el magnetismo que lleva al éxito)

Leading Quietly: An Unorthodox Guide to Doing the Right Thing (Liderazgo tranquilo: una guía no ortodoxa para hacer lo correcto)

Leading the Revolution: How to Thrive in Turbulent Times by Making Innovation a Way of Life (Liderar la revolución: cómo prosperar en momentos turbulentos convirtiendo la innovación en una forma de vida)

Managing for the Short Term: The New Rules for Running a Business in a Day-to-Day World (Gestión a corto plazo: las nuevas normas para gestionar un negocio en el día a día)

Love Is the Killer App: How to Win Business and Influence Friends (El amor es el asesino de las aplicaciones: cómo ganar negocios e influir en los amigos)

Business Is Combat: A Fighter Pilot's Guide to Winning in Modern Business Warfare (Los negocios son una guerra: guía del piloto de caza para ganar en la moderna guerra de empresas)

The Peaceable Kingdom: Building a Company Without Factionalism, Fiefdoms, Fear and Other Staples of Modern Business (El reino apacible: crear una compañía sin facciones, feudos, miedos ni otros elementos básicos de los negocios modernos)

Capitalizing on Conflict: Strategies and Practices for Turning Conflict to Synergy in Organizations (Capitalizar los conflictos: estrategias y prácticas para convertir los conflictos en sinergias dentro de las empresas)

Managing by Measuring: How to Improve Your Organization's Performance Through Effective Benchmarking (Gestionar a través de indicadores: cómo mejorar el rendimiento de la empresa a través de benchmarking eficaz)

Managing with Passion: Making the Most of Your Job and Your Life (Gestionar con pasión: sacar el máximo partido de su trabajo y su vida)

The Quest for Authentic Power: Getting Past Past Manipulation, Control and Self-Limiting Beliefs (La búsqueda del poder auténtico: pasar de manipulaciones, controles y opiniones que nos autolimitan)

What Would Machiavelli Do? The Ends Justify the Meanness (¿Qué haría Maquiavelo? Los fines justifican los medios)

Thinking Inside the Box: The 12 Timeless Rules of Managing a Successful Business (Pensar desde dentro: las 12 reglas eternas para dirigir un negocio con éxito)

Out of the Box: Strategies for Achieving Profits Today and Growth Tomorrow through Web Services (Desde fuera: estrategias para lograr beneficios hoy y crecimiento mañana a través de servicios web)

Built to Last: Successful Habits of Visionary Companies (Crear para perdurar: hábitos exitosos de empresas visionarias)

Corporate Failure by Design: Why Organizations Are Built to Fail (Fracaso empresarial por culpa del diseño: por qué las empresas se crean para fracasar)

---

ron que, debido a que los programas de pago de salarios según el rendimiento personal casi nunca funcionan bien, se suele pedir una y otra vez que se arreglen los programas que sus clientes les han comprado. Del mismo modo, mientras escribíamos nuestro último libro, un socio mayoritario de una gran consultoría nos comentó que el trabajo de transformación del proceso empresarial que había llevado a cabo su consultoría era una de las mejores cosas que les habían ocurrido. Primero, la consultoría había ganado mucho dinero asesorando el proceso de transformación; después, había ganado mucho más dinero con los mismos clientes, porque resultó que muchas de las personas «innecesarias» despedidas durante la campaña de transformación, en realidad, sí hacían un trabajo necesario, y, por lo tanto, tuvieron que contratar a sus propios asesores para realizar el mismo trabajo; evidentemente, con un salario mucho más alto que las personas reemplazadas.

Si considera que nuestras acusaciones son muy graves, pregunte a su consultoría preferida qué pruebas tiene de que sus consejos o técnicas realmente funcionen, y preste atención a las pruebas que le ofrecen usando algunas de las directrices que explicaremos un poco más adelante en este capítulo. Hace unos años, el asesor sénior de Bain, Darrell Rigby, empezó a llevar a cabo el único estudio que conocemos sobre la utilidad y durabilidad de varias técnicas y prácticas de gestión.[12] Como nos dijo Rigby, le pareció extraño que uno pudiera recibir información adecuada sobre productos como el dentífrico o los cereales, pero que no existiera casi ninguna información sobre intervenciones en cuya implementación las empresas estaban gastando literalmente millones de dólares. Incluso el estudio de Bain, aunque destacable, valora sólo la presencia y la durabilidad de varios programas y algunas evaluaciones subjetivas de los mismos.

Sin embargo, otro error en relación con el mercado de ideas empresariales es que está repleto de analogías chapuceras que, por la razón que sea, convencen a los directivos. Nuestras dos favoritas son, en primer lugar, las que se usaron para justificar los sistemas de clasificación forzada en curvas, que popularizó General Electric; y la segunda, la analogía de que *los negocios son una guerra* o un combate, que se ha utilizado para defender la hostilidad hacia la competencia y, de vez en cuando, hacia el propio personal (que se ve como un «mal necesario»). Jack Welch, ex consejero delegado de General Electric, defendió la clasificación forzada en curvas, una práctica empresarial bastante polémica, del modo siguiente: a la gente la evalúan en la escuela, así que ¿por qué no deberíamos evaluarlos en el trabajo? Eso conlleva la implicación (razonable) de que las evaluaciones en la escuela se suelen realizar sobre una base comparativa.[13] Para empezar —e irónicamente, teniendo en cuenta la analogía—, las pruebas sugieren de forma contundente que los estudiantes aprenden mejor cuando *no* los evalúan y, sobre todo, si no los evalúan con una curva.[14] Pero, dejando a un lado ese hecho, tenga en cuenta que existe una diferencia crucial entre la escuela y el trabajo: en la escuela, existe relativamente poca interdependencia en los resultados; si uno aprende química y los compañeros, no, eso no lo afectará de ninguna manera. Aprender es una cuestión de que uno, individualmente, domine el tema concreto. La cooperación o el trabajo en equipo en la escuela, al menos en los exámenes, se llama *copiar*. En cambio, las organizaciones laborales suelen estar llenas de acciones interdependientes, en las que la capacidad de uno para lograr algo depende esencialmente de la ayuda y la cooperación de los demás. Así pues, si la evaluación en una curva es una fuente de competitividad y conflictos, las consecuencias serán muy distintas para los sistemas interdependientes que para los sistemas no interdependientes.

La analogía de los negocios como la guerra puede ser igual de falaz. La analogía implica que siempre tendría que proponerse atacar y destruir a los competidores y evitar cooperar con otras empresas del mismo sector. No obstante, si este tipo de lógica se hubiera seguido, el valle de Napa (Estados Unidos) nunca se habría convertido en una región vitivinícola tan prestigiosa. Cuando Robert Mondavi inició su bodega en 1966, trabajó para mejorar la reputación y la calidad de *todas* las bodegas de Napa, no sólo de la suya. Este tipo de cooperación crea el marco para el famoso «Juicio de París» de 1976, donde prestigiosos críticos de vino franceses confundieron todos los vinos californianos con los franceses y puntuaron más alto los vinos de California. A pesar de que no se cató ningún vino de Mondavi, los elaboradores de vino de California del *chateau* Montelena (el ganador en la categoría de blancos) y de Stag's Leap (el vencedor en la categoría de tintos) fueron a agradecerle rápidamente que los hubiera ayudado a triunfar. De hecho, ambos ganadores —Mike Grgich y Warren Winiarski— habían trabajado para Mondavi antes de marcharse con su bendición para poner en marcha sus propias bodegas. La generosidad de Mondavi valió la pena: él y su compañía se beneficiaron cuando los precios de *todos* los vinos de Napa se pusieron por las nubes después del «Juicio» de 1976.[15] Sin embargo, si lee un caso de Harvard del investigador de estrategia Michael Porter sobre la bodega de Robert Mondavi, sólo tiene en cuenta cómo compite Mondavi con otros elaboradores de vino californianos como Kendall-Jackson y Gallo. Aparentemente, al centrarse exclusivamente en la analogía de «la estrategia competitiva», que resulta útil pero es incompleta, no tuvo en cuenta, o no se dio cuenta, de que la cooperación benefició a la empresa de Mondavi al permitirle gozar de una mejor reputación gracias al aumento de prestigio del valle de Napa.[16]

Usar la lógica y unos análisis sólidos

Así pues, ¿qué tiene que hacer un ejecutivo decidido a implementar el management empírico? Éstas son nuestras dos recomendaciones genéricas: primero, familiarícese con el análisis y la lógica para ser un consumidor de ideas e investigaciones empresariales más culto e informado; segundo, desarrolle un conjunto diferente de criterios para evaluar los escritos e investigaciones empresariales. Vamos a analizar cada una de estas sugerencias una a una.

Usar la lógica y unos análisis sólidos *no* exige que tenga que hacer un curso de estadística o de métodos científicos. Sólo significa que tiene que prestar más atención a los problemas de exposición, lógica e inferencias que son razonablemente obvios una vez identificados y que afectan negativamente a gran parte de lo que pasa por investigación empresarial. Por ejemplo, algunos libros de empresa populares, como, por ejemplo, *La guerra por el talento*, reúnen información sobre las variables independientes —en este caso, las prácticas para la gestión del talento— *después* del periodo temporal cubierto por los datos sobre los resultados que produce, presuntamente, la gestión del talento.[17] No es el único libro que tiene ese problema de orden causal. Pero es importante reconocer que en la mayoría de debates sobre causalidad, la causa tiene que darse *antes* que el efecto.

O fíjese en un gran problema que afecta a los gestores que intentan aprender de la experiencia, así como también a los autores que sacan conclusiones del éxito actual de algunas empresas. Lo que tanto los gestores como los autores no parecen entender es que se pierden datos cruciales si ignoran las prácticas y las estrategias utilizadas por compañías que han fracasado. Por consiguiente, las medidas tomadas por las empresas que han fracasado se ninguneoan de forma sistemática.[18] Es difícil exagerar el alcance de ese problema y lo mucho que distorsiona las conclusiones que saca la gente. Por ejemplo, en 1922, la industria norteamericana de neumáticos contaba con 274 empresas, pero en 1963 el número de compañías había disminuido un 80%, hasta 49.[19] Hoy en día, sólo dos de las compañías de neumáticos de propiedad norteamericana siguen en pie. Un estudio calculó que había 2197 fabricantes de automóviles en los Estados Unidos entre 1885 y 1981; menos de un 1% existe todavía.[20] Con todo, pocos estudian las historias y las prácticas empleadas por todos esos «perdedores» y cómo difieren de las usadas por las empresas supervivientes.

Estudiar e imitar sólo a las empresas supervivientes, sobre todo a las de más éxito, puede hacer que se saquen conclusiones erróneas y peligrosas sobre cuáles son las mejores prácticas y las más seguras. Por ejemplo, las compañías que usan prácticas arriesgadas, inusuales, obtienen unos resultados o mucho mejores o mucho peores que la media, sobre todo en comparación con las que se limitan a hacer lo que hace el resto de empresas. Pero «si sólo se observa a las mejores compañías, y no a las peores, el rendimiento parecerá asociado a estrategias que tienen muchas más posibilidades de acabar con una empresa que de provocar un rendimiento superior».[21] Del mismo modo, concentrar la distribución de recursos en una gama reducida de productos, estrategias y mercados expondrá a las empresas a un riesgo mayor que una estrategia de diversificación, porque se lo habrán jugado todo a una carta. Pero si nos limitamos a observar a los supervivientes y a los que obtienen mejores resultados —los que han conseguido concentrar sus esfuerzos y recursos precisamente de la manera correcta—, parecerá como si las estrategias concentradas, centradas, triunfaran en la mayoría de los casos, a pesar de que lo cierto suele ser justo lo contrario. La única forma de evitar ese tipo de lecciones incorrectas es prestar más atención al estudio de empresas que fracasan y a por qué fracasan, no sólo a las que triunfan.

También es útil adquirir la costumbre de llevar a cabo pequeños experimentos y reflexiones sobre las inferencias que está extrayendo de sus observaciones y de los datos que genera constantemente su entidad. En la investigación médica se usan dos metodologías de investigación principales para generar conocimiento. La regla de oro es el estudio doble ciego controlado con placebo, en el que a los pacientes de un grupo elegidos aleatoriamente se les asigna un tratamiento, mientras que a los pacientes de otro grupo elegidos aleatoriamente se les asigna un placebo, y ni los médicos ni los pacientes saben quién pertenece a cada uno de los grupos, de modo que las expectativas previas no influyen en los resultados. Sin embargo, suele ser imposible utilizar ese tipo de estudios. Por ejemplo, no sería ético someter a adolescentes no fumadores elegidos aleatoriamente a condiciones en las que unos tuvieran que empezar a fumar y otros no. La opción alternativa, menos rigurosa, es emplear investigaciones previas u observaciones para valorar conductas como el ejercicio, el consumo de vitaminas o fumar; evaluar los resultados sobre la salud con informes médicos, y usar técnicas estadísticas para relacionar la conducta con los resultados, controlando el máximo de explicaciones alternativas posible.

Del mismo modo, en management, a menudo no es viable usar experimentos, sobre todo del tipo doble ciego. Por ejemplo, la gente suele saber si reciben ciertos incentivos o no. Sin embargo, los experimentos de campo son valiosos, como se ilustró en los ejemplos de Harrah's y Yahoo! del capítulo 1, y forman parte de algunas de las investigaciones académicas más útiles y convincentes. A modo de ejemplo, un experimento de campo aleatorizado con soldados israelíes confirmó el *efecto Pigmalión*, en virtud del cual las expectativas de alto o bajo rendimiento acaban cumpliéndose. Cuando a algunos instructores de prácticas se les engañó para que creyeran que algunos soldados escogidos al azar lograrían mejores resultados que los demás, esos soldados fueron mucho mejores, en tareas como disparar armas y leer mapas, que los soldados del grupo de control, que no tenían las expectativas de resultados mejores. Ese experimento y numerosos estudios más demuestran que los líderes suelen obtener el rendimiento que esperan de sus subordinados.[22] En otros experimentos de campo, se han utilizado incentivos en algunas áreas de una empresa y no en otras, como efectuar cambios para que el trabajo sea más exigente y comparar oficinas diáfanas y cerradas.[23]

Un obstáculo considerable para usar los experimentos a fin de crear conocimiento empresarial es que las compañías tienden a adoptar prácticas de todo o nada: o bien el consejero delegado está detrás para que todo el mundo trabaje, o al menos afirma que lo hace, o bien no se intenta en absoluto. Esa tendencia a emprender acciones en todas partes o en ninguna limita gravemente la capacidad de las empresas de aprender probando las cosas en algunos lugares pero no en otros, lo mismo que suelen hacer las entidades cuando realizan pruebas de comercialización de un producto y evalúan una campaña publicitaria. En concreto, las empresas con varias sedes, como, por ejemplo, restaurantes, hoteles y fabricantes con varias fábricas, pueden aprender experimentando en algunos sitios seleccionados y comparando los resultados con las ubicaciones de control.

La sensatez de empezar con un pequeño experimento queda ilustrada por una investigación que efectuamos hace unos años con Southland Corporation, que opera tiendas 7-Eleven y otorga franquicias de las mismas. Los ejecutivos de Southland estaban enamorados del libro *En busca de la excelencia*, de Peters y Waterman, que incitaba a los directivos a «estar cerca de los clientes» y a generar una «obsesión por el servicio». Ese enamoramiento se tradujo en un esfuerzo de toda la compañía para mejorar el servicio de atención al cliente, que aspiraba a que todos los dependientes de todas las tiendas de Norteamérica ofrecieran un saludo, una sonrisa, mantuvieran el contacto visual y dieran las gracias a todos los clientes. Se gastaron millones de dólares en primas por la adopción de dichas medidas de cortesía y, en 1987, Southland organizó un concurso llamado «Un millón de gracias», en el que los diecisiete encargados de tienda que hubiesen ganado los concursos regionales de cortesía se clasificarían para participar en el sorteo de un millón de dólares. El concurso culminó en un acontecimiento mediático de postín, presentado por el televisivo Monty Hall, famoso gracias al concurso *Let's Make a Deal*. Debra Wilson, encargada de una tienda de Plano (Texas) ganó el millón de dólares.

Fue bastante divertido, pero ¿valía ese dinero? Trabajamos con Larry Ford, que en aquel entonces era el director de investigaciones de campo de Southland, para llevar a cabo un estudio (que incluía un experimento con quince tiendas escogidas al azar) para descubrir si los dependientes corteses aumentaban las ventas. Por desgracia, los ejecutivos no se habían molestado en realizar ningún experimento ni estudio piloto antes de gastarse ese dineral en los programas de cortesía, a pesar de que Ford les había instado a hacerlo. Al final, encontramos muy pocas pruebas, por no decir ninguna, de que la cortesía incrementara las ventas. Era cierto que se podía incrementar la cortesía. Usamos la formación y el entrenamiento durante nuestro experimento de campo de diez semanas para aumentar el porcentaje de clientes que recibían saludos de un 33% a un 58%, y sonrisas de un 32% a un 49%. Pero la conclusión principal, que incluía resultados de los estudios a gran escala realizados por el grupo de Ford, fue que los dependientes de las tiendas con mayor volumen de ventas eran, en realidad, *menos* corteses. Aparentemente, las aglomeraciones y las largas colas en las tiendas más concurridas provocaban que los dependientes y los clientes estuvieran de mal humor. Ese estudió, al final, sirvió para convencer a los ejecutivos de que recortasen los programas de cortesía y para que se dieran cuenta de que, para la mayoría de clientes de 7-Eleven, un servicio correcto representaba salir rápido de la tienda, y no recibir sonrisas falsas ni muestras de buena educación poco sinceras. Southland podría haberse ahorrado millones de dólares si primero hubiera llevado a cabo algunos estudios piloto.

En las investigaciones sobre management, los estudios que usan encuestas o datos de los informes de las compañías para correlacionar las prácticas con varios resultados de rendimiento son mucho más habituales que otros experimentos. Ese tipo de investigación *no empírica* es útil, pero se requiere cierto cuidado para controlar estadísticamente las explicaciones alternativas, que surgen hasta en los mejores estudios. Los directivos que consumen esa clase de conocimiento tienen que conocer las limitaciones y reflexionar sobre los resultados de manera crítica. Cualquiera que haya asistido alguna vez a una clase de estadística sabe que correlación no es causalidad, pero es sorprendente la frecuencia con la que se engaña a los proveedores de conocimiento empresarial o con la que estos intentan engañar a los clientes. Admiramos la consultoría Bain y hemos elogiado repetidamente sus investigaciones en este libro. Sin embargo, nos extraña que cuelguen una tabla en su página web que alardee: «Los resultados de nuestros clientes triplican la media del mercado».[24] El personal inteligente de Bain sabe que esa correlación no demuestra, ni siquiera implica, que sus consejos transformen a los clientes en empresas de máximo rendimiento. Para los que empiezan, las empresas de máximo rendimiento simplemente tienen más dinero para contratar a asesores. De hecho, cualquier reclamación de que Bain se merece un crédito por ese tipo de rendimiento está visiblemente ausente. A lo mejor, están esperando a que los visitantes olviden, por un momento, lo que aprendieron en las clases de estadística.

A pesar de que los datos cuantitativos son importantes, es crucial también aprender de la práctica y de la observación clínicas y entender que el management, como la medicina, es tanto un arte como una ciencia. Rechazamos la noción que sólo los datos cuantitativos son aceptables para el management empírico. Como dijo Einstein, «No todo lo que puede contarse cuenta, ni todo lo que cuenta puede contarse». Si nos concentramos sólo en lo que se puede cuantificar, podemos perder de vista lo que más importa. John Steinbeck expuso los límites de la cuantificación en *Por el mar de Cortés*, su libro sobre una expedición científica:

> *El pez sierra mejicano tiene «XVII-15-IX» espinas en su aleta dorsal. Pueden contarse fácilmente. Pero si dicho pez tira fuerte del anzuelo hasta que nos arden las manos, si lucha y está a punto de escaparse, y al fin lo subimos a cubierta, con su colorido vibrante y dando coletazos al aire, surge una nueva realidad relacional, un ente que es más que la suma del pez y el pescador. El único modo de contar las espinas del pez sierra sin que esté afectado por esta segunda realidad relacional es ir a un laboratorio, abrir un frasco de olor nauseabundo, sacar un pez tieso y descolorido de la solución de formol, contar las espinas y escribir la verdad: C-XVII-15-IX. Entonces habrás anotado una realidad indiscutible; probablemente la realidad menos importante sobre el pez o sobre ti.*
>
> *Es bueno saber lo que haces. El hombre del pez en conserva ha anotado una verdad y ha registrado en su experiencia muchas mentiras. El pez no tiene ese color, ni esa textura, ni está muerto, ni huele de ese modo.*[25]

Cuando se usan correctamente, las historias y los casos son herramientas muy eficaces para generar conocimiento sobre el management. Se han publicado muchos estudios sobre el desarrollo de productos nuevos, pero pocos como el libro de Tracy Kidder galardonado con el Premio Pulitzer *El alma de una nueva máquina* sirven para captar cómo los ingenieros desarrollan los productos y cómo los gerentes pueden contribuir a su éxito, o impedirlo. El libro de Gordon McKenzie *Orbiting the Giant Hairball* es la obra más encantadora y más útil sobre creatividad corporativa que conocemos. Esta obra, por ejemplo, defiende que burlarse de alguien es «una forma disimulada de avergonzarlo» e ilustra cómo reduce la creatividad y perjudica a la gente, una hipótesis confirmada por experimentos recientes.[26] Nos entusiasma este tipo de textos porque son interesantes, estimulan otras investigaciones (a menudo cuantitativas) y sugieren nuevas prácticas que las compañías pueden probar.

Algunas directrices para evaluar ideas y conocimientos sobre management

Nuestra primera serie de sugerencias está relacionada con aprender lo suficiente sobre la lógica del análisis para poner a prueba afirmaciones y datos. El segundo conjunto de sugerencias aborda un problema diferente, pero también relacionado: los criterios existentes para evaluar el conocimiento sobre management son profundamente erróneos y, a menudo, completamente disfuncionales.

Para solucionar, en parte, ese problema, proponemos seis criterios para generar, valorar, vender y aplicar el conocimiento empresarial. La tabla 2.2 contrasta esos criterios nuevos (o, para ser más exactos, viejos, pero menos comunes) con los criterios existentes. Por desgracia, a pesar de ser profundamente erróneos, los criterios reinantes se ven reforzados por las acciones de casi todos los actores principales del mercado del conocimiento empresarial. Los que generan ese tipo de conocimiento —gurús, asesores y académicos— tienen que reflexionar más sobre si alguien puede comprender o usar esas herramientas. Tienen que dejar de pretender

Tabla 2.2 Criterios existentes frente a management empírico

Práctica existente	Management empírico
Tratar las ideas antiguas como si fueran completamente nuevas.	Tratar las ideas antiguas como ideas antiguas.
Glorificar, celebrar y aplicar ideas y estudios avanzados.	Desconfiar de las "grandes" ideas y los "grandes avances": se dan muy pocas veces.
Reconocer a los individuos brillantes, como, por ejemplo, gurús del management, líderes de pensamiento y estrellas del rendimiento.	Reconocer a comunidades de personas inteligentes y de lucidez colectiva, no sólo a genios y gurús.
Subrayar sólo las virtudes de los métodos de investigación y de las prácticas empresariales que use. No mencionar inconvenientes ni incertidumbres.	Subrayar las virtudes e inconvenientes (e incertidumbres) de sus investigaciones y prácticas propuestas.
Utilizar historias de éxitos y fracasos sobre empresas, equipos y personas para revelar las mejores y peores prácticas.	Utilizar historias de éxitos y fracasos para ilustrar prácticas respaldadas por otras pruebas, no necesariamente pruebas válidas.
Usar ideologías y teorías populares para generar y justificar prácticas empresariales. Ignorar o rechazar todas las pruebas contradictorias (con independencia de lo convincentes que sean).	Adoptar un enfoque neutral frente a ideologías y teorías. Basar las prácticas empresariales en los datos más fiables, no en las que estén en boga.

que las antiguas ideas irrefutables —desacreditadas— son remedios nuevos brillantes. Y tienen que basar sus recomendaciones en pruebas mejores. Las editoriales especializadas en libros de empresa, proveedoras de tantas prácticas, tiene que reducir su fijación en los héroes individuales y en *lo que es nuevo*, y referirse más a *lo que es cierto*. Finalmente, como compran y usan ese tipo de conocimiento, y lo imponen a los demás, los directivos tendrán la mejor opinión sobre si ampliar los enfoques empíricos y cómo hacerlo. Es cierto, querido gerente, que ya está acosado por otras cargas. Pero usted y su empresa pueden obtener beneficios —y, en último término, ahorrarse mucho tiempo y dinero— si adquieren más aptitudes para valorar las ideas del gran número de libros, seminarios y consejos que los abruman.

No hemos escrito *El fin de la superstición en el management* sólo para identificar creencias erróneas e incompletas que determinan las acciones de las empresas. Un objetivo mucho más primordial es enseñar a los directivos, y a quienes escriben para ellos y los aconsejan, a evaluar mejor las virtudes y los defectos de los datos que generan y que se encuentran. Con esta finalidad, usaremos los principios de la tabla 2.2 para criticar estudios y textos influyentes a lo largo del resto del libro. No nombramos obras ni autores, ni nos mordemos la lengua en nuestros juicios sobre determinados fallos y afirmaciones excesivas. Pero nuestro objetivo no es criticar a una persona o una idea en concreto, sino ayudar a los lectores a convertirse en consumidores más inteligentes y en productores de conocimiento empresarial.

1. Tratar las ideas antiguas como si fueran ideas antiguas

Las ideas empresariales promocionadas por asesores, editores y por la prensa económica suelen ser como el detergente: lo único que interesa es lo nuevo y, presuntamente, mejorado. Esta búsqueda de la novedad por sí sola puede que sea encantadora y rentable cuando se aplica a la moda, a la ropa y a la cultura popular o a la comida, pero es cara y destructiva cuando se usa para orientar las prácticas empresariales. Veamos un ejemplo, el movimiento de calidad de la empresa Ford Motor Company: «Hace veinte años, cuando la invasión de importaciones japonesas amenazó la industria automovilística norteamericana, la Ford Motor Company encabezó un movimiento de reivindicación de la calidad basado en la filosofía empresarial de W. Edwards Deming, que fue polémico en su momento y hoy está pasado de moda. Las consecuencias del movimiento [...] fueron sorprendentes para Ford. Después de acumular 3000 millones de dólares en pérdidas entre 1979 y 1982 [...], en 1986, Ford se había convertido en la compañía automovilística más rentable de los Estados Unidos».[27]

Sin embargo, una vez implementada, la gestión integral de la calidad se convirtió en agua pasada, una idea antigua. Y fabricar coches también era agua pasada. Bajo el mandato de Jacques Nasser, el consejero delegado en esa época, que más adelante fue despedido, Ford persiguió la innovación y la «revolución». La revista *Fast Company* la alabó —porque la prensa económica está enamorada de la novedad— por la importancia que daba a hacer cosas nuevas: «Un equipo [directivo] recomendó que Ford entrara en el negocio del reciclaje de los componentes, iniciara un programa comercial de educación para conductores y que desarrollara una cadena propia de tiendas de mantenimiento y reparación de coches. La compañía llevó a cabo las tres cosas».[28]

No hay nada malo en la innovación, en fomentar la creatividad ni, de hecho, en introducir productos y servicios novedosos, excepto que, en el caso de Ford, dejó de concentrarse en la calidad. Los costes y los defectos aumentaron, los competidores desarrollaron diseños superiores y las ventas bajaron. En el 2001, Ford estaba en el mismo aprieto que dos décadas antes. La solución: readoptar una idea antigua, la calidad, pero en esa ocasión bajo la etiqueta Six Sigma, para que presuntamente pareciera «nueva». Un reportero del *New York Times* concluyó: «Si Ford se hubiera ceñido a la gestión integral de la calidad, se habría evitado muchos de los problemas que la han afectado recientemente».[29] Pero ¿cómo podía hacerlo? Aferrarse a las ideas antiguas es aburrido. Los directivos y, de hecho, los académicos y la prensa económica, suelen empeñarse en la novedad por la novedad.[30]

A lo mejor, aferrarse a prácticas probadas es aburrido, pero tenemos que reconocer —incluso glorificar— las ideas antiguas si queremos desacreditar las malas prácticas empresariales y mejorar las buenas. Después de todo, ¿no es la insípida excelencia antigua un destino mejor que un emocionante error nuevo? Suena irónico, pero hasta la creatividad se activa, en gran parte, a través de viejas ideas. Tanto los avances creativos principales como las mejoras incrementales proceden de manipular ideas de otros lugares y mezclarlas de formas renovadas. Las mejores ideas surgen cuando la gente actúa como «si nada se hubiera inventado» y busca nuevos usos para las ideas de otros.[31] Eso es aplicable a las compañías más creativas como Apple, 3M, IDEO, Genentech, Google, Capital One y Cirque du Soleil. Por desgracia, demasiadas compañías se sienten acosadas por *el síndrome de lo que no se inventó aquí*, por culpa del cual la gente insiste en usar ideas de cosecha propia, sobre todo ideas a las que se les puede dar mucho bombo por ser nuevas y diferentes. Después de todo, existen recompensas cuantiosas por fingir que las mismas ideas antiguas son completamente nuevas. Los gerentes pueden impresionar a sus jefes con ideas punteras. Los asesores pueden vender a los clientes servicios exclusivos. Los gurús pueden firmar contratos editoriales lucrativos y cobrar honorarios como conferenciantes vendiendo lo último. Y los periodistas pueden vender periódicos y revistas ofreciendo a los lectores la última exclusiva periodística.

Estos incentivos fomentan una extraña amnesia colectiva. Se «descubren» las mismas cosas una y otra vez, o al menos se informa de ello, lo que hace perder mucho esfuerzo y tiempo. La *Harvard Business Review* (HBR) ha publicado, como mínimo, tres artículos sobre salarios en función de la productividad y el rendimiento empresarial en la última década. Cada uno indica una idea similar: compensar a la gente sólo por el rendimiento individual crea más problemas que soluciones, de modo que las recompensas deberían hacer hincapié en los resultados de la empresa, no sólo en los individuales. Alfie Kohn escribió sobre esa idea en 1993, Jeffrey Pfeffer lo hizo en 1998 y Egon Zehnder lo volvió a hacer en el 2001. Ninguno de esos artículos hace referencia a los previos, porque la política de HBR prohíbe las notas a pie de página, y —sobre la base de nuestra experiencia de publicar siete artículos con HBR— desaconseja las referencias a trabajos anteriores.[32]

¿Cómo se puede romper este círculo en que los autores, los expertos en temas de empresa y los gerentes actúan una y otra vez como si las ideas antiguas fueran completamente nuevas? Simplificando, hay que tratar las ideas antiguas como ideas antiguas. Si no queremos simplificar, la respuesta es más compleja, pero algunas medidas sencillas pueden servir de ayuda. La gente que difunde conocimientos sobre management puede contarnos de dónde obtiene sus ideas. También puede repasar trabajos precedentes para evitar reinventar el pasado. A pesar de que las notas a pie de página no son adecuadas para todas las publicaciones, ya que reducen la velocidad de lectura y distraen a los lectores, hay alternativas. Nos gusta mucho la manera en que *The Economist* y *The New Yorker* incorporan referencias a publicaciones anteriores dentro del texto, sobre todo las agudas colaboraciones de Malcolm Gladwell en *The New Yorker*.[33]

Se haga como se haga, la gente que difunde ideas tendría que reconocer las fuentes básicas, ya que así se evita vestir viejas ideas como nuevas, y se anima a los autores y gestores a aprovechar y combinar ideas existentes. Hacerlo no es sólo intelectualmente honesto y educado. Provoca mejores ideas. Al físico del siglo XVII sir Isaac Newton, se le suele atribuir la frase: «Si he logrado ver más lejos, ha sido porque me he subido a los hombros de gigantes». Desde luego, Newton no se inventó el aforismo. Su creador es imposible de localizar, pero hay versiones de esa frase que datan de por lo menos mil años antes de la época de Newton. Nuestra favorita es: «Un enano subido a los hombros de un gigante verá más lejos que el mismo gigante».[34]

2. Desconfiar de las ideas y de los estudios rompedores

En relación con el afán por *lo nuevo* tenemos el afán por *lo grande*: la gran idea, el gran estudio, la gran innovación. Por desgracia, se dan muy pocas veces. Hasta en las ciencias físicas, un examen profundo de los denominados avances casi siempre revela un trabajo meticuloso, incremental, que al final se reconoce como una gran perspectiva. Por ejemplo, el desarrollo del circuito integrado fue resultado del trabajo de muchas personas de varias compañías que interactuaron durante numerosos años, a pesar de que una o varias personas son las que suelen llevarse el reconocimiento público.[35] Sin embargo, muchos gerentes siguen anhelando avances, y multitudes de proveedores fingen entregarles la poción mágica que tanto ansían.

El resultado de esa investigación sobre lo grande es lo que presenciamos en un banco importante: la idea del momento. El ex director general de ese banco se creía (y lo era) un intelectual. Siempre estaba aprendiendo técnicas novedosas, y esperaba que cada una de ellas fuera *el* concepto que impulsara al banco hasta el siguiente nivel de rendimiento. El banco cambiaba de un programa a otro, y los gerentes aprendieron a prepararse para «el último grito». Cuando se anunciaba una nueva iniciativa, los veteranos no hacían nada, ya que se dieron cuenta de que, antes de que notara su inactividad, el director general ya habría pasado a la siguiente gran técnica. Charlamos y escuchamos repetidas veces a los gerentes que habían perfeccionado el arte de fingir usar «el último grito», sin cambiar realmente la forma de trabajabar ellos y sus empleados. El resultado era que la compañía iba generando palabrería sobre una idea tras otra, pero sin apenas resultados.

La tentación de buscar el remedio mágico, ese estudio o concepto avanzados, se produce con mucha más frecuencia en el mundo del management que en el de la investigación académica. Constantemente, viajamos entre el mundo académico y el mundo real de gerentes en ejercicio y sus consejos. Los avances casi nunca parecen darse en la investigación académica, a pesar de que se publican miles de estudios en revistas sometidas a revisión paritaria cada año. Los académicos dudan en dar demasiada importancia a cualquier estudio y prefieren encontrar pautas comunes a muchos estudios y basar las conclusiones en el peso de las pruebas. En cambio, los gerentes se enfrentan a una avalancha de autores, gurús y asesores que defienden o insinúan un gran avance tras otro. Incluso aunque la persona que lleve a cabo el estudio o acuñe una expresión no lo llame un *gran avance*, la prensa suele reinterpretar los progresos modestos (o nulos) como ideas «impresionantes» y «revolucionarias». Entre el 2001 y el 2005, el número de febrero de la *Harvard Business Review* publicó listas de «Ideas revolucionarias de la actualidad empresarial», descritas como «ideas atrevidas y rompedoras».[36] Seleccionaron tres de nuestras ideas para la lista. Uno de nuestros artículos en la HBR que fue seleccionado para la lista del 2002, «The Weird Rules of Creativity» (Las extrañas reglas de la creatividad) de Sutton, en realidad no era ningún avance. La publicidad fue agradable, pero embarazosa porque esas reglas derivaban, en realidad, de investigaciones anteriores, a veces bastante antiguas. Y la «idea avanzada» del 2005 de Pfeffer fue el management empírico, que puede que fuera atrevida para algunas personas, pero somos los primeros en admitir que no es nueva. Como James March, de la Universidad de Stanford —uno de los teóricos de la organización más renombrados— indica, «la mayoría de pretensiones de originalidad son una demostración de ignorancia, y la mayoría de presuntas soluciones mágicas son demostraciones de arrogancia».[37]

3. Celebrar y desarrollar la brillantez colectiva, no sólo la de genios y gurús

El mundo de los negocios es uno de los pocos lugares donde el término *gurú* parece tener connotaciones positivas básicamente. En religión y en política, los gurús son representados como líderes extraordinarios, pero a menudo peligrosos, que atraen a discípulos fanáticos que se doblan frente a sus deseos, incluso cuando eso los perjudica a ellos mismos y a otros. No obstante, a pesar de algún que otro artículo o libro cínico, se sigue retratando en términos mayormente positivos a los gurús en la prensa, donde los enumeran, los ordenan por categorías y cotillean sobre ellos de forma habitual. El libro *What's the Big Idea?* (¿Cuál es la genial ocurrencia?), de Thomas Davenport y Laurence Prusak, usa referencias periodísticas, búsquedas en Google y citas en revistas académicas para clasificar a los cien mejores gurús empresariales (Michael Porter fue el número uno y Tom Peters, el número dos). En el 2001 y el 2002, *Business 2.0* no sólo enumeró a los principales gurús, como Tom Peters y Larry Bossidy, sino que además insertó «Fichas de gurús empresariales» de cartulina para cada uno de ellos, con una foto en color e información, que incluía estrellas según su celebridad (entre una y cuatro), sus tarifas, la «genial ocurrencia» del gurú y un «hecho poco conocido».

Es evidente que las personas que tienen ocurrencias geniales y las comunican bien pueden ayudar a las empresas. Pero centrar la atención en los gurús enmascara cómo se desarrolla y se usa el conocimiento empresarial y cómo tendría que desarrollarse y usarse. El conocimiento no lo generan genios solitarios que inventan por arte de magia ideas nuevas brillantes en sus cerebros gigantes. Esa es una ficción peligrosa. Los autores y los asesores tienen que ser más cautos al describir a los equipos y a las comunidades de investigadores que desarrollan ideas. Aún más importante, implementar prácticas, efectuar cambios organizativos y ejecutar estrategias requiere las acciones coordinadas de muchas personas. Eso se debe, en parte, a que el compromiso con una idea o un programa se ve amplificado cuando la gente los siente como propios. El aprendizaje también se adquiere más rápido cuando las personas adoptan una función activa en el desarrollo de una práctica o programa. Sentándose a escuchar al orador más perspicaz no se consigue nada de eso: no hay apropiación de ideas ni implicación en la búsqueda de soluciones, se retiene muy poca información y se aprende todavía menos sobre cómo usar realmente las ideas.

Además, muy a menudo, los gurús simplifican demasiado los desafíos del management. La idea habitual de que las prácticas empresariales se pueden instalar igual que una máquina nueva es muy peligrosa. Tal como expresa Russell Ackoff, de Wharton, «los gurús ofrecen soluciones prefabricadas, pero los educadores ofrecen maneras de que uno pueda encontrar las soluciones por sí solo [...]. Lo que ofrece un gurú es un sistema de pensamiento cerrado, cerrado a las influencias externas y no sujeto a cambios; lo que ofrece un educador es un sistema de pensamiento abierto, abierto a las influencias externas y sujeto a cambios».[38] Liderar una revolución, rediseñar, adoptar Six Sigma o centrarse en la estrategia pueden ser opciones útiles para algunas empresas, pero no es un enfoque adecuado para todo el mundo. Los que pregonamos el conocimiento empresarial tenemos que confesarlo todo. Tenemos que negar que poseamos respuestas mágicas. Debemos confesar que sólo estamos sugiriendo ideas que podrían facilitar un poco el duro trabajo de los gerentes. Además, tenemos que seguir a esos cuantos gurús que reprochan las sobresimplificaciones peligrosas. Piense en C. K. Prahalad, quien (junto con Gary Hamel) escribió el éxito de ventas *Compitiendo por el futuro: estrategia crucial para crear los mercados del mañana* y que figura entre los primeros puestos de muchas listas de gurús. Hace unos cuantos años, terminó un interesante discurso de 45 minutos ante un numeroso público con una advertencia: «No lo olviden, si alguien les dice que tiene la respuesta, lo más probable es que no haya entendido la pregunta».[39]

4. Subrayar las virtudes y los inconvenientes

Todos los medicamentos tienen efectos secundarios. La mayoría de procedimientos quirúrgicos tienen riesgos y, hasta cuando se efectúan a la perfección, pueden llegar a tener inconvenientes. A los médicos se les da cada vez mejor explicar los riesgos a los pacientes y, en las mejores circunstancias, les permiten que participen en el proceso de decisión, en el que se tienen en cuenta los riesgos y los problemas potenciales. Eso pocas veces ocurre en el mundo del management, en el que se presentan demasiadas soluciones como posibilidades baratas y de aplicación universal, y casi nunca se admiten fallos potenciales. Sin embargo, todas las prácticas y los programas empresariales tienen puntos fuertes y puntos débiles, y hasta los mejores tienen costes. Eso no significa que las empresas no deban implementar programas como Six Sigma o los cuadros de mando integral, sino que simplemente deben reconocer los riesgos. De ese modo, los gerentes no se sentirán desencantados cuando se produzcan contratiempos conocidos, o peor todavía, abandonen un programa o práctica valiosos.

El año pasado, uno de nosotros (Sutton) dio una conferencia en una compañía célebre por su innovación. La entidad había dedicado el año precedente a implementar un programa Six Sigma para mejorar la eficacia y la satisfacción de la clientela. Sutton mencionó durante su charla que los programas de mejora de procesos, como Six Sigma y GIC (gestión integral de la calidad), habían demostrado eliminar errores y mejorar la eficacia, pero también reducir la innovación.[40] Un oyente que se autodescribió como «gurú de la calidad interna» y «apóstol de la calidad» fue a reunirse con él después de la conferencia para argumentarle que el Six Sigma se podía utilizar para mejorar cualquier proceso, incluida la creatividad. Ese gurú no dejaba de insistir que era así, aunque (después de trabajar en ese ámbito durante diez años) no pudo nombrar un solo ejemplo en que los programas Six Sigma o GIC hubieran mejorado la innovación. Al final, Sutton le preguntó: «¿Se le ocurre *algún* inconveniente de usar Six Sigma o GIC?» Se produjo un largo silencio hasta que el gurú respondió: «Aparte de un miedo y una resistencia irracionales, no se me ocurre ningún otro».

Ese defensor ilustra cómo se vende el conocimiento empresarial habitualmente. A diferencia de la medicina, donde los médicos, por ética profesional, están obligados a revelar los riesgos y los inconvenientes, los defensores de las prácticas empresariales pocas veces describen los riesgos o problemas que surgen incluso en los casos en los que se aplican con éxito, o las ocasiones en que es posible que sus pro-

EL FIN DE LA SUPERSTICIÓN EN EL MANAGEMENT

ductos sean ineficaces. Algunas excepciones adoptan un enfoque mejor. Tomemos el ejemplo del artículo de J. Richard Hackman «On the Coming Demise of Job Enrichment» (La inminente desaparición del enriquecimiento del puesto de trabajo), publicado en el momento álgido de la moda del enriquecimiento del puesto de trabajo de los años setenta, una moda basada, en gran parte, en las investigaciones de Hackman, que estaba preocupado porque sólo podía encontrar publicadas historias de compañías que habían rediseñado con éxito el trabajo para que fuera más motivador y tuviera más sentido. Sin embargo, en su experiencia, la mayoría de esfuerzos de rediseño estaban fracasando. Hackman advirtió a los gerentes que los programas de enriquecimiento del puesto de trabajo consumían mucho tiempo y dinero; no se podían instalar como una máquina nueva. Predijo que el enriquecimiento de los puestos de trabajo no sería más que otra moda fracasada (una predicción que, en parte, se hizo realidad) si las empresas no aplicaban sistemas de diagnóstico de los puestos de trabajo antes de intentar ampliar las responsabilidades, seguían fingiendo que los trabajos habían cambiado, cuando no era cierto, y no cambiaban la organización (sobre todo los incentivos y la supervisión) para apoyar el enriquecimiento de los puestos de trabajo.[41]

La moraleja es que, a pesar de que algunos «expertos» ganarán menos dinero a corto plazo, el conocimiento empresarial avanzará y el cinismo sobre el «último grito» en management disminuirá si los que venden prácticas empresariales admiten sus defectos e incertidumbres más a menudo. Eso implica, entre otras cosas, admitir que sus productos son los mejores que pueden crear en ese momento y, como todas las buenas ideas, requerirán modificaciones constantes a medida que se vayan adquiriendo conocimientos.

5. Utilizar historias de éxitos (y de fracasos) para ilustrar prácticas sólidas, no como un método de investigación válido

Uno de los métodos de investigación más comunes consiste en clasificar a los equipos o empresas en ejecutores «buenos» o «malos», y luego escarbar en su pasado mediante entrevistas, cuestionarios y resúmenes de prensa que se basan en recuerdos vagos y erróneos. Esos recuerdos se usan para explicar las diferencias entre ganadores y perdedores, y para identificar qué prácticas hay que utilizar (las que siguen los ganadores) y cuáles se deben evitar (las que siguen los perdedores). Un método relacionado, y aún menos fiable, consiste en recopilar los recuerdos sólo de entidades ganadoras y suponer que las semejanzas existentes entre dichos recuerdos son la explicación de su éxito, a pesar de que las perdedoras (no estudiadas) podrían haber actuado del mismo modo. El libro *En busca de la excelencia* utilizó exactamente ese método, lo que tal vez explique por qué un estudio de Michael Hitt y Duane Ireland no encontró diferencias de rendimiento significativas entre las compañías «excelentes» mencionadas por Peters y Waterman y una muestra representativa de empresas de la lista del *Fortune 1000*.[42]

Los investigadores académicos también utilizan a menudo las historias de éxito o fracaso del pasado, aunque suelen disculparse por ello. Pero ese tipo de disculpas no impide que sus enseñanzas estén basadas en hechos dudosos. Muchos estudios influyentes, por ejemplo, piden a gerentes que identifiquen un caso antiguo de desarrollo de un producto que tuvo éxito y otro que no lo tuvo, y luego que recuerden las diferencias entre ambos. Esos estudios descubren diferencias espectaculares entre los triunfadores y los fracasados. Los casos que se vieron coronados por el éxito, según esos recuerdos, contaron con el apoyo de la alta dirección, con más ingenieros competentes, con una ejecución y una planificación superiores, con interacciones más frecuentes entre los actores clave, y, en general, con procesos superiores a los casos que fracasaron en casi todos los ámbitos.[43]

Existe un problema enorme con las inferencias basadas en los recuerdos. En 1911, *El diccionario del diablo,* de Ambrose Bierce, definía *recordar* como «acordarse de algo que no se sabía previamente, embelleciéndolo»,[44] anticipándose así a muchas de las investigaciones que se han realizado sobre la memoria humana.[45] Resulta que los relatos ofrecidos por testigos oculares son muy poco fiables. Como seres humanos, tenemos una memoria pésima, con independencia de lo seguros que estemos de nuestros recuerdos. En concreto, recordamos cosas muy distintas cuando nos declaran ganadores que cuando nos declaran perdedores, y lo que recordamos guarda poca relación con lo que ocurrió. Barry Staw, por ejemplo, asignó a veinte equipos de graduados en másteres en gestión de empresas (MBA) la resolución de un rompecabezas financiero. Dichos equipos, formados por tres personas, se sirvieron de la memoria anual de una compañía para prever sus ventas y el precio de sus acciones un año más tarde. Después, Staw les ofreció una valoración falsa de su trabajo. A diez equipos se les comunicó que sus predicciones eran casi perfectas; a los otros diez se les comentó que sus cálculos estaban totalmente equivocados. En realidad, no había diferencias sustanciales entre lo bien que los equipos de los dos grupos habían previsto los resultados. Sin embargo, esas valoraciones falsas dieron pie a diferencias profundas en lo que recordaban los miembros de los equipos. Los treinta ganadores informaron que sus equipos estaban más motivados, más unidos, más abiertos a las ideas ajenas y a las críticas constructivas y más capacitados de lo que recordaban los treinta perdedores sobre sus equipos. Esa investigación y otros estudios parecidos, que reflejan que la información falsa hace que los miembros de los equipos ganadores recuerden tener líderes más eficaces, demuestran que los ganadores y los perdedores cuentan historias previsibles, con independencia de lo que ocurriera de verdad. Por lo tanto, utilizar informes de ganadores o perdedores para descubrir modos de convertir a su empresa o equipo en ganadores es discutible, en el mejor de los casos.[46]

No estamos defendiendo que se prohíba el uso de las historias de éxitos y fracasos. Los casos más vívidos captan nuestra atención, nos muestran lo que hay que hacer y nos impulsan a hacerlo. El reto es contar historias que sean más verídicas. Eso implica que los que cuentan las historias (y los que las escuchan también) deben recordar que cuando sepan quién gana y quién pierde, creerán cosas previsibles que no son necesariamente ciertas. También significa que podemos aprender más estudiando lo que la gente hace en tiempo real en lugar de estudiando lo que recuerdan haber hecho. Y cuando narramos y escuchamos cuentos de triunfo y desesperación, si queremos aprender a pesar de nuestros prejuicios, podríamos llegar a buscar *fracasos integrados en historias de éxitos* y *éxitos integrados en historias de fracasos*. Eso podría implicar, por ejemplo, que tuviéramos que mirar hacia atrás para ver ¡lo que Enron y WorldCom hicieron *bien* en vez de lo que hicieron *mal*!

6. Adoptar un enfoque neutral, desapasionado, frente a ideologías y teorías

La ideología es uno de los obstáculos más extendidos, potentes y molestos para el uso del management empírico. La gente suele ignorar las pruebas sobre las prácticas empresariales que chocan con sus convicciones políticas o historias personales idiosincrásicas. Simon and Garfunkel tenían razón cuando cantaban: «Un hombre escucha lo que quiere escuchar y desoye el resto». Es posible que los académicos y otros líderes intelectuales veneren y crean en sus propias teorías con tanto fervor que los vuelvan incapaces de aprender a partir de datos nuevos. Eso sucede, en parte, porque la gente «ve lo que cree». También sucede porque las teorías acaban convirtiéndose en realidad debido a su propia naturaleza: cuando obramos tal como sugieren que deberíamos hacerlo nuestras teorías preferidas, podemos provocar la conducta exacta que esperamos en nosotros mismos y en los que nos rodean. Por consiguiente, si creemos que la gente no es de fiar, supervisaremos su comportamiento muy de cerca, lo que imposibilitará que surja la confianza. Después de todo, ¿cómo puedo saber si puedo confiar en usted a menos que le brinde la oportunidad de que me demuestre que usted es de fiar? Y las pruebas experimentales reflejan que, cuando a la gente se la sitúa en situaciones en que las figuras de autoridad esperan que hagan trampas, la mayoría acaba haciendo trampas.[47]

Muchos economistas, incluidos Gary Becker y Oliver Williamson, creen que los seres humanos actúan, ante todo, por propio interés. La presunción de que la gente está programada para ser egoísta no sólo se utiliza para explicar el poder de los incentivos económicos, sino que los economistas la usan para explicar por qué la gente se enamora, se casa (también por qué pueden preferir la poligamia o no) y tiene hijos. Sin embargo, estos economistas ignoran las pruebas de que ser egoísta —o no— es un rasgo humano que se aprende, no es innato.[48] De hecho, los economistas parecen enseñar a los estudiantes a ser egoístas. La investigación de Robert Frank y sus colegas de la Universidad de Cornell demostró que el porcentaje de estudiantes que elegían opciones no éticas en una prueba de honestidad aumentaba espectacularmente entre los estudiantes que iban a clases de microeconomía, pero no entre los alumnos de astronomía. Otros investigadores pidieron a los estudiantes que recomendaran a un fontanero para un cineclub entre una serie de ofertas que variaban en función de cuánto dinero cobraba el fontanero y cuánto dinero obtendría el alumno si contrataban al fontanero que él hubiese recomendado. Concluyeron que los «economistas son más corruptibles que los demás». Ese tipo de estudios sugiere que el egoísmo se aprende y varía mucho entre un colectivo, un grupo y un país y otro. Sin embargo, la mayoría de teorías económicas sigue basándose en la suposición de que todo el mundo es egoísta. La moraleja es que hasta las personas formadas para realizar investigaciones rigurosas siguen siendo propensas a rechazar e ignorar pruebas que contradicen sus opiniones más preciadas.[49]

Otro ejemplo de cómo la ideología altera la realidad proviene del ámbito de la educación. En la actualidad, los colegios norteamericanos están aplicando e implementando los criterios de evaluación del rendimiento escolar más estrictos de todos los tiempos, y responsabilizan a estudiantes, profesores y directores de los resultados. Es difícil oponerse a que se suba el listón. Pero cuando se aplica un ideal sin tener en cuenta las pruebas sobre cuáles son las medidas estrictas que funcionan y cuáles las que no, los resultados se resienten.

Por ejemplo, existe una presión enorme para acabar con la *promoción automática*: que un niño pase curso aunque sus resultados no estén a la altura; es decir, empezar a suspender a más niños que no llegan a ciertos niveles. La promoción automática se terminó en Chicago en 1996, debido a la insistencia del alcalde Daley; en Nueva York en 1999, debido a insistencia del alcalde Giuliani, y en muchas otras ciudades norteamericanas, incluidas Baltimore y Filadelfia. El discurso sobre el Estado de la Nación de 1999 del ex presidente de los Estados Unidos Bill Clinton exigía el final de la promoción automática, porque «cuando se va pasando de curso a un niño que no domina la materia, se le hace un flaco servicio». Y el presidente actual de los Estados Unidos, George W Bush, es igual de vehemente que Clinton con respecto al fin de la promoción automática.

A primera vista, es difícil estar en contra de la conclusión de Clinton. Pero es una verdad a medias. La afirmación de Clinton es en parte correcta, porque cuando los estudiantes no consiguen llegar a unos niveles mínimos durante el curso escolar, ir a clases de repaso en verano antes de empezar el nuevo curso podría mejorar sus notas. Y hacer que pasen curso niños que no pueden estar a la altura del siguiente nivel realmente crea frustración y puede llegar a disminuir la motivación de los niños que se esfuerzan mucho por cumplir con dicho nivel. Pero terminar con la promoción automática perjudica a los estudiantes y a los colegios, y los efectos negativos más evidentes se observan en los estudios mejores y más rigurosos. Un mínimo de 55 estudios reflejan que cuando se compara a los estudiantes suspendidos con los estudiantes promocionados automáticamente, los primeros obtienen peores resultados y abandonan la escuela en porcentajes más altos. Uno de los estudios más meticulosos concluyó que, después de descartar numerosas explicaciones alternativas, como raza, género, renta familiar y características de la escuela, los estudiantes que habían tenido que repetir un curso tenían un 70% más de posibilidades de abandonar el instituto. Obligar a los estudiantes a repetir curso también provoca que las escuelas estén llenas de estudiantes mayores, y los costes se disparan ya que se requieren más profesores y más recursos adicionales, porque el estudiante medio pasa más años en la escuela.[50] Clinton, Bush, Giuliani y muchos otros políticos ignoraron las pruebas aplastantes de que terminar con la promoción automática fracasaría, a pesar de que el prestigioso pedagogo Robert Hauser advirtió en 1999: «Deberíamos saber si una política nueva funcionará antes de probarla a gran escala. En su plan para acabar con la promoción automática, la Administración norteamericana parece haber [incluido] [...] un procedimiento de ejecución —suspender niños a montones— contra el cual existen pruebas aplastantes. Y esta política perjudicará sobre todo a los niños pobres y de minorías étnicas».[51]

Las predicciones de Hauser se hicieron realidad. Nueva York eliminó la promoción automática en 1999, pero la reinstauró en el 2002, porque el número de repetidores ascendía a 43.000 y alcanzó la desastrosa cifra de 100.000 en el 2004, lo que provocó un aumento de costes, que a su vez obligó a la eliminación de numerosos programas, incluidos los destinados a ayudar a los alumnos con resultados por debajo de lo exigido. Además, no había pruebas de que suspender a los estudiantes los ayudara a aprender más. Esa no era una lección nueva: exactamente los mismos problemas se produjeron cuando la ciudad de Nueva York puso fin a la promoción automática veinte años antes.[52] A pesar de ello, mientras escribíamos este libro, el alcalde Bloomberg volvía a poner sobre el tapete la eliminación de la promoción automática en Nueva York.

¿Por qué gente inteligente como los alcaldes Bloomberg y Daley no aprenden de este tipo de pruebas evidentes? Porque el aprendizaje es complicado cuando los líderes u otras personas se mueven por la ideología en vez de por las pruebas.

Sabiduría: lo fundamental

Las directrices que se han descrito en este capítulo pueden ayudar a los directivos y a sus asesores a realizar un mejor trabajo al evaluar y aplicar el conocimiento empresarial. Pero hay algo más, algo más profundo, importante, que una única directriz para obtener los beneficios del management empírico: la *actitud* que tiene la gente con respecto al conocimiento empresarial. La idea de que la sabiduría se refleja en la actitud que tiene la gente con respecto a lo que sabe, no con respecto a lo *mucho* o lo *poco* que sabe, se remonta a los escritos de Platón, como mínimo. Platón describe la visita de Sócrates «a un hombre con una gran reputación de sabio». Sócrates «examinó minuciosamente a esa persona» y concluyó:

> *Tuve la impresión de que, pese a lo que opinaba mucha gente, y sobre todo él, que parecía sabio, en realidad, no lo era [...].Al marcharme, pensé que era evidente que yo era más sabio que ese hombre. Lo único que ocurre es que es muy probable que ninguno de los dos tenga ningún conocimiento del que alardear, pero él cree que sabe algo que no sabe, mientras que yo soy muy consciente de mi ignorancia. En todo caso, parece que yo soy más sabio que él en este sentido, porque no creo saber lo que no sé.*

La antigua idea de Platón conserva toda su fuerza porque la sabiduría (o la falta de ella) determina cómo piensa la gente, cómo se siente y cómo actúa en muchos sentidos. Los psicólogos, incluidos John Meacham y Robert Sternberg, han estudiado los matices de la sabiduría, y sobre todo que ser sabio es diferente de ser inteligente. Una de sus opiniones más importantes es que, como sugiere la cita de Platón, sabiduría implica «saber lo que uno sabe y saber lo que uno no sabe», en especial porque establece un equilibrio entre arrogancia (presuponer que uno sabe más de lo que sabe en realidad) e inseguridad (creer que uno sabe muy poco como para actuar). Esta actitud permite que la gente obre de acuerdo con ese conocimiento presente a pesar de dudar de lo que sabe. Eso implica que puede hacer cosas en ese momento, así como también seguir aprendiendo a lo largo del camino.[53]

La actitud de sabiduría impregna los criterios que se han propuesto para los consumidores y proveedores de conocimiento empresarial en este capítulo. Por ejemplo, incitamos a la gente a compensar su conocimiento limitado basándose en ideas anteriores y uniéndose a comunidades de personas inteligentes en vez de confiando sólo en sus propias opiniones. Nuestra perspectiva implica que la ignorancia o arrogancia no reconocidas que hay detrás de la mayoría de avances aparentes surgen de una ausencia de sabiduría. Y hemos enfatizado que adoptar una ideología o teoría puede ser reconfortante, pero puede dificultar que los practicantes reconozcan los defectos de sus ideas —y mucho menos que los busquen, los acepten y aprendan de las críticas—. En esencia, poner en práctica el management empírico significa adoptar creencias y diseñar contextos que permitan que la gente siga actuando con conocimiento mientras duda de lo que sabe, y que reconozca abiertamente las imperfecciones incluso de sus mejores ideas durante el proceso.

Retomando la medicina empírica, la reacción del pionero David Sackett frente a los elogios que ha recibido demuestra la actitud de la sabiduría. Se preocupa, de forma abierta, de que la gente considere sus ideas como el evangelio en lugar de como un esfuerzo inicial que debe revisarse y cuestionarse constantemente. Sackett incluso desprecia que la gente lo llame experto en medicina empírica, ya que «no le gusta el concepto de experto y experiencia, porque los denominados expertos no pueden evitar ser parciales con respecto a sus propias opiniones publicadas». El doctor Sackett ha hecho todo lo posible para comunicar que no es un genio solitario, que forma parte de un equipo de la Universidad McMaster que ha desarrollado la medicina empírica, de modo que no se merece ser señalado como el gurú. Sackett rechazó una invitación para formar parte del Canadian Medical Hall of Fame (Galería de Honor de los Médicos Canadienses), y sólo cedió después de que le permitieran aceptar la distinción en nombre de todos sus colegas. Las palabras y los actos de Sackett no sólo demuestran la actitud correcta para impulsar la mejora continuada del conocimiento médico, sino que además sirven de modelo para los investigadores y autores de temas de management.[54]

Por desgracia, existen pocos David Sackett en el mercado de las ideas empresariales. La modestia escasea y lo taxativo abunda, en recomendaciones sobre qué hacer, en conclusiones sobre qué incide en el rendimiento individual y empresarial, y en las opiniones sobre qué es cierto y qué es falso. Por consiguiente, no es extraño que las medias verdades inunden la práctica del management, lo que provoca todo tipo de problemas para los que se dejan seducir por su atractivo. Por este motivo, investigar, comprender y decidir qué hacer con respecto a algunas de las medias verdades peligrosas más importantes es crucial para implementar el management empírico. A continuación, vamos a dedicarnos a eso.

SEGUNDA PARTE

Medias verdades peligrosas sobre cómo dirigir a la gente y a las empresas

3

¿El trabajo es fundamentalmente distinto del resto de la vida y debería ser así?

Libby Sartain, que fue ascendida a vicepresidenta ejecutiva de personal en Southwest Airlines y en la actualidad dirige el departamento de recursos humanos de Yahoo!, escribió un libro para compartir su sabiduría, *Recursos humanos desde el corazón*.[1] A pesar del enorme talento de Sartain, las cosas no siempre le resultaron fáciles al comienzo de su carrera. Después de terminar un MBA a mediados de la década de 1970, Sartain fue rechazada para un trabajo porque le dijeron «que sonreía demasiado».[2] Más adelante, cuando trabajaba en Mary Kay Cosmetics, Sartain decidió marcharse después de que un jefe bienintencionado le aconsejara: «Eres muy divertida y realmente me encanta trabajar contigo. Pero si te ríes tan fuerte en el vestíbulo, la gente va a pensar que no eres muy profesional. Sólo tienes que bajar un poco el volumen».[3] Sartain podría haber hecho lo que muchos hacemos cada día: «moderarse», ser una persona más sombría en el trabajo y, en consecuencia, convertirse en una persona diferente —y menos auténtica— en el trabajo. En lugar de eso, optó por encontrar un lugar en el que se apreciaran sus risas contagiosas y su entusiasmo, y de ese modo terminó con una carrera próspera en Southwest Airlines. Como refleja su experiencia, la mayoría de empresas espera que la gente se tome a sí misma más en serio en el trabajo que en otros ámbitos de su vida. Reír muy fuerte y ser muy expresivo es adecuado en casa o cuando se visita a amigos, pero se suele reprobar en la vida corporativa y, como hemos descubierto algunas veces, también en la Stanford Business School.[4]

Sospechamos que pocos lectores se habrán sorprendido con la historia de Sartain. Después de todo, la mayor parte de compañías presionan al personal para que observe, hable y se comporte de formas que difieren de lo que hace en otras esferas de su vidas y, a menudo, de quienes son en realidad. A veces, sobrevivir y prosperar en la vida empresarial requiere tener las dotes de un gran actor: la capacidad de interpretar un papel que no es necesariamente el propio. Que animar a la gente para que sea y se comporte de modo distinto ayude o perjudique a las empresas y a sus trabajadores es una cuestión completamente diferente.

Vamos a iniciar el debate sobre las medias verdades con ésta, porque está muy extendida y puede ser muy perjudicial. La tesis de que el trabajo está y debería estar separado del resto de la vida, con criterios diferentes para motivar y valorar las acciones humanas, afecta a muchas de las otras medias verdades que se desenmascaran en este libro. Tomemos el caso de los incentivos, la piedra angular de muchas prácticas empresariales muy célebres. ¿Tiene que ofrecer siempre dinero u otros sobornos para conseguir que la gente obre de la manera adecuada? ¿Las personas que reciben más complementos de esos siempre son mejores seres humanos? Esas dos creencias casi nunca se ponen en duda cuando se aplican a entornos de trabajo, pero parecen sospechosas y simplistas cuando se piensa en familias, niños, amigos, comunidades y grupos religiosos. No esperamos que los amigos necesiten incentivos para cenar con nosotros o para ayudarnos. No consideramos que la madre Teresa de Calcuta o Gandhi fueran unos fracasados porque murieran con muy poco dinero en sus cuentas corrientes. También se da por sentado que dirigimos a la gente de un modo diferente en el trabajo que en nuestras vidas normales y corrientes. Dudamos de que los padres que usaran en casa un sistema de clasificación forzada en curvas al estilo del de GE hablaran de ello, y mucho menos que se les ofrecieran honorarios muy elevados para dar charlas o escribir libros en los que alardearan de haber dedicado la mayor parte de su tiempo y dinero a sus hijos más brillantes y sólo una atención limitada a sus hijos ordinarios e inferiores. Y no conocemos a ningún padre que despida a los hijos por no estar a la altura.

También empezamos con esta verdad a medias —que el trabajo es diferente y es independiente del resto de la vida y que así debería ser—, porque, a lo mejor aún más que otros temas que van a discutirse, la creencia de que el trabajo es y debería ser independiente del resto de la vida es muy dominante. Se suele considerar:

- Sabiduría convencional sobre la manera *correcta* de dirigir.
- Un hecho de la vida que describe a casi todas las compañías.
- Difícil, quizá imposible, esquivar o cambiar, debido a las limitaciones insoportables, incluidos costes financieros, riesgos legales, presiones competitivas y expectativas sociales, con respecto a lo que las buenas personas y empresas tendrían que decir y hacer.

Por lo tanto, vamos a empezar con la suposición de que el trabajo es y debería ser independiente del resto de la vida no sólo para ver cómo evitar el daño causado por esta media verdad peligrosa. Lo hacemos para acostumbrarle a pensar de un modo diferente sobre cómo dirigir y reconocer que usted y su empresa tienen otras opciones. Las empresas raras veces son condenadas por seguir haciendo lo que todo el mundo hace, incluso cuando todo el mundo actúa y habla como si la huida fuera imposible.

¿Qué se supone que hay de diferente en el trabajo?

Los gerentes, asesores, académicos y abogados suelen tratar el trabajo como algo fundamentalmente diferente del resto de la vida.

Hablan como si el lugar de trabajo, sea virtual o presencial, fuera una tierra aislada gobernada por reglas distintas, limitadas y, a veces, completamente opresivas, con respecto a lo que la gente tendría que hacer y cómo tendría que hacerlo. Muchas personas fingen que en el momento en que un ser humano cruza el umbral mágico del no trabajo al trabajo, entran en juego fuerzas conductuales y sociales diferentes. Hasta en algunos de los lugares de trabajo más cultos, el contrato psicológico es que, a cambio de dinero, algo de seguridad y un estatus, la gente debe aceptar limitaciones considerables a lo que piensa, dice, siente y hace. En lugares menos ilustrados, las presunciones y restricciones son aún más extremas, opresivas e irracionales.

Su tiempo es nuestro, incluso cuando trabaja todo el tiempo

En la mayoría de compañías, cuando uno cruza la puerta se supone que el resto de responsabilidades y obligaciones —con la familia, la comunidad e incluso con uno mismo— se deja a un lado, y se supone que se va a concentrar sólo en la empresa y su bienestar. La idea parece ser que las personas y preocupaciones importantes para usted dejan de existir en el momento en que entra en el lugar de trabajo. Las compañías intentan evitar que los empleados se ocupen de cuestiones personales en el trabajo, limitándolo o prohibiéndolo todo, desde llamadas telefónicas personales hasta socializar con los amigos o usar los ordenadores de la oficina para proyectos personales. Hoy en día, las empresas están tomando medidas muy duras contra la "ciberholgazanería": enviar correos electrónicos personales, navegar por Internet para pasar el rato o para llevar a cabo tareas personales, como invertir en Bolsa o matricular a los hijos en un campamento de verano. En una nota interna del 21 de abril del 2003, que recibimos anónimamente de un empleado claramente disgustado, AppealTech, una imprenta de Nueva York especializada en material destinado a los tribunales de apelación, comunicaba a sus trabajadores: «Nadie podrá acceder a las cuentas de correo personales desde la oficina [...]. Nadie podrá acceder a sus ordenadores personales desde la oficina [...]. No se podrán recibir entregas personales en la oficina, a menos que no se disponga de ninguna otra alternativa. Si se diera el caso, rogamos que expongan su situación personal a sus responsables».

Para hacer cumplir esas reglas, muchas empresas utilizan software que ayuda a descubrir y castigar las conductas que se consideran un despilfarro y un abuso. Un vendedor de ese tipo de software presume: «Spector CNE añade una nueva dimensión al control de Internet. Ahora, podrá grabar todo lo que sus empleados hagan en línea, incluyendo mensajes, *chats*, correo electrónico enviado y recibido, páginas web visitadas, aplicaciones iniciadas, conexiones de red establecidas y ancho de banda consumido, archivos descargados, archivos copiados a dispositivos portátiles y teclas pulsadas».[5]

La ironía es que, mientras se espera que los empleados mantengan su trabajo al margen de sus asuntos personales, también se les pide que dediquen cada vez más tiempo a trabajar. Ésta es una tendencia que hace tiempo que se observa en los Estados Unidos, Canadá y Nueva Zelanda, donde las horas trabajadas por un adulto medio aumentaron más de un 15% entre 1970 y el 2002, con un incremento del 20% en los Estados Unidos. Hay pruebas recientes, a pesar del descenso del número de horas de trabajo per cápita en los países europeos entre 1970 y el 2002 —con un descenso del 20% en Francia—, de que, en la actualidad, presiones del mismo estilo que las de Estados Unidos están provocando que la jornada laboral se prolongue en toda Europa. E incluso los franceses están trabajando más horas en los últimos años.

La presión para trabajar más horas es extrema en algunas profesiones, como las empresas de alta tecnología y de servicios profesionales, donde el tiempo dedicado al trabajo se entiende como una prueba de fidelidad o de compromiso. Los bufetes de abogados de los Estados Unidos son tristemente célebres por presionar a sus socios para que trabajen muchas horas. Un socio de un bufete especialmente exigente relató que hacía años que no llegaba a casa a tiempo para cenar con sus hijos. El jefe trabaja hasta tarde, de modo que él también debe quedarse. Esas presiones se ven amplificadas por clientes exigentes y difíciles, que insisten en que todos sus caprichos se atiendan *en ese preciso instante*, como uno que se quejaba porque sus abogados a veces tardaban *horas* en responder a los mensajes de correo electrónico que les enviaba a las tres de la madrugada.

Las empresas de juegos de ordenador también son famosas por contar con programadores jóvenes que trabajan demasiado: «jugadores» que viven jugando y diseñando juegos divertidos. Al menos al principio, esos jóvenes diseñadores se sienten tan emocionados por el trabajo (y por estar rodeados de otros colegas «jugadores») que están contentos de trabajar por salarios inferiores a los de programadores con las mismas habilidades, y aguantan muchas horas durante épocas difíciles para cumplir con los plazos de los proyectos, pero la mayoría acaban quemándose en unos cuantos años. Electronic Arts (EA), la compañía de juegos de ordenador más grande del mundo, se vio en el centro de una fuerte polémica cuando los empleados demandaron a la empresa por no pagar las horas extra durante periodos decisivos. La publicidad negativa empeoró cuando la esposa de un programador de EA difundió de forma anónima la queja, que fue especialmente polémica, de que EA estaba provocando el colapso de los ampleados al hacerles trabajar más de 80 horas semanales, mes tras mes. EA realizói algunos ajustes en el pago de horas extra y puso en marcha programas para equilibrar la vida laboral y la personal, pero las jornadas interminables en épocas críticas siguen siendo una parte notable del trabajo y tener una vida propia fuera del trabajo aún es un reto para la mayoría de creadores de juegos.[6]

Peor todavía: cuando la gente está fuera del trabajo, ya no desconecta del todo. Hasta los jefes más comprensivos presionan al personal para que trabaje en fin de semana, se lleve trabajo a casa, responda a mensajes de correo electrónico mientras está de vacaciones y entretenga a los clientes por la noche. La esposa de un abogado de éxito una vez nos contó que no le quedaban amigos de verdad, porque pasaba las noches y los fines de semana en acontecimientos sociales con sus clientes. Las empresas, que defienden de boquilla la conciliación de la vida laboral con la vida personal, suelen tratar las vidas no profesionales de sus empleados como algo secundario. Como nos preguntó Libby Sartain, «¿Cómo puede alguien mantener que el trabajo debería ser independiente del resto de la vida, si en muchos casos, no hay más vida que la profesional?».[7]

El hábito hace al monje

Muchas entidades exigen que el personal se vista con un atuendo distinto y predeterminado en el trabajo. Existen códigos de vestir formales o informales en muchos lugares. A pesar de que la famosa regla de «camisa blanca» de IBM puede que ya no exista, sigue sucediendo que la mayoría de gente viste de una manera diferente en el trabajo. Los uniformes son omnipresentes en los empleos de servicios; es fácil decir quién es camarero, auxiliar de vuelo, médico, jugador de béisbol, oficial de policía o bombero, con un simple vistazo. El vestuario también indica en qué nivel del escalafón está una persona. Tal como Howard Becker explicó después de estudiar a los estudiantes de medicina, «Durante el resto de sus vidas pasarán muchísimas horas entre personas que llevan uniformes, en su mayoría, de color blanco, que señalan el lugar de cada uno en la complicada división del trabajo y en el escalafón del mundo de la medicina».[8]

Exigir que los trabajadores se vistan de acuerdo con códigos estrictos, a menudo muy formales, también sirve como recordatorio constante de que se espera que los empleados abandonen su individualidad y dejen a un lado su propio gusto y criterio en beneficio de los de la empresa. Si todo el mundo sigue el mismo código de vestir estricto, se creará un mundo donde cada persona estará rodeada de clones decorados de la misma manera, de modo que el mensaje tácito, pero no muy sutil, es: «Todos somos iguales y todos hacemos lo que nos mandan».

Algunas personas se visten de modo distinto conscientemente, por razones estratégicas, pero hacerlo conlleva ciertos peligros. La doctora Laura Esserman no sólo es una mastóloga con un MBA en Stanford, sino también la directora del Carol Frank Buck Breast Care Center (Centro de Cuidados de los Senos Carol Frank Buck) en la Universidad de California (San Francisco) y una médica de renombre. Cuando visita a sus pacientes, Esserman *nunca* lleva bata blanca; en lugar de eso, viste como lo hace normalmente: con ropa de colores vivos, llamativa, y lleva pendientes grandes y extravagantes. Como ella opina, «Mis pacientes ya se sienten bastante estresadas con su enfermedad. Quiero que participen en su atención, y lo último que quiero es distanciarme de ellas mediante un uniforme de médico». Su estilo inusual le ha servido para ganar notoriedad e influencia. En una ocasión en que asistió a un congreso médico nacional con un atuendo más conservador, recibió quejas por parte de sus colegas y preguntas del tipo: «¿Por qué te vistes de una forma tan aburrida?»

Ponerse un uniforme o un traje puede que parezca algo trivial, demasiado débil para borrar el verdadero yo de una persona. Pero la teoría y los datos del experimento de Phillip Zimbardo, que convirtió a guardas de prisiones en gerentes con trajes, sugieren que ponerse un uniforme estimula un proceso psicológico en virtud del cual «las preferencias individuales se ven sustituidas por los objetivos y valores del grupo».[9] Fuimos sumamente conscientes de ese tipo de presiones en los años ochenta, cuando uno de nuestros estudiantes trabajaba con un contrato de prácticas en IBM. Intentó ajustarse al uniforme de IBM de aquella época: traje azul, camisa blanca y corbata. Rotaba las tres corbatas que tenía: una roja, una azul y otra amarilla. Siempre que llevaba la corbata amarilla, se burlaban de él por llevar una corbata horrible. No se daba cuenta de que las burlas iban en serio y que eso ocurría porque el código de vestir no oficial de IBM prohibía las corbatas amarillas. Un buen día, el jefe de su jefe hizo un aparte con él y le advirtió que sólo las corbatas rojas y azules

104

eran apropiadas en IBM. Ese chico en prácticas no sólo aprendió una lección sobre moda, también aprendió una lección sobre conformismo.[10]

No piense o debilitará al equipo; limítese a obedecer a lo que le digan

Los empleados deberían pensar de un modo diferente mientras están en el trabajo. Por lo general, se espera que acepten buenamente tener menos control sobre sus vidas y ceder tanto frente al control, como frente a la autoridad de sus superiores para tomar decisiones. De los trabajadores que pueden llegar a gestionar situaciones económicas personales complicadas, tener múltiples aficiones y talentos, y dirigir algún negocio en sus ratos libres, se espera además que sean dóciles en el trabajo: obedezcan a lo que les digan, no planteen demasiadas preguntas y no se agiten. Es irónico, pero a menudo completamente cierto, que las compañías contratan al personal por su experiencia y talento y, a continuación, dan un giro de 180 grados y le comunican: «Así no es como se hacen las cosas aquí» y le piden que siga las órdenes. No es extraño que haya tantos empleados que no se sienten implicados con su trabajo y que la satisfacción con los jefes y empleadores, como indican muchos estudios, no sea muy alta.[11]

Algunos de los ejemplos más impactantes que hemos escuchado de cómo los jefes ahogan a personas con talento proceden de charlas con pilotos de avión y auxiliares de vuelo. Muchos se han licenciado en las mejores instituciones y universidades, algunos tienen títulos de empresariales y derecho, y muchos dirigen negocios o despachos profesionales con éxito durante sus horas libres. Dominan sobre todo los temas económicos de las compañías aéreas, la cultura y los estilos de gestión de las principales líneas aéreas y la psicología del trabajo. Pero cuando están en el trabajo, en empresas como United Airlines, se espera que *no* se comporten como las personas inteligentes y juiciosas que son, ni que contribuyan con sus ideas a la compañía aérea. En lugar de eso, los altos directivos quieren que se limiten a hacer lo que se les dice. Cuando ofrecen consejos, los reprenden.

Muestre los sentimientos prescritos, no los suyos; deje sus emociones en la puerta

Tal como refleja la experiencia de Libby Sartain, las empresas suelen contar con reglas escritas o no escritas sobre qué sentimientos deberían transmitir los empleados a los clientes y entre colegas; los sociólogos las llaman *reglas de expresión*. Muchas entidades hacen todo lo posible para contratar, formar, supervisar y recompensar a los empleados para que expresen los sentimientos adecuados y cribar, readaptar y, si fuera necesario, despedir a los trabajadores que expresen sentimientos inadecuados. Existen motivos empresariales convincentes para que las compañías intenten controlar las emociones que los empleados transmiten a los clientes. Un servicio agradable puede conseguir que una compañía sea más atractiva para los clientes y un lugar más divertido donde trabajar. Por este motivo, tanto Southwest Airlines como JetBlue especifican que los trabajadores serán contratados y despedidos en función de su comportamiento con la clientela y con sus colegas de trabajo. También hay puestos en que a los empleados se les paga por molestar y presionar a la gente. En una ocasión, Sutton pasó tres meses observando, recibiendo formación y trabajando como cobrador de facturas, haciendo llamadas a gente con pagos atrasados de sus cuentas Visa y MasterCard. Aprendió que los cobradores eficaces creaban urgencia y alarma a los morosos y recibían formación, en concreto, para ser bruscos con las personas agradables que no parecían demasiado preocupadas, elevar la tensión de su tono de voz y formular amenazas como: «¿Alguna vez ha querido comprarse un coche? ¿Alguna vez ha querido comprarse una casa? Si es así, será mejor que pague este recibo ahora mismo».[12]

Las emociones adecuadas transmitidas a las personas acertadas en el momento apropiado pueden incrementar los ingresos y fortalecer las culturas corporativas. Pero obligar a la gente a expresar emociones falsas tiene un precio. Algunos estudios muestran que cuando la gente expresa constantemente emociones que no siente, se quema, se distancia y sufre problemas físicos y de salud mental.[13] Aún mejor documentado está el problema de Libby Sartain. Las compañías tienen unas definiciones tan limitadas de la *conducta adecuada* que criban a las personas dotadas que no son bastante afables, emocionalmente controladas o suficientemente reservadas; o al contrario, que son muy reservadas, muy afables o socialmente complicadas.[14]

Al estilo personal se le puede dar demasiado peso cuando las compañías evalúan a empleados técnicos. Hace unos años, estudiamos el auge y caída de la compañía Atari, que en otro tiempo fue una empresa de juegos de ordenador con mucho éxito. Cuando entrevistamos a Nolan Bushnell, el fundador y el visionario de la compañía antes de venderla a Warner Brothers a finales de la década de 1970, insistió en que no prestaba atención al aspecto de un posible ingeniero, a si el candidato mantenía contacto visual ni a otras señales que expresaran amabilidad o felicidad. En lugar de eso, sólo se fijaba en su trabajo porque «los mejores ingenieros, a veces, tienen cuerpos que no saben hablar».[15]

Amor —incluso amistad— es una palabra prohibida

Se supone que las relaciones sociales también son diferentes en el trabajo que en otros contextos —como por ejemplo, con la familia o los amigos—; en general, son más distantes y menos cordiales e íntimas. Sin embargo, cuando las personas pasan muchas horas juntas, suelen desarrollar relaciones personales, incluso amorosas. Un estudio de Vault.com del 2003 concluyó que el 59% de los más de 1100 encuestados admitía salir con un colega; otro 17% respondió que le gustaría hacerlo.[16] Pero muchas compañías tienen políticas que prohíben las citas entre colegas de trabajo, y las personas que terminan haciendo caso omiso de esas políticas y casándose con colegas de la misma empresa, a veces descubren que uno de los dos tiene que encontrar un nuevo empleo. Los jefes temen la responsabilidad legal por demandas de acoso sexual, las acusaciones de nepotismo y favoritismo, y la intrusión de los cotilleos en el lugar de trabajo. Quieren asegurarse de que las jornadas laborales no se pierden flirteando con compañeros, de modo que intentan controlar las interacciones entre empleados, incluso fuera del trabajo.

El conflicto y la competencia son deseables en el lugar de trabajo

Las acciones que son elogiadas y recompensadas en el trabajo suelen estar prohibidas, o como mínimo desaconsejadas, en otras áreas de la vida. La competencia interpersonal se espera, acepta, elogia y se suele fomentar en el trabajo. En cambio, la rivalidad entre hermanos se considera un problema, no una virtud que acentúa lo mejor de cada persona. El ex consejero delegado de CompUSA, James Halpin, comentó a la plantilla: «Deberíais considerar a vuestros compañeros de trabajo vuestros enemigos».[17] No podemos imaginarnos a un padre o a una madre que le diga a su hijo: «Deberías ver a tus hermanos y a tus hermanas como tus enemigos». Pero el trabajo es aparentemente diferente. Las empresas suelen estar llenas de políticas de oficina, con personas que maniobran para obtener favores y avanzar, mientras que ese tipo de comportamiento raras veces se considera aceptable con los miembros de la familia y amigos.

Al adoptar una conducta política para hacer avanzar la carrera de cada uno, la mentira, los engaños y la exhibición de emociones falsas surgen de forma habitual y se entienden, simplemente, como cosas que hacen las personas que juegan al juego del poder empresarial. Una de las teorías económicas más influyentes sostiene, a pesar de la cantidad de pruebas que indican lo contrario, que esa clase de conducta egoísta y desagradable responde tan sólo a la naturaleza humana, de modo que es esperable y excusable. La teoría de la agencia de Jensen y Meckling supone que la gente en el trabajo persigue el beneficio propio con astucia, engaños y artimañas.[18] Esta teoría también sostiene (de nuevo, en contra de las pruebas) que la gente es *reacia al esfuerzo*, perezosa por naturaleza y propensa a escabullirse. Pero fuera del lugar de trabajo, mentir y aparentar no son formas de ganarse amigos y amantes leales, y la gente que esquiva las responsabilidades de la amistad y la familia puede llegar a ver cómo desaparecen ambas en el futuro.

Las normas de comportamiento educado y civilizado no se aplican en el trabajo

Algunos jefes acosan, intimidan y menosprecian a los demás. Se espera que los subordinados aguanten abusos que son condenados en otros contextos. Como expone *The New York Times*, «Todos los trabajadores adultos han conocido a alguien: un jefe a quien le encanta hacer sufrir a los subordinados, cuyo temperamento impregna toda la oficina, que hace que los empleados salgan corriendo en busca de refugio, cuya voz provoca que los músculos del vientre se contraigan y que los pulsos se aceleren».[19] El ex consejero delegado Al Dunlap fue finalmente despedido de Sunbeam por fraude contable, pero con anterioridad había sido alabado por la prensa empresarial como héroe y gran líder. Dunlap era famoso por los abusos a los que sometía a los trabajadores. Un ejecutivo en la primera reunión de Dunlap con el equipo directivo de Sunbeam le describió «como un perro que te ladraba durante horas [...]. Simplemente, gritaba, despotricaba y maldecía. Era condescendiente, beligerante e irrespetuoso».[20]

La conducta de Dunlap no es rara, por desgracia. Richard Grasso, ex presidente de la Bolsa de Nueva York, al parecer, no era tan diferente. «Los subordinados que no lograban cumplir con sus criterios exactos recibían brutales palizas verbales [...]. Después de sentar a su víctima en una silla, Grasso, con la cara enrojecida, le descargaba una ola de veneno».[21] Este comportamiento no se limita sólo a los ejecutivos masculinos. El doctor Gary Namie, director del Workplace Bullying and Trauma Institute (Instituto sobre los Traumas y la Intimidación en el Trabajo), informa que las mujeres tienen las mismas probabilidades de ser agresoras que los hombres.[22] Linda Wachner, ex consejera delegada del fabricante de ropa Warnaco, «se granjeó la reputación de desmoralizar a los empleados regañándolos públicamente por no alcanzar los objetivos de ventas y beneficios o, simplemente, porque le desagradaban. A menudo [...] los ataques eran personales en vez de profesionales, y no era extraño que estuvieran repletos de alusiones obscenas a cuestiones sexuales, raciales o étnicas».[23] Por desgracia, lo que se consideraría un comportamiento abusivo en las familias y otras relaciones sociales se acepta, e incluso se alaba, en situaciones profesionales con más frecuencia de lo que muchos queremos admitir.

El sentido y la realización provienen de otras partes; trabajar sólo es trabajar

A pesar de que los libros ensalzan la importancia de la visión y los valores corporativos, muchas compañías no se preocupan demasiado de ofrecer un sentido y una realización a sus trabajadores. Después de todo, el trabajo se hace por dinero y, en teoría, no por valores sociales ni espirituales. La búsqueda de sentido y realización debería producirse en otros ámbitos. Hasta las empresas que tienen declaraciones de objetivos y valores corporativos suelen tratar esos aspectos como tótems rituales que en realidad no influyen en el desarrollo de las operaciones diarias.

En parte, eso se debe al incremento de la tendencia a entender las empresas únicamente como entidades económicas cuya labor es maximizar el valor para los accionistas. A la mayoría de empleados le cuesta mucho entusiasmarse por las glorias de maximizar el valor para los accionistas, en especial cuando reconocen que muchos accionistas tienen las acciones, literalmente, durante una fracción de un día. La insistencia en los objetivos financieros a expensas de ofrecer un sentido parece ser cada vez más dominante, como mínimo en los Estados Unidos, y contribuye al desgarro existencial que mucha gente vive: pasan muchas horas en el trabajo, pero tienen que encontrar sentido y realización en otra parte.

Aunque no suelen decirlo abiertamente, los gerentes y los especialistas en management actúan como si la gente se transformara en criaturas diferentes cuando intervienen las reglas profesionales, o por lo menos les parece útil creerlo. El mensaje es que tendría que confiarse menos en los trabajadores y controlarlos más; deberían vestirse, sonreír y fruncir el ceño de formas predeterminadas; deberían ser más competitivos, egoístas, políticos, astutos y quizás hasta desagradables. Y ya está bien —es incluso deseable— tratar al personal como si sus habilidades e ideas fueran inferiores a las de sus superiores. No cabe duda de que muchas personas han llegado a aceptar que el trabajo es diferente del resto de sus vidas, que es el motivo por el que tantas anhelan las vacaciones y la jubilación. La cuestión es si esa clase de divorcio realmente tiene sentido como modelo para reflexionar, dirigir y vivir dentro de las empresas. Y ¿es posible separar los contextos en un mundo donde la tecnología desdibuja y destruye los límites?

El trabajo no tiene que ser diferente del resto de la vida

Una de las barreras más formidables para la implementación del management empírico es la creencia de que las cosas no pueden ser distintas, porque siempre han sido de esa manera, son de esa manera en todas partes y *tienen que ser* de esa manera por razones de peso. Si la gente no conoce o no entiende trayectorias alternativas, o ni siquiera se ha sentido atraída u obligada a pensar en esas alternativas, no realizará cambios, sean cuales sean las pruebas. Por este motivo, nosotros somos fervientes defensores de los trabajos de campo. Actividades sencillas como visitar fábricas, observar cómo trabaja la plantilla, observar a los clientes, convertirse en clientes del propio producto —o, mejor todavía, de los productos de la competencia— proporciona experiencias intensas. Cuando la gente visita otros lugares y observa lo que realmente ocurre, es difícil ignorar la realidad de sus propios sentidos, en comparación con los informes y presentaciones en PowerPoint más abstractos y asépticos.

Del mismo modo, si los empleados no conocen la historia de cómo y por qué suceden las cosas, el cambio será complicado, porque no asumen las razones y suposiciones (a menudo obsoletas o sospechosas) que hay detrás de las prácticas vigentes. Piense en la verdad a medias que se ha planteado en este capítulo: el trabajo es y debería ser independiente del resto de la vida. ¿Cómo se origina esta idea y se vuelve tan generalizada? No está nada claro que someter a las personas a funciones que chocan con sus valores y conductas, como se ha explicado anteriormente que hicieron los jefes de Libby Sartain, sea una práctica sensata. Resulta que la distinción actual entre el trabajo y el no trabajo es relativamente reciente. Hace 150 años, la mayoría de personas trabajaban en granjas, pequeñas tiendas o talleres. El trabajo no estaba separado del resto de la vida. La gente vivía donde trabajaba —o encima de donde trabajaba—, a menudo trabajaba con otros miembros de su familia y tenía más control sobre su empleo. La existencia no era para nada idílica, ya que ganarse la vida solía requerir más horas y esfuerzos que hoy en día. Pero sí que implicaba que las funciones profesionales y familiares estaban integradas.

Incluso en la actualidad, para muchas personas —como, por ejemplo, contratistas independientes, algunos de los cuales trabajan en casa; gente que trabaja en negocios familiares; empresarios, sobre todo de pequeñas empresas de nueva creación, y profesionales en despachos privados pequeños—, el trabajo y el resto de su vida siguen estando fuertemente integrados. Es básicamente en las organizaciones formales, compañías y burocracias públicas donde se producen las distinciones entre el ámbito laboral y el no laboral.

La aparición de la relación de empleo —la idea de trabajar para otra persona por un sueldo— es lo que parece haber causado la separación y la segmentación entre el trabajo y el resto de la vida. Ser un empleado era un cambio drástico en la relación entre las personas y su ocupación. Si se trabajaba para uno mismo o con otros miembros de la familia, no había problemas institucionales, no existían los mandamientos de la economía moderna y su concentración en cómo alinear los incentivos y mantener el control cuando los propietarios y los empleados tienen intereses distintos y opuestos. Uno trabajaba, y él mismo o su familia recogían los frutos de su trabajo. Cuanto más se trabajaba, más se conseguía, y la elección entre ocio y esfuerzo era básicamente privada. Cuando la gente trabajaba para terceros en vez de para sí misma (sobre todo cuando el trabajo a destajo se volvió menos habitual), lo que la mayoría de empleadores compraba era tiempo: horas de esfuerzo. El resultado era una lucha por el control sobre el lugar de trabajo y los acuerdos profesionales: el tira y afloja que describimos entre compañías y empleados. Por consiguiente, a mí sólo me importará si está navegando por Internet si le pago por dedicar el tiempo a otra cosa. Sólo me importa el número de horas que factura en un bufete de abogados si me quedo algunos de los frutos de sus esfuerzos. Sólo me preocupan los días de vacaciones que se coge, el número de días que se pone enfermo y si usa sus horas laborales para ofrecer servicios a nuestros clientes o para mejorar su vida social, si le pago por el tiempo perdido y la productividad.

Los empresarios luchan constantemente contra el problema del control, por lo que es un tema central en la teoría de las empresas, economía e historia empresarial. Cada respuesta organizativa durante la historia de esta lucha desencadena una serie de efectos, a menudo cambios de los que los jefes acaban dándose cuenta de que son perjudiciales para ellos mismos y para los trabajadores, lo que les lleva a probar métodos diferentes para controlar al personal. Una primera respuesta para tratar con los empleados de producción masiva, por ejemplo, fue contratarlos y despedirlos por fuerza, tolerar una rotación enorme y tratar al personal como piñones reemplazables de una máquina. Los patrones estaban centrados, principalmente, en exprimir al máximo a los trabajadores para sacarles todo el trabajo posible a cambio del mínimo dinero. La ro-

113

tación de la plantilla en la primera época de la Ford Motor Company superaba el 300% anualmente, y alcanzó el 380% en diciembre de 1913.[24] Las cosas empezaron a cambiar cuando los empleadores se dieron cuenta de los costes que representaba esa rotación: el valor del aprendizaje y de las habilidades en el trabajo era más alto de lo que creían. Muchos subieron los sueldos, como el famoso salario diario de 5 dólares que instituyó Ford en 1914. Las compañías también adoptaron medidas para integrar mejor las vidas de los empleados en el lugar de trabajo, para poder controlar con más firmeza al personal.

El término *colonia industrial*, población creada por una empresa, refleja una dimensión de ese proceso: hacer que las personas vivieran, trabajaran y compraran en áreas aisladas, de modo que si perdían su empleo, también perdían el lugar donde vivían, las escuelas para sus hijos y las tiendas donde comprar comida. Incluso en las áreas urbanas, las compañías se involucraron más en las vidas de sus empleados fuera del trabajo. Por ejemplo, la Ford Motor Company estableció un departamento de sociología de cincuenta personas, porque Henry Ford argumentó que no sólo estaba fabricando automóviles, sino que también quería crear a hombres en sus fábricas.[25] El personal de ese departamento se pasaba el día recopilando información personal sobre trabajadores potenciales y existentes para asegurarse de que los hombres *adecuados* trabajaban en Ford, «comprobando información sobre el estado civil, la religión, la ciudadanía, los ahorros, la salud, las aficiones, el seguro de vida e innumerables aspectos más».[26] A pesar de que la intervención de Ford fue extrema, en los años veinte muchas empresas adoptaron prácticas empresariales denominadas en su conjunto *capitalismo del bienestar*. Estas prácticas mostraban la creencia de que los patrones no sólo eran responsables del salario, la jubilación y la salud de sus empleados: las compañías eran comunidades con responsabilidad sobre el bienestar de los trabajadores y sus familias.[27]

Esa intrusión en las vidas de los trabajadores provocó reacciones de los sindicatos, que estaban preocupados por si ese tipo de información personal se usaba para reconocer, filtrar y expulsar a cualquiera que tuviera actitudes prosindicales. Los gobiernos de los Estados Unidos y otros países también estaban preocupados por los derechos de los trabajadores y empezaron a cuestionar la invasión de las compañías en las vidas de sus empleados, y básicamente decidieron que ellos también tenían derecho a controlar la relación de empleo. El Estado estaba, y sigue estándolo en la actualidad, interesado en dos cuestiones políticas que hicieron que se limitaran las jornadas laborales: la seguridad (las personas que trabajaban tantas horas se cansaban, cometían errores y tenían accidentes, por lo que existen límites legales con respecto a las horas que trabajan los pilotos y los camioneros, por ejemplo) y empleo (limitar las horas que la gente puede trabajar, como mínimo sin que le paguen horas extras, supuestamente implica que se contrate a más personas y que aumente la ocupación total).

La separación del trabajo y del no trabajo empezó a evolucionar a principios del siglo XX, porque algunas entidades se veían como entidades demasiado paternalistas e intrusivas. Pero es fundamental reconocer que el grado de independencia entre el trabajo y no trabajo y las supuestas virtudes de ese tipo de separación han sufrido altibajos con el paso del tiempo. A principios de la década de 1980, *Theory Z*, el *best seller* de William Ouchi, argumentaba que las empresas norteamericanas tenían que copiar a sus exitosos competidores japoneses, lo que incluía incorporar más a las personas a la compañía y tratar a los empleados como algo más que simples agentes económicos. La obra de Ouchi nos recuerda que las prácticas y costumbres empresariales varían entre las culturas, así como también con el paso del tiempo. En Japón, los empleados vivían en viviendas de la compañía, sobre todo si eran jóvenes y solteros, se iban de vacaciones juntos y se esperaba que se relacionaran entre ellos después del trabajo, para que hubiera menos separación entre las actividades laborales y las no laborales. Esos modelos han ido ligeramente a la baja desde que Ouchi realizó su investigación en los años setenta, pero siguen describiendo la vida en muchas de las grandes empresas japonesas. La importancia del trabajo en comparación con otros ámbitos de la vida también varía enormemente entre culturas, y cuando el trabajo se entiende como algo menos significativo y, por lo tanto, que merece menos tiempo, es más fácil lograr esa independencia.

Todo eso significa que las compañías se enfrentan a elecciones cruciales sobre cómo formular el vínculo entre el trabajo y el resto de las vidas de sus empleados. Las dos estrategias posibles son o bien presionar para incrementar la separación, o bien todo lo contrario, actuar para integrar más las esferas.[28]

Los beneficios de mantener independiente el trabajo del resto de la vida

Si su objetivo es reforzar el rendimiento de la empresa, existen algunos motivos determinantes por los que el trabajo debería estar divorciado del resto de la vida, la gente tendría que tratar de forma diferente (y a menudo peor) que en otras funciones y los empleados deberían presentar versiones modificadas y silenciosas de ellos mismos en el trabajo, aunque eso signifique enmascarar o mentir sobre sus naturalezas esenciales. La mayoría de compañías —y también cada vez más las organizaciones no gubernamentales y gubernamentales— se enfrentan a una dura competencia externa y a presiones internas para seguir aumentando el rendimiento. Ese tipo de imperativos puede provocar que las acciones basadas en sentimientos destructivos o irracionales —o todavía peor, en el deseo de hacer favores a amigos, familiares y socios— se vuelvan perjudiciales para el éxito a largo plazo. Después de todo, los empleados que muestran sus auténticos yos pueden ser negativos para el negocio. Piense en lo que le ocurrió al formador especialista en liderazgo de Yahoo!, Tim Sanders, en un hotel DoubleTree de Houston. Cuando Sanders se quejó de que no le hubiesen reservado la habitación que le habían prometido, un recepcionista llamado

Mike le respondió con desprecio: «No tengo que disculparme por nada». Seguro que la dirección de DoubleTree se habría sentido horrorizada ante esa grosería (por no hablar del hecho de que Sanders cuente ese episodio a grandes audiencias), con independencia de cuáles fueran los sentimientos auténticos de Mike.[29] Por consiguiente, existen buenas razones para que las empresas presionen a los trabajadores para ser diferentes en el trabajo, y considerar el trabajo y el resto de la vida como esferas distintas con reglas diferentes. A continuación, se van a analizar tres beneficios primordiales.

Reducción de conflictos de rol

La lucha para equilibrar las exigencias contradictorias de roles diferentes perjudica a las personas y a las empresas. El estrés generado por ese tipo de malabarismos incrementa la rotación, mina la productividad y ocasiona un agotamiento de los sistemas inmunológicos, lo que aumenta los costes de atención médica. Una estrategia es mantener independiente el trabajo de las otras funciones en un esfuerzo por evitar que el excedente negativo de un ámbito pase a otro. En general, reducir el conflicto de las funciones es positivo. El daño causado por las exigencias contradictorias de una función como miembro de la familia o padre frente a otra función como empleado está bien documentado. Las pruebas muestran que «una proporción considerable de padres contratados (el 40%) tiene problemas para conciliar las exigencias profesionales con las familiares» y que las interferencias del trabajo en el hogar se perciben como tres veces más frecuentes que interferencias de la vida familiar en el trabajo.[30] No es extraño que muchos estudios señalen que los conflictos entre el trabajo y la familia merman la satisfacción profesional.[31]

Las entidades responden al conflicto de funciones, incluido el conflicto trabajo-familia, de muchas maneras. La respuesta más habitual es no hacer nada, excepto indicar al personal que debe cumplir con las exigencias laborales; que conciliar los empleos con las responsabilidades familiares, actividades cívicas o aficiones es responsabilidad de los empleados, y que no deberían poner en peligro el rendimiento profesional. La idea es que, como el trabajo tendría que ser independiente del resto de la vida, los empresarios no tienen la obligación —y, quizá, ni siquiera el derecho— de determinar lo que la gente hace fuera del trabajo. Un estudio del Towers Perrin-Hudson Institute realizado a 658 compañías norteamericanas concluyó que, de una lista de diecinueve posibles programas y actividades que incluían actividades como guarderías dentro de la empresa, cuidados a niños enfermos, ampliación de la baja por maternidad y la baja por adopción, la compañía media ofrecía menos de tres programas.[32] Las cosas no son muy diferentes en el Reino Unido, donde un estudio exhaustivo concluyó que la mayoría de empresas cumplían con el mínimo legal básico para satisfacer las necesidades del personal. Sólo el 3% ofrecía programas de guardería, el 5% «planeaba» aumentar la prestación por maternidad por encima del mínimo legal, el 2% «tenía la intención» de contribuir a los costes del cuidado de los niños y el 2% «tenía previsto» introducir nuevos esquemas de bajas de paternidad.[33] El uso de esa clase de programas sigue siendo limitado, a pesar de que hay pruebas que demuestran que las prácticas adecuadas a las necesidades familiares podrían generar resultados positivos, que incluirían un aumento de la productividad y una mejora de las actitudes del personal.[34]

Esta respuesta débil ante el incremento del porcentaje de mujeres trabajadoras con hijos, además de una mayor presión temporal tanto sobre hombres como sobre mujeres para estar en el trabajo, puede que explique los niveles descendentes de implicación cívica y social descritos por Robert Putnam en su libro *Solo en la bolera: colapso y resurgimiento de la comunidad norteamericana*. «Las presiones de tiempo y dinero, incluidas las presiones especiales sobre las familias con dos carreras profesionales, han contribuido sensiblemente a la disminución de nuestra implicación social y comunitaria».[35] Las preocupaciones legales sirven para reforzar la falta de implicación empresarial y el interés aparentemente limitado por las actividades no profesionales de los empleados. Los empresarios que ofrecen una guardería en la empresa y otras formas de ayuda o fomento de las actividades no profesionales pueden convertirse en responsables legales de lo que ocurra en esos sitios. Un ejemplo sencillo: un empleado de la Stanford Business School se lesionó en la rodilla mientras participaba en una prueba atlética patrocinada por la entidad. Tuvo derecho a una indemnización tanto por el tiempo perdido de trabajo como por los costes médicos, porque se trataba de una actividad relacionada con el trabajo. En vista de esos riesgos, no es extraño que los empresarios suelan intentar acercarse de modo limitado a los empleados y delimitar su implicación en otras funciones y esferas de la vida.

Toma de decisiones objetivas

La esencia de las empresas modernas se supone que es la racionalidad y su objetividad impersonal y afín. Cuando surgió por primera vez la relación de empleo, los puestos y los ascensos estaban destinados a amigos y familiares. Sanford Jacoby describe que durante la primera época de la industrialización, los capataces literalmente vendían los puestos de trabajo: si uno quería un empleo en una fábrica, tenía que sobornar al capataz. Rudy Crew, ex responsable del sistema escolar de la ciudad de Nueva York, descubrió que el puesto de director de una escuela en algunos distritos escolares de la ciudad se podía comprar a cambio de un soborno de 40.000 dólares al funcionario adecuado, práctica que eliminó rápidamente con la ayuda del Ministerio de Justicia y el FBI. Este tipo de conducta es ilegal e incoherente con la creación de empresas con mayor rendimiento. La disciplina en el lugar de trabajo en las primeras fábricas era dura y arbitraria. Los trabajadores no sólo tenían que sobornar a los capataces para conseguir los empleos, sino que tenían que seguir sobornándolos para conservarlos. Ese sistema de gestión arbitrario, personal y deshonesto era claramente nocivo para el rendimiento y la productividad.

Aunque la palabra *burocracia* hoy en día tiene connotaciones negativas, cuando Max Weber describió, en un principio, las organizaciones burocráticas, las entendía como un arquetipo *deseable*, porque era un sistema basado en reglas, procesos debidos y una toma de decisiones objetiva. Antes de la llegada extensa de la contratación de servicios civiles para los puestos gubernamentales, había muy pocos intentos de especificar las calificaciones del puesto y reinaba el favoritismo. Prácticas de contratación similares por parte de empresarios privados produjeron unos resultados parecidos. Los puestos los cubrían personas cuyas calificaciones eran la lealtad y una relación personal con quien se encargaba de la contratación. Se concedió muy poca atención, o casi ninguna, a las calificaciones y la experiencia. Las reglas de contratación y las decisiones de ascensos basadas en los méritos propios, objetivas, tienen sentido para mejorar el rendimiento empresarial, ya que aseguran que las personas más preparadas obtengan los empleos. Las reglas objetivas de despido y la disciplina garantizan que los empleados no estén sujetos, por ejemplo, a sobornar a los supervisores o a ofrecer favores sexuales para conservar los puestos. Tanto la eficacia como la imparcialidad determinan que son mejores los criterios de contratación más objetivos.

Una de las formas más fiables de mantener la imparcialidad es asegurar que la gente no tome decisiones profesionales con respecto a miembros de la familia o amigos íntimos. Es casi imposible ser un juez imparcial de parientes y amigos. Las políticas antinepotismo garantizan, como mínimo, que un jefe no evalúa ni toma decisiones profesionales sobre los miembros de su familia. En el otro extremo, ese tipo de políticas prohíben rotundamente contratar a familiares de la plantilla. Las grandes compañías instauran esas políticas para detener los intercambios de favores, de modo que yo evalúo favorablemente a sus familiares a cambio de que usted haga una evaluación positiva de los míos. Se diseñaron muchas políticas vinculadas a ese modelo clásico de control burocrático —descripciones de trabajos y listas de habilidades, procesos de ascenso que permitían pujas internas por los puestos, archivos personales y valoraciones formales, e historiales de carrera que incorporaban experiencia profesional y formativa— a fin de brindar una información fáctica y garantizar que se usaba en las decisiones personales. A pesar de que mucha gente critica severamente las reglas tontas impuestas por los departamentos de recursos humanos, esas reglas pretendían, al principio, conseguir que la vida empresarial fuera más justa y objetiva. Y ese objetivo conllevaba separar las relaciones profesionales de todo lo demás y llevar a cabo evaluaciones y tomar decisiones en el trabajo, en la medida de lo posible, basadas en la competencia y en la racionalidad, en lugar de en un autointerés insidioso.

Control y mantenimiento de los límites empresariales

Las empresas tienen buenos motivos para querer controlar al personal. Es probable que los líderes de ScottishPower, en el Reino Unido, tuvieran buenos motivos para estar preocupados cuando descubrieron que un administrativo había intercambiado 537 mensajes de correo electrónico personales en sólo tres días.[36] Las compañías intentan solucionar ese tipo de problemas de control de varias formas. Proporcionan incentivos, contratan a personas que tienden a seguir las expectativas, y supervisan y orientan directamente a los trabajadores. Se quejan, advierten y castigan a los que no están a la altura de lo esperado y, a veces, los despiden, como hizo ScottishPower con el administrativo que envió todos esos mensajes. Las empresas también necesitan que los empleados consideren los límites empresariales como reales y que muestren más lealtad y compromiso con la gente que está dentro de los límites en vez de favorecer a la que está fuera, como, por ejemplo, proveedores, clientes y reguladores de los intereses de la compañía.

La inviolabilidad de los límites empresariales y la capacidad de los directivos para controlar a los empleados pueden vacilar si en el lugar de trabajo se inmiscuyen lazos sociales externos. Las entidades se sirven de consejos y directrices sutiles y reglas escritas para segregar el trabajo de otras funciones como la de ser padre, madre, marido, mujer, amante, hijo, hija y ciudadano. La idea es mantener los límites sociales, mentales y físicos para garantizar que las funciones y responsabilidades externas no se entrometen en el rendimiento y la lealtad laborales. Así pues, en el 2001 Stanford instituyó una política para prohibir que el profesorado, el personal y los estudiantes llevaran a los hijos al trabajo; se hacían excepciones en «situaciones de emergencia» puntuales, en que los supervisores podían permitir que los padres llevaran a sus hijos, siempre que se tomaran medidas para que no molestaran a los demás. El mensaje no tan sutil en la mayoría de compañías es que el rendimiento se ve reforzado cuando la gente mantiene sus vidas, relaciones y problemas personales fuera del lugar de trabajo.

Una segunda opción, menos habitual, adopta la táctica opuesta: introducir otros aspectos de las vidas de los empleados en el lugar de trabajo con el objetivo de usar las relaciones con la familia, los amigos, clubs privados y los vínculos escolares para promover los objetivos de la compañía. Un pequeño paso en esa dirección se ve cuando las empresas persuaden a los trabajadores para que usen sus vínculos personales y redes de ex alumnos para encontrar un talento máximo. Google y Cisco pagan recompensas en efectivo a los empleados que reclutan a candidatos que se acaban contratando. A veces, las entidades de capital riesgo, de servicios financieros y de abogacía llevan a cabo intentos vacilantes para impulsar las relaciones no profesionales cuando disponen de centros de recreo externos encantadores donde invitan a esposas o a otras personas importantes. La idea es agradecerles los sacrificios que también han hecho por la empresa y crear una comunidad más amplia con lazos con la compañía. Decimos «vacilantes», porque un fin de semana agradable es una compensación escasa por otras 51 semanas de jornadas agotadoras y poco tiempo en familia, pero esos esfuerzos son un pequeño paso hacia la inclusión. Algunas empresas toman medidas mucho más extensas para incluir en el lugar de trabajo el resto de las vidas de los empleados.

A continuación, van a explorarse las virtudes de tomar ese tipo de medidas.

Los beneficios de integrar el trabajo y el resto de la vida

Arlie Hochschild estudió a una compañía que realizaba seminarios de recursos humanos donde los formadores animaban a los trabajadores a servirse de los amigos y la familia para solucionar problemas relacionados con el trabajo y ayudar a la compañía a prosperar. Un ejecutivo de recursos humanos. explicó: «Cada empleado se aprovecha de sus amistades habituales [...]. Conseguimos que recurran a aspectos personales por trabajo». Los ejecutivos de esa compañía se dieron cuenta de los costes que hay que pagar si se considera el trabajo como un ámbito independiente y de los beneficios de entrelazar las esferas. Vamos a analizar algunos motivos de peso por los que las empresas se benefician de crear lazos permeables entre el trabajo y el resto de la vida. Este enfoque es especialmente eficaz cuando las compañías consideran la integración como un proceso recíproco, con el objetivo de mejorar las vidas de los trabajadores, no sólo de explotarlos por el beneficio de la entidad.[37]

Creación de un compromiso a través de la inclusión

Algunas empresas con culturas sólidas, incluidas las que están clasificadas en los primeros puestos de la lista de *Fortune* como los mejores lugares para trabajar, no sólo llevan a cabo adaptaciones para las responsabilidades familiares, sino que abarcan a toda la persona, incluida su familia. Cuando se ejecuta honesta y eficazmente, este enfoque crea vínculos duraderos entre las compañías y los empleados, que incluyen beneficios bien documentados, como, por ejemplo, una rotación menor y un mayor esfuerzo, implicación y cooperación por parte de los empleados destinados a contribuir al progreso de la empresa. Southwest Airlines es famosa por ser la compañía aérea del «amor» (el símbolo de su teletipo bursátil es LUV [del inglés *love*, 'amor']), por apoyar a los empleados y por dejar que gente como Libby Sartain sea ella misma; motivos por los que Southwest recibe más de treinta solicitudes para cada una de las vacantes. Colleen Barrett, directora general de Southwest Airlines, describió el enfoque familiar de la compañía con las palabras siguientes:

Desde el primer día hemos explicado a nuestros empleados la idea de ser una gran familia. Si se detiene a pensarlo durante 20 segundos, las cosas que hacemos son cosas que uno haría con su propia familia. Intentamos reconocer y reaccionar frente a cualquier acontecimiento significativo de las vidas de nuestros hermanos y hermanas, con independencia de que estén relacionados con el trabajo o con la vida personal. Hacemos cosas tradicionales, como enviar tarjetas de felicitación para los cumpleaños y en los aniversarios de las fechas de contratación. Pero si los empleados tienen a un hijo enfermo o si se produce un fallecimiento en su familia, hacemos todo lo que está en nuestras manos para reconocerlo. Celebramos con nuestros empleados las cosas buenas y lloramos con ellos cuando experimentan algo devastador. No podemos publicar la declaración de objetivos que tenemos [...] ni referirnos a nuestros valores centrales y, luego, no hacer este tipo de cosas.[38]

El estudio de Jody Hoffer Gittell de todas las aerolíneas principales de la industria aeronáutica norteamericana concluyó que esa inclusión de la persona en conjunto creaba un fuerte vínculo con Southwest. Gittell descubrió que «los empleados [...] hablaban de la empresa como si fuera una extensión de su propia familia».[39] Y al incluir a las familias en sus actividades, Southwest evitó deslealtades y celos. Libby Sartain, ex vicepresidenta de personal, indicaba: «Cuando charlamos en actos de la compañía, los miembros de las familias se refieren a Southwest como «nosotros». Si uno se implica, tiene que asegurarse de que los miembros de su familia forman parte de la empresa; si no, se ponen celosos. Alentamos al personal a que traiga a sus hijos al trabajo a fin de enseñarles cómo es el sitio donde trabajan».[40]

Southwest coordina sus operaciones interdependientes a través de relaciones personales, así como también, a través de una estructura y unas reglas formales. Gittell concluye que es ese tipo de coordinación basada en las relaciones, arraigada en el capital social que Southwest ha construido con sus empleados, lo crucial para el extraordinario éxito de esa empresa. Es más sencillo lograr la coordinación mediante relaciones informales, porque la compañía fomenta relaciones, que incluyen amistades e interacciones familiares, en el lugar de trabajo. Southwest también se siente tranquila de que sus empleados se relacionen y se casen entre ellos. Unos 2.000 de los 35.000 empleados de la compañía aérea están casados entre ellos. «Cuando Greg Crum, de cincuenta y seis años, vicepresidente de las operaciones de vuelo [...] y Michelle Crum, de cuarenta y cinco años, subdirectora de formación de contratación para operaciones en vuelo de Southwest, se casaron en octubre del 2000», de los 127 invitados, 110 eran empleados de Southwest, incluido Herb Kelleher, el consejero delegado en ese momento.[41]

La lealtad, la implicación y el compromiso de los empleados son beneficios primordiales, pero no lo son todo. En una organización típica, la gente encargada de crear y mantener relaciones con los demás —como, por ejemplo, clientes o empleados— trabaja en un lugar donde se desaconsejan muchos tipos de relaciones (o existe una política de «si no te preguntan, no digas nada») y donde lo único que importa es el *negocio*. La analogía que hacemos es la siguiente: del mismo modo que es complicado contar con prácticas de gestión integral de la calidad y con una calidad elevada en una parte de una fábrica y no en otra, es difícil alentar unas relaciones cercanas y eficaces, por ejemplo con los clientes, al mismo tiempo que se desalientan, se niegan o se ignoran otras relaciones.

El genuino interés en respaldar las relaciones internas y externas de los empleados en Southwest, y en otras empresas como CostCo, Genentech, Smuckers, Starbucks y Wegmans, implica que los empleados tienen las ganas y la energía emocional necesarias para seguir desarrollando las habilidades interpersonales para establecer relaciones que son de interés para la compañía. Estas relaciones duraderas generan beneficios superiores.

Contratación de parientes o amigos

Algunas compañías impulsan vínculos poco definidos entre el trabajo y el resto de la vida usando a las amistades y a los familiares de los empleados como clientes, en algunos casos, como los principales clientes de la empresa. Algunas entidades encuentran formas de atraer o presionar a los miembros de familias leales para que trabajen a favor de la empresa a cambio de un salario bajo o inexistente. Todas las empresas de venta directa, como Amway, Tupperware y Mary Kay Cosmetics, enseñan a los vendedores nuevos (que no son empleados, sino *distribuidores o asesores de ventas*) a centrar sus esfuerzos comerciales iniciales en la familia, los amigos o cualquier otra persona que conozcan, hasta que esa vía esté agotada. Una asesora de Mary Kay, por ejemplo, se acercaba a sus amistades en la iglesia, les regalaba muestras de pintalabios, les preguntaba sobre sus experiencias con Mary Kay y les ofrecía cremas faciales gratis. Después de todo, cuando las personas ya tienen una relación a largo plazo con usted y les gusta, les cuesta mucho rechazar ese tipo de argumentos de ventas, aunque no estén verdaderamente interesadas en el producto. Las *girl scouts* americanas usan la misma táctica, como se puede comprobar con las docenas de cajas de galletas que en realidad no queremos, pero que compramos a las hijas de nuestros amigos.[42]

Cuando los parientes, amantes y amigos de los empleados se sienten parte de la empresa, es más sencillo convencerlos de que trabajen en nombre de la empresa. Una consecuencia es que a veces se convierten, en esencia, en mano de obra gratuita. Esa ventaja de los límites poco definidos raras veces se hace explícita en las empresas tradicionales, pero es una rutina en empresas de venta directa, como Amway y Mary Kay, sobre todo con miembros de la familia. Amway anima a los distribuidores a «implicar a sus parejas en las actividades empresariales, como las entregas y la contabilidad, aunque no estén vendiendo o contratando directamente, para que los distribuidores no tengan que ser «solteros casados»». Al contratar a nuevas asesoras de ventas, Mary Kay suele entrevistar a los maridos para comprobar si están dispuestos a apoyar los esfuerzos de sus esposas «encargándose de los cuidados de los niños y realizando tareas domésticas mientras las asesoras responden a las funciones de la compañía».[43]

Existe una historia sobre miembros de una familia que sirven de mano de obra gratuita para las fuerzas armadas. En el Ejército y la Marina de los Estados Unidos, por ejemplo, durante mucho tiempo se ha esperado que las esposas de los oficiales al mando (OM) orienten e inspiren a las esposas de los miembros de otras unidades y que respalden tanto las carreras de sus esposos como la misión de las fuerzas armadas. Dan la bienvenida a las esposas de los oficiales nuevos, organizan actos sociales y brindan un apoyo emocional a otras esposas y a sus familias, sobre todo cuando los cónyuges se marchan en misiones por periodos largos, en unidades o barcos de combate que están en alta mar. No todas las esposas pueden apoyar a sus maridos; una de nuestras estudiantes estaba casada con un OM, pero no podía ser la «señora del comandante» porque ella también era comandante. Pero esta tradición continúa, como puede comprobarse por el consejo colgado en Sarahsmiley.com, una página web para esposas de *marines* norteamericanos. Sarah, hija y esposa de oficiales de marina, aconsejaba a una mujer a cuyo marido acababan de nombrar OM: «Es evidente que la esposa de un OM se encuentra en una postura para servir de gran ayuda a las esposas más jóvenes. Como dispone de más años y experiencia, la mujer de un OM tiene mucha experiencia para compartir con sus homólogas más jóvenes [...]. Asegúrese de que usa ese «poder» con buena fe y en beneficio de todo el mundo».[44]

Finalmente, además de los beneficios de la lealtad, los empleados que se casan con colegas de trabajo y tienen a familiares directos dentro de la empresa pueden pedir consejo y ayuda a sus familiares, lo que puede permitirles realizar mejor sus trabajos y, a su vez, ser de ayuda para la empresa. Anne Mulcahy, consejera delegada de Xerox desde el 2001, es un ejemplo interesante. A Mulcahy se le ha atribuido el resurgimiento de la compañía que estaba al borde de la quiebra, en gran parte, porque tuvo un conocimiento concreto sobre qué estaba acechando a la empresa, qué la estaba matando y que había que cambiar con más urgencia. Mulcahy no sólo conocía bien Xerox porque había empezado su carrera allí como representante de ventas en 1976, sino que su marido era director comercial jubilado de Xerox, y su hermano, el jefe del Grupo de Servicios Globales de Xerox. Esas relaciones la han ayudado a conocer mejor cuáles eran las necesidades de la compañía y son uno de los motivos por los que, tal como lo explica uno de los principales clientes de Xerox: «Anne hizo volver a la realidad a los líderes de Xerox».[45]

Las ventajas de permitir que la gente sea ella misma
Como han observado algunos autores, desde Erving Goffman hasta Arlie Hochschild, implicarse en una autopresentación estratégica —intentar mostrar emociones que uno no siente de verdad o presentar un yo al mundo que no es auténtico— es angustioso y menoscaba los recursos emocionales y cognitivos de las personas.[46] Los estudios sobre empleos, desde trabajos en servicios telefónicos de atención al cliente hasta auxiliares de vuelo, pasando por trabajos administrativos y de gerencia, manifiestan que cuando los empleados se enfrentan a presiones constantes para mostrar emociones falsas, experimentan insatisfacción, se sienten distanciados de ellos mismos, se sienten menos comprometidos con la empresa, sufren más desgaste profesional y sien-

ten un gran deseo por dejar sus puestos.[47] En un mundo competitivo en el que el éxito es bastante difícil de lograr, parece contraproducente tener a gente gastando energía en intentar ser diferente de lo que es simplemente en beneficio de las apariencias dentro de las compañías.

No defendemos que las empresas deban permitir que sus empleados hagan lo que quieran con independencia de las consecuencias para los demás o para el rendimiento de la compañía. Creemos que los administrativos-recepcionistas groseros, los cobradores de recibos misericordiosos, los profesores que insultan y los líderes desagradables tienen que cambiar de conducta o encontrar otro trabajo. Lo que estamos sugiriendo es que las compañías dediquen menos esfuerzos a analizar quiénes son en realidad los empleados y qué les importa, y más tiempo a usar su don de gentes, habilidades y encantos característicos para beneficiar tanto a la compañía como al personal. Las investigaciones sobre empresas creativas proporcionan pruebas especialmente convincentes para esta conclusión. La creatividad se produce cuando la gente recurre a lo que sabe y a quién es y dice lo que piensa, en lugar de fingir ser clones reprimidos de los demás. La consecuencia es más ideas, más ideas variadas, más combinaciones de ideas y, en último término, más ideas exitosas.[48] Un ejemplo espléndido es Pixar, la compañía de fantasía que ha dado vida a películas como *Toy Story*, *Buscando a Nemo* y *Los increíbles*. Un caso práctico de nuestros estudiantes concluyó que Pixar se esfuerza por contratar a personas con habilidades potentes y variadas, personas que sean verdaderas, en parte para que puedan enseñar a sus jefes maneras mejores de trabajar. Brad Bird, director de *Los increíbles*, señala: «Me han despedido varias veces por ser un agitador [...] pero esta es la primera vez que me contratan por eso».[49]

Liderazgo más auténtico

¿Se le ocurre algún libro sobre liderazgo que contenga el siguiente consejo: «Como el liderazgo es una tarea fundamental y exigente, debería comportarse en las funciones y situaciones de liderazgo de un modo distinto a como se comporta en otros contextos»? A nosotros, no. Ese tipo de consejo choca con todos los libros sobre liderazgo que conocemos, estén basados en investigaciones o en testimonios de líderes famosos. Bill George, durante mucho tiempo consejero delegado de Medtronic, una compañía de dispositivos médicos, fue nombrado uno de los veinte directivos más importantes de los Estados Unidos por la revista *Business Week* y uno de los once consejeros delegados «de empresas sobresalientes» identificados por Jim Collins. Bajo el liderazgo de George, la capitalización bursátil de Medtronic creció de 1000 millones de dólares a 60.000 millones de dólares. En su libro *Authentic Leadership*, George insta a los líderes a no copiarse mutuamente. Recomienda que si uno quiere liderar bien, tiene que obrar de acuerdo con sus propios valores y naturaleza, lo que requiere, por supuesto, una reflexión sobre quiénes somos y en qué creemos.[50] El mensaje tiene sentido porque la gente posee maneras eficaces de detectar cuándo los demás, incluidos los líderes, están actuando y no son de confianza. Es poco probable que respete o siga a los que no son honestos con ellos mismos ni con los demás.

Pero es casi imposible ser auténtico, honesto o compasivo cuando se intenta ser una persona diferente en cada una de las funciones que se desempeñan, una versión de uno mismo fuera del trabajo y una versión radicalmente diferente en el trabajo. Por este motivo, muchos de esos líderes, aunque evidentemente no todos, reconocidos como muy eficaces no consideran el trabajo y el resto de la vida como áreas distintas. George Zimmer, fundador y consejero delegado del minorista de ropa masculina The Men's Wearhouse, entiende su función de líder como una completamente integrada con el resto de su vida. Dirige The Men's Wearhouse y vive su vida, y resulta que ambas actividades se integran bastante bien. Zimmer ha aportado su espiritualidad al estilo de liderazgo de la compañía, su filosofía y sus prácticas empresariales. Y él y otros líderes que conocemos hacen cosas como confiar en un círculo de amigos y asesores externos para asegurarse de que se mantienen, a pesar de sus funciones de liderazgo, aferrados a los valores y opiniones que sostienen en el resto de sus vidas. Está claro que es más probable que sea usted mismo y tenga éxito como líder si es un ser humano decente: una persona que los demás respetan, con la que se identifican y de la que quieren rodearse. Pero podríamos argumentar que pocas personas pueden disimular muy bien su verdadera forma de ser durante mucho tiempo, de modo que vale la pena plantearse ser auténtico en todas las circunstancias.

Encontrar el equilibrio

Cuando la mano de obra se volvió temporalmente escasa a finales de los años noventa, los empresarios decidieron volverse más amables con los empleados, en especial con los empleados de las empresas tecnológicas de los Estados Unidos. Permitieron que los empleados se vistieran de modo más informal y que llevaran a sus perros al trabajo, ofrecían comida y bebidas gratis, y hasta servicios que se ocupaban de sus recados personales. La premisa subyacente era sensata: la mayor parte de lugares de trabajo no están diseñados para acomodarse a las necesidades del personal, de modo que, para atraer y retener a personas con muchas opciones de empleo, sería muy útil hacer que el trabajo fuese más congruente con quienes son y lo que quieren ser. Por desgracia, muchos de esos cambios fueron más aparentes que reales: detalles nimios como permitir mascotas en el lugar de trabajo, suavizar los códigos de vestir o comprar futbolines. La relación fundamental de los empleados con otros empleados, sus jefes y la empresa se mantuvo más o menos igual, bajo la superficie. Y la moda de ofrecer puestos de trabajo que aparentemente resultasen coherentes con la vida se evaporó en la mayoría de empresas en cuanto el mercado laboral volvió a sus cauces.

La recomendación principal de este capítulo es incorporar más a la persona y tener en cuenta las necesidades humanas al diseñar el trabajo y las empresas, y ésta es una receta antigua, que se remonta, como mínimo, a la investigación realizada en el Tavistock Institute londinense hace más de cincuenta años. Dicha investigación demostraba que las empresas no sólo eran entidades técnicas y físicas, sino también sociales. Por consiguiente, incorporar las necesidades y preferencias humanas en el diseño del trabajo podría reforzar la eficacia, ya que aumentaba la satisfacción de los empleados. Esa idea no es nueva, pero sigue siendo cierta. Y el hecho de que esas perspectivas empíricas sobre la gestión del lado humano de las compañías sigan ignorándose en la mayoría de empresas es preocupante, al menos si le preocupa hacer que las empresas sean más eficaces y humanas.

Es cierto: el trabajo es un asunto serio y la mayoría de compañías se enfrentan a una competencia masiva. Pero eso hace que aún sea más crucial aprovechar todo lo que el personal sabe, puede hacer y quiere hacer, en vez de comprobar de entrada, principalmente, quiénes son y quiénes esperan ser. Como explican Joe Mello y Kent Thiry de DaVita, como la diálisis es algo tan serio y tan exigente, es importante dejar que la gente se divierta y disfrute y forme parte de una comunidad más grande que la acepte y la respalde. Además, las emociones son contagiosas, y es más probable que los empleados felices y realizados creen ambientes en los que los pacientes se sientan mejor por estar allí, lo que producirá unos resultados sanitarios mejores. Así pues, lo que sigue son dos directrices empresariales básica que surgen de la información que recoge este capítulo.

No permita conductas en el lugar de trabajo que no toleraría en otra parte

Ha habido un aumento de libros y estudios sobre el acoso laboral, que reconoce que el *bullying* no es sólo una práctica que ocurra en los colegios o en los patios de recreo. Esta investigación muestra que el acoso laboral perjudica tanto a sus víctimas como a las empresas donde se permite que persista.[51] Bernard Tepper estudió la supervisión abusiva en una muestra aleatoria extensa de empleados residentes en una ciudad del Medio Oeste de los Estados Unidos. Tras un seguimiento de seis meses concluyó que los empleados con supervisores abusivos tenían más posibilidades de dejar los empleos. Y los empleados con supervisores abusivos que conservaban el puesto sentían una satisfacción menor por el trabajo y la vida, un compromiso menor hacia las empresas, más conflictos entre las funciones profesionales y familiares y experimentaban un aumento de depresiones, ansiedad y desgaste profesional.[52]

En un artículo de la *Harvard Business Review*, Sutton instaba a las compañías a implementar *reglas de prohibidos los imbéciles*: negarse a contratar a personas —aunque sean superestrellas— que se sepa que son imbéciles, y cuando el personal interno protagonice episodios en los que infravalore y acose a otros —sobre todo a personas con menos poder—, se le debe llamar la atención de inmediato. Sutton señalaba que era más probable que las entidades que aplicaran ese tipo de reglas pudieran disfrutar de una rotación y un absentismo inferiores, de unos costes de atención médica más bajos y de unos riesgos de litigio reducidos. También indicaba que algunas compañías ya disponen de esas reglas, a menudo formuladas con un lenguaje más educado, que, desde luego, las ayudan a mantener unos ambientes de trabajo más civilizados. El bufete de abogados Perkins Coie afincado en Seattle, por ejemplo, tiene una norma de «prohibir la entrada de imbéciles», lo que ha contribuido a que se ganara un puesto entre las «100 mejores empresas para las que trabajar» de la revista *Fortune* en los años 2003 y 2004. Para evidenciar que esa regla funciona, en una ocasión, se tentó a los socios de Perkins Coie, Bob Giles y Mike Reynvaan, para que contrataran a una lumbrera de otro bufete, pero se dieron cuenta de que, si lo hacían, violarían la regla. Tal como lo expresan ellos: «Nos miramos el uno al otro y nos dijimos: "Menudo imbécil". Sólo que no usamos esa palabra».[53]

Reconozca y acomode las necesidades de la persona en su totalidad

Como se ha explicado, se requieren muchos esfuerzos y energía emocional para dejar en la puerta —sea física o electrónica— la naturaleza esencial de una persona. Y es simplemente imposible para muchas personas competentes reprimir su propio yo. En lugar de intentar conseguir que la gente sea diferente de lo que es, los líderes más hábiles permiten que el personal sepa cuáles son los objetivos de la empresa, las vías para alcanzarlos y, después, en la medida de lo posible, la ayudan a encontrar, diseñar y desempeñar funciones que encaminen a la empresa hacia esos objetivos. Una media verdad del management moderno de recursos humanos es que los puestos se cubren, porque se reconoce de antemano alguna necesidad, se hace publicidad de ese empleo y la vacante se ocupa exactamente con el tipo de persona que esos planificadores racionales habían imaginado por adelantado. Resulta que un porcentaje sorprendentemente elevado de empleos son *idiosincrásicos*; se crean, se diseñan y se adaptan para que encajen con las preferencias y las habilidades de una persona particular, no porque algún experto llegara a imaginar de antemano que la empresa necesitaría ese puesto. Un estudio de puestos cubiertos en la Universidad de Stanford en un periodo de tres años exponía que 202 de los 1.675 empleos cubiertos eran idiosincrásicos: puestos que Stanford había creado para captar diversas habilidades y aspiraciones de una persona. Casi el 20% de los empleos que no son de oficina en Stanford son idiosincrásicos. Si empezara a preguntar a la gente cómo consiguió su trabajo, incluso en empresas grandes que parecen rígidas, llegaría a sorprenderse de la frecuencia con la que le cuenta cómo se ha hecho un hueco por sí misma.[54]

Un ejemplo clásico de cómo crear un sitio en el que los empleados puedan aprovecharse de su auténtico yo proviene de Joey Altman, un renombrado chef. Altman era el dueño y el cocinero jefe del Wild Hare, un restaurante cercano a Stanford, y en la actualidad presenta un programa de televisión de cocina llamado

Bay Cafe. Estábamos encantados con la cocina y el servicio del Wild Hare y fuimos a conocer a Joey. Le preguntamos cómo conseguía producir una experiencia culinaria tan maravillosa. Joey no tenía una formación de liderazgo ni de management formal, pero había desarrollado una filosofía fascinante después de haber trabajado en veintiséis restaurantes diferentes. Contrataba, básicamente, por actitudes más que por experiencia, porque creía que «Una actitud adecuada para mí es alguien que está apasionado por lo que hace y tiene un deseo real de aprender, y no lo hace porque piense que eso le va a dar dinero, sino porque realmente quiere hacerlo y disfruta con ello». Intentaba dar a los empleados trabajos que les gustaran, definía las funciones de forma muy amplia, desfiguraba las funciones tradicionales y concedía toda la libertad posible para que fueran creativos. Y dejaba que fueran ellos mismos:

> *Lo que yo decido es cómo va a desarrollarse el proceso básico. No los medios para llegar hasta allí, sino cuál es el objetivo. El resultado final es que quiero que esto sea bonito, delicioso y que esté caliente. Que friáis antes eso o que hagáis otra cosa en primer lugar y luego friáis, no me importa siempre que sea bonito y delicioso. Y en cuanto al servicio, sé que tengo a diez camareros y a diez personas diferentes. No quiero que Darrell sea Joanie, ni que Joanie sea Susie. Paul, quiero que seas el mejor Paul que puedas ser. Y Susie, quiero que seas la mejor Susie posible. Sólo quiero que todos vosotros seáis expertos y que utilicéis los puntos fuertes de vuestra personalidad para ser los mejores.*

Con esa filosofía, no era extraño que la rotación de personal en el restaurante de Altman fuera una fracción de la rotación de un establecimiento normal y corriente: sus empleados disfrutaban de lo que hacían, y esa alegría, entusiasmo y creatividad llevadas a la comida y al servicio convertían la experiencia culinaria en la mejor posible de esa área en esa época.

Acomodar el resto de la vida realmente puede ser más eficaz

Los estudiantes y ejecutivos a los que formamos suelen mostrarse escépticos cuando explicamos que SAS Institute, una gran empresa de software privada, tiene éxito y tiene una semana laboral de cuarenta horas (más o menos). La broma en la industria del software es que la mayoría de compañías tienen horarios flexibles: puedes trabajar las dieciocho horas del día que quieras. La clave, como subrayan los líderes de recursos humanos de la compañía, es eliminar las distracciones para que la gente sea verdaderamente productiva en el trabajo.

Si tiene al hijo enfermo, va a pensar en ese hijo. Si el canguro no se presenta, o no se puede permitir a uno, no va a dejar a su hijo en casa e irse a trabajar sin preocuparse. Si es responsable de unos padres mayores, esas responsabilidades van a absorber parte de su jornada y, quizá, a perjudicar su concentración y atención. Muchos estudios han documentado la pérdida de tiempo y el absentismo que se producen cuando la gente intenta hacer malabarismos con todas sus responsabilidades variadas.[55] Lo que esos estudios no captan es toda la productividad y creatividad que se pierde, porque la gente no puede concentrarse por completo ni cuando está en el trabajo, si está preocupada por exigencias no profesionales. David Russo, director de recursos humanos en SAS durante más de quince años y actualmente responsable de recursos humanos. en Peopleclick, nos explicó que la filosofía de SAS es que, para sus empleados, las personas más importantes son las personas que tienen bajo su responsabilidad —maridos y esposas, parejas de hecho, hijos y padres— y no sus jefes o colegas de trabajo. Eso significa que SAS garantiza que los empleados reciban el apoyo y los recursos para ocuparse de esas personas importantes y esos «externos» se incorporan en la vida corporativa en la medida de lo posible y en el grado que ellas quieran, lo que ocasiona un incremento del rendimiento y la eficacia. La incorporación, más que la segmentación o la exclusión, contribuyen a que los empleados lleven unas vidas más integradas y coherentes con menos distracciones, preocupaciones y excedentes destructivos.

Los líderes que obran de acuerdo con la perspectiva de que no es fácil que los empleados tengan funciones múltiples y opuestas pueden ayudar a sus empresas y empleados. A pesar de que hay aspectos del trabajo y del resto de la vida que es mejor mantener por separado, la idea general de ámbitos independientes es una verdad a medias peligrosa. Y es una media verdad que también infecta otras prácticas empresariales. El énfasis en los incentivos por encima de todo para motivar y dirigir conductas, por ejemplo, se basa fundamentalmente en la idea de que la conducta laboral está y tendría que estar motivada de otro modo que la conducta en otras áreas, en las que se supone que la gente obedece a motivos diferentes, como las obligaciones de cuidar a otros y la alegría de sentirse productiva. Tratar a la gente como si estuviera jugando a un juego de suma cero con unos cuantos ganadores y muchos perdedores, y centrarse en contratar a superestrellas prefabricadas en lugar de incorporar a la mejor gente posible, también son creencias que distinguen el trabajo del resto de la vida, y medias verdades que provocan tantos problemas como los que resuelven.

Hay malas y buenas noticias con respecto a esta primera verdad a medias. Las malas son que se da demasiado a menudo por buena la tesis de que el trabajo es independiente y funciona con reglas diferentes que el resto de la vida. Está tan arraigada en muchísimas prácticas profesionales que provoca daños masivos y extendidos. Las buenas noticias son que esta verdad a medias puede derrocarse a través del management empírico. Si se pone en duda esta media verdad con datos y lógicas convincentes, y luego se toman prestadas, se inventan y se experimentan prácticas que entrelacen nuestras diferentes funciones, en vez de segregarlas y destrozarlas, habrá buenas perspectivas tanto de progreso como de rendimiento.

4

¿Las mejores empresas cuentan con los mejores empleados?

Todas las compañías destinan esfuerzos grandiosos a la elección y evaluación de sus miembros. Este tipo de esfuerzos tiene sentido. Existen diferencias enormes entre los empleados que obtienen resultados máximos y mínimos. Y las compañías de renombre realmente cuentan con grandes empleados. Vamos a considerar el caso de IDEO, una de las empresas de innovación más grande y podría decirse más exitosa del mundo. Los productos de IDEO han ganado más del doble de veces los Premios de Excelencia de Diseño Industrial de *Business Week* que su competidora más proxima. El personal de IDEO ha diseñado miles de productos y experiencias, desde el ratón de Apple hasta las ballenas mecánicas de tamaño real para las películas de *Liberad a Willy*, pasando por encontrar maneras de hacer que las visitas a las salas de urgencias del DePaul Health Center (Centro de Salud DePaul) sean menos caóticas. IDEO también ha diseñado y construido un prototipo de trabajo de tamaño real de la «cubilandia» de Dilbert para Scott Adams, el creador de este famoso personaje de historieta.[1]

Hemos dedicado mucho tiempo a intentar explicar por qué IDEO es tan creativa. A mediados de la década de 1990, realizamos un estudio de dieciocho meses que conllevaba pasar un par de días a la semana observando a los diseñadores de IDEO y hablando con ellos de trabajo. Cuando enseñamos a los gerentes el caso de IDEO, suelen concluir que la empresa es creativa porque atrae y retiene a personas con talento. David Kelley, el fundador y presidente, apoya esta opinión cuando, después de ser presionado para revelar los secretos de IDEO, sonríe ampliamente y responde: «Simplemente, contrato a personas inteligentes y las dejo hacer» Repetimos la frase de Kelley para disuadir a los líderes de lanzarse a microdirigir el trabajo creativo. Es cierto que IDEO contrata a personal inteligente y que no lo supervisa muy de cerca. Sin embargo, esta verdad también es fundamentalmente engañosa con respecto al origen del éxito de IDEO y con respecto a por qué otras empresas tienen éxito y fracasan, también.[2] Los datos más fiables indican que el talento natural está sobrevalorado, sobre todo para sostener el rendimiento empresarial.

Por qué las personas inteligentes y cualificadas estimulan el rendimiento

No todo el mundo coincide en que el talento y los atributos personales estén sobrevalorados. El psicólogo Benjamin Schneider defiende que «la gente forma el lugar» y que *los que integran* una empresa —sus capacidades y personalidades— «llegan a definir qué aspecto tiene ese lugar, qué ambiente se respira y cómo se comporta la gente en él».[3] Schneider afirma que «sólo *parece* que las empresas determinen las conductas». Argumenta que, como es tan difícil que la gente cambie, *quién* está en una compañía es mucho más importante que lo que le ocurre, y que aspectos como la formación, la presión de los colegas, la acción directiva y las recompensas tienen muy pocos efectos o casi ninguno.[4] Concluye que la cultura y el rendimiento corporativos proceden, en gran parte, de a quién se contrata y de quién se queda. Jim Collins, en el libro *Empresas que sobresalen*, repite esa idea cuando hace hincapié en la importancia de «conseguir que las personas adecuadas suban a bordo».[5]

Estas opiniones son respaldadas por investigaciones que muestran que los mejores grupos reducidos suelen contener a las mejores personas. Los experimentos explican que en grupos donde se hace de todo, desde lluvias de ideas hasta solucionar problemas complejos, el rendimiento depende de las habilidades individuales de sus miembros (o de la falta de ellas). El psicólogo Edwin Locke y sus colegas defienden que eso no es más que sentido común. Señalan que en la década de 1960, cada uno de los cinco jugadores de línea ofensiva del equipo de fútbol americano de los Dallas Cowboys pesaba 135 kilos o más, y cada uno de ellos era extraordinariamente fuerte y cualificado antes de incorporarse al equipo, de modo que su trabajo en equipo era un factor trivial para su éxito en comparación con sus rasgos individuales. Con independencia de que estuvieran motivados, bien entrenados o que se mostraran cooperadores, una línea formada por «endebles» de 95 kilos sería enormemente inferior.[6]

El argumento es que las habilidades humanas, la inteligencia, los atributos físicos y las personalidades son tan duraderos y tan difíciles de cambiar que lo que las empresas hacen, incluido su rendimiento, refleja, en general, una combinación aditiva de las clases de personas que se incorporan y que se quedan. Esta perspectiva domina *La guerra por el talento*, un libro de Ed Michaels, Helen Handfield-Jones y Beth Axelrod.[7] En él afirman que las personas con talento escasean, que el talento marca una diferencia considerable en el rendimiento de una compañía y que la revolución de la información significa que el talento se encuentra entre las ventajas competitivas más cruciales para una empresa. Citan sus encuestas en 120 compañías y 27 estudios de casos prácticos para demostrar que esa es la nueva realidad. Aconsejan a las entidades que diferencien y confirmen a los mejores empleados: despedir agresivamente a los «jugadores C»; colmar de elogios, tutorías, recompensas y ascensos a los «jugadores A», y ofrecer alabanzas, compensaciones y cosas por el estilo más modestas a los «jugadores B», que constituyen la mayoría de la mano de obra. Esta investigación tiene algunos defectos profundos, sobre todo porque, como se mencionó en el capítulo 2, la presunta *causa* del rendimiento (la gestión del talento) se valora después de su *efecto*.[8] Pero algunos estudios rigurosos también implican que los empleados geniales componen empresas geniales. Y hay varios estudios bien hilvanados que examinan por qué algunas personas tienen más talento y son más productivas que otras.

Los mejores *son* mucho mejores que el resto

Existen diferencias significativas y bien documentadas entre la gente que obtiene resultados máximos y mínimos en varios trabajos. El psicólogo Dean Keith Simonton, que ha dedicado su carrera a estudiar la grandeza y la genialidad, concluye: «Se mire por donde se mire, se puede contar la misma historia, sólo que con unos ajustes mínimos. Identifique al 10% que ha contribuido más en algunos trabajos, con independencia de que sean canciones, poemas, cuadros, patentes, artículos, leyes, batallas, películas, diseños o cualquier otra cosa. Cuente todos los logros que tienen a su favor. Después, cuente los logros del 90% restante que se ha esforzado en la misma área de conocimiento. La primera cuenta igualará o sobrepasará a la segunda. Punto redondo».[9] Un estudio exponía que tan sólo 16 compositores han producido el 50% de la música clásica que se interpreta y se graba en la actualidad, mientras que otros 235 producen la mitad restante. Otro estudio concluyó que el 10% de los autores habían escrito el 50% de los libros de la Biblioteca del Congreso de los Estados Unidos. Una investigación sobre los programadores informáticos reflejaba que los programadores más productivos eran diez veces más productivos que los menos productivos, y cinco veces más productivos que los programadores medios.[10] Estas variaciones asombrosas sugieren un argumento sólido para atraer y retener a las personas más brillantes, sobre todo a las que se encuentran en el 10% superior.

Diferencias menos espectaculares, pero aún significativas, fueron las que revelaron los psicólogos industriales Frank Schmidt y John Hunter, que analizaron *todos* los estudios publicados (¡a lo largo de ochenta y cinco años!) «que valorasen o cuantificasen el rendimiento de diferentes empleados». Al comparar los empleados superiores (del percentil 84) con los empleados medios (del percentil 50), descubrieron que los superiores, en puestos de trabajo no cualificados, producían un 19% más que los medios, mientras que, en puestos de trabajo muy cualificados, eran un 32% más productivos, Y, en el caso de profesionales y gerentes, los ejecutores superiores rendían un 48% más que los ejecutores medios. Es difícil no estar de acuerdo con sus conclusiones de que ese tipo de diferencias puede influir en la situación económica de una empresa.[11]

Las empresas *pueden* reconocer por adelantado a los mejores

No es sólo que existan diferencias considerables entre los mejores y los peores ejecutores, esas diferencias en quién va a ser el mejor y quién el peor se pueden predecir con antelación, aunque no con una precisión perfecta. Un estudio exhaustivo de Schmidt y Hunter examinaba diecinueve métodos que las compañías usaban para seleccionar a los nuevos empleados. El mejor indicador del rendimiento profesional futuro era la capacidad mental general, como el CI (cociente intelectual) e indicadores relacionados sobre la inteligencia total. Otros indicadores eficaces eran pruebas de muestras de trabajo (los candidatos desempeñan tareas asociadas al trabajo, como teclear un texto), pruebas de trabajo (los candidatos realizan todo el trabajo durante unas cuantas horas o días), entrevistas de trabajo estructuradas (a cada candidato se le plantean la mismas preguntas en el mismo orden) y concienciación (personas de confianza y escrupulosas, con una motivación y una voluntad fuertes). Los peores indicadores eran la edad y la grafología (usar el análisis de la escritura a mano para evaluar la personalidad).[12]

La capacidad cognitiva no es el único tipo de inteligencia que estimula el rendimiento profesional. Investigaciones prometedoras sobre múltiples inteligencias, como la práctica, la social y la emocional, han suscitado interés y polémica.[13] Las discusiones más acaloradas son sobre si los tests de CI tradicionales son justos, si valoran una gama suficientemente amplia de capacidades humanas y si son indicadores de rendimiento convincentes o dudosos. No le

143

entretendremos con estas argumentaciones, muchas motivadas por la ideología en lugar de por pruebas, pero casi todos los investigadores están de acuerdo en que los tests de CI tradicionales predicen el rendimiento profesional, aunque no se ponen nada de acuerdo en cómo lo hacen. Y la inteligencia práctica prevé el rendimiento profesional mejor y más allá que el CI tradicional, sobre todo dotes para resolver problemas prácticos (por ejemplo, centrarse en lo que es importante y no en lo que es urgente) y habilidades interpersonales o inteligencia social (por ejemplo, mostrar respeto y escuchar a los demás).

También hay otros indicadores que pueden predecir el éxito en trabajos concretos. Los comerciales se enfrentan a un rechazo y a un fracaso constantes en su trabajo, por ejemplo, de modo que parece razonable que los optimistas sean más adecuados que los pesimistas. Los psicólogos Martin Seligman y Peter Schulman predijeron que los comerciales optimistas que entendían los obstáculos como algo temporal que no era culpa suya tendrían más éxito que los que tenían estilos pesimistas opuestos. De hecho, su estudio con 103 agentes de seguros de vida recién contratados descubrió que los optimistas vendían más seguros y tenían el doble de posibilidades de vender el seguro un año después.[14]

Es decir, existe un desacuerdo sobre exactamente qué factores predicen mejor el rendimiento profesional, y no hay ninguna evaluación que sea siempre exacta. Pero los directivos pueden tomar decisiones basadas en datos objetivos sobre a quién contratar y a quién evitar.

Las estrellas (a lo mejor) atraen a más estrellas

Los defensores de la teoría del talento recalcan que, si consigue contratar a personas brillantes, estas atraerán a más personas brillantes. Este argumento es especialmente preciado por los asesores y ejecutivos que recomiendan que los empleados se clasifiquen en: «A», estrellas; «B», así así, pero aceptables, y «C», que tienen que mejorar o habrá que despedirlos. Bradford Smart sostiene, basándose en más de cien actividades de consultoría, que «en la práctica, los jugadores A contratan a otros jugadores A. Los jugadores B contratan a jugadores C. Y los jugadores C contratan a jugadores F. Si se puede conseguir a una masa crítica de jugadores A, podrá desencadenarse una reacción en cadena positiva y constituir una compañía sólida.»[15] El libro de Smart *El valor del capital humano* destaca que el «hecho» de que los «jugadores C no contraten a jugadores A» es el obstáculo más importante para crear una compañía llena de jugadores A.[16] *La guerra por el talento* plantea lo mismo. «Lo llamamos la regla de la gente pésima: los directivos malos contratan a empleados muy, muy malos, porque se sienten amenazados por alguien que sea un poco mejor que ellos.»[17]

A pesar de la vehemencia de estas afirmaciones, no hemos podido localizar investigaciones rigurosas sobre la regla de la gente pésima, ni sobre las afirmaciones relacionadas de que la gente buena atraiga a gente buena y que la gente mala atraiga a gente todavía peor. Con todo, la conclusión general de que la gente quiere estar con personas que sean parecidas y que rechaza a las diferentes está respaldada por investigaciones sobre los efectos de atracción y similitud. En la batalla de los clichés contradictorios, un estudio tras otro demuestra que «Dios los cría y ellos se juntan», y no que «los extremos se atraen». Incluso cuando la gente intenta no sentirse influenciada, abriga sentimientos más afectuosos y ofrece valoraciones más positivas de otras personas que se parecen a ellas, que actúan como ellas, que han nacido el mismo día o que son parecidas en cualquier otra dimensión que perciban. Y subestiman y rechazan a las personas diferentes.[18]

Este efecto de «parecido a mí» ayuda a explicar por qué la mayoría de empresas, inconscientemente, «introducen a clones». Los entrevistadores prefieren contratar a hombres, los entrevistadores blancos prefieren candidatos blancos que negros o asiáticos, etcétera.[19] Por consiguiente, es posible que estudios futuros confirmen las afirmaciones expuestas en *El valor del capital humano* y *La guerra por el talento* de que comienza «un ciclo virtuoso» cuando se contrata a jugadores A. Por ahora, el estudio controlado que se acerca más a confirmarlo se realizó con cuarenta estudiantes universitarios canadienses que, con la ayuda de un test de personalidad, fueron clasificados como pertenecientes al tercio superior o inferior en cuanto a la concienciación. Después, se les mostraron vídeos de dos candidatos para un puesto de supervisor de una residencia universitaria. Un candidato actuaba de forma consciente, se autodescribía como diligente, entregado y atento a los detalles; el otro era lo opuesto: se autodescribía como espontáneo, perezoso y no muy sistemático. Se observó un efecto de «parecido a mí»: los estudiantes concienzudos valoraron al candidato concienzudo como más adecuado para el empleo; los estudiantes con menos concienciación no percibieron demasiadas diferencias entre ambos candidatos. La concienciación fue el segundo indicador más eficaz de rendimiento profesional (después del CI) en el estudio de Schmidt y Hunter, y, sin duda, forma parte del perfil del jugador A. En consecuencia, esa investigación refuerza las afirmaciones de que la gente genial quiere contratar a gente buena como ella, pero no revela nada sobre la regla de la gente pésima.[20]

Por qué la obsesión por el «talento» individual puede ser peligrosa para la salud de las organizaciones

Michael Schrage tiene razón: «El resultado de la colaboración de unos incompetentes, con independencia de lo diligentes o bien intencionados que sean, no puede ser bueno».[21] Pero no estar entre el 10% superior no es lo mismo que ser incompetente; el 90% de la gente de todas las empresas simplemente no lo consigue. Es un hecho matemático que sólo el 10% de la gente forma parte del 10% superior. Y a pesar de las afirmaciones de *La guerra por el talento* y *El valor del capital humano*, y de muchos otros libros sobre la contratación de las personas más adecuadas, la teoría del talento se basa en una serie de suposiciones y pruebas empíricas que son incompletas, falaces y completamente erróneas. Una reflexión puntual revela que la idea de la guerra por el talento se basa en tres hipótesis fundamentales:

- La capacidad individual, en gran parte, está fijada y es invariable: algunas personas son mejores que otras.
- Se puede clasificar de modo fiable a la gente en función de sus capacidades y competencias.
- El rendimiento de las organizaciones es, en muchos casos, la suma simple de los rendimientos individuales; lo que importa es lo que hacen los individuos, no el contexto, el sistema en el que tienen que hacerlo.

Como se comprobará más adelante, cada una de estas suposiciones no es lo bastante cierta como para que uno quiera basar el éxito de su empresa en su validez.

No es tan fácil identificar el talento a la perfección

¿Qué tienen en común Steve Young, Kurt Warner y Jake Delhomme? Todos acabaron triunfando como *quarterbacks* en la Liga Nacional de Fútbol Americano (LNFA), pero sólo después de temporadas de chupar banquillo o de jugar en ligas de fútbol americano inferiores, porque no se los consideraba lo bastante buenos como para jugar en la LNFA. Los tres jugaron la final de la Super Bowl, y Young y Warner fueron designados jugadores más valiosos del encuentro. «Errores» de gestión del talento como estos «señalan que [...] la suerte tiene un papel mucho más importante de lo que cualquier persona pueda imaginar y, a veces, los jugadores clave surgen de las circunstancias más improbables.»[22] De hecho, sólo la mitad de los equipos de deportes profesionales —un campo en que se esperaría que el talento individual fuera crucial y rápidamente distinguido— tienen a varios jugadores superiores que no hubieran sido considerados como tales al comienzo de sus carreras.

El talento no es fácil de identificar por múltiples razones. En primer lugar, hasta los mejores indicadores no son adecuados para seleccionar a las personas más aptas. Tomemos como ejemplo el CI. La inteligencia es el indicador de rendimiento profesional más eficaz en todos los estudios, pero el CI sigue correlacionando al azar más del 0,4 con el rendimiento. Como la proporción de variación explicada por un indicador es la correlación elevada al cuadrado, la inteligencia no representa más del 16% de la variación en el rendimiento, lo que deja el 84% restante *sin explicar*. Otros indicadores sostenidos tienen correlaciones aún más bajas. Eso no implica que las compañías tengan que rechazar indicadores de capacidades válidos al seleccionar al personal. Pero sí que significa que todos tendríamos que ser más prudentes con relación a nuestra capacidad para distinguir el talento.

En segundo lugar, el rendimiento varía con el tiempo, como es natural. Hasta los mejores atletas, los mejores músicos y, por supuesto, los mejores profesores, tienen un mal día. Un estudio sobre el índice de rendimiento entre trabajadores de la fundición (moldeadores en máquinas, moldeadores a mano, desmenuzadores y afiladores) descubrió una coherencia semanal en el rendimiento de los empleados individuales que dejaba un 50% de la variación sin explicar. Un análisis de otros estudios sobre la variación en el rendimiento individual en contextos industriales, en los que el rendimiento se podía valorar con exactitud y tanto los incentivos como las habilidades eran constantes, relataba que «el rendimiento individual variaba en una proporción bastante amplia de semana a semana».[23] Eso implica que, según cuándo se observen, los jugadores A parecerían ser jugadores B, o viceversa. Una implicación obvia es que se obtienen mejores indicadores de rendimiento o capacidad si se analiza más de una muestra. Por desgracia, esa simple perspectiva se ignora de forma habitual; las decisiones de contratación suelen basarse en una única prueba, muestra de trabajo o entrevista. Del mismo modo, los exámenes para comprobar los logros de los estudiantes —usados para valorar si los colegios fracasan o tienen éxito— se administran una vez al año, como mucho.

Otro problema con respecto a la evaluación de la capacidad o el talento es que las valoraciones humanas se ven alteradas por prejuicios psicológicos invariables, potentes y, en gran parte, inevitables. Hace unos años, uno de nosotros habló con un ejecutivo de una compañía petrolífera que afirmaba que podía identificar el talento directivo máximo en personas jóvenes. Le preguntamos cómo podía estar tan seguro de su capacidad. Nos respondió que las personas a las que identificaba y que, debido a ello, eran ascendidas por la vía rápida siempre tenían éxito. Ese ejecutivo nunca consideró la idea de que el éxito de esas personas pudiera deberse sobre todo al hecho de que las hubieran ascendido, y no a la capacidad del ejecutivo para reconocer el talento. Veamos ahora un estudio más sistemático de los prejuicios empresariales. Los directivos ofrecían valoraciones de rendimiento para dos tipos de empleados: subordinados que estaban implicados en la contratación frente a subordinados que no lo estaban. Como cabe esperar, los directivos dieron unas valoraciones de rendimiento superiores a los subordinados que tenían voz en el proceso de contratación, con independencia de otros indicadores del rendimiento de los empleados.[24] Eso es lo que ocurre cuando la gente dedica esfuerzos y se compromete públicamente con una estrategia: cree que ha hecho un buen trabajo. Si ayudó a elegir a alguien para un puesto, tendrá mejor opinión de las capacidades de esa persona en comparación con las de otra a la que no ayudó a seleccionar, en parte para justificar la decisión que tomó.

Esas incertidumbres y debilidades humanas implican que, para la mayoría de puestos en gran parte de empresas, la evaluación de talentos y capacidades está llena de errores y prejuicios. La mayoría de dimensiones del rendimiento profesional no son tan objetivas como lo bien que una persona puede lanzar o chutar una pelota o lanzar un disco. En situaciones ambiguas, interdependientes y subjetivas, se entrometerán todo tipo de prejuicios —incluido el efecto del compromiso que se acaba de describir, así como también prejuicios por similitudes y simpatías— e incidirán en cómo se evalúa el talento. Estos prejuicios enturbian cómo se valora el talento incluso cuando se cuenta con indicadores de rendimiento objetivos, como, por ejemplo, lo rápido que una persona escribe a máquina o los puntos que anota un jugador de baloncesto.[25]

El talento no es fijo, a menos que uno lo crea así

Otro motivo más por el que el talento es tan difícil de valorar es que es un objetivo móvil. A pesar de todos los mitos, el talento no está completamente fijado ni predeterminado en el momento de nacer o en una edad temprana. El talento depende de la motivación y la experiencia de una persona. El talento depende de cómo se dirija u oriente a esa persona. Las evaluaciones del talento dependen de cómo se defina en una cultura concreta en una era concreta. El talento depende más del esfuerzo y de tener acceso a la información y a las técnicas adecuadas que de la capacidad natural. El talento, en otras palabras, es mucho más maleable de lo que a muchos nos gusta creer.

Piense en los factores culturales e históricos que condicionan si se designa a una persona como dotada. Hoy en día, Rembrandt se considera un pintor brillante. Muchas personas creen, en la actualidad, que Johann Sebastian Bach es un compositor maravilloso y que Mozart es uno de los mejores compositores del mundo. Sin embargo, estos y muchos otros genios no fueron reconocidos ni premiados durante sus vidas. ¿Por qué? Porque calificar una obra de arte o una partitura como brillante depende mucho de las convenciones culturales y de las definiciones actuales de arte y de música. Las estimaciones sobre el talento dependen de intereses y gustos. Para que las aportaciones de Bach se reconocieran del todo, las ideas sobre la música tuvieron que modificarse para que sus obras encajaran con la definición de grandeza.[26]

El talento o las capacidades también dependen de qué le ocurre a la gente y cómo se la orienta, no sólo de sus motivaciones o dotes innatas. Veamos el ejemplo del béisbol. Un estudio de Lawrence Kahn examinó el efecto de los entrenadores de béisbol sobre el rendimiento del equipo y de los jugadores. Kahn valoró la capacidad de los jugadores mediante la media de su rendimiento a lo largo de toda su carrera, un indicador fiable del talento de un jugador. Descubrió que algunos entrenadores inspiraban a los jugadores para que rindieran por encima de sus capacidades, y otros los bloqueaban y conseguían que siempre rindieran por debajo de sus capacidades. La capacidad o el talento no explican todo el rendimiento de un jugador en un año concreto. El entrenamiento y la orientación del jugador también influyen.[27]

No cabe duda de que las capacidades innatas limitan las posibilidades de actuación de una persona en determinados ejercicios. No hay yoqis que midan 1,85 metros, ni ningún jugador de baloncesto profesional que mida menos de 1,5 metros. Pero el talento natural está sobrevalorado. Un rendimiento excepcional no se produce sin un esfuerzo excepcional, y hasta las capacidades supuestamente innatas —como el CI y otros indicadores de «inteligencia»— mejoran notable y continuamente si la gente trabaja mucho, recibe una orientación adecuada y *cree* que puede mejorar. El debate de lo innato frente a lo adquirido persiste en el mundo académico y en la sociedad. Pero los dones naturales son inútiles si no se ejercitan. La gente, los equipos y las empresas que se inician en algo casi siempre lo realizan peor al principio; los resultados brillantes o, al menos, competentes sólo se consiguen a través de una persistencia cruda, junto con la creencia de que la mejora ocurrirá. Lo que la gente es capaz de hacer como principiante es menos importante que si se empeña mucho y no deja de aprender día a día.

Décadas de investigación de Anders Ericsson, de la Universidad de Florida, demuestran que los expertos y las superestrellas —al menos en todas las iniciativas en que es posible una valoración— se comportan de forma muy parecida a la superestrella del golf Tiger Woods. Cuando Tiger tenía seis años, jugaba a golf casi cada día y lo entrenó un profesional experimentado, Rudy Duran, desde los cuatro años hasta los doce. La investigación de Ericsson en docenas de ámbitos revela una historia similar: el rendimiento excepcional no se produce sin unos diez años, aproximadamente, de práctica deliberada, casi a diario, durante unas cuatro horas al día, con la ayuda de alguien (por ejemplo, entrenadores, colegas o competidores experimentados, o libros) que les enseñen a las mejores técnicas. Esta regla de los diez años se mantiene en todos los campos estudiados: ajedrez, medicina, auditoría, programación, *bridge*, física, juegos malabares, danza y música.[28]

Una vez alcanzado el rendimiento excepcional, tampoco se puede mantener sin un esfuerzo constante. Dean Keith Simonton expone que en todas las áreas, desde la ciencia hasta el arte, los genios más célebres —Mozart, Leonardo, Picasso, Einstein y Darwin— no tienen un índice de éxito superior al de sus contemporáneos normales y corrientes. Simplemente, *trabajan más* que el resto. Todo el mundo ha oído hablar de *El origen de las especies,* de Charles Darwin, pero poca gente conoce su siguiente libro, un estudio breve e inesperado sobre las orquídeas. Simonton también demuestra que los genios no gozan de buenas rachas: los periodos en los que producen más éxitos son los mismos en los que producen más fracasos.[29]

La práctica y el esfuerzo también cuentan para los cirujanos. El profesorado de los hospitales clínicos reconoce a un residente dotado de vez en cuando, alguien, en palabras del cirujano Atul Gawande, «que mejora en habilidades manuales complejas con una rapidez inusual, que entiende el campo operativo como un conjunto, que ve las complicaciones antes de que ocurran». Sin embargo, el profesorado de las facultades de medicina cree que se requiere práctica, no talento natural, para convertirse en un gran cirujano, para «ser lo bastante idiota como para seguir practicando esta difícil actividad día y noche durante años». Gawande nos contó que durante sus entrevistas para residencias quirúrgicas nadie le pidió que cosiera, nadie comprobó su destreza ni siquiera si tenía el pulso firme.[30]

Lo que es cierto para las personas individuales también es aplicable a las empresas, grupos y equipos. El rendimiento excepcional depende, básicamente, de la experiencia y el esfuerzo. Por más dotados (o corrientes) que sean los miembros del equipo que comienzan,: cuanta más experiencia adquieran trabajando conjuntamente, mejores equipos acabarán siendo. Piense en la selección nacional de fútbol femenino de los Estados Unidos, que ha ganado numerosos campeonatos, incluidas dos de los cuatro mundiales femeninos y dos de los tres torneos olímpicos femeninos que se han celebrado hasta la fecha. Sin lugar a dudas, el equipo ha contado con jugadoras de muchísimo talento: Mia Hamm, Brandi Chastain, Julie Foudy y Joy Fawcett. Sin embargo, cada miembro del equipo, incluida la superestrella, Mia Hamm, recientemente retirada, afirmará que los factores más determinantes para su éxito fueron la comunicación, el entendimiento mutuo, el respeto y la capacidad para trabajar juntas, que desarrollaron durante la docena de años, más o menos, que ese compacto grupo jugó junto. Investigaciones cuantitativas sobre la eficacia del equipo han demostrado el poder de ese tipo de experiencia conjunta en todas las situaciones examinadas, que incluyen cuartetos de cuerda, equipos quirúrgicos, grupos de estudiantes, equipos de altos directivos y tripulaciones de aviones.[31] La única excepción es un estudio de los equipos de I+D. Estos equipos continúan volviéndose cada vez más productivos durante los primeros cuatro años, más o menos, pero entonces su rendimiento desciende, a menos que incorporen a nuevos miembros y tengan contacto con personas externas; así pues, los equipos antiguos acaban estancándose a no ser que reciban la aportación de nuevas ideas.[32]

Los equipos experimentados obtienen mejores resultados porque, con el tiempo, los miembros llegan a confiar más unos en otros, se comunican con más eficacia y aprenden a mezclar las diversas habilidades, virtudes y defectos de todos los integrantes. Incluso una breve experiencia conjunta sirve: un porcentaje de errores desproporcionadamente elevado cometidos durante los vuelos de aerolíneas comerciales ocurren al principio, por lo general en el turno de setenta y dos horas que comparte un equipo de cabina. El estudio de incidentes del National Transportation Safety Board (Consejo Nacional de Seguridad en el Transporte) (errores graves en vuelos, salvo una colisión) concluyó que el 73% sucedía el primer día en que la tripulación trabajaba junta, y el 44% del total tenía lugar en los primeros vuelos de la tripulación.[33] Y los equipos que cuentan con mucha experiencia en común obtienen una ventaja considerable. Las profesoras Kathleen Eisenhardt y Claudia Schoonhoven llevaron a cabo un estudio de 98 (de las 102) empresas de semiconductores existentes en los Estados Unidos entre 1978 y 1985. Descubrieron que, en los casos en que los miembros fundadores de un equipo habían trabajado juntos antes (aparte de disponer de más experiencia industrial y de equipos más grandes), las compañías disfrutaban de un éxito económico superior en sus dos primeros años. Esa ventaja en los resultados se iba consolidando durante el tercer año, el cuarto, el quinto y el sexto después de la fundación de la empresa.[34]

Esos estudios también sugieren que la «teoría del talento» es peligrosa, porque trata el talento como si fuera algo fijo. Esta teoría causa que la gente crea que no vale la pena esforzarse porque esa misma gente —o la gente a quien dirige— es inteligente o no lo es por naturaleza, y no se puede hacer nada al respecto. Sin embargo, las capacidades cognitivas en bruto —al menos el resultado de las pruebas que las valoran— no son tan difíciles de mejorar como mucha gente piensa. Cuando uno cree que puede volverse más listo, lo hace. *Pero* —y eso es *fundamental*— cuando se piensa que las capacidades cognitivas son difíciles o imposibles de cambiar, uno no se vuelve más listo.

Una serie de estudios realizados por Carol Dweck, de la Universidad de Columbia, evidencia que cuando la gente cree que el nivel de CI es inamovible, «se centra demasiado en ser inteligente y en parecerlo, en lugar de plantearse retos para extender y ampliar sus habilidades, para volverse más inteligente.»[35] Dweck razona que la mayoría de personas piensa o bien que la inteligencia es algo invariable, *o bien* que puede mejorar con el esfuerzo y la práctica. La gente que considera la inteligencia como algo fijo cree afirmaciones como que «si uno es muy brillante en un campo, no debería esforzarse en él», no acude a clases de refuerzo para solucionar deficiencias manifiestas, evita hacer cosas que no se le dan bien porque la hacen parecer idiota, y obtiene menos placer a partir de un esfuerzo y un compromiso sostenidos.[36] Después de todo, razonan esas personas, si uno tiene que esforzarse mucho en las cosas, significa que no es tan inteligente.

Dweck concluye que cuando la gente cree que ha nacido con una inteligencia natural e inalterable, la consecuencia es que aprende menos con el tiempo. No se preocupa por seguir aprendiendo cosas nuevas ni por mejorar las habilidades antiguas, y cuando sí lo intenta, no disfruta de ello. Pero la gente que cree que la inteligencia es maleable se va volviendo cada vez más inteligente y experta en lo que ya sabía, y está dispuesta a aprender cosas nuevas que no se le daban bien al principio.

Esta investigación implica que sus teorías de rendimiento y capacidades están destinadas a cumplirse. Si cree que la capacidad es fija y se lo comunica a sus subordinados, éstos entenderán que su rendimiento les dará la oportunidad de valorar hasta dónde llega su competencia en la línea fija de la distribución de la inteligencia inmutable. Si, en cambio, usted —y ellos— opinan que el rendimiento y las capacidades son maleables, entenderán las tareas como oportunidades de aprendizaje, no como pruebas para determinar si son inevitablemente aptos o no en un campo. Esas conclusiones también implican que si piensa que sólo el 10% o el 20% de sus empleados pueden llegar a ser ejecutores brillantes, y usa clasificaciones forzadas para comunicar esas expectativas en su empresa, entonces, probablemente, sólo esos pocos escogidos alcanzarán ese rendimiento superior.

Esta investigación explica por qué Southwest Airlines dice a sus nuevos empleados que son «lo mejor de lo mejor». Southwest es selectiva con quien contrata, pero al creer que todo el mundo es capaz de obtener los máximos niveles de rendimiento y al contar con un sistema que permite obtenerlos, convierte esa creencia en realidad una y otra vez.

Los sistemas geniales suelen ser más importantes que las personas geniales

La gente necesita compartir lo que sabe, coordinarse con otras personas y entender si sus empleos encajan, porque las empresas, o redes de empresas, suelen ser sistemas complejos que sólo pueden obtener resultados positivos cuando las piezas están perfectamente engranadas. El rendimiento de las personas depende de los recursos de que dispongan para trabajar, que incluyen la ayuda que obtienen de sus colegas y la infraestructura que sostiene su trabajo. Una investigación de gran alcance sobre desarrollo de software, aerolíneas, el sistema de control del tráfico aéreo, refinerías de petróleo, centrales nucleares, portaaviones, la NASA y la industria automovilística muestra que es imposible, incluso para las personas con más talento, realizar un trabajo competente, y menos aún brillante, en un sistema defectuoso. En cambio, un sistema bien diseñado lleno de personas normales y corrientes —aunque bien formadas— puede alcanzar niveles de rendimiento asombrosos de forma continuada.

El programa del transbordador espacial de la NASA representa un ejemplo penoso. Es un caso clásico de personas inteligentes, muy trabajadoras, bienintencionadas, atrapadas dentro de un sistema con tantos errores arraigados que ni siquiera un accidente horrible, la explosión del transbordador *Challenger* en 1986, cambió demasiado la situación. Esa es la conclusión a la que llegaron el Columbia Accident Investigation Board (Consejo de Investigación del Accidente del Columbia), una comisión de élite encargada de determinar por qué el transbordador *Columbia* se desintegró al iniciar la reentrada el 1 de febrero del 2003.[37] Un capítulo compara el accidente del *Columbia* con la explosión del *Challenger* diecisiete años antes. Empieza con un comentario de una de los miembros de la comisión, Sally Ride, la primera mujer norteamericana en el espacio y miembro de la Rogers Commission, el primer grupo de trabajo que analizó el accidente del *Challenger*. Ride concluyó que había paralelismos notables entre el accidente del *Challenger* y lo que le ocurrió al *Columbia*.

El informe enumera un paralelismo tras otro. A pesar de que casi todo el personal implicado en ambos accidentes era diferente, el sistema y la cultura organizativa se habían mantenido sin cambios sustanciales. El programa del transbordador se trataba como una operación rutinaria controlada por presupuestos y programaciones, más que como una operación experimental, a la que no era realista adjudicar presupuestos y programaciones previsibles —a pesar de que la Rogers Commission había pedido precisamente ese cambio—. La concentración en el presupuesto y la programación implicó que tanto el equipo de ingenieros del *Challenger* como el del *Columbia* cumplieran una peligrosa regla de decisión al resolver autorizar o prohibir el lanzamiento. «En vez de tener que demostrar que era seguro volar, se les pidió que demostraran que no era peligroso volar». La NASA seguía siendo una burocracia disfuncional en la que, en lugar de prestar atención al personal con la mejor experiencia técnica, los líderes creían que «la lealtad a la jerarquía, al procedimiento y al seguimiento de la cadena de mando» disminuía las posibilidades de fracaso. Por rutina, la gente con más prestigio y poder ignoraba y reprimía a las personas con más experiencia pero menos poder, e invalidaba sus recomendaciones. En ambas estrategias, las presiones para disminuir los costes y cumplir las programaciones implicaron que los administradores de la NASA externalizaran una parte importante del diseño, la fabricación y la reparación del transbordador, de modo que no conocían sus componentes lo bastante como para tomar decisiones informadas: dirigían un sistema que no conocían.

El Columbia Accident Investigation Board concluyó que el sistema organizativo que había provocado el fracaso del *Columbia* debía solucionarse, porque, si no, «la puerta está abierta a otro accidente». Añadieron que, aunque la gente siempre debe responsabilizarse de sus acciones, «los problemas de la NASA no se pueden resolver con simples jubilaciones, dimisiones y traslados del personal». Es decir, el problema es el sistema, no los empleados.

Más de quince años de investigación en la industria automovilística también facilitan pruebas de peso acerca del poder de los sistemas sobre el talento individual en un contexto empresarial. John Paul MacDuffie, de la Wharton Business School, ha combinado estudios cuantitativos de todas las fábricas de automóviles del mundo con estudios en profundidad de casos prácticos para entender por qué algunas fábricas son más eficaces que otras. MacDuffie ha descubierto que los sistemas de producción flexibles o ajustados, con su énfasis en los equipos, la formación y la rotación de puestos, y su desinterés en las diferencias de estatus entre los empleados, fabrican coches de calidad superior con menos costes.[38]

Toyota desarrolló y sigue usando ese tipo de prácticas, y obtiene sistemáticamente menos costes y más calidad que otras compañías, a pesar de que algunas fábricas de Honda les están haciendo sudar tinta y existen señales de que General Motors (GM), al final, se está poniendo a su altura. El éxito de Toyota radica en su magnífico sistema, no en talentos individuales asombrosos. Empieza en las capas altas de la empresa. Un estudio expuso que Toyota era la única compañía de automóviles importante en la que un cambio de consejero delegado no tenía ningún efecto sobre el rendimiento.[39] El sistema es tan sólido que cambiar a los consejeros delegados de Toyota es como cambiar bombillas: no hay casi ninguna diferencia notable entre el antiguo y el nuevo.

O piense en el caso de la fábrica NUMMI (New United Motor Manufacturing), en Fremont (California), una *joint venture* de Toyota y General Motors. Cuando GM cerró su fábrica de Fremont en 1982, era una de las peores fábricas del país, fabricaba coches con más defectos y a un precio más alto que casi cualquier otra fábrica de los Estados Unidos. El absentismo diario era casi del 20%.

Proliferaban las huelgas salvajes y el abuso de drogas y alcohol. Después de un acuerdo entre GM y Toyota, Toyota volvió a abrir la fábrica en 1985; el 85% de la plantilla inicial fue recontratada de un equipo de empleados que trabajaban en la antigua y horrible fábrica, y que seguían perteneciendo al Sindicato Norteamericano de Trabajadores del Sector Automovilístico. Antes de que se reabriera la fábrica, los trabajadores recibieron una formación extensa sobre el sistema de producción de Toyota. Enviaron a más de cuatrocientos formadores a NUMMI desde Japón y más de seiscientos trabajadores viajaron a Japón para recibir formación. El año que la fábrica reabrió, los 6.500 Novas que produjo se encontraban entre los coches más baratos y de mayor calidad fabricados en los Estados Unidos. El absentismo era inferior al 3%. Toyota cogió a una pandilla de jugadores F, los volvió a entrenar, los colocó en un gran sistema y, por arte de magia, se convirtieron en superestrellas. Un lugar de trabajo mejor los convirtió en trabajadores mucho mejores.[40]

Algunas personas afirmarán que la fabricación de automóviles no es, en realidad, un contexto coherente con el énfasis actual en el trabajo de conocimiento, y que la NASA y el transbordador espacial representan un sistema complejo, interdependiente, en el cual sería difícil que un individuo en particular marcara una diferencia profunda. Por lo tanto, quizá, el mejor estudio, el más convincente y el más interesante, de la relación entre los sistemas y las estrellas que importan es el de Boris Groysberg y sus colegas sobre el último *star system* en el mundo de los negocios: los analistas financieros. A los analistas se los trata como estrellas, se contratan por salarios astronómicos y muchos consiguen una notoriedad mediática extraordinaria. Como la calidad de los analistas se puede valorar a través de su clasificación en la revista *Institutional Investor*, y como su movilidad es fácil de observar, al igual que su rendimiento, es un marco revelador para analizar qué ocurre cuando las estrellas se mueven. Groysberg concluyó que después de que una compañía contrate a una estrella, los resultados son terribles: «El rendimiento de la estrella se desploma, se produce un descenso súbito en el funcionamiento del grupo o del equipo con el que trabaja esa persona, y el valor de mercado de la empresa baja». En concreto, «el 46% de los analistas estudiados obtuvieron malos resultados durante el año posterior a que cambiaran de compañía [...] su rendimiento había caído en picado en una media de un 20% y no había remontado a los niveles anteriores ni en los cinco años posteriores». Groysberg informa que hasta cuando las estrellas sí mantienen o recuperan su estatus previo de ejecutores superiores, es poco probable que ayuden a su nuevo jefe durante un largo periodo «porque las estrellas no se quedan en las empresas durante mucho tiempo, a pesar de los sueldos astronómicos que les pagan las empresas para mantenerlos alejados de los rivales».[41]

En vista de todas las pruebas sobre la importancia de los sistemas, algo que W. Edwards Deming y el movimiento a favor de la calidad recalcaron durante años, ¿por qué hay tantas empresas que continúan haciendo tanto hincapié en conseguir y retener a personas geniales y tan poco en crear y mantener sistemas geniales? Gran parte de la respuesta es que en los países occidentales, como los Estados Unidos, se glorifica tanto el individualismo puro y duro que se comete un error cognitivo. Olvidamos que la historia, los objetivos de la empresa, las recompensas y la estructura son causas fundamentales de lo que hacen las personas y las empresas. Se concede demasiado mérito a los héroes individuales cuando las cosas salen bien y se culpa en exceso a cabezas de turco individuales cuando salen mal. Esta obcecación perceptiva impregna la teoría del talento, y podrá comprobarlo en todas las noticias de la prensa económica, en las historias corporativas y en los consejos facilitados por gurús y asesores empresariales.

Esta tendencia excesiva a atribuir los éxitos y los fracasos a las personas individuales puede superarse, pero hacerlo requiere concentrarse en localizar y afrontar las causas sistémicas de los problemas de rendimiento. Los profesores del MIT Nelson Repenning y John Sternman compararon un proceso eficaz y uno fallido de esfuerzo de mejora en una empresa de fabricación.[42] En el esfuerzo ineficaz, emprendido para agilizar el desarrollo del producto, los gerentes atribuyeron el resultado a las habilidades y esfuerzos individuales, y no al sistema. No dejaban de ponerse como ejemplo a héroes y cabezas de turco, pero se producían pocos cambios y aprendizajes. A los gerentes que no alcanzaron los objetivos, los ejecutivos les dieron un toque de atención. De modo que presionaron a los trabajadores para que se esforzaran aún más, lo que causó un incremento inmediato de la productividad, que reforzó la suposición errónea de que los problemas se debían a que los trabajadores eran gandules. Pero los contratiempos no dejaban de aparecer. El esfuerzo terminó en fracaso, a pesar de que se aportó más supervisión (se requería que un gerente de proyecto entregara actualizaciones por horas a su jefe), indicadores más exactos para precisar quién era el culpable y castigos más duros por un rendimiento individual deficiente. Repenning y Sternman concluyeron que ese esfuerzo había fracasado básicamente porque, en lugar de mejorar el sistema, los gerentes se habían centrado en supervisar, motivar y castigar al personal.

En el esfuerzo eficaz se utilizó un enfoque distinto, que se centró en mejorar el tiempo del ciclo. Los gerentes combatieron a conciencia su tendencia natural a centrarse en quién se llevaba el mérito y las culpas, y en lugar de eso trabajaron para fortalecer el sistema. Un supervisor explicó: «Hay dos teorías. Una dice: «Hay un problema y tenemos que solucionarlo». La otra dice: «Tenemos un problema, alguien está metiendo la pata, vamos a acabar con él». Para mejorar, no podíamos seguir adoptando la segunda teoría, teníamos que emplear la primera».[43]

El tipo de talento adecuado

Este capítulo ofrece numerosas lecciones sobre cómo gestionar el talento, pero destacan cuatro directrices principales. El contenido, y en concreto el espíritu, de esas directrices choca con la teoría del talento defendida en muchos libros y por muchos asesores, pero está respaldado por más y mejores pruebas.

1. Tratar el talento como algo que casi todo el mundo puede alcanzar, no como algo que sólo unos cuantos poseen

John Wooden fue el entrenador norteamericano de baloncesto universitario de mayor éxito de todos los tiempos. Durante un periodo de doce años, sus equipos de la Universidad de California de Los Ángeles ganaron el campeonato nacional diez veces; ningún otro entrenador se había acercado a ese récord. Sin embargo, Wooden no defendía el éxito en términos de ganar o perder partidos o campeonatos. Para él, consistía en «saber que uno se ha esforzado todo lo que ha podido para convertirse en el mejor posible».[44] Eso suena cursi, pero los datos más fiables demuestran que las personas que obtienen resultados superiores creen en ellas mismas, se esfuerzan mucho y aprenden de forma constante. Wooden creía que algunos jugadores tenían más talento que otros, y trabajaba para reclutar a los mejores, pero también pensaba que todos esos campeonatos eran el resultado del esfuerzo y del trabajo en equipo, no sólo porque los jugadores tuvieran un talento natural. Wooden afirma que su definición también es superior a una basada en victorias y derrotas, porque se centra en aspectos que la gente puede controlar, no en aspectos con respecto a los que se sienten impotentes.

Las virtudes de la filosofía de Wooden se vuelven claras como el agua cuando se trata de superar los estereotipos negativos. Existen pruebas de peso de que a muchos afroamericanos se les lava el cerebro con sutileza para que crean que la inteligencia es algo fijo y que tienen unas capacidades inherentemente inferiores que otros miembros de otras razas. El mito de que los afroamericanos están predeterminados para tener CI más bajos y que no pueden hacer nada al respecto ha sido perpetuado por muchísimas personas, desde el premio Nobel William Shockley hasta los psicólogos profesionales que escribieron el polémico libro *The Bell Curve*.[45] Estos estereotipos perjudican el rendimiento académico incluso de los estudiantes afroamericanos que sacan las mejores notas en los exámenes. No obstante, algunas investigaciones fascinantes indican que si se puede convencer a la gente de que la inteligencia procede de lo que se hace, en vez de lo que se posee por nacimiento, el rendimiento mejora de forma considerable. En un estudio con universitarios de Stanford, se persuadió a algunos alumnos seleccionados al azar para que pensaran que la inteligencia era maleable en vez de fija. Dos meses más tarde, explicaron que estaban más implicados y que disfrutaban más del proceso académico que los estudiantes en condiciones de control. Lo más impresionante es que los estudiantes persuadidos para creer que la inteligencia era maleable sacaron mejores notas al trimestre siguiente, sobre todo los alumnos afroamericanos.[46]

Los gerentes no son omnipotentes. El rendimiento también está motivado por los consejos y el apoyo de los colegas y por la concienciación, y puede verse perjudicado por problemas personales, como una mala salud y asuntos familiares. Por desgracia, los gerentes pueden seguir sin escatimar dinero, atenciones ni oportunidades a las personas designadas como estrellas, al mismo tiempo que no consiguen reconocer (o admitir) que otras están obteniendo mejores resultados y están aprendiendo más rápido. Las creencias arraigadas pueden causar que perciban y recuerden las cosas buenas que realizan sus favoritos, e ignoren y olviden las malas. Y si se dan cuenta de que sus protegidos no están a la altura, podrían ser demasiado orgullosos como para confesar que se han equivocado. Un estudio sobre la NBA, de Barry Staw y Ha Hoang, reveló, por ejemplo, que los equipos mostraban un compromiso irracional con los jugadores a los que elegían primero en el *draft* universitario.[47] Los equipos de la NBA eligen primero a los jugadores más elogiados y, después, a los jugadores que se cree que tienen cada vez menos talento. El análisis de Staw y Hoang de los *drafts* de la NBA entre 1980 y 1986 concluyó que a los jugadores escogidos primero se les concedían más minutos de juego, era menos probable que negociaran con otros equipos y tenían carreras más largas que sus colegas peor pagados y menos publicitados *con independencia* de cuál fuera su rendimiento real. El responsable de relaciones públicas de la NBA afirmó que «los entrenadores apuestan por sus mejores jugadores y no les importa cuánto cuesta esa persona. Las victorias y las derrotas son lo único que cuenta».[48] Pero Staw y Hoang mostraron que limitarse a proclamar que un jugador es una superestrella y pagarle en consecuencia puede llevar a hacer valoraciones parciales sobre su rendimiento real. Por lo tanto, si decide que uno de sus trabajadores es mejor que el resto, eso puede hacer que ignore u olvide las pruebas que contradigan con sus creencias, y puede ser perjudicial para su equipo o compañía.

2. La ley de los sistemas pésimos triunfa sobre la ley del personal pésimo

Se ha destacado que los gerentes, asesores, gurús, la prensa y casi todo el mundo da demasiado crédito e imputa demasiadas culpas a personas individuales por los resultados de la empresa. Esta fe equivocada en la omnipotencia de salvadores y villanos se debe, en gran parte, a un error cognitivo cometido por la mayoría de gente de los países occidentales. Este error de atribución fundamental lo descubrió hace décadas el psicólogo Lee Ross.[49] Implica que la gente da una importancia excesiva a la personalidad, preferencias y esfuerzos individuales cuando intenta explicar qué hace la gente (y los grupos y las empresas) y por qué lo hacen, y resta importancia al contexto, la cultura o el sistema. Eso ocurre, en parte, debido a cómo funciona la percepción humana. Cuando observamos una situación, como una compañía, *vemos* a individuos: personas individuales que actúan, toman decisiones, hacen cosas geniales o terribles. El *contexto* en el que eso sucede, la industria y el entorno económico general, las acciones de todas esas personas que no vemos, son menos obvias y vivas. Por lo tanto, no es sorprendente que sobreatribuyamos acciones y consecuencias a los individuos más que a los límites con los que obran.

Una consecuencia insidiosa de ese error fundamental es algo que hemos denominado el síndrome de la aspiradora cerebral. Es cuando una empresa contrata a personas aparentemente brillantes, una detrás de otra, y luego las coloca en puestos mal diseñados dentro de un sistema igual de mal diseñado. Cada nuevo titular parece inteligente y experto hasta que se inicia el trabajo y, en un santiamén, empieza a actuar como si fuera estúpido. La primera vez que percibimos ese síndrome fue al observar a amigos que aceptaban puestos de decanos y adjuntos al decanato en escuelas de administración de empresas. Esos puestos conllevan mucha responsabilidad, pero muy poca autoridad y pocos recursos. Las peticiones de los estudiantes, la facultad, el personal, los administradores de la universidad, compañías y alumnos son intensas, poco realistas y contradictorias. Es difícil, por no decir imposible, hacer bien esos trabajos. Pero eso no impide que casi todos los principales implicados centren la atención en la personalidad y las habilidades de los titulares en vez de en la imposibilidad de realizar el trabajo. Para la mayoría de observadores, parece como si se succionara cualquier rastro de inteligencia, sentido común y capacidades a las personas un minuto después de convertirse en administradores académicos. Lo mismo sucedió en la NASA, donde el Columbia Accident Investigation Board quedó consternado al ver que, a pesar de que habían cambiado a casi todo el personal, el mismo sistema producía los mismos errores vistos diecisiete años antes; era un sistema que dificultaba que la gente inteligente obrara con inteligencia.

No nos malinterprete. Hay personas que no pueden realizar o no realizarán los trabajos que les han confiado. La gente incompetente perjudica a las empresas, y siempre habrá manzanas podridas que tendrán que recibir una formación adicional o que tendrán que reasignarse a puestos diferentes, y si todo lo demás falla, habrá que despedirlas. Pero la ley (o la «regla») de la gente pésima es una peligrosa verdad a medias. En lugar de eso, proponemos la «ley de los sistemas pésimos»: los sistemas deficientes son mucho más perjudiciales que las personas ineptas, y un sistema defectuoso puede provocar que un genio parezca un idiota. Intente rediseñar los sistemas y los puestos antes de concluir que una persona es «pésima». Y si sigue contratando a personas que parecen excelentes, pero que se vuelven pésimas, deje de culparlas y arregle el sistema, al menos si quiere desconectar la aspiradora cerebral.

3. Sabiduría: ¿el talento más crucial?

La sabiduría, que no la inteligencia, probablemente sea el talento más importante para mantener el rendimiento de una empresa. Las entidades necesitan a trabajadores que piensen rápido y bien cuando trabajen solos en problemas con respuestas correctas conocidas; eso es lo que valoran los tests de CI. Pero contar con empleados que sean conscientes de los límites de su conocimiento, que pidan ayuda cuando la necesiten y que sean tenaces al enseñar y ayudar a sus colegas, probablemente, sea más importante para llevar a cabo mejoras constantes en una empresa, sistema técnico u organismo de conocimiento. Además, como sugiere la investigación sobre inteligencia, este tipo de acciones sabias contribuyen a que la gente se vuelva cada vez más lista.

El primer indicio importante que tuvimos de que la sabiduría estaba vinculada al rendimiento fue cuando estudiamos el caso de IDEO. Abrimos este capítulo con el fundador y presidente David Kelley, que atribuye el éxito de IDEO a «contratar a personas inteligentes y dejarles hacer». Pero esa sólo es una parte de la historia. El resto es que Kelley puede dejarles hacer porque IDEO ha entrelazado valores culturales, prácticas profesionales y recompensas —un sistema— que requieren muy pocas intervenciones por parte de los altos directivos. Kelley se merece mucho crédito por diseñar y retocar ese sistema durante los más de veinte años que ejerció de consejero delegado. Gwen Books, que fue ayudante de Kelley durante más de una década, en una ocasión nos explicó: «David nunca deja de pensar en IDEO, es como un prototipo que está rediseñando siempre en la cabeza». Lo genial del diseño es que IDEO estuvo, y sigue estándolo bajo el mandato vigente del consejero delegado Tim Brown, dirigida y controlada, principalmente, por colegas.

Uno de los principales motivos por los que el sistema de IDEO funciona tan bien es la actitud de su personal con respecto al conocimiento. Mencionamos esa actitud de sabiduría en el capítulo 2, como algo esencial para poner en práctica el management empírico. Recuerde que la sabiduría consiste en «saber lo que sabe y saber qué es lo que no sabe». Esa actitud permite que la gente obre de acuerdo con su conocimiento (presente) al mismo tiempo que duda de lo que sabe, de modo que puede realizar cosas *en el momento presente*, pero puede seguir aprendiendo sobre la marcha.[50] Las personas sabias se dan cuenta de que no se puede poseer todo el conocimiento; la única forma de seguir mejorando en cualquier ámbito es actuar de acuerdo con lo que uno sabe en el momento presente y seguir actualizándose.

La tabla 4.1 ilustra elementos clave de cómo piensan y actúan las personas sabias (y las que no lo son) en las empresas. Esos elementos surgen de la teoría y la investigación, pero quizás un episodio acaecido en IDEO ofrezca el mejor resumen y explicación. Robert Sutton se reunió con dos ingenieros, Larry Schubert y Roby Stancel, que hablaban sobre el diseño de un dispositivo para Supercuts, una cadena de peluquerías especializada en cortes de pelo baratos y rápidos. Estaban charlando sobre un dispositivo que se podría incorporar a una máquina de afeitar para recoger el pelo cortado. Estábamos delante del despacho de Rickson Sun. Rickson parecía algo preocupado cuando cerró la puerta corrediza para amortiguar el rumor de nuestra reunión: un gesto inútil porque su moderno cubículo carecía de techo y tenía mamparas bajas. Rickson seguía teniendo un aspecto algo molesto cuando salió unos minutos después para contarnos que en una ocasión él había trabajado en un producto que tenía elementos parecidos al dispositivo que Larry y Roby estaban diseñando: un sistema de aspirado que recogía el humo de un bisturí eléctrico que cauterizaba la piel durante la cirugía. Además, nos mostró un informe que describía los diferentes ti-

Tabla 4.1. La actitud de sabiduría: elementos y antítesis en las empresas

Sabiduría	Antítesis
Obrar con conocimiento (al mismo tiempo que se duda de lo que uno sabe)	*Obrar sin conocimiento o sin dudar del propio conocimiento; además, inacción combinada con un análisis interminable o, peor todavía, ningún esfuerzo por averiguar lo que hay que hacer*
Conocer y reconocer los límites del propio conocimiento.	Actuar como sabelotodos, sin comprender, aceptar o reconocer aparentemente los límites del propio conocimiento.
Ser humilde sobre el propio conocimiento.	Ser arrogante o inseguro sobre el propio conocimiento.
Solicitar y aceptar ayuda de otras personas.	No solicitar, o rechazar, la ayuda de otras personas.
Ayudar.	No ayudar, ni siquiera cuando está claro que la gente precisa esos conocimientos y habilidades.
Ser curioso: plantear preguntas, escuchar, esforzarse en todo momento por aprender cosas nuevas de los acontecimiento, informaciones y la gente que lo rodea.	No sentir curiosidad por la gente, las cosas ni las ideas; plantear preguntas y hablar sólo para demostrar a la gente lo inteligente que es, sin aprender nada de los demás.

pos de tubos de plástico que se vendían. Larry Schubert comentó: «Cuando Rickson se ha dado cuenta de que podía ayudarnos, tenía que hacerlo, si no, no habría sido un buen diseñador IDEO».

Ese simple episodio refleja la actitud de sabiduría y por qué permite que la gente siga aprendiendo y los sistemas mejoren constantemente. Larry y Roby son personas inteligentes, pero sabían que si obraban como sabelotodos, el diseño se resentiría. Reconocieron la sabiduría de Rickson. Reaccionaron con una mezcla de humildad y confianza que hemos presenciado muchas veces en IDEO. Cuando Rickson ofreció su colaboración, los tres sabían que para mejorar el diseño tenían que escucharle, y seguir su oferta de ayuda en el futuro.

IDEO puede parecer una empresa cordial y poco clara, pero no importa lo inteligentes que sean los diseñadores, si se niegan a trabajar de forma cooperadora y obran imprudentemente, las consecuencias son rápidas y desagradables. De vez en cuando, IDEO contrata a diseñadores que actúan como si dedicar un tiempo a ayudar a los demás —y a pedir ayuda— no fuera parte de su trabajo. Esos diseñadores egoístas son los sujetos de chismorreos perversos. Se los molesta, se los rechaza y se les facilitan tareas aburridas. Algunos aprender a ser sabios. A los que no se los trata como si fueran invisibles; no es necesario despedirles, se dan cuenta solos de que es mejor marcharse.

IDEO es sólo una organización que fomenta y muestra una actitud de sabiduría. Otras organizaciones que lo hacen son Southwest Airlines, el sistema de producción de Toyota y los portaaviones de la Marina de los Estados Unidos con historiales de seguridad notables. Cuando empiece a estudiar a empresas en que la gente no deja de aprender y de evolucionar, y donde los sistemas no dejan de mejorarse en vez de inducir los mismos errores una y otra vez, observará la actitud de sabiduría.

4. Anime al personal a que sea ruidoso y curioso: eso promueve la sabiduría

Ésta es una cuestión complicada. Imagine que acaban de hacerle una operación importante y le presentan el siguiente dilema: ¿quiere quedarse en una unidad de enfermería que administra la medicina incorrecta o la dosis equivocada, o que olvida dar el medicamento adecuado, a uno de cada quinientos pacientes, o bien prefiere quedarse en una unidad que se equivoca *diez* veces más? A mediados de la década de 1990, Amy Edmondson de la Harvard Business School estaba realizando lo que *creía* que era un estudio claro de cómo las relaciones entre los líderes y los compañeros de trabajo influían en ocho unidades de enfermería. Edmondson, y los médicos de Harvard que financiaban la investigación, se quedaron atónitos cuando los cuestionarios del personal de enfermería mostraron que las unidades con *mejores* líderes y *mejores* relaciones entre trabajadores presentaban *diez veces más errores que las peores*.

Asombrada, pero resuelta a interpretar sus conclusiones, Edmondson contactó con otro investigador para que observara esas unidades de enfermería. No le contó nada a ese segundo investigador de sus hallazgos, de modo que no estaba predispuesto. Cuando Edmondson juntó lo que ese investigador había observado con sus conclusiones, se dio cuenta de que las mejores unidades presentaban más errores, porque la gente se sentía psicológicamente segura para hacerlo. En esas unidades, los enfermeros afirmaban «los errores son naturales y es normal documentarlos» y «los errores son graves debido a la toxicidad de los medicamentos, de modo que uno nunca tiene miedo de contárselo al responsable de enfermería». En las unidades donde raras veces se informaba de errores, los enfermeros exponían razones como «el entorno es implacable, rodarán cabezas». Los médicos que ayudaron a patrocinar su investigación cambiaron del todo su opinión con respecto a los errores médicos. Dejaron de entender los errores como pruebas puramente objetivas, sino, en parte, como una reflexión sobre si la gente estaba aprendiendo de los errores y los admitía o si intentaba evitar culpas y, durante ese proceso, posiblemente encubría situaciones.

Edmondson y sus colegas han llevado a cabo, desde entonces, múltiples estudios sobre cómo los hospitales, equipos quirúrgicos, médicos y enfermeros aprenden de los problemas y los errores, que revelan muchas cosas sobre los talentos y las conductas que promueven la sabiduría. Es especialmente significativo un estudio sobre enfermeros que examinaba los errores de atención a 194 pacientes, desde problemas causados por equipamiento deteriorado hasta errores de tratamiento farmacológico. Edmondson y su colega Anita Tucker concluyeron que los enfermeros a quienes los médicos y los administradores consideraban *más dotados* causaban, inconscientemente, que los mismos errores se repitieran una y otra vez. Esos enfermeros «ideales» se ajustaban calladamente a materiales inadecuados sin quejarse, corregían silenciosamente los errores de los otros sin enfrentarse a los que cometían los errores, creaban la impresión de que nunca fallaban y encontraban maneras de hacer el trabajo en silencio, sin cuestionar prácticas erróneas. Esos enfermeros recibían evaluaciones excelentes, pero su silencio y su capacidad para disimular y seguir aceptando los problemas mina el aprendizaje empresarial. En lugar de esos tipos silenciosos inteligentes, los hospitales servirían mejor a los pacientes si contrataran a tipos sabios y ruidosos.

La tabla 4.2 enumera esos talentos de sabiduría. Todas esas características ayudan a la gente a obrar de acuerdo con lo que sabe, y a seguir mejorando sus propias habilidades, las de sus colegas y las prácticas y procedimientos de la compañía. El quid de la cuestión es que, si quiere una auténtica mejora del rendimiento en vez de una mejora ilusoria, usted y sus trabajadores deberían explicar a todo el mundo los problemas que han solucionado, señalar los errores de los demás para que puedan aprender, admitir sus propios errores y no dejar de cuestionar nunca qué se hace y cómo hacerlo mejor. Esas acciones pueden molestar a médicos y administradores —o a cualquier otra figura con autoridad— que prefieren subordinados callados y obedientes; pero si quiere que las empresas obtengan los mejores resultados posibles con los menores daños posibles, estos talentos serán esenciales.[51]

El comité de investigación del accidente del *Columbia* dio unos consejos parecidos, al recalcar que el riesgo de futuros accidentes

Tabla 4.2. Los talentos de la sabiduría: personas que sustentan el aprendizaje empresarial

Denunciantes ruidosos	Solucionan los problemas de inmediato y, después, hacen saber a todas las personas pertinentes que el sistema ha fallado.
Alborotadores ruidosos	Siempre señalan los errores de los demás, pero lo hacen para ayudarlos y para que el sistema aprenda, no para culparles.
Metepatas diligentes	Exponen sus propios errores a los jefes y a los compañeros, para que los demás puedan evitar cometerlos. Cuando los otros reconocen sus problemas, comunican que el aprendizaje —y no causar la mejor impresión— es su objetivo.
Inquisitivos perturbadores	No dejarán a nadie tranquilo. Preguntarán constantemente por qué se hacen las cosas de esa manera concreta. ¿Existe una forma mejor de hacerlas?

Fuente: Basado en la investigación de Anita L. Tucker y Amy C. Edmondson.

se reduciría si la gente se sentía segura para quejarse, para señalar los errores y riesgos, y para plantear preguntas. Concluyeron:

En ambos accidentes hubo momentos en que la definición de riesgo de los directivos podría haberse cambiado totalmente si

> *no fuera por las múltiples señales ausentes: una ausencia de análisis de tendencias, datos de imágenes no obtenidos, preocupaciones no articuladas, información omitida o eliminada de las reuniones [...]. Las personas secundarias y con menos poder en una empresa pueden llegar a tener información u opiniones útiles que no expresan. Incluso cuando se las anima a hablar, les resulta intimidante contradecir la estrategia de un líder o el consenso de un grupo. Debe hacerse un esfuerzo extra para aportar todas las informaciones pertinentes a las discusiones sobre riesgo.*[52]

Prestigio, orgullo y rendimiento

Hace un par de años, uno de nosotros dio una charla en una firma de alta tecnología famosa (aunque en horas bajas) que usaba un sistema de clasificación forzada. Lo denominaban *sistema de agrupación*. A los gerentes se les pedía que clasificaran al 20% de los empleados como actores A, al 70% como B y al 10% como C. Al igual que aconseja *La guerra por el talento*, concedieron la mejor parte de las recompensas a los empleados del grupo A, recompensas modestas a los del B y despidieron a los del C. Pero en una encuesta anónima, a los cien máximos ejecutivos de la empresa se les preguntó qué prácticas empresariales impedían que se pasara del conocimiento a la acción. El sistema de agrupación fue votado como el máximo culpable. No es sólo la experiencia de una empresa. Una encuesta realizada a más de doscientos profesionales de recursos humanos de las compañías que emplean a más de 2.500 personas del Novations Group concluyó que, a pesar de que más de la mitad de las empresas usaba la clasificación forzada, los encuestados informaron que ese sistema ocasionaba un descenso de la productividad, la aparición de desigualdades y escepticismo, efectos negativos sobre la implicación de los trabajadores, una reducción de la colaboración, daño a la moral y una desconfianza en los líderes.[53]

173

Las investigaciones sobre el vínculo entre el talento y el rendimiento empresarial revelan por qué esas conclusiones no son sorprendentes. No es que todos los empleados se merezcan el mismo trato. Todas las organizaciones humanas, o de hecho, todos los grupos de mamíferos, tienen jerarquías de estatus. Algunos miembros son valorados, respetados y tienen una gran influencia. A otros se los valora menos, se los elude o se les concede menos poder. Los que están en la parte más alta de la pirámide sienten orgullo; los que están en la parte inferior, vergüenza. Sería imposible, y probablemente indeseable, para cualquier líder eliminar las diferencias de estatus. La gente que contribuye al éxito de la empresa merece un prestigio, y la que contribuye a que fracase merece ser rehuida. Imaginar quién merece un puesto en la parte superior —y en la inferior— de la jerarquía, y cómo situarlos donde se merecen, forma parte del trabajo de un gerente.

Pero no podemos hallar ni rastro de pruebas de que sea mejor contar sólo con unos cuantos machos dominantes en la parte superior y tratar a todos los demás como inferiores. En lugar de eso, el mejor rendimiento se produce en empresas en que se considera el máximo de personas posibles como machos superiores. Si quiere que los trabajadores sigan trabajando conjuntamente y aprendiendo unos de otros, es mejor conceder prestigio a más que a menos, y evitar grandes diferencias entre los que obtienen más recompensas y elogios y los que reciben menos. Una lección relacionada, e igual de primordial, es que a la gente inteligente se le suele conceder más prestigio del que merece, y que a la gente sabia se le concede menos. La inteligencia es importante, pero la sabiduría es más crucial para fomentar el rendimiento empresarial (e individual) a largo plazo.

Tampoco podemos encontrar pruebas de que las empresas se beneficien de contratar sistemáticamente a personas que se encuentran en el 10% o 20% superior. Si una compañía selecciona y forma bien a su personal, y lo sitúa en un sistema eficaz, no hay ningún motivo para que ese 10% o 20% se convierta en incompetente de forma automática cada año. En cambio, investigaciones sobre el mantenimiento de la cultura de grupo y de empresa muestran que estigmatizar y eliminar inadaptados destructivos es crucial para el éxito de la compañía. Existen motivos convincentes para reservar los escalones inferiores a la gente que no se preocupa nunca de aprender cosas nuevas, no ayuda a aprender a los demás, ni intenta mejorar el funcionamiento de la entidad. Si después de reeducarla, o incluso de ignorarla o avergonzarla, no cambia de maneras, probablemente lo mejor sea expulsarla. Deshacerse de ese tipo de personas señala que su conducta es destructiva e innecesaria.

5

¿Los incentivos económicos estimulan el rendimiento de la compañía?

Hay mucho dinero invertido en incentivos económicos. Teclee la palabra *compensation* (compensación) en Amazon.com y obtendrá más de 47.000 entradas de libros, con unas 43.000 entradas asociadas a la palabra *incentive* (incentivo). Hay muchas personas claramente interesadas en leer —y escribir— sobre compensaciones e incentivos. Existen muchas consultorías grandes sobre compensaciones, como Towers Perrin, Hewitt Associates, Mercer y Watson Wyatt, más decenas de entidades pequeñas, que ganan mucho dinero vendiendo consejos sobre cómo diseñar sistemas de incentivos que atraigan, retengan y motiven a los trabajadores. Los ejecutivos de recursos humanos dedican muchísimo tiempo a diseñar sistemas salariales y a abordar quejas y casos inusuales de empleados, contratistas y asesores sobre cuestiones relacionadas con la compensación. Los comités de compensación de los consejos de administración destinan mucha energía a asignar los incentivos adecuados a los altos ejecutivos. Por lo general, esos esfuerzos incluyen «la alineación de los intereses de los ejecutivos con los intereses a largo plazo de los accionistas de la compañía».[1]

Esos esfuerzos grandiosos para «acertar el sistema salarial» están orientados por varias creencias y suposiciones muy arraigadas, ampliamente compartidas y entrelazadas sobre qué es lo que motiva al personal en el trabajo. Los incentivos se entienden como la herramienta principal para alinear el comportamiento individual con los objetivos de la empresa, porque sin unos incentivos eficaces la gente no haría nada; el término técnico en la bibliografía económica es *holgazanería*, y la suposición es que el trabajo es antipático, de modo que hay que sobornar a la gente para que se esfuerce. O si, en realidad, sí que se esfuerza, se supone que la gente casi con toda seguridad hará cosas que perjudicarán los objetivos de la empresa o del equipo de dirección. En el fondo de todo ello, subyace la creencia de que la gente trabaja, básicamente, por dinero, y que, como la motivación es el factor más significativo que influye en el rendimiento profesional individual, los incentivos económicos son los motivadores más importantes de todos. De ahí que acertar con el esquema de incentivos sea crucial para el éxito de la empresa, tanto para motivar como para alinear comportamientos. Existen cientos de libros sobre salarios en empresas que señalan exactamente estos aspectos y que hacen hincapié en la función fundamental del salario a la hora de determinar el rendimiento empresarial. La suposición mediocre y que parece menos obvia es que «el sistema salarial y de recompensas es básico para el funcionamiento eficaz de cualquier empresa».[2]

Este énfasis en la importancia de los incentivos económicos seguramente no es nuevo. Se remonta, al menos, a la época de Frederick Taylor, el fundador del management científico a principios del siglo XX. Taylor escribió en 1911: «Lo que esperan los trabajadores por encima de todo es que sus patrones les paguen unos sueldos elevados».[3] En sus experimentos clásicos en minas de hierro, se usaban incentivos económicos basados en la productividad para persuadir a los trabajadores a aceptar métodos prescritos de management científico. Casi la misma perspectiva de los incentivos económicos se encuentra también en muchas teorías económicas respetadas, así como también en teorías psicológicas influyentes. En economía, «un fundamento de la teoría en economía de personal es que los trabajadores responden a incentivos [...] y se presupone que pagar de acuerdo con los resultados inducirá a los trabajadores a proveer más resultados».[4] En psicología, la teoría del aprendizaje de Skinner afirma que la conducta es una función de sus consecuencias, de modo que si uno quiere obtener más de una conducta, como esforzarse en el trabajo, esa conducta tiene que reforzarse. Y la mayoría de teóricos sobre el condicionamiento instrumental que estudian e intervienen en ámbitos empresariales consideran las recompensas financieras como la forma más potente de refuerzo.[5] La teoría sobre toma de decisiones hace unas suposiciones algo más complejas sobre el comportamiento humano que la teoría del refuerzo. Pero esa teoría también presupone que la gente elige las acciones —o al menos, quiere elegir acciones— sobre la base de la probabilidad esperada de obtener unos resultados valiosos.[6] Por lo general, la gente desea más dinero, de modo que si cree que trabajar más tendrá como consecuencia la obtención de más dinero, se esforzará más. Es decir, la creencia de que los incentivos económicos son los impulsores más potentes del rendimiento empresarial aparece en muchas teorías muy arraigadas y enormemente influyentes sobre la conducta humana en contextos profesionales.

El problema es que esas suposiciones básicas sobre los incentivos económicos y sobre cómo funcionan son sólo eso, suposiciones. Suelen estar más sujetas a creencias que a un pensamiento crítico o probado. La consecuencia es que las compañías crean esquemas de incentivos complicados y caros que casi nunca consiguen producir los comportamientos que los líderes deseaban o pretendían. Pero como las empresas no basan sus diseños en pruebas o lógicas sólidas, cuando intentan «arreglar» el sistema con soluciones «nuevas» que parecen distintas a primera vista, suelen terminar con soluciones (y problemas) que son casi idénticas a las anteriores. O cambian un plan desencaminado por otro, y en ese transcurso el aprendizaje es poco destacable. Este capítulo ofrece ideas, datos y perspectivas que lo ayudarán a pensar de forma constructiva en maneras de detener, o como mínimo de reducir, los problemas que ocasionan muchísimos sistemas de incentivos económicos. Lo vamos a hacer examinando las pruebas y la lógica subyacente que componen los fundamentos de los sistemas de incentivos económicos.

Qué pueden lograr los incentivos

Existen tres vías principales a través de las cuales los incentivos pueden aumentar el rendimiento empresarial o, si se diseñan mal o se aplican equivocadamente, dañarlo. En primer lugar, los incentivos económicos podrían motivar más esfuerzo; un *efecto motivacional*. Este es el efecto que se suele buscar y se suele suponer cuando las compañías y los asesores recomiendan instituir esquemas de sueldos según resultados; el personal trabajará más para alcanzar una recompensa financiera superior. El incremento de la motivación de los trabajadores no puede influir en sus capacidades (al menos, a corto plazo), sólo en su esfuerzo. Por consiguiente, las intervenciones que se centran en incrementar los esfuerzos presuponen, por definición, que sólo con que la gente se esforzara un poco más, obtendría mejores resultados. Sin embargo, las intervenciones que tienen como objetivo incrementar la motivación a través de incentivos pueden ser eficaces sólo si la gente dispone de suficiente información para realizar el trabajo con eficacia y si otros sistemas y tecnologías de la empresa no son los obstáculos principales de un rendimiento deficiente. Los asesores en materia de salarios raras veces reconocen esos límites de la motivación, quizá ni para ellos mismos. Pero la mayor parte de las intervenciones que recomiendan presuponen que sólo un esfuerzo más grande aumentará el rendimiento, sin que haya que rediseñar el sistema, compartir información ni modernizar las habilidades del personal.

Las intervenciones que utilizan el dinero para impulsar la motivación también presuponen que el rendimiento profesional está bajo el control de las personas a las que se han concedido esos incentivos, y así pues, que las acciones individuales impulsan el rendimiento de la compañía. Pero las oscilaciones de resultados no siempre están bajo el control de un ejecutivo o de un empleado. Analicemos el caso de un alto ejecutivo de la compañía eléctrica de Florida, que nos explicó, cuando asistió a un programa para ejecutivos en Stanford, que sus compensaciones se basaban en la rentabilidad de la empresa de servicio público. La rentabilidad del servicio, dado que a corto plazo la mayoría de sus costes y tarifas estaban fijadas, dependía, en su mayor parte, de la cantidad de electricidad vendida, y la cantidad de electricidad vendida dependía, en gran medida, de la temperatura. Cuanto más caluroso era el verano en Florida, más electricidad se vendía, y más rentable era la empresa. Ese verano fue especialmente caluroso en Florida, así que el ejecutivo recibió un aumento de salario notable durante el mes que pasó en el programa para ejecutivos de Stanford en California. Se dio cuenta de que ese sistema de incentivos no tenía ningún sentido, a menos que uno crea que él podía controlar el tiempo que hacía en Florida.

Los incentivos son motivadores eficaces sólo cuando ciertas suposiciones arraigadas —incluida la idea de que las diferencias entre las capacidades y los conocimientos de los empleados realmente producen diferencias de rendimiento— y cuando los resultados de las actuaciones están bajo el control de las personas que reciben los incentivos. Si esas suposiciones no son válidas —los resultados de las actuaciones no son controlables y los esfuerzos de los trabajadores no marcan la diferencia—, entonces, la motivación que procede de unos incentivos económicos más cuantiosos no puede influir y no influirá positivamente en el rendimiento. Al contrario, los incentivos económicos pueden socavar la motivación y el rendimiento como consecuencia de la frustración, el descontento y la consternación que los trabajadores experimentan al trabajar más en un sistema que imposibilita que tengan un efecto sobre el rendimiento —aunque se estén enriqueciendo en ese momento, como en el caso del ejecutivo de Florida—. Esta idea sobre la inutilidad de esperar unos resultados mejores limitándose a intentar impulsar la motivación individual la han expuesto repetidas veces W. Edwards Deming y otros escritores del movimiento por la calidad, pero sigue siendo olvidada por la mayoría de ejecutivos y de sus asesores.[7]

En segundo lugar, los incentivos económicos pueden proporcionar a la gente información sobre lo que la empresa valora y sobre cuáles son sus prioridades, un *efecto informativo*. En un mundo donde es posible que no se pueda conceder la misma atención a todas las dimensiones de los puestos de trabajo, y donde las compañías suelen enviar mensajes contradictorios sobre sus prioridades —por ejemplo, prestar atención al servicio de calidad y de atención al cliente, pero también recortar costes e incrementar la eficacia—, la gente tiende a fijarse en el sistema salarial para averiguar qué es lo que les importa de verdad a los altos directivos. Cuando Continental Airlines llevó a cabo una transformación cultural y de servicio en los años noventa, pasando en un año del último al primer puesto en el índice de puntualidad, la compañía pagó a cada empleado 65 dólares por cada mes que Continental estuviera clasificada en la mitad superior de las clasificaciones del índice de puntualidad del Ministerio de Transporte de los Estados Unidos. Esa recompensa económica no sólo motivó al personal a trabajar más, sino que señaló a los empleados que el índice de puntualidad era algo realmente importante para Continental, como lo eran los monitores que mostraban la proporción de vuelos que llegaban con puntualidad cada día. Las investigaciones sobre el servicio de atención al cliente ilustran que enviar señales claras puede tener efectos potentes. Un análisis del índice de puntualidad de una aerolínea explicó que el hecho de que los ejecutivos de la compañía aérea parecieran preocuparse o no por la puntualidad de los vuelos estaba entre los factores de diferenciación fundamentales para que las aerolíneas fueran realmente puntuales.[8]

La tercera vía para que las recompensas financieras diferenciales puedan llegar a impulsar el rendimiento es que, presuntamente, atraen a la clase adecuada de personas y repelen a la clase equivocada, un *efecto selectivo*. Piense en los nuevos empleados que tienen que elegir entre trabajar para una empresa que ofrece un salario basado en el rendimiento y otra que ofrece un sueldo basado más bien en la antigüedad. La idea es que la gente motivada que se mueve por superar a sus colegas escogerá lugares de trabajo donde su rendimiento superior se traduzca en más dinero en sus bolsillos. Y las personas menos dotadas o menos motivadas buscarán lugares de trabajo menos competitivos, donde un rendimiento inferior se penalice menos. Un argumento que puede escucharse sobre los sistemas gubernamentales u otros sistemas de servicios asociados que no recompensan los resultados es que no pueden atraer a las mejores personas y a las más ambiciosas; el hecho de que no ofrezcan incentivos económicos diferenciales mina la capacidad para atraer y retener a las personas más dotadas: presuntamente, las más ambiciosas a nivel financiero. El economista de Stanford, Edward Lazear, cree que ese efecto selectivo es tan primordial para el rendimiento de la empresa como cualquier otro efecto de la motivación. «Un sueldo que sólo está ligeramente relacionado con los resultados puede ser muy eficaz para clasificar a los trabajadores y brindar información».[9]

Como comprobará a lo largo de este capítulo, cada uno de estos tres mecanismos funciona en todas las empresas, pero cada uno tiene, además, efectos imprevistos sobre la gente a la que pretende motivar, informar y atraer, efectos que atenúan el rendimiento con una frecuencia alarmante. Incluso en los casos en que los ejecutivos actúan con las mejores intenciones, se esfuerzan mucho para estudiar las mejores prácticas y cuentan con asesores relevantes sobre cuestiones compensatorias, muchos siguen acabando con sistemas salariales que minan el rendimiento, lo que convierte la idea de que los incentivos económicos impulsan el rendimiento de una empresa en una media verdad peligrosa. Los sistemas compensatorios erróneos son tan perjudiciales, en gran medida, porque la gente usa el sueldo como una señal de si la empresa la valora —su estatus e importancia— y para comprobar si se la ha tratado o no justamente. Tanto el estatus como la justicia son *muy* importantes para a la gente. Por consiguiente, cometer errores en los salarios puede causar que los trabajadores no revelen esfuerzos, ideas e información discrecionales, y puede fomentar una rotación indeseada. Los incentivos económicos tienen un fuerte impacto sobre el rendimiento, pero no necesariamente tan positivo como creen los ejecutivos y sus asesores.

El crecimiento de los incentivos

No hay duda de que, hoy en día, los incentivos son ubicuos y que el uso de sistemas salariales basados en primas ha crecido en las últimas décadas y se ha extendido desde los Estados Unidos a compañías de todo el mundo. Ya en la década de 1980, los estudios reflejaban que más del 80% de los empleados trabajaban en empresas con planes salariales según méritos, en los que algunos trabajadores, como mínimo, recibían aumentos basados en su rendimiento estimado.[10] La prevalencia de primas de producción o pagos contingentes ha aumentado en todos los niveles empresariales durante los últimos quince años, y los esquemas de incentivos, como, por ejemplo, las primas, se han vuelto especialmente dominantes en los niveles ejecutivos más altos.[11] Hewitt Associates, una consultora especializada en temas salariales, informó que en 1991 el 51% de compañías que participó en esa encuesta sobre salarios ofrecía, al menos, un plan de salarios en función de los resultados. En el 2003, esa cifra se había incrementado hasta el 77%, después de alcanzar el máximo del 81% en el 2001. Y el 50% de las compañías en el 2003 contaban con planes salariales variables que incluían a casi todos los trabajadores.[12] Esta tendencia no se limita a los Estados Unidos. Una encuesta de Hewitt del 2003 realizada entre 115 empresas canadienses concluyó que el 81% ofrecía planes de salarios en función de los resultados, proporción mucho más elevada que el 43% de 1994.[13]

Además, existe un interés creciente en utilizar complementos personales en contextos no corporativos, como, por ejemplo, colegios y organismos gubernamentales, lugares que tradicionalmente no han usado pagos contingentes. En Alburquerque, Nuevo México, se instauró un plan de incentivos para los conductores de camiones de recogida de la basura, y se pagaron más de 4 millones de dólares a los 180 conductores miembros de sindicatos durante un periodo de seis años.[14] Los maestros de Denver están sujetos a un sistema de sueldo según rendimiento que los recompensa por el progreso de sus estudiantes, mientras que en Houston, cada empleado de una escuela recibe una prima basada en los resultados en los exámenes de los alumnos. En Florida, en la actualidad, los distritos escolares están obligados a crear sistemas salariales que recompensen a los profesores por el rendimiento de los estudiantes.[15] En el Gobierno de los Estados Unidos en el 2003, la Administración propuso que la Office of Personnel Management [Oficina de Gestión del Personal] administrara un fondo de rendimiento de capital humano de 500 millones de dólares para permitir que los organismos federales instituyeran prácticas de salarios según rendimiento. Y la General Accounting Office (Oficina de Contabilidad General) publicó un informe en el que elogiaba los esfuerzos gubernamentales para confiar mucho más en los incentivos económicos.[16] En esa misma línea, la Office of Homeland Security (Oficina Nacional de Seguridad) reveló un nuevo sistema de incentivos que se deshacía de los salarios tradicionales basados en la antigüedad en enero del 2005. La directora de la Office of Personnel Management, Kay Coles James, presumió ante los periodistas: «Realmente hemos creado un sistema que recompensa el rendimiento, no la longevidad [...]. Puede servir como modelo para el resto del Gobierno federal».[17] La suposición es que el salario según méritos soluciona problemas de rendimiento, de modo que los incentivos se convierten en un remedio para cualquier organización que pueda padecerlos, incluidos los colegios y organismos gubernamentales.

Por qué se usa tanto el dinero: creemos que los demás se sienten motivados por el dinero, aunque nosotros mismos no lo estemos

El uso creciente de sueldos variables y de otros incentivos económicos y la confianza en su efectividad radica, en parte, en algo que el investigador Chip Heath denomina una «inclinación hacia los incentivos extrínsecos». Se trata de la tendencia a sobrevalorar lo mucho que les importan a los trabajadores las características extrínsecas del trabajo, como, por ejemplo, el sueldo, y a infravalorar lo mucho que los empleados se sienten motivados por las características intrínsecas del trabajo, como ser capaz de tomar decisiones o tener un trabajo con sentido.[18] La investigación de Heath muestra que las personas creen que los *otros están motivados por el dinero, aunque saben que ellas mismas no se sienten demasiado motivadas por eso.*

- Una encuesta de los Kaplan Educational Centers (Centros Educativos Kaplan) realizada a casi 500 futuros abogados que se preparaban para hacer la prueba de acceso a facultades de Derecho reveló que el 64% de los encuestados respondió que quería emprender una carrera legal porque era intelectualmente atrayente o porque estaban interesados en el derecho, pero sólo el 12% pensaba que sus compañeros estuvieran motivados por la misma razón. En cambio, el 62% creía que los otros se proponían iniciar una carrera legal por interés económico.
- En datos recopilados de encuestas realizadas a lo largo de un periodo de veinticinco años, los encuestados en la General Social Survey (Encuesta Social General) (una muestra representativa de ciudadanos norteamericanos) clasificaban un «trabajo importante» que «ofrece una sensación de realización» como el aspecto fundamental de sus empleos, mientras que el sueldo se clasificaba normalmente en el tercer puesto. Pero cuando se les preguntaba por los demás, el 73% creía que las enormes diferencias salariales eran necesarias para conseguir que la gente tra-

bajara más, y el 67% estaba de acuerdo con la afirmación de que la gente no estaría dispuesta a asumir responsabilidades adicionales en el trabajo si no se le pagaba un extra.[19]

Heath llevó a cabo un experimento para demostrar que la gente sobrevalora sistemáticamente lo motivados que se sienten los demás por el salario. Heath descubrió que los «participantes enumeraban un incentivo extrínseco en el primer puesto en su propio caso sólo el 22% de las veces, pero preveían que [los representantes del servicio de atención al cliente] enumerarían un incentivo extrínseco en el primer puesto el 85% de las veces».[20] Los participantes en el experimento habrían acertado mucho más en sus previsiones sobre la motivación de los demás —y, por tanto, ganado una recompensa por su exactitud— si se hubieran limitado a extrapolar sus propios sentimientos sobre la importancia de los incentivos económicos para los demás.

Hay otra prueba que refuerza las conclusiones de Heath de que los directivos tienen una fe excesiva en la magia motivacional de las recompensas extrínsecas. Una encuesta de Watson Wyatt del 2003-2004 realizada a los 1.700 mejores empleados —como los identificaron sus jefes— de dieciséis empresas concluyó que esos trabajadores describían un deseo por mantener una reputación positiva como el factor primordial de su motivación. Clasificaron en segundo lugar sentirse valorados; en tercer lugar, la creencia de que el trabajo es importante; en cuarto lugar, tareas interesantes, y esperar una recompensa financiera significativa en el *noveno* lugar de una lista de diez elementos.[21] Una encuesta a 205 ejecutivos de industrias diferentes reveló que el 68% contestó que sus compañías disponían de planes de primas para ejecutivos, porque los altos directivos creían que ese tipo de recompensas motivaría a los ejecutivos.[22] Sin embargo, esos mismos ejecutivos respondieron que no tomaban las decisiones empresariales diarias sobre la base de cómo iban a influir esas decisiones en sus primas o en las de sus subordinados.

187

Las empresas tendrían que ofrecer suficientes —y adecuados— alicientes para motivar y dirigir sus esfuerzos, y para atraer a las personas apropiadas. Los experimentos de Heath y los datos de otros estudios «sugieren que las teorías del gran público sobre la motivación pueden llegar a entorpecer este proceso» al hacer excesivo hincapié en los incentivos económicos y restar importancia al trabajo y a su interés intrínseco.[23] Las conclusiones de Heath y de las otras pruebas que se han presentado contribuyen a explicar por qué los gerentes siguen confiando tanto en las recompensas extrínsecas: parten de premisas erróneas sobre lo que motiva a los demás. Además, incluso en los casos en que los sistemas de incentivos funcionan más o menos como se preveía, es posible que no nos gusten las consecuencias.

Los incentivos señalan lo que es importante, pero las señales puede que sean poco sutiles

Los incentivos y las medidas proporcionan información, no sólo motivación, y los efectos de la información a solas sobre la motivación pueden ser pronunciados. Una demostración clásica del poder de los refuerzos externos fue un estudio de principios de la década de 1970 en Emery Air Freight, un agente de transporte. Antes de la creación de grandes empresas de envíos con sus propios aviones, los agentes de transporte recogían paquetes y los enviaban en aviones. Obtenían un precio mejor según el número de paquetes que se colocaba en grandes contenedores que eran fáciles de transportar. Por lo tanto, los directivos de Emery querían que los empleados colocaran tantos paquetes como pudieran en los grandes contenedores para reducir los costes de envío. La compañía realizó una evaluación de resultados y descubrió que, a pesar de que los directivos pensaban que estaban usando contenedores grandes en el 90% de casos en que era factible, sólo el 45% de los paquetes pertinentes se acababan colocando en los contenedores grandes.[24]

De modo que la compañía anunció un nuevo programa que ofrecía recompensas, como elogios —no recompensas financieras—, por mejoras. El *primer día*, la proporción de paquetes colocados en los contenedores más grandes aumentó al 95% en el 70% aproximadamente de las oficinas de la compañía.[25] La rapidez de esa mejora espectacular sugiere que el cambio en el rendimiento provino no sólo de las recompensas ofrecidas, sino también de la información proporcionada de que el nivel de resultados existente era deficiente y que esa acción —consolidar los envíos— era importante para la empresa. La intervención mostró al personal lo bien que estaban trabajando, mientras que antes no disponían de esa información. También contribuyó a que los trabajadores se dieran cuenta de la importancia de esa dimensión concreta de sus empleos. La experiencia de Emery Air Freight demuestra que hacer saber al personal cuál es su progreso y qué es importante puede tener unos efectos substanciales en su comportamiento, hasta en ausencia de incentivos económicos.

Por desgracia, las señales de los sistemas de incentivos económicos sobre cuáles son las conductas que valora la empresa no siempre son lo que la empresa desea o necesita. Un día de agosto del 2003, Jeffrey Pfeffer y su esposa Kathleen fueron a comprar un coche nuevo. Se sentían inclinados a comprar un Toyota, pero habían oído comentarios positivos sobre el Mazda 6 y el Nissan Altima, de modo que querían hacer una prueba de carretera con los tres vehículos en la misma tarde. Primero fueron al concesionario Putnam Toyota, en Burlingame (California), donde fueron recibidos por un vendedor típico que trabaja a comisión. Cuando le explicaron lo que estaban haciendo —probar tres coches para decidir cuál elegirían—, de inmediato el vendedor llegó a la conclusión, correcta, de que era poco probable que compraran un automóvil esa tarde. No quería perder el tiempo con Jeffrey y Kathleen porque le pagaban a comisión —una señal de que la compañía creía que su responsabilidad principal era mover metal. Por tanto, el vendedor los envió al garaje donde estaban ubicados los coches nuevos de la compañía, a una manzana de distancia. Cuando Jeffrey y Kathleen llegaron, se dieron cuenta de que necesitaban a un vendedor si querían probar un coche. Ese vendedor había logrado su objetivo: deshacerse de dos clientes que no estaban dispuestos a comprar de inmediato. Cuando finalmente Jeffrey y Kathleen decidieron comprar un Toyota Camry, no hace falta decir que no regresaron al concesionario Putnam. Lo compraron en Toyota 101, en Redwood City (California), un concesionario donde los vendedores no cobraban comisión y donde se recalcaba la importancia de la atención al cliente.

Putnam Toyota y muchas otras empresas usan sistemas salariales para señalar qué es importante, y las señales no están totalmente desencaminadas. Los concesionarios de coches quieren a vendedores que generen ingresos, y no que se paseen y pierdan el tiempo. Así pues, el vendedor de Putnam hizo *exactamente* lo que le señalaba el sistema salarial: no perdió el tiempo con dos personas que tenían pocas probabilidades de generar ingresos *de inmediato*. Sólo hay un problema: la multitud de compañías que utilizan de un modo parecido sistemas de incentivos descarados o poco sutiles *no* están interesadas *únicamente* en maximizar los ingresos durante un único encuentro con cada cliente. Después de haber invertido en publicidad y otras promociones para atraer a la gente hacia las tiendas en primer lugar, sus líderes están interesados en maximizar las ventas durante periodos largos y, aún mejor, fidelizar la clientela, para que se requieran menos gastos en marketing y publicidad con el fin de conseguir que la gente vuelva a sus establecimientos. Pero utilizar los sistemas de incentivos equivocados envía señales a los trabajadores que chocan con los objetivos globales de la empresa.

Vamos a examinar otro ejemplo. Marshall Industries era una empresa distribuidora de dispositivos electrónicos valorada en 500 millones de dólares antes de experimentar una transformación sustancial y una revisión de la cultura corporativa que la convirtieron en una máquina competitiva valorada en 2.000 millones de dóla-

res en pocos años. Antes de la transformación, que incluyó eliminar las comisiones comerciales y otras primas individuales, los trabajadores se fijaban en el sistema de incentivos para entender qué
era lo importante y comportarse en consecuencia. A continuación,
se enumeran algunos de los resultados negativos citados por el entonces consejero delegado Robert Rodin:

- Los vendedores despachaban antes de lo previsto para alcanzar
  una cifra o ganar un premio. Nuestros clientes, en cambio, estaban insistiendo en entregas que fueran de un día antes hasta cero
  días de retraso.
- Conservábamos los retornos de los clientes. Teníamos que ase-
  gurarnos de que los retornos que entraban no se restaran a las
  ventas del periodo para el que estábamos intentando cumplir
  con los resultados. Por lo tanto, si un cliente retornaba un artículo, a veces nuestros vendedores los guardaban en los malete-
  ros de sus coches.
- Abrimos cuentas de crédito equivocadas. Cualquier pedido era
  un buen pedido siempre que estuviera implicado un vendedor
  pagado de acuerdo con los beneficios brutos.[26]

Los incentivos económicos, por supuesto, señalan lo que es importante y centran la atención de la gente en esas dimensiones. Pero
eso implica buenas y malas noticias. Las buenas son que los incentivos pueden ser eficaces para formar conductas, pero se convierten en malas si los directivos no conocen todas las implicaciones y
sutilezas de la conducta formada. El problema es que el sistema de
incentivos económicos típico es muy poco sutil y limita una vía
para comunicar lo que es importante, a menos que la empresa tenga un modelo empresarial muy simple, en el que sólo importen uno
o dos comportamientos. Es cierto que los sistemas de incentivos tienen que ser sencillos para ser eficaces; la gente sólo puede recordar
un número relativamente pequeño de cosas al mismo tiempo, de
modo que los esquemas de incentivos con criterios múltiples son

muy complejos para enviar señales sencillas que orienten las conductas. Pero las señales simples pueden causar daños cuando existen múltiples dimensiones interrelacionadas del rendimiento individual, cuando se requiere buen criterio y sabiduría para descubrir las mejores formas de mejorar el rendimiento empresarial global.

Los incentivos motivan a veces conductas equivocadas

No hay duda de que los incentivos económicos motivan a los trabajadores y, en las condiciones adecuadas, pueden impulsar incrementos considerables del rendimiento y la productividad. Analicemos, por ejemplo, el caso de Safelite Glass, ubicada en Columbus, Ohio, una de las empresas instaladoras de cristales para automóviles más grande de los Estados Unidos. El economista de Stanford Ed Lazear llevó a cabo un estudio detallado, estadísticamente complejo, sobre Safelite a lo largo de un periodo de diecinueve meses, durante los cuales la compañía, bajo el mandato de un nuevo presidente y consejero delegado, pasó de forma gradual de un sistema de salarios por horas a otro en que se pagaba a los empleados de acuerdo con el número de parabrisas que instalaban.[27] Dado que la empresa controlaba atentamente la producción por empleado con un complejo sistema informático, y como algunos de los empleados trabajaban con ambos sistemas salariales, Lazear obtuvo unos cálculos exactos sobre los efectos del nuevo sistema salarial variable en la productividad individual y en la facturación.

Lazear calculó que se producía un aumento del 44% en la productividad —el número de parabrisas instalados por día por trabajador— bajo el nuevo sistema de incentivos. Además, calculó que aproximadamente la mitad del aumento de la productividad era consecuencia del mismo número de trabajadores que trabajaban más con el sistema nuevo.[28] Lazear también halló que los efectos del incremento de la productividad persistían, en realidad aumentaban con el tiempo, lo que excluye la explicación de que el efecto simplemente se debía a un cambio en el esquema salarial de un sistema a otro, una novedad o *efecto Hawthorne*, que disminuiría con el paso del tiempo. En lugar de eso, «después de que los trabajadores hayan pasado al sistema de sueldo por número de piezas, parecen aprender maneras para trabajar cada vez más rápido a medida que progresa el tiempo».[29] Una parte de los efectos sobre la productividad procedía de retener y atraer a empleados mejores. La rotación en Safelite era elevada, cerca del 4% por mes. Después de que se implementara el nuevo sistema de incentivos, el empleado medio contratado tenía una productividad superior que los que ya trabajaban en la fábrica, y la rotación era superior entre el personal menos productivo. El sueldo medio subió un 7%, mucho menos que el incremento de la productividad, de modo que el coste por unidad disminuyó de una media de 44,43 dólares, en el sistema de sueldos por horas, a 35,24 dólares, en el sistema dependiente del número de piezas.[30]

Varias características de Safelite hacen que sea una compañía especialmente adecuada para utilizar un sistema de incentivos o de sueldos variables eficaz. En primer lugar, el trabajo se aprendía rápidamente y, más importante aún, implicaba muy poca o casi ninguna interdependencia con otros empleados. Es posible que los trabajadores aprendieran unos de otros y compartieran trucos sobre cómo realizar el trabajo con más eficacia, pero el trabajo de por sí lo efectuaba una persona que trabajaba sola. Los incentivos individuales no socavaban el trabajo de equipo, porque no había necesidad de trabajar en equipo. En segundo lugar, era fácil tanto evaluar como supervisar la calidad, de modo que los empleados no podían limitarse a trabajar más rápido a expensas de realizar un trabajo decente. Si se rompía un parabrisas, era sencillo identificar al culpable. La compañía obligaba al instalador «a reinstalar el parabrisas en su tiempo libre» o «a pagar a la empresa la sustitución del cristal antes de que se le asignaran nuevas tareas remuneradas».[31] En tercer lugar, la compañía ya contaba con un sistema informatizado sofisticado de supervisión del trabajo, por lo que el sistema de incentivos no requería innovaciones para evaluar la productividad de la plantilla. Y, por último, los objetivos de los trabajadores eran claros y unidimensionales: instalar parabrisas lo más rápido posible, así como también realizar un trabajo de bastante calidad como para evitar que el parabrisas se caiga o se rompa.

Lazear es cauto al explicar por qué ese contexto era tan ideal para usar incentivos individuales: «La producción se valora fácilmente, los problemas de calidad se detectan al instante y la culpa se puede asignar».[32] Por desgracia, pocas de las incontables empresas que han implementado sistemas de inventivos han considerado la gama de condiciones que hacen que ese tipo de sistema sea eficaz. La bibliografía está repleta de historias de implementaciones desastrosas, que suelen producirse no porque los incentivos *no* funcionen, sino porque funcionan *demasiado bien*. Ante un incentivo para lograr algún resultado, la gente se tomará realmente en serio ese incentivo y se esforzará para alcanzar el objetivo que le haga ganar una recompensa financiera. El problema es que la mayoría de entidades tienen objetivos más complejos y multidimensionales y optimizar sólo una cosa crea otras dificultades.

Veamos algunos otros de los numerosos ejemplos posibles. En Alburquerque (Nuevo México), la ciudad decidió pagar a los conductores de camiones de recogida de la basura con un sistema de incentivos: si los camioneros acababan sus rutas más temprano, podían marcharse a casa y seguir cobrando el sueldo por todo el turno de ocho horas. El programa fue instaurado para reducir las horas extra alentando a los conductores a acabar las rutas prescritas a tiempo o incluso más pronto. Eso representaba que «un conductor que complete una ruta en cinco horas recibirá el sueldo normal por esas cinco horas más un incentivo por las tres horas restantes».[33] Pero una auditoría detectó varios problemas. «Quince de los veinticuatro conductores que recibieron más incentivos en el 2002 sistemáticamente iban al vertedero con camiones que excedían el peso límite legal». Además, había pruebas de que el incentivo por completar las rutas antes ocasionaba más accidentes de tráfico evitables. Algunos conductores olvidaban recoger toda la basura de sus rutas, y muchos se negaban a dejar de usar un camión que necesitaba una reparación. La auditoría del programa concluyó: «Los resultados involuntarios del programa de incentivos podrían ser un incremento de los riesgos de seguridad, del coste de las operaciones, de las responsabilidades legales y de la insatisfacción de la clientela».[34]

En Nueva Orleans, que en otro tiempo fue la capital de los asesinatos de los Estados Unidos, la policía recibía presiones para convertir la ciudad en un lugar más seguro. La ciudad instauró un programa con el que «los distritos que mostraran una mejora en las estadísticas criminales recibirían premios que podían llevar a primas y ascensos, mientras que los distritos que no lo hicieran se enfrentarían a reducciones y despidos».[35] Para fomentar aún más la mejora, se hizo una competición entre distritos para ver cuál podía reducir más los delitos. Resulta que existen dos maneras de reducir los delitos graves: reducir la incidencia de delitos graves o reclasificar los delitos que ocurren como menos graves. Frente a la presión y a los incentivos para disminuir los delitos graves, puede imaginarse qué sucedió. En el primer distrito, los mejores policías redujeron los crímenes simplemente reclasificándolos. «Una investigación averiguó que, en el último año y medio, en ese distrito, el 42%, casi la mitad, de los delitos graves se habían clasificado como infracciones menores y nunca se investigaron del todo».[36] La consecuencia: cuando salieron a la luz esas reclasificaciones, el jefe de la policía despidió a cinco oficiales destacados, incluido el comandante del distrito, por falsificar las estadísticas sobre criminalidad.

Esas chapuzas no se limitan al sector público. Un análisis de la ruptura de stocks de petróleo de Royal Dutch/Shell que ocasionó la dimisión del presidente de la compañía y del jefe de exploraciones, seguida poco tiempo después por la marcha del director financiero, culpabilizó al sistema de incentivos. Shell compensaba a sus ejecutivos con opciones de compra de acciones, de modo que había incentivos por mantener alto el precio de las acciones. Una forma de mantener el precio de las acciones era sobrevalorar las reservas. «En un informe del 2001, los consultores de Houston Rose & Associates denunciaron la presión sobre los gerentes de las compañías energéticas que cotizaban en Bolsa para "apurar hasta el límite la credibilidad en un esfuerzo por estimular la confianza de los inversores y, por tanto, incrementar el valor de las acciones". Entre otras cosas, los asesores vincularon la ruptura de stocks a los programas de incentivos que ofrecían primas por cálculos de reservas elevados.»[37]

En ese caso, la lección es una variante de un viejo dicho: cuidado con lo que paga, podría acabar consiguiéndolo. Cuando las tareas que se ejecutan son incluso mínimamente complejas, suele ser imposible pensar en todas las formas posibles de alcanzar esos objetivos. Y aunque fuera factible imaginar todas las eventualidades, la extensa y enrevesada lista de reglas y condiciones convertirían el sistema en algo incomprensible e ineficaz. Los incentivos económicos se aplican mejor cuando existen indicadores sencillos, claros y acordados que hacen que sea casi imposible hacer trampas, o a lo mejor cuando las autoridades se preocupan sólo de optimizar el rendimiento de esos indicadores, con independencia de lo que se precise para que el personal alcance ese nivel.

Los sistemas de incentivos, desde luego, atraen el talento (a menudo del tipo equivocado)

No cabe duda de que el nivel de los incentivos económicos ofrecidos y el sistema utilizado —por ejemplo, pago individual según el resultado— atrae a diferentes personas hacia diferentes empresas. Los sistemas de incentivos son una parte esencial de la cultura de una entidad. Algunas compañías seleccionan explícitamente en función de afinidades culturales, de modo que contratan a la gente que se ajusta a sus valores, incluidos los que se reflejan en el sistema de incentivos. Incluso en el caso de las empresas que son menos sistemáticas al seleccionar por afinidades, los futuros trabajadores intentarán determinar si tienen posibilidades de triunfar en la compañía; después de todo, ¿quién quiere trabajar en un sitio donde va a fracasar? Por consiguiente, los candidatos utilizan el sistema de incentivos como una forma significativa de diagnosticar los valores y la cultura de ocupación de la empresa. Hay profesiones —la negociación de inversiones, entre otras— en las que la mayoría de gente está en ellas, principalmente, por el dinero. Hace unos años, Pfeffer escuchó las cintas de unas discusiones de grupo organizadas de forma anónima por un gran despacho de abogados de San Francisco, en que los 2-D, estudiantes de derecho entre el segundo y el tercer año de la carrera, discutían las ventajas de trabajar para una empresa particular que pagara bien. Los estudiantes debatían sobre trabajar en esa compañía, básicamente, en términos de salarios elevados que permitirían saldar rápida y fácilmente sus préstamos. Por lo tanto, las conclusiones de Lazear sobre qué empleados existentes se marchaban de Safelite Glass y qué empleados nuevos aceptaban los empleos no son anómalas; los sistemas de incentivos y la cantidad de incentivos económicos ofrecida realmente atraen a personas diferentes hacia empresas diferentes.

Sin embargo, esas conclusiones no responden a la pregunta de si debería *querer* a personas que van a su empresa por los incentivos económicos que ofrece. Hace unos años, cuando James Treybig era consejero delegado de Tandem Computers (una compañía que en la actualidad forma parte de Ungermann-Bass), la empresa no revelaba a sus empleados los salarios antes de contratarlos, ni siquiera en los niveles ejecutivos más altos. Después de un proceso de contratación extenso y de numerosas reuniones, a los candidatos se les decía (si era cierto) que encajaban bien con la empresa y que tenían muchas esperanzas puestas en que triunfarían en Tandem y que la compañía quería que se unieran a ella. Si preguntaban por el sueldo, les contestaban que Tandem pagaba un sueldo competitivo y ofrecía un paquete financiero competitivo. Si insistían en saber el sueldo exacto, *no* se les ofrecía el puesto. Parafraseando a Treybig: «Si la gente viene por dinero, se marchará por dinero». Reconoció que los incentivos económicos son el recurso más fungible, accesible para casi todas las empresas. La gente que se mueve sólo por el paquete salarial podría sentirse atraída por la siguiente compañía que le ofreciera un poco más, y como la rotación era negativa, Tandem quería contar con personas que tuvieran más posibilidades de permanecer en la entidad. Treybig y Tandem creían que si la gente se incorporaba a la empresa porque le gustaba el trabajo, el negocio, el equipo directivo, la cultura y sus colegas, sería más probable que se quedara que si se incorporaba sólo por el dinero.

Esta lección sobre unirse a una empresa por los motivos adecuados también es pertinente para el bufete de abogados que se acaba de describir. Los estudiantes de las discusiones de grupo tenían bastante claro que permanecerían en la empresa hasta que hubieran liquidado sus préstamos de estudiantes o los hubieran reducido considerablemente, y luego se marcharían. Y, de hecho, ese bufete de abogados en particular perdía más del 50% de sus socios al final del tercer año de empleo, que era exactamente el momento en que habían adquirido suficiente experiencia para convertirse en provechosos para la entidad.

En contra de la tradición popular, las personas que más trabajan suelen ser las que trabajan para la Administración pública. Dado que realizan los trabajos por voluntad de servicio y para marcar una diferencia, a menudo puede verse un compromiso y un esfuerzo mayores, y no menores, entre los empleados públicos.[38] Nuestro colega James Baron explica más o menos lo mismo sobre no tener que confiar en los incentivos económicos cuando imparte el curso sobre management de recursos humanos de un MBA. Plantea la siguiente pregunta hipotética a sus alumnos (y puede respondérsela usted mismo). Si pudiera elegir, al enfrentarse a una enfermedad grave, posiblemente con peligro para la vida, entre ir a visitarse con uno de los dos médicos siguientes, ¿a cuál escogería: (a) un médico que ha ingresado en el campo de la medicina principalmente para ganar mucho dinero, o (b) un médico que ha entrado en el campo de la medicina porque estaba interesado en ese ámbito y deseaba servir a la gente? Piense en qué médico escogería y por qué. Como es lógico, la mayoría de los estudiantes del máster, que están más orientados hacia los incentivos económicos que el resto de gente, eligen al segundo. Los motivos que explican suelen ser coherentes con el concepto sociológico de la *profesionalización*; es decir, un profesional es un individuo que antepone los intereses de los clientes, que tiene una obligación de procurar y obrar a favor de ese cliente, con independencia de su propio autointerés. Esperamos que los médicos y otros profesionales tengan en cuenta nuestros intereses y necesidades, y no piensen sólo, ni básicamente, en qué los va a enriquecer. Queremos a profesionales que nos sirvan para elegir tratamientos o líneas de acción que se basen en los datos más fiables disponibles de eficacia, y no que les reporten el máximo de dinero a corto plazo.

Incluso en contextos no profesionales, es posible que haya buenos motivos por los que debería ser prudente al contratar a personas que se incorporan a la empresa sólo, o básicamente, por el dinero, sobre todo cuando hay mucha demanda de empleados. Retomemos el ejemplo de Safelite Glass un momento. Como señala Lazear, el sueldo medio por trabajador aumentó un 7%, mientras que la productividad de la compañía subió un 44%.[39] ¿Cómo puede explicarse esa diferencia entre los sueldos y la productividad de la empresa, en que la productividad aumenta mucho más que los sueldos? Safelite está ubicada en Columbus (Ohio), donde hay un exceso de trabajadores que demandan empleos con sueldos decentes. Por lo tanto, a los trabajadores les faltaba el impulso para obtener más que una fracción del valor producido por sus enormes esfuerzos; Safelite pudo explotar un mercado laboral imperfecto, bastante «peliagudo». Pero no siempre ocurre así. Cuando los empleados obtienen una buena posición, y las compañías luchan por los máximos talentos sólo con dinero, entonces los mejores trabajadores seguirán marchándose por más dinero, ya que no trabajan por nada más. Piense en el ejemplo del béisbol de las ligas profesionales estadounidenses. La llegada de los agentes libres y la falta de énfasis en la lealtad de los equipos han provocado que los salarios de los jugadores aumenten rápidamente y han producido un sistema en el que la mayoría de equipos pierde dinero en su funcionamiento.

Estos ejemplos demuestran parte de la preocupación de James Treybig de «si vienen por dinero, se marcharán por dinero». Apostar por una estrategia de incentivos económicos en un mercado laboral en el que la gente puede buscar, y busca, todas las oportunidades disponibles y se mueve por compensaciones más altas causará exactamente lo que la teoría económica prevé: garantizar que los empleados reciban el producto de sus ingresos marginales y, además, garantizar que las empresas estén obligadas a pagar sueldos que sean competentes con el mercado, de ese modo reducirán los beneficios de la compañía de los que podrían haber sido si hubieran ofrecido a los empleados un trato laboral menos centrado en el sueldo. Si cree que la gente trabaja *sólo* por el dinero, ese tipo de salidas serían imposibles de detener. Pero también sería imposible explicar por qué la gente se une al Peace Corps (Cuerpo de Paz), se alista en el ejército cuando tiene un empleo mejor pagado (como hizo, por ejemplo, el jugador de fútbol americano profesional Pat Tillman, que más adelante murió en Afganistán), y por qué incluso en el béisbol profesional, los jugadores siguen aceptando salarios más bajos para quedarse con los compañeros de equipo y directivos con los que disfrutan trabajando (como hizo en el 2003 el jugador J. T. Snow, de los San Francisco Giants).

Y existe otra razón para no seleccionar a esas personas que quieren estar en la empresa sólo, o principalmente, por el dinero que pueden ganar. Existen pruebas, al menos de poblaciones de estudiantes, de que es mucho más probable que la gente que elige un puesto por motivos más instrumentales se comporte de forma deshonesta. Don McCabe y sus colegas han llevado a cabo varios estudios de estudiantes universitarios que han copiado durante los años de carrera.[40] Han concluido que es mucho más probable que los estudiantes que están en la universidad o que han elegido una especialidad por motivos instrumentales —a fin de conseguir un empleo mejor o de ganar más dinero— copien que los estudiantes que han escogido unos estudios debido a sus intereses por ese tema. Este resultado tiene sentido si piensa en ello. Si yo estoy intentando dominar un tema debido a mis intereses intrínsecos, copiar no tiene ninguna explicación lógica; inhabilita mi deseo por aprender el material. Si, en cambio, estoy estudiando sólo para obtener un título, entonces lo que importa es el título —conseguir un papelito— y no necesariamente lo que estoy aprendiendo. Las implicaciones para las compañías son claras. Si la gente trabaja allí por el dinero —en Enron, por ejemplo, o en cualquier otra parte—, entonces hará lo que sea necesario para obtener el dinero, sea lo que sea. Parecería mucho mejor contar con empleados que realmente tengan algún interés en la empresa, sus clientes, sus productos y servicios, y sus valores.

Sueldo variable = Dispersión salarial = Rendimiento inferior

El uso de incentivos económicos personales casi siempre incrementa la dispersión o la desigualdad en las recompensas. En Safelite Glass, la variación de los salarios mensuales que percibían los empleados que instalaban cristales era aproximadamente un 43% más elevada con el plan de pago por pieza que con el sistema de pago por horas. Ese resultado seguramente no es extraño, ya que los incentivos económicos variables están pensados para crear diferencias más amplias entre lo que cobran los mejores y los peores trabajadores. La intención es escaparse de la *teoría de la mayonesa* sobre la administración salarial, en la que los aumentos son escasos y se reparten equitativamente entre toda la base de empleados, pero que conceden recompensas superiores a los trabajadores que contribuyen más al rendimiento de la empresa. La cuestión empírica es: ¿qué dicen las pruebas sobre las consecuencias de otorgar compensaciones económicas más desiguales?

Existen dos suposiciones básicas tras la idea de que la dispersión salarial es preferible y que aumenta el rendimiento de la empresa:

- Los empleados que hacen contribuciones excelentes quieren que se les reconozca el trabajo.
- Los empleados consideran que es injusto que obtengan los mismos aumentos que otros colegas que no se esfuerzan ni logran tantos resultados como ellos, de modo que la mayoría de trabajadores prefiere una mayor diferenciación salarial.

Esas suposiciones parecen perfectamente razonables a primera vista, pero cada una se vuelve problemática cuando las empresas intentan implementar recompensas diferenciales. En relación con la primera suposición, aunque es posible que la gente quiera que se le reconozcan sus aportaciones excelentes, eso provoca un gran problema, porque el mundo laboral se parece mucho al mítico lago Wobegon de Garrison Keillor, del programa radiofónico *A Prairie Home Companion*, «donde todos los niños están por encima de la media». Una extensa bibliografía demuestra que, en casi todas las esferas de la vida —desde una habilidad para conducir hasta el poder de un consejero delegado para extraer valor de las fusiones y adquisiciones—, la mayoría de personas cree que está por encima de la media. Eso se llama *efecto de autobombo*, o el deseo de la gente de pensar en positivo sobre sí misma. Es muy probable que la gente se considere superior a los demás en varias dimensiones positivas, se vea a sí misma de forma más positiva que a los demás, crea que está por encima de la media y no reconozca su falta de competencia, y se atribuya el éxito, pero que entienda sus fracasos como algo que no puede controlar.[41]

Las consecuencias de este tipo de sobrevaloraciones de las capacidades y el rendimiento son dolorosamente obvias para cualquier gerente que haya administrado alguna vez aumentos diferenciales o una revisión del rendimiento. Los empleados casi siempre tienen una opinión sobre su propio rendimiento que es superior a la que mantiene el gerente. Si los resultados se pueden valorar de un modo fiable y no ambiguo —lo que significa que el rendimiento se puede evaluar de forma cuantitativa y objetiva, en una o pocas dimensiones (de modo que no se requieran intercambios entre las dimensiones), y no es consecuencia de esfuerzos conjuntos con otras personas (lo que plantea preguntas sobre los méritos relativos)—, los incentivos económicos diferenciales se podrán justificar recurriendo a esos indicadores objetivos. En el resto de casos, puede y suele haber un debate sobre el mérito relativo, y los trabajadores que reciben unas recompensas inferiores a las que esperaban suelen estar resentidos con la empresa y con el gerente que, en su opinión, ha realizado una evaluación parcial y errónea que desacredita su excelente labor.

Esas percepciones opuestas sobre los resultados son un motivo por el que las consultoras especializadas en políticas salariales descubren que la mayor parte de programas de salarios en función del rendimiento no logran cumplir con sus objetivos, y por el que la insatisfacción con ese tipo de programas suele ser tan alta. Un estudio del 2004 elaborado por Hewitt con 350 compañías expuso que «el 83% de las empresas cree que sus programas de sueldos según el rendimiento sólo son ligeramente eficaces o son ineficaces en el cumplimiento de sus objetivos».[42] Por si eso fuera poco, después de obligar primero a los gerentes a «catalogar» a sus empleados de mejor a peor —lo que tiene unas implicaciones profundas para los sentimientos de autoestima y estatus del personal y se lleva a cabo a través de un proceso que suele estar cargado de desacuerdos entre directivos sobre quién se merece qué valoración y clasificación—, después la mayoría de entidades dota de forma insuficiente los programas salariales según rendimiento. Como indicó Watson Wyatt, «los presupuestos destinados a incentivos son tan reducidos que no recompensan adecuadamente el rendimiento excepcional ni diferencian a los trabajadores superiores del resto».[43]

Existen datos contradictorios sobre si los trabajadores realmente quieren que los diferencien del resto de la plantilla. Los ejecutivos de algunas empresas con los que nos hemos reunido explican que sus gerentes resisten presiones para diferenciar con firmeza entre las recompensas económicas otorgadas a sus subordinados, y ese tipo de resistencia parece ser sensata a veces. Un gerente de Cisco se nos quejó de que no podía comprender por qué recursos humanos insistía en que diera primas cuantiosas a sus pocos empleados superiores y en que despidiera a un par de personas inferiores cada año, ya que había reunido a un equipo excelente y colaborador, contratando con atención a las personas adecuadas y facilitando la marcha de las no aptas; *todo* su equipo estaba formado por miembros excelentes. Los experimentos controlados con equipos temporales formados por extraños muestran que los participantes suelen optar por evitar distribuir diferencias significativas en las recompensas que reflejen las grandes diferencias en el rendimiento individual vistas en los grupos, y eso se produce en un contexto donde hay conexiones sociales mucho más débiles entre los integrantes que en entornos profesionales fluidos.[44] El motivo parece claro. La gente obtiene la satisfacción de sus relaciones sociales en el lugar de trabajo. Las recompensas diferenciales alejan a las personas, las etiquetan como «ganadoras», «medianas» y «perdedoras», lo que produce celos y resentimiento, que perjudican los lazos sociales y disminuyen la confianza y la sociabilidad en el entorno de trabajo. Hay pocas empresas que financien de una forma lo bastante adecuada sus programas de incentivos económicos como para proporcionar diferencias significativas y sustanciales económicamente en las recompensas.[45] Así pues, ¿por qué deberían las empresas pagar el coste de unas relaciones sociales dañadas, el personal sufrir peleas sobre méritos relativos por unos incentivos económicos insignificantes, y los gerentes dedicar tantas horas a clasificar y evaluar a los trabajadores? En contra de lo que recomiendan muchos expertos en política salarial y ejecutivos de recursos humanos, la mayoría de la gente prefiere evitar esos efectos secundarios desagradables y, si se le da la oportunidad, opta por trabajar a cambio de salarios más equitativos.

Los incentivos individuales y las distribuciones de recompensas y reconocimientos muy diferenciadas tienen más sentido si el rendimiento se puede valorar de modo objetivo y si es, básicamente, consecuencia del esfuerzo individual en vez del producto de una actividad interdependiente. Por tanto, hay pruebas de que los jinetes profesionales rinden mejor cuando el sueldo está supeditado a los resultados, mientras que los plantadores de árboles de Columbia Británica son más productivos cuando se les paga por unidad y los leñadores producen más cuando los precios por unidad se fijan en niveles más altos.[46] Del mismo modo, las pruebas sugieren que las recompensas económicas más diferenciadas incrementan el rendimiento (sobre todo el de las personas con mejores resultados) cuando las tareas comportan muy poca o casi ninguna interdependencia y cuando los resultados son claros. Un estudio sobre 379 empresas de transporte por carretera observó que las diferencias salariales más grandes entre los conductores mejor y peor pagados estaban asociadas al mejor rendimiento de la compañía.

Un experimento controlado con la recolección de naranjas también concluyó que una mayor diferenciación en las recompensas provocaba un nivel de rendimiento más elevado.[47] Unos estudios sobre los torneos de golf y conductores de coches de carreras —en ambas actividades se puede valorar fácilmente quién es el ganador y hay poca interdependencia— demostraron que una mayor diferencia en las recompensas (o un primer premio más cuantioso) causaba un rendimiento mejor.[48] En el caso del estudio sobre los torneos de golf, esa conclusión se daba incluso en los casos en que la calidad de los participantes se controlaba estadísticamente, aunque en el caso de las carreras automovilísticas los premios más cuantiosos provocaban tiempos más rápidos pero también más accidentes.

Sin embargo, cuando los entornos laborales requieren cooperación e interdependencia, aunque sean modestas, como ocurre en la mayoría de casos, la dispersión salarial casi siempre tiene consecuencias negativas en las empresas. Un estudio sobre facultades e institutos universitarios evidenció que cuanta más dispersión de salarios existía entre los departamentos académicos, menor era la satisfacción laboral, la colaboración y el nivel de productividad investigadora.[49] Un estudio de 67 compañías que cotizan en Bolsa concluyó que las entidades con diferencias más amplias entre los ejecutivos mejor y peor pagados del equipo de alta dirección posteriormente tenían una rentabilidad financiera inferior para el accionista (calculada mediante la suma de los dividendos y el aumento del precio de las acciones).[50] El estudio también reflejaba que el efecto negativo de la disparidad salarial era especialmente acusado en las empresas de alta tecnología, porque eran las que tenían mayor necesidad de colaboración y trabajo en equipo para soportar condiciones competitivas complejas y muy cambiantes. Una muestra de 102 unidades de negocio mostró que cuanto mayor es la diferencia entre el salario de los altos directivos y los empleados, menor es la calidad del producto.[51]

Los mismos efectos negativos de la dispersión salarial se pueden observar en los deportes profesionales. Los estudios sobre equipos de béisbol son interesantes porque, entre los principales deportes profesionales, el béisbol es el que requiere menos coordinación y cooperación entre los integrantes del equipo. Pero el béisbol sigue exigiendo cierta cooperación; por ejemplo, entre los lanzadores y los receptores, y entre los paracortos. Y aunque los bateadores sean individuos, los compañeros del equipo pueden ayudarse unos a otros a perfeccionar sus habilidades y evitar derrotas. El estudio de Matt Bloom sobre más de 1.500 jugadores de béisbol profesionales de veintinueve equipos durante un periodo de ocho años ilustró que —una vez ponderados los efectos del sueldo básico, el rendimiento anterior, la edad y la experiencia— los jugadores de los equipos con salarios dispersos tenían unas actuaciones peores, sobre todo los jugadores que cobraban menos. No sólo eso, los equipos con mayor dispersión salarial poseían porcentajes de victorias, ingresos por entradas e ingresos mediáticos más bajos.[52]

Directrices para usar los incentivos

No es sencillo crear sistemas salariales que inspiren, orienten y dinamicen a la plantilla sin, al mismo tiempo, perjudicar a la empresa y al personal. Si analiza los datos más fiables, en lugar de escuchar a las consultorías y a los gurús mejor pagados, verá que no es probable que algunos paliativos sencillos, como el sueldo según el rendimiento, solucionen todos sus problemas de rendimiento —ni siquiera alguno— y, en cambio, podrían incrementar los costes, dificultar la cooperación y reprimir nuevas ideas. Pero tiene que pagar a los trabajadores. ¿Qué deben hacer los directivos? Podrían empezar usando las ideas y los datos señalados en este capítulo para desarrollar una perspectiva más completa sobre la psicología humana y sus implicaciones por usar incentivos económicos. Esta investigación sobre salarios y trabajadores nos lleva a cuatro directrices centrales que pueden usar los gerentes cuando reflexionen e implementen los incentivos económicos.

No intente resolver todos los problemas con incentivos económicos

El principal problema con los incentivos económicos es que se usan demasiado. Los *incentivos* han surgido como la primera respuesta a casi todos los problemas. ¿Los alumnos están fracasando? Soborne a los profesores con incentivos. ¿El sistema médico es ineficiente, con diferencias sustanciales en los protocolos de tratamiento para la misma enfermedad en regiones diferentes? Fije un sistema de atención que ofrezca incentivos económicos a médicos, aseguradores, pacientes y hospitales. ¿Un servicio de atención al cliente deficiente? Proporcione incentivos económicos a cambio de un sistema de atención mejor. ¿Los aviones no son puntuales? Pague a los empleados si los aviones llegan y salen con puntualidad. ¿Demasiadas horas para recoger la basura? Dé incentivos económicos a los camioneros para terminar más pronto. ¿La cotización de las acciones no es suficientemente alta? Ofrezca incentivos económicos a los altos directivos para que suban los precios de las acciones. Y así sucesivamente, a menudo con resultados desastrosos.

Pero los incentivos no suelen ser tan eficaces. Más allá de los problemas que se han enumerado, se presenta otro: el personal se adapta justa, rápida y realmente a las recompensas. La consecuencia es que las primas por rendimiento pasan a formar parte de la compensación total de los trabajadores y a ser algo esperado. Como comentó David Russo, ex responsable de recursos humanos en el SAS Institute, en una ocasión, «Un aumento es un aumento durante sólo treinta días. Después, no es más que el salario de alguien».

Para sacar partido a los efectos informativos de los incentivos económicos, le proponemos una idea: en vez de usar recompensas financieras sutiles, a menudo malinterpretadas, con las que se puede llegar a especular, intente hablar con el personal sobre la compañía, su estrategia y sus prioridades. ¡Qué original! El SAS Institute, la compañía de software privada más grande del mundo, con una facturación que supera los 1.300 millones de dólares y un índice de renovación de los clientes del 98%, ha evitado insistir en los incentivos económicos en su enfoque empresarial. Como expuso Barrett Joyner, ex director de ventas y marketing en Norteamérica, «Tenemos objetivos de ventas, pero principalmente como vía para mantener los resultados. Quiero cumplir con esas cifras, pero quiero hacerlo de la manera correcta [...]. No soy lo bastante listo como para impulsar una fórmula. La gente siempre encuentra huecos en los planes de incentivos [...]. Aquí, nos limitamos a decir a los trabajadores lo que queremos que hagan y lo que esperamos de ellos».[53]

Para obtener una mejor motivación de los empleados, en vez de señalar a la gente, a través de recompensas financieras contingentes y generosas, que está trabajando básicamente por dinero, déjeles ver y experimentar otros beneficios de su trabajo, como sentirse miembros de una comunidad humana y realizar tareas que ayudan a beneficiar a los demás. Así, por ejemplo, Southwest Airlines habla de unir a la gente. Unas tarifas más bajas, que son posibles sólo debido a los costes más bajos que provienen de una plantilla productiva, se convierten no sólo en una estrategia competitiva, sino en algo que permite que los clientes vean a sus familias y amistades más a menudo. The Men's Wearhouse, el gran minorista de ropa a medida para hombres, anima a sus empleados a ayudarse mutuamente para convertirse en personas mejores de lo que nunca hayan podido imaginar, al describir su cometido como ayudar a los hombres a tener un aspecto mejor, a sentirse más seguros y a triunfar en la vida. DaVita, que dirige centros de diálisis renal, muestra fotografías de sus pacientes y tiene un vídeo en el que los pacientes de diálisis y sus familiares, los estudiantes (en el caso de un profesor) y los compañeros de trabajo dan las «gracias a DaVita» por mantener con vida a esa persona. SonoSite, un diseñador y productor de equipamiento de ultrasonidos ligero , pequeño y de gran calidad, anima a sus trabajadores a pensar en cómo se salvan vidas llevando el diagnóstico con ultrasonidos a sitios que antes eran inalcanzables. En una reunión anual, un capitán del Ejército de los Estados Unidos, describió el uso del equipamiento de SonoSite para atender a los heridos durante la guerra de Irak; al mismo tiempo, la página web de la compañía tiene un apartado titulado «Momentos SonoSite» que muestra historias de doctores y otros profesionales médicos sobre cómo las máquinas de la empresa han contribuido a salvar vidas.

En lugar de usar planes de incentivos económicos para clasificar al personal, plantéese atraerlo por otros motivos, como por ejemplo, creer en la empresa, apreciar la cultura y disfrutar del trabajo. Justin Kitch, el consejero delegado fundador de Homestead.com, nos comentó que había ido a la Harvard Business School para contratar a personal en pleno bum de Internet. Nos explicó que, en su mayor parte, los estudiantes planteaban preguntas que indicaban que estaban básicamente interesados en saber lo ricos que podían hacerse y lo rápido que podían enriquecerse. Él no contrató a nadie y dejó de ir a contratar a las facultades de empresariales. Kitch pensaba que la compañía estaría mejor servida, y sería más capaz de sobrevivir a los reveses de la suerte y a las inevitables dificultades empresariales si la gente quería estar en la empresa por su misión, tecnología y cultura. Quizá por ese motivo, mientras muchas *puntocom* fracasaban y muchos ejecutivos iban y venían de Silicon Valley, Homestead —a pesar de haber experimentado algunos altibajos— superó el fracaso de las *puntocom* y mantuvo casi intacto a su equipo directivo. Finalmente, Homestead vivió su primer año rentable en el 2004 y, en la actualidad, cuenta con más de 60.000 clientes de pago.

Lo que hay que destacar es que existen otras formas de lograr los efectos motivacionales, selectivos e informativos de los incentivos económicos. Y, en muchos casos, esas alternativas no sólo son más baratas, sino que en realidad son métodos mejores para cumplir con esos objetivos centrales para la empresa.

A veces menos es más eficaz

A finales de los años noventa, The Men's Wearhouse se enfrentó a un reto. Por un lado, su estructura de comisiones para los asesores de vestuario recompensaba a los vendedores individualmente de acuerdo con la ropa que vendían, con una comisión más alta para los pedidos más importantes, a fin de señalar la importancia de las ventas cruzadas. Por otro, la compañía recalcaba el concepto de trabajo en equipo y de las ventas en equipo (ayudar a los demás cuando estaban atendiendo a clientes). Por ejemplo, una participante en uno de nuestros programas para ejecutivos describió cómo ella, su marido y sus hijos habían ido a una tienda de The Men's Wearhouse a comprar una chaqueta. Cuando llegaron, un asesor de vestuario empezó a servirles mientras otro acompañaba a los niños a la trastienda, donde había zumos, galletas y videojuegos. Cuando la pareja hubo comprado lo que había ido a buscar, la madre y el padre fueron a buscar a los niños, que se estaban divirtiendo tanto que no querían marcharse. Como sus hijos estaban atendidos, la mujer y su esposo permanecieron más tiempo en la tienda y compraron más ropa. Éste es un ejemplo de venta en equipo: la persona que estaba en la parte de atrás con los niños no iba a obtener ninguna comisión por las ventas que hiciera su colega. Otros ejemplos incluían ayudar a los asesores de vestuario a responder preguntas, ofrecer orientación a los compañeros para enseñarles cosas sobre ropa y ventas, y ayudar a todo el mundo a mantener la apariencia de la tienda y los escaparates.

Para impulsar la creación de un ambiente de equipo, además de fomentar las actividades deportivas y sociales entre el personal, la compañía entregaba un premio de 0, 20 ó 40 dólares en efectivo a los empleados de cada tienda a final de mes según las *pérdidas* de la tienda: los niveles de inventario perdido y robado. Al comentar el modesto importe de esos premios, el consejero delegado y fundador George Zimmer demostró una notable perspicacia sobre la psicología de los incentivos y el riesgo de que fuesen demasiado reducidos o demasiado cuantiosos. Afirmaba que la cifra del premio era la justa, porque generaba cierta emoción, y no era tan alta como para alterar los comportamientos o convertirse en el centro de atención. En lugar de eso, el centro de la atención continuaba siendo la celebración de los éxitos de las tiendas y el espíritu de camaradería, y no el dinero. De la misma manera, Zimmer indicó que la cantidad debía de ser suficientemente alta para ser significativa y, en ese caso, la compañía se tomaba la molestia de pagar los premios en efectivo. La opinión de Zimmer es profética en el contexto de los incentivos económicos a los ejecutivos, que desde luego deforman su comportamiento y distraen su atención de los negocios, los empleados y los clientes.

Cuidado con lo que desea, podría obtenerlo

Si va a pagar al personal por hacer algo, tiene que ser muy, muy cuidadoso sobre las posibles consecuencias de la conducta que le ha señalado que tenga. Tiene que pensar bien qué pasará si los trabajadores se toman en serio los incentivos económicos, e intentan maximizar su rendimiento en esas dimensiones, sólo en esas dimensiones, que recompensa. Del mismo modo que en medicina o en ingeniería, donde la gente piensa en qué podría salir mal si se recomienda un tratamiento o se diseña un edificio, así es exactamente cómo tienen que plantearse los incentivos económicos los gerentes. Al anticiparse primero a lo que podría salir mal, puede compensar los riesgos y los costes con los beneficios potenciales, y hasta podría ser capaz de rediseñar los incentivos económicos para minimizar los riesgos mientras conserva los beneficios. Es imposible que cualquier ser humano piense en todas las conductas que puedan provocar los incentivos económicos, de modo que es crucial considerar los sistemas de incentivos como trabajos en curso, o como experimentos que se están llevando a cabo, no como elementos que hay que colocar y dejar aparte de forma indefinida, cualesquiera que sean los resultados.

Esta recomendación desaparece ante las inmensas dificultades que tienen las compañías al cambiar sus sistemas salariales y ante cómo, una vez implementados, los sistemas de incentivos se institucionalizan. Pero sólo se pueden evitar esos graves problemas aprendiendo de los hechos y mostrándose abierto a ese aprendizaje. La creencia de que su sistema salarial se entiende mejor como un prototipo, algo que cambiará cuando descubra información mejor, refleja la mentalidad que hemos introducido en los primeros capítulos de que los gerentes tienen que obrar de acuerdo con los mejores datos que tengan en el momento presente, al mismo tiempo que deben dudar de lo que saben. Además, los directivos podrán practicar mejor el management empírico si forman a su personal —y por supuesto, le ofrecen incentivos—, de modo que acepte y contribuya a respaldar los experimentos con el sistema salarial.

Preocúpese por las comparaciones y las distribuciones, no sólo por los individuos o los niveles

Las empresas son entidades sociales y las personas son criaturas sociales. Lo que implica que las relaciones sociales son esenciales para los líderes. La gente se compara con los demás y obtiene sus sentimientos sobre su valor y estatus de esas comparaciones. En consecuencia, las diferencias salariales no sólo tienen un significado sustantivo, sino también simbólico. Si un colega gana 1.000 dólares más, esos 1.000 dólares le permiten comprarse más bienes y servicios, la diferencia sustantiva de sueldos. Pero una vez superada la fase en que se necesitan todos los céntimos para cubrir las necesidades básicas, las diferencias mínimas en los salarios pueden seguir teniendo efectos enormes sobre la motivación, las actitudes hacia la compañía y los directivos, y la rotación. Lo que pueden parecer diferencias triviales para un gerente —por ejemplo, que una persona cobre 74.000 dólares y su colega 75.000 dólares— el empleado con el sueldo inferior puede interpretarlas como una señal de que la compañía valora más a la otra persona; así pues, unas diferencias mínimas pueden tener consecuencias enormes en el ego y los sentimientos de autoestima de una persona. Las comparaciones sociales forman parte de la condición humana, y se magnifican en culturas individualistas y competitivas como las occidentales. Muchas empresas se meten en líos porque olvidan ese simple hecho y porque no tienen en cuenta cómo es la distribución de recompensas y qué mensajes envía a todo el mundo.

Veamos el ejemplo más notorio de todos: el sueldo del consejero delegado. Los consejeros delegados que ganan cien veces más que lo que gana el empleado medio en sus empresas envía la señal de que su trabajo es cien veces más importante. Realmente, ¿esa es la señal más adecuada que se quiere enviar? Si el personal de primera línea piensa que su trabajo no tiene influencia en el éxito de la empresa o en la opinión de los altos directivos, ¿por qué tiene que molestarse en realizarlo bien? No es casual, ni una coincidencia, que las empresas más prósperas, que siempre tienen mejores resultados, cuenten con consejeros delegados que no tienen unos sueldazos exorbitantes; Amazon.com, CostCo y Southwest Airlines son sólo algunos ejemplos actuales. Al enviar la señal de que el rendimiento es un esfuerzo colectivo, no sólo individual, esas empresas tienen más posibilidades de generar reflexión, creatividad y esfuerzo entre sus trabajadores.

En este capítulo, se ha visto que el uso de los incentivos económicos es un campo abonado de ideología y creencias, y en el que muchas de esas opiniones tienen muy pocas pruebas, por no decir ninguna, que las respalde. El salario también es un tema esencial, y consume mucho tiempo y recursos y puede hacer mucho daño cuando se administra mal. Por consiguiente, podría llegarse a pensar que el uso de incentivos económicos para mejorar el rendimiento depende mucho de los datos más fiables. Sin embargo, como se ha comprobado, los asesores, gurús y ejecutivos mantienen suposiciones y prácticas que reflejan una indiferencia temeraria hacia las pruebas. Pero esa diferencia entre las pruebas y las acciones brinda oportunidades a las empresas que son lo bastante sensatas para examinar esas suposiciones sobre los sistemas salariales, y encontrar y usar los datos más fiables.

6

¿La estrategia es el destino?

La estrategia puede que sea el destino o puede que no, pero, sin duda, parece estar de moda. Teclee la palabra *strategy* (estrategia) en Amazon.com y encontrará 29.209 registros, que incluyen 9496 sobre estrategia empresarial. La palabra *implementation* (implementación) origina casi la mitad de registros —5031— y muchos de ellos están centrados en la implementación de sistemas informáticos, como por ejemplo el software de gestión integrada (ERP, su sigla en inglés). Google presenta 120 *millones* de entradas para la palabra *strategy* (estrategia), y menos de la mitad, 58,6 millones, para el término *implementation* (implementación). Google registra 4,5 millones de entradas para *business strategy* (estrategia empresarial), pero sólo 34.000 para *business implementation* (implementación empresarial). Si se juzga por las menciones en títulos de libros y en motores de búsqueda, *planear qué hay que hacer* parece mucho más importante, o al menos más interesantes que *la capacidad para hacer algo*, como por ejemplo administrar los negocios con eficacia.

La estrategia es una cuestión fundamental. Las consultorías sobre cuestiones de estrategia, como Monitor, Bain, Booz Allen Hamilton, McKinsey y Boston Consulting Group, cobran unos honorarios más altos, suelen tener unos ingresos totales más elevados y disfrutan de un estatus mejor entre los graduados de facultades de empresariales que buscan empleo que otras consultorías como A. T. Kearney, Proudfoot y Celerant, que se centran en las operaciones y la implementación. Gozar de mejor estatus y tener un margen de trabajo mayor deberían atraer a más competidores, o como mínimo, a menos imitadores, que es exactamente lo que ocurre. El atractivo del trabajo lucrativo ha seducido a las empresas especializadas en el trabajo técnico de implementación de sistemas informáticos, como Accenture, y de las consultorías que se centran en recursos humanos, como Watson Wyatt, Hewitt y Towers Perrin, para incorporar prácticas que vinculen la estrategia más directamente con sus otros negocios.

Ese énfasis en la estrategia se ha infiltrado en el mundo del gobierno corporativo. La National Association of Corporate Directors (Asociación Nacional de Directores Corporativos) presentó un informe sobre la función del consejo de administración en la estrategia corporativa, que indicaba que «un estudio reciente sobre consejeros delegados mostró que la planificación estratégica se situaba en el número dos de importancia para las empresas».[1] La función de la estrategia se ha considerado cardinal en el gobierno corporativo porque «el desacuerdo sobre la estrategia [...] implicaba una permanencia más corta de los consejeros delegados en el puesto y salidas abruptas en compañías muy visibles».[2]

La justificación del prestigio, los elevados precios y una atención generosa hacia la estrategia parece simple: hacer lo correcto, aunque no se haga a la perfección, es más importante que hacer lo incorrecto excepcionalmente bien. Eso significa que es primordial para las compañías y organizaciones de todo tipo comprender qué deberían hacer para lograr el éxito: diseñar una estrategia que les ayude a sobrevivir en un mundo cada vez más competitivo. Muchos asesores e investigadores de estrategia también afirman que instituir un proceso de toma de decisiones disciplinado —considerar las amenazas y las oportunidades, por ejemplo, comunicar las suposiciones de forma más abierta por toda la empresa, y usar los presupuestos y los planes para fijar objetivos y supervisar el rendimiento— contribuye a mejorar los resultados de la empresa.[3]

No discrepamos de la conclusión de que los líderes y su equipo tienen que saber qué hacer y cómo competir. Ser la compañía de máquinas de escribir eléctricas más eficaz y más eficiente del mundo no reportará ningún éxito si el producto en cuestión está desapareciendo debido a los avances de la tecnología y de los mercados, una historia aplicable al caso de empresas fabricantes de látigos para conductores de carruajes o, más recientemente, los fabricantes de calculadoras electrónicas, reglas de cálculo o tocadiscos. Pero como muchas de las medias verdades que se han expuesto en este libro, una fijación en la estrategia puede oscurecer tanto como iluminar. La obsesión empresarial por la estrategia puede causar que los líderes pasen por alto otras vías de éxito más cruciales y más sostenibles. Incluso los éxitos corporativos atribuidos a grandes estrategias, cuando se analizan con más atención, suele resultar que no surgen en absoluto de la estrategia, y las pruebas empíricas muestran un vínculo sorprendentemente débil entre la actividad de la planificación estratégica y el rendimiento de la empresa. Además, existen muchas maneras de pensar en cómo hacer lo correcto, y hacer hincapié en la estrategia sólo es uno de los métodos posibles, pero seguramente no el mejor. Por consiguiente, este capítulo plantea si la estrategia es realmente el destino. Se ofrecen directrices sobre cómo los gerentes pueden pensar mejor en la estrategia y sobre los medios que pueden utilizar para encaminar a sus empresas en la dirección correcta y hacer lo correcto.

La estrategia es una fuente de éxito

Describir la historia del ámbito de la estrategia empresarial está fuera de nuestros objetivos y, en cualquier caso, otras personas lo han hecho admirablemente.[4] Sin embargo, es útil conocer cómo surgió el énfasis en la estrategia como fuente de éxito. La estrategia es un tema central en las facultades de empresariales, el curso culminante en el que se entretejen los planes de estudio de todos los otros cursos, suele ser uno de los más populares y un tema central tanto en los planes de estudios de diplomaturas y licenciaturas. La

Association to Advance Collegiate Schools of Business (AACSB) [Asociación para la Promoción de las Escuelas de Negocios] obliga a realizar un curso sobre estrategia como parte integral del plan de estudios de los MBA. Casi todas las escuelas de negocios tienen un área o departamento de estrategia. El aumento del interés en la estrategia casi seguro que está asociado al aumento de la importancia de la educación empresarial y de las escuelas de negocios en las últimas décadas; hoy en día, el MBA constituye más del 20% de todos los másteres que se imparten en los Estados Unidos. La estrategia, con su énfasis en el análisis cuantitativo, encaja bien con la orientación cuantitativa, analítica, de la mayor parte de la formación empresarial y ofrece a los estudiantes una sensación de eficacia personal al tomar decisiones trascendentes, importantes, basadas en la información contenida en los casos que analizan.[5]

Las pruebas que demuestran la conexión entre la estrategia y la educación se pueden encontrar en un análisis de los casos de mayor éxito de la Harvard Business School y de los casos chinos de mayor éxito. Dicho estudio concluyó que «la perspectiva racional es el marco dominante tanto para los comentaristas de casos norteamericanos como para los chinos» (más del 95% de los casos) y que existe una «tendencia, en muchos casos, a centrarse en las decisiones estratégicas en las altas esferas de la empresa» porque «el enfoque centrado en la estrategia [...] se considera «ideal» hoy en día».[6] Un 60% de los casos examinados se centraba en la formulación de una estrategia.

Este énfasis en el análisis afecta a la mayoría de descripciones del management estratégico. «El paradigma del management estratégico se introdujo como un enfoque analítico racional para proporcionar una dirección estratégica a las acciones organizativas en un entorno empresarial cada vez más dinámico [...]. Este enfoque, que suele considerarse sinónimo de la planificación estratégica, se ha convertido en un marco dominante».[7]

El campo de la estrategia, como se enseña en las escuelas de negocios, se basa en dos axiomas esenciales: que una compañía es más apropiada para hacer algunas funciones que las demás, y que los recursos financieros —así como también los recursos de tiempo y atención— son limitados. Esos axiomas implican que las preguntas fundamentales que todas las empresas deben responder son: «Primero, ¿en qué sector (o sectores) vamos a estar? Y, segundo, ¿cómo vamos a competir en esos sectores?». Las dos estrategias genéricas son competir en coste o en precio, o bien competir ofreciendo productos o servicios diferenciados y de calidad teóricamente superior.

Al responder la pregunta de en qué sector está, una empresa decide en qué se concentrará y, por extensión, qué ignorará y qué no hará. La estrategia ofrece un enfoque para una empresa y para sus trabajadores, y les ayuda a determinar las prioridades y a distribuir los recursos. En la concepción original de estrategia, esa pregunta sobre la finalidad y el enfoque y, por consiguiente, sobre la distribución de los recursos, la respondían los altos directivos, y los detalles de la implementación y la ejecución se dejaban a personas que estaban en puestos inferiores de la jerarquía empresarial.[8] La estrategia se sigue entendiendo en muchos sectores como propia del ámbito de los altos directivos y del consejo de administración, de hecho, como su tarea más importante. Sin embargo, muchas investigaciones muestran que la estrategia suele ser producida y modificada por personas que ocupan puestos inferiores en el escalafón. Los gerentes e ingenieros suelen concentrarse en productos y tecnologías, no necesariamente bendecidos por los altos directivos, como sucedió en la transición vivida en Intel del chip de memoria al mercado de microprocesadores, en la persistencia de Atari como creador de juegos informáticos después de que fuera adquirida por Warner Brothers, y en el desarrollo de tecnologías y productos que han triunfado en 3M, Hewlett-Packard, Sony y Microsoft.[9] Un punto de vista alternativo es que la función fundamental de los altos directivos es ser los arquitectos de la cultura corporativa y de los sistemas de management en los que se producen la estrategia y la implementación. No obstante, la idea de que la estrategia es la actividad central de los altos directivos sigue siendo dominante. A causa de la importancia obvia del enfoque y la necesidad de optimizar la distribución de recursos escasos, se ha vuelto casi axiomático que la estrategia es la única causa primordial del éxito de una entidad.

Pruebas sobre los efectos de la estrategia y la planificación estratégica

El auge de la estrategia y de la planificación estratégica tanto en los planes de estudios de las facultades de empresariales como en el management corporativo en los años sesenta y setenta provocó investigaciones sobre si esas actividades empresariales realmente influyen o no en el rendimiento de la compañía. Esa tendencia de investigación desapareció en gran parte después de los ochenta, cuando la importancia de la estrategia paso a darse por sentado. Sin embargo, las pruebas empíricas sobre si la estrategia y la planificación estratégica influyen de verdad o no en el rendimiento económico de las compañías son bastante contradictorias, en parte porque es una cuestión inherentemente difícil de estudiar y porque muchos de los estudios diseñados para examinarlo no se han llevado a cabo bien. El análisis de Gordon Greenley de los estudios empíricos sobre la relación rendimiento-planificación estratégica concluyó que la mayoría de estudios realizaban valoraciones muy subjetivas sobre los procesos de planificación, así como también sobre si en realidad se llevaba a cabo alguna planificación, y que se dedicaba una atención escasa a dilucidar los efectos de la estrategia por otras causas de rendimiento.[10] Un análisis sobre los efectos de la planificación indicó que «dos décadas de investigaciones empíricas no han producido un apoyo consecuente» y que «se habían descubierto incoherencias entre la planificación y el rendimiento», una conclusión repetida también por otros.[11]

Otra línea de investigación demuestra la importancia aparente de la estrategia. Surgió de la economía de la organización industrial, con estudiosos destacados en su tradición, como Richard

Caves y, posiblemente, el especialista más famoso en la materia, Michael Porter. Un estudio de la estructura intelectual y los fundamentos del campo del management estratégico concluyó que Porter tuvo más influencia en el desarrollo de esta disciplina que cualquier otro académico.[12] Los economistas de la organización industrial se centraron en la existencia y la persistencia de diferencias en los márgenes de beneficios en varias industrias. Así pues, por ejemplo, los márgenes en la industria farmacéutica superaban considerablemente los márgenes en la industria de tiendas de comestibles. En mercados competitivos, con el paso del tiempo se espera que los márgenes elevados disminuyan a través del incremento de la competitividad, incluida la competencia creada por nuevos participantes de mercados atractivos. Por tanto, esta observación sobre la persistencia de diferencias en los márgenes de beneficio llevó a investigar sobre qué explicaba la capacidad de lograr márgenes de beneficios más altos en periodos de tiempo más largos, lo que tuvo como consecuencia el famoso modelo de las *cinco fuerzas* de Porter.[13] Porter y sus colegas en economía de la organización industrial descubrieron que la capacidad para ganar beneficios excepcionales durante largos periodos de tiempo estaba relacionada con factores de estructura industrial; en concreto, si la industria tenía o no tenía poder de mercado con respecto a los clientes y los proveedores; si existían o no barreras de entrada que no permitieran que se compitiera con los altos márgenes de beneficios, y si existía o no una rivalidad limitada, de nuevo una limitación a la competencia que podría reducir los márgenes.

Esa perspectiva de la estrategia hace hincapié en la *ubicación* o posicionamiento: estar en la industria o en el sector industrial acertado. Supuestamente, hay medidas que pueden tomar los directivos para moldear su ubicación existente. Una compañía puede levantar barreras de entrada, por ejemplo, mediante el desarrollo de tecnología patentada, registrada. O una compañía podría reducir la competencia dentro de una industria a través de fusiones que eliminen a los competidores, algo que ha ocurrido con más frecuencia después de que se haya bajado la guardia en la aplicación de las leyes antimonopolio. Otro modo de influir en la estructura industrial y en el creciente poder de mercado sobre los proveedores o clientes podría conseguirse fusionándose o, si no, creciendo tanto que la compañía logre una posición dominante en su industria, algo que suele decirse que contribuyó al éxito de Wal-Mart, una compañía capaz de apretar las tuercas a sus proveedores con los precios. Esta concepción de la estrategia como la selección del negocio adecuado en el que moverse se refleja en la famosa matriz del Boston Consulting Group, que clasifica los negocios como *estrellas*, *perros*, *vacas* e *interrogantes*, con la tesis implícita de que, según la naturaleza del negocio y del contexto industrial, los directivos tienen una capacidad limitada para convertir perros en estrellas y deberían usar el efectivo generado por los negocios en segmentos menos deseables para invertirlo en sectores industriales más favorables.

La estructura industrial realmente prevé gran parte de los resultados obtenidos por compañías que operan en varios sectores, incluidos su comportamiento y su rendimiento, valorados por los márgenes de beneficios conseguidos.[14] Investigaciones más recientes han intentado descomponer indicadores de rentabilidad y examinar hasta qué punto el rendimiento viene predeterminado por el sector concreto en el que se encuentran las empresas y por las características de dicho sector. Esa investigación ha producido respuestas contradictorias sobre la importancia de las entidades y los sectores.[15] Pero existen pruebas claras de que el rendimiento de una compañía varía enormemente entre las empresas del mismo sector, lo que sugiere que la ventaja competitiva podría radicar, al menos en parte, en el ámbito de la empresa y de sus directivos, no sólo en el de la estructura del sector.

El problema del paradigma rendimiento-estructura sectorial

En el 2002, con motivo de su 30.° aniversario, la revista *Money* pidió a Ned Davis Research que elaborara una lista de las acciones más rentables desde que *Money* había publicado su primer número en 1972. Las diez mejores (y sus rendimientos anuales) se enumeran en la tabla 6.1.

La mayor parte de los sectores representados por esas compañías no encajan con las previsiones del modelo de las cinco fuerzas sobre las condiciones en las que prosperan las empresas. La industria aeronáutica, encabezada por la rentable compañía Southwest, ha estado acosada por oleadas de quiebras, tanto a principios de los años noventa como luego, después de la tragedia del 11 de septiembre del 2001. Además, después de la desregulación industrial de los años setenta, entraron nuevos participantes en la industria de forma regular. Walgreens, Wal-Mart, Circuit City y Krogers, cuatro de las mejores clasificadas, operaban en el supercompetitivo sector minorista, que también ha presenciado numerosas quiebras, incluida alguna de los principales protagonistas. A pesar de que uno podría argumentar que en el año 2000 esas compañías eran suficientemente grandes como para disfrutar de poder de mercado

Tabla 6.1 Las diez acciones más rentables, 1972-2002

Compañía	Rentabilidad agregada anual
Southwest Airlines	25,99%
Wal-Mart Stores	25,97%
Kansas City Southern Industries	25,61%
Walgreen Company	23,72%
Intel Corporation	23,49%
Comcast Corporation	21,99%
Circuit City-CarMaxGroup	21,71%
Forest Laboratories	21,69%
State Street Corporation	21,45%
The Kroger Company	21,16%

con respecto a sus proveedores, ese no fue el caso de muchas de sus historias. Además, existen algunas barreras de entrada al sector minorista; una rivalidad feroz entre empresas, y un poder limitado con respecto a los clientes, que, en el caso de los medicamentos, electrodomésticos y coches, alimentación y mercancías en general, tienen muchas opciones de sitios donde ir a comprar.

A pesar de que Forest Laboratories es una empresa farmacéutica, sin duda, no es muy grande ni muy famosa, en parte porque además de fabricar algunos productos patentados y con marca registrada, también produce genéricos usando tecnología de liberación controlada. State Street ofrece servicios de gestión de inversiones a instituciones, otro sector razonablemente competitivo, y a pesar de que uno podría argumentar que Comcast tiene monopolios locales en su negocio de televisión por cable, aun así a muchos de sus competidores no les ha ido demasiado bien. Como señaló *Money*, la idea de que Walgreens sea una mejor opción de inversión que Pfizer y que Kroger obtenga resultados superiores que IBM en términos de rendimiento bursátil cuestiona la mayoría de ideas convencionales que insisten en la necesidad de encontrar grandes sectores industriales para lograr prosperar. El artículo concluye que, cuando se trata de elegir acciones geniales, el sector industrial importa menos —mucho menos— que la calidad de la gestión de una compañía.[16]

¿Qué explica ese fantástico rendimiento de empresas que operan en sectores poco apetitosos? La respuesta se encontrará teniendo en cuenta la variable dependiente. Alejándose de la tradición en economía, el enfoque de la estrategia en función de la organización industrial intenta comprender el desarrollo del poder de mercado, y un buen indicador del poder de mercado es la capacidad de cobrar un precio alto en comparación con los costes, o sea, el margen de beneficio o la relación precio-coste. Pero hay otros indicadores del rendimiento de una empresa, como, por ejemplo, la rentabilidad total para el accionista (indicador elegido por *Money* y que está cada vez más en boga) o incluso el crecimiento en aspectos como las ventas o la cuota de mercado —indicadores potenciales del crecimiento de la aceptación del mercado—, o los beneficios. Resulta que existen pruebas de que esos indicadores alternativos reportan resultados muy distintos en relación con lo que influye en el rendimiento de una compañía. En un estudio de más de 1.800 compañías que se cotizaban en las bolsas de valores norteamericanas con una capitalización bursátil superior a los 500 millones de dólares en 1994, los investigadores de Booz Allen Hamilton concluyeron que «las compañías en sectores de crecimiento lento, más maduros, tienen más posibilidades de proporcionar una rentabilidad superior a sus accionistas que las compañías de sectores de crecimiento rápido».[17] Un estudio sobre los índices de crecimiento de empresas de diferentes industrias descubrió que el índice de crecimiento industrial no preveía el crecimiento de las compañías individuales de cada sector.[18] En otras palabras, existía mucha variación en la capacidad de crecimiento de las compañías entre industrias, lo que reforzaba las preocupaciones de los estudiosos académicos sobre lo mucho que importa la industria realmente.

La historia de Intel: ¿la estrategia importa?

Para nuestro colega Robert Burgelman, no hay signos de interrogación en la frase «la estrategia es el destino». Su extenso trabajo de campo en Intel Corporation, que él describe como una de las compañías más prósperas de la historia, lo llevó a concluir que «desde su fundación, la estrategia corporativa de Intel ha impulsado, o en otros casos, se ha adaptado a un contexto industrial y tecnológico rápidamente cambiante».[19] La estrategia de Intel se ha mantenido constante con el tiempo, «se ha centrado en la innovación tecnológica y en el liderazgo».[20] Burgelman observa la historia de Intel dividida en tres periodos: desde su fundación hasta principios de la década de 1980, cuando era un proveedor no especializado de semiconductores centrado principalmente en el mercado de los chips de memoria (memoria de acceso aleatorio dinámico, o DRAM, por su sigla en inglés); de mediados de la década de 1980 hasta finales de la década de 1990, durante el que disfrutó de una cuota de mercado dominante en el mercado de los microprocesadores, y de finales de 1990 hasta la actualidad, cuando Intel, enfrentándose a una mayor competencia en el mercado de microprocesadores, así como también a una saturación del mercado en la industria de los ordenadores personales, empezó a buscar nuevos productos relacionados con Internet y los productos de redes inalámbricas. Cada transición, o momento de inflexión estratégica, requería «el cambio de una estrategia ganadora por otra; la sustitución de un régimen tecnológico existente por otro nuevo».[21] La función de los altos directivos como creadores estratégicos en todo eso es crucial: «gestionar los desajustes estratégicos requiere [...] la capacidad de los altos directivos para valorar la importancia estratégica de las iniciativas gerenciales *después* de que se hayan producido pero *antes* de que se disponga de un *feedback* contextual inequívoco».[22] Los altos directivos deben saber cuándo salir de un negocio existente —en ese caso, del negocio del DRAM de Intel— y ser capaces de decidir el objetivo estratégico correcto en entornos muy dinámicos.[23]

No hay duda de que Intel cuenta con puntos fuertes impresionantes en investigación y desarrollo y en fabricación, y que ha llegado a ser una fuerza dominante en la industria de los microprocesadores, con una cuota de mercado superior al 70% y unas ventas y unos beneficios enormes. La historia de Burgelman sobre cómo Intel hizo evolucionar su línea de productos, insistiendo al principio en los chips de memoria y apostando luego por el mercado incipiente de microprocesadores, es un modelo de análisis detallado de la transición de la empresa y de los procesos que facilitaron esa transición. Sin embargo, atribuir el éxito de Intel a sus propias decisiones estratégicas es, al menos en parte, incorrecto. Según Craig Barrett, ex consejero delegado y actual presidente de la compañía, Intel tuvo la oportunidad de entrar en los microprocesadores en gran parte como consecuencia de la decisión estratégica de IBM de externalizar la fabricación de microprocesadores para los ordenadores personales de IBM, un golpe de suerte que Intel tuvo la inteligencia de aprovechar, pero que tiene poco que ver con cualquier planificación, análisis racional o formación estratégica que tuviera el equipo directivo de Intel.

Como señaló Barrett en una reunión a la que asistió Pfeffer hace unos cuantos años, IBM estaba compitiendo con Apple Computer en esa época y lanzó su propio ordenador personal en 1981. IBM podría haber escogido fabricar sus propios semiconductores para su ordenador personal. En aquel momento, y todavía en la actualidad, IBM era un gran fabricante de componentes electrónicos, incluidos semiconductores y disqueteras para su propio uso. IBM optó, en cambio, por usar a Intel como proveedor externo. Barrett recalcó que Intel, a quien IBM concedió un monopolio en el mercado de chips de microprocesadores para ordenador personal, fue lo bastante inteligente como para afianzarse en su posición de mercado desde el principio. El propio Burgelman parecía reconocer el papel de la suerte, cuando escribió: «La función de Grove [Andy Grove, el consejero delegado en ese momento] en el impulso de la creación de la estrategia de Intel se basó más en un reconocimiento estratégico que en una previsión. Intel ha sido afortunada al inventar el microprocesador y más afortunada aún por conseguir diseñar el modelo que usan los ordenadores personales de IBM».[24]

Por consiguiente, si Intel logró su posición dominante y rentable en el negocio de los microprocesadores como consecuencia de una decisión estratégica, fue por la decisión estratégica tomada por IBM de externalizar tanto la fabricación de sus componentes básicos, como del diseño de su sistema operativo (proceso que dio origen a una compañía de éxito aún mayor, llamada Microsoft). Es cierto que los ejecutivos de Intel tuvieron la sabiduría de salir del negocio menos rentable del DRAM y de centrarse en los microprocesadores, pero probablemente reconocer y aprovechar la buena suerte explica mejor el éxito de la empresa que la brillantez del proceso de formulación de estrategias de Intel.

Por qué es posible que la estrategia no sea tan importante: la lógica y las pruebas

Hacer lo correcto es fundamental. Es mejor ser un monopolio que estar obligado a competir con otras compañías. Y disponer de una estrategia clara es esencial para producir un enfoque y facilitar la comunicación y las acciones coordinadas dentro de las compañías. Con todo, hay buenos motivos para mostrarse escépticos con respecto a la idea de que simplemente tomar las decisiones estratégicas correctas sea la clave del éxito empresarial. La primera razón para cuestionar si la estrategia es o no es el destino es pura lógica. Para que algo ofrezca una ventaja competitiva sostenida y sostenible, ese algo debe ser, por definición, difícil de imitar o copiar. Por tanto, según la teoría de estrategia organizativa que quizá sea la más popular hoy en día, llamada «la visión de la empresa basada en los recursos», la ventaja competitiva proviene del hecho que una compañía posea recursos que sean tanto valiosos como raros. Pero para que unos recursos proporcionen una ventaja competitiva sostenible, esos recursos también deben ser difíciles de imitar o sustituir, con el objetivo de prevenir que los rivales copien lo que hace la empresa y compitan rápidamente por su ventaja.[25] Así pues, la pregunta se convierte en: ¿la estrategia que podría hacer que una compañía triunfara es difícil de descubrir e imitar?

La dificultad de imitación podría surgir, potencialmente, de problemas para comprender cuál es la estrategia de una organización; no se puede imitar algo que no se entiende. Pero es poco probable que la dificultad de comprensión sobre la estrategia de una compañía particular sea un gran problema. Casi todos los informes anuales corporativos y los informes anuales 10-K que las empresas tienen que entregar a la U.S. Securities and Exchange Commission (Comisión del Mercado de Valores de los Estados Unidos) *anuncian* cuál es la estrategia de una empresa y, a veces, incluso describen las medidas que planea tomar o que está tomando para ejecutar esa estrategia. Si eso no bastara, hay muchas consultoras sobre cuestiones de estrategia que estarían encantadas tanto de determinar qué están haciendo los demás, como de dar consejos de lo que la empresa debería hacer. Por tanto, descubrir la estrategia —qué hacer— no resulta tan complicado. Hace unos años, invitaron a Robert Sutton a pronunciar un discurso en un retiro de un importante bufete de abogados. El presidente del bufete —que acababa de trabajar con una consultora de renombre— hizo grandes aspavientos sobre si se iba a desvelar la estrategia «secreta» de la entidad. Sutton, que había trabajado y charlado con socios de otros bufetes de abogados importantes, le preguntó si podía intentar adivinar los principales elementos de su plan estratégico antes de verlo. Las consultoras que trabajan con grandes bufetes de abogados son un grupo reducido, la mayoría dan consejos parecidos y las estrategias utilizadas por las empresas más rentables se explican en numerosas fuentes publicadas, incluida la revista *American Lawyer*. Sutton imaginó que la estrategia de la empresa estaría centrada en cultivar las áreas con márgenes más altos y salir de las áreas con los márgenes más bajos; desembarazarse con cuidado de los socios históricamente no rentables e incorporar (mediante contratos individuales y fusiones) a socios más rentables; pasar de una estructura «basada en la ubicación» a una «basada en la práctica», e incrementar la presencia del bufete en Nueva York, ya que es en ese mercado donde se encuentra la mayoría del trabajo con los márgenes más altos. El presidente rió y contestó que se había acercado mucho y, después, añadió que todo el mundo en el negocio sabía qué hacer, el verdadero problema era adivinar cómo conseguirlo.

Como sugería ese líder, lo que realmente favorece el éxito competitivo y lo que es difícil de copiar no es tanto saber lo que hay que hacer —decidir la estrategia adecuada— sino, en cambio, poseer la capacidad de *hacerlo*. Por este motivo, Richard Kovacevich, consejero delegado del importante y tremendamente próspero Wells Fargo Bank, ha argumentado, en repetidas ocasiones, que la cultura empresarial y la capacidad para operar con eficacia —una buena implementación— es mucho más importante para el éxito empresarial que poseer la estrategia adecuada. Hace unos cuantos años comentó: «Podría olvidarme nuestro plan estratégico en un avión y daría igual. Nadie podría ejecutarlo. Nuestro éxito no tiene nada que ver con la planificación. Está relacionado con la ejecución».[26] Éste también es el motivo por el que, al explicar cómo alejó a su compañía del borde de la bancarrota, la consejera delegada de Xerox, Anne Mulcahy, insiste en que la recuperación de la empresa no dependía realmente de una estrategia brillante. En lugar de eso, afirma, ocurrió porque el personal de Xerox trabajó para lograr unos objetivos comunes, sobre todo complacer a los clientes, vender productos y reducir costes.[27]

O analicemos el caso de Dell Computer. De nuevo, la estrategia de la compañía no es muy difícil de descifrar: gestionar plantas de montaje rebajando al mínimo los costes y con una eficacia increíble; vender directamente a particulares y empresas; recurrir a la producción justo a tiempo (JIT) tanto como sea posible para minimizar inventarios y los costes de transporte y de obsolescencia asociados; intentar ganar cuota de mercado y las economías de escala asociadas (incluidas las economías a la hora de comprar a proveedores) ofreciendo precios bajos, y prestar un servicio de atención al cliente correcto para lograr un cierto nivel de diferenciación en un negocio como el de los bienes tangibles.[28] Otras empresas han intentado competir con Dell, pero hasta el momento no la ha igualado ninguna. Dell sigue ganando cuota de mercado no sólo en el negocio de los ordenadores personales, sino también en negocios relacionados, como, por ejemplo, impresoras y monitores, y últimamente en televisores de plasma. Sin embargo, el grandísimo éxito de Dell no se basa en ninguna forma secreta de competencia que sus competidores no conozcan, ni tampoco en conocimientos tecnológicos patentados o en otros recursos que no se puedan imitar porque estén patentados o porque tengan cualquier otra protección intelectual. En realidad, se puede afirmar que el asombroso rendimiento económico de Dell proviene de su capacidad para implementar su estrategia de producción y distribución de bajo coste combinándolas con un servicio técnico decente, de su capacidad para ejecutar sus objetivos estratégicos de un modo superior. Al menos así es como el consejero delegado Kevin Rollins explica la ventaja competitiva de Dell, y también la de otras empresas líderes del sector: «Lo que Wal-Mart hace no es astronáutica; es venta al detalle. ¿Por qué no puede ser todo el mundo como Wal-Mart, Jet-Blue o Samsung, o cualquier otra compañía excepcional en su sector? Porque se requiere algo más que estrategia [...] la clave de nuestro éxito son años y años de desarrollo de un ADN dentro de nuestros equipos que no es replicable fuera de la empresa. Simplemente, otras compañías no saben ejecutar tan bien como nosotros».[29]

En el fútbol americano, casi todas las jugadas están diseñadas para marcar un *touchdown*. ¿Por qué no se consigue? Por errores en la ejecución. Los jugadores de línea fallan bloqueos, los corredores tropiezan, los receptores corren en la dirección equivocada o pierden la pelota, el *quarterback* no lanza la pelota donde se supone que tendría que llegar, etcétera. Sin duda, a veces, se produce un juego brillante —el equivalente deportivo de la estrategia— que puede marcar la diferencia en el resultado. Pero la mayoría de éxitos en el fútbol americano y en otros deportes se basa en ser capaz de ejecutar con eficacia las jugadas previstas o de lograr la tarea de golpear la pelota (en béisbol o en golf) o de lanzarla hacia un punto deseado (los lanzadores de béisbol). La competencia y la capacidad son características fundamentales para el éxito corporativo. Poner demasiada atención en realizar bien la estrategia puede desviar la atención de crear la capacidad para operar con eficacia. Hemos visto que muchas empresas usan la planificación y las referencias a la implementación como sustitutos de la acción, un síndrome que denominamos la «trampa del discurso inteligente» en nuestro libro *The Knowing-Doing Gap*. Para ayudar a sus jugadores a evitar esa trampa, el ex entrenador del equipo de fútbol americano de los San Francisco 49ers, Steve Mariucci, les dijo:

«Nunca llevo reloj porque siempre sé qué hora es. Siempre es AHORA. Y ahora es cuando deberíais conseguirlo».[30]

Algunos costes de la planificación estratégica

No es sólo que la planificación estratégica o que el hecho de preocuparse por la estrategia de la empresa es posible que no influya en el rendimiento de forma positiva o que no proporcione una ventaja competitiva sostenible. Existen dos costes que las compañías y otras organizaciones deberían tener en cuenta al reflexionar sobre la función de la estrategia en su proceso de management. El primer coste son los recursos consumidos en la planificación; y el segundo, que la atención de los líderes se desvía hacia la estrategia y, por consiguiente, se aleja de la resolución de problemas operativos.

Para muchas empresas, la planificación está mezclada e inextricablemente vinculada al proceso de elaboración de presupuestos: el proceso casi ubicuo de fijar las metas y los objetivos financieros que suelen constituir la base de la compensación gerencial, así como también orientar las decisiones de inversión y de gastos durante el periodo que abarca el presupuesto, por lo general un año.[31] Este proceso de planificación y presupuestación consume muchísimo tiempo y es enormemente caro para muchas empresas, y que la elaboración de presupuestos ayude o dificulte el management eficaz es una cuestión mucho más abierta. El típico proceso de elaboración de presupuestos «comienza con una declaración de objetivos que determina algunas de las metas del negocio», que luego es seguida por un «plan estratégico de grupo que marca la dirección y los objetivos de alto nivel de la entidad. Estos constituyen la estructura para el proceso de elaboración de un presupuesto», cuando se acuerdan los recursos.[32] El libro *Más allá del sistema presupuestario,* de Jeremy Hope y Robin Fraser, expone que los recursos que consume esta actividad son enormes. «El tiempo medio consumido es de entre cuatro y cinco meses. También implica a muchas personas y absorbe el 20-30% del tiempo de los altos ejecutivos y gerentes financieros. Algunas empresas han intentado atribuir un coste a todo el proceso de planificación y presupuestación. Ford Motor Company calculó que ascendía a 1.200 millones de dólares por año. Un estudio de *benchmarking* de 1998 mostró que una compañía media invertía más de 25.000 jornadas laborales por cada mil millones de dólares de ingresos en el proceso de gestión de la planificación y el rendimiento».[33]

El segundo coste de la obsesión por la estrategia y la planificación es que la atención de los gerentes se desvía de la resolución de problemas fundamentales y, en cambio, se centra en las cuestiones de estrategia intelectualmente más atractivas y analíticamente abordables. Veamos el ejemplo de una compañía con la que trabajó Pfeffer, que había sido un fabricante líder del mercado de envases desechables y material para la industria láctea y la del agua y de los zumos. Al reducirse significativamente con el tiempo las industrias lecheras y del agua debido a procesos de fusión e integración, la proporción del negocio de la compañía que procedía de sus diez clientes principales aumentó de forma espectacular y, como cabe esperar en una situación de crecimiento del poder del cliente, la concentración de la clientela provocó la disminución de los márgenes de beneficio cuando los clientes exigieron rebajas de precios. Aunque la compañía era el principal productor en la mayoría de sus mercados, *no* era el fabricante más barato, en parte porque no prestaba suficiente atención a las operaciones y al personal de las fábricas. Frente al descenso de los márgenes y de los beneficios, la compañía tenía dos opciones: o bien dedicar tiempo, atención y recursos a ser más eficiente y eficaz en sus esfuerzos de fabricación y de diseño de los productos para sus mercados existentes; o bien, dedicar tiempo, atención y recursos a localizar diferentes segmentos de mercado en los que tuviera la esperanza de obtener márgenes más altos, aun a expensas de las ventas a los clientes y mercados que constituían la base actual de su negocio.

Basta con que uno lea las descripciones de cómo el personal de Dell se dedica a resolver cómo quitar un tornillo del producto acabado (lo que ahorra cuatro segundos en el tiempo de montaje) para comprobar que ese tipo de ejercicio para mejorar la eficiencia de la fabricación es aburrido y que por eso no interesaba al inteligente director de la compañía, con un MBA, que había contratado a otros como él para que le ayudaran a abordar las dificultades de la empresa.[34] Además, la cúpula directiva creía que su mejor opción era reasignar los recursos a sectores más prometedores de la industria del embalaje, algo que podría haber salido directamente de cualquier análisis típico que subraye la importancia de la estructura de la industria para el éxito de una compañía. Y pusieron manos a la obra, encargaron un estudio exhaustivo (y caro) sobre los mercados de embalaje, contrataron a más titulados con MBA (lo que, de paso, aumentó sus costes estructurales) para tantear el terreno con vista a posibles adquisiciones en los mercados más prometedores e iniciaron debates larguísimos a nivel directivo sobre las opciones estratégicas. Al final, la compañía pidió prestado dinero para completar una fusión en un segmento distinto de la industria del embalaje, aunque durante el camino perdió a uno de sus ejecutivos de producción con más talento, que se dio cuenta de la pérdida de estatus relativa de la producción dentro de la empresa. En el momento de escribir este libro, la fusión ha fracasado estrepitosamente; no ha generado beneficios incrementales y las acciones de la empresa no valen casi nada. Mientras tanto, las cuestiones de fabricación y el potencial para exprimir más beneficios del negocio que había dominado en su momento se quedaron sin explorar y sin materializar, hasta que el consejo de administración finalmente destituyó al consejero delegado-fundador y contrató a un veterano de la industria del embalaje para devolver a la empresa a los principios de la eficacia ejecutiva.

Esta es una historia bastante habitual. Como sugiere la bibliografía sobre estrategia, el tiempo y los recursos son recursos realmente escasos. El tiempo invertido en empeñarse en opciones estratégicas puede ser un tiempo y una atención —y unos recursos— que se desvíen de la resolución de problemas operativos que podría reportar beneficios potenciales más seguros y más rápidos. Eso no quiere decir que nunca sea adecuado replantearse la estrategia, reorganizar activos y entrar en mercados nuevos. Pero es fundamental reconocer la tentación de evitar solucionar lo que tiene que solucionarse, cuando las empresas, con la ayuda de consultores, intentan escabullirse del trabajo duro que muchas veces resulta necesario para arreglar las operaciones y mejorar elementos de la ejecución de la estrategia.

Los inconvenientes de centrarse en la estrategia
Una de las finalidades básicas de marcar una dirección estratégica es decidir qué no hay que hacer, concentrar los recursos en un número reducido de proyectos, productos y mercados, y con eso, tener una oportunidad de éxito mejor que si los esfuerzos estuvieran más repartidos. Este enfoque parece bastante sensato, pero como en muchos casos, centrarse en la estrategia también tiene sus inconvenientes.

La mejor manera de ver esos inconvenientes es plantearse la siguiente pregunta: ¿cómo se forman muchas empresas nuevas (o quizá la mayoría), y por qué? A pesar de que algunas las crean personas recién licenciadas de universidades u otros centros de investigación, algunas las forman personas a las que han despedido o que no pueden encontrar fácilmente un nuevo empleo, y algunos emprendedores están motivados por el dinero o por una idea genial; muchas compañías las fundan personas que no pudieron poner en práctica sus ideas con su anterior jefe y, por lo tanto, crean una empresa nueva para hacer lo que no pudieron en su trabajo previo.

Piénselo un momento: las compañías contratan a gente y le ofrecen mucha formación y experiencia, así como también un conocimiento tácito de la tecnología y de los mercados que adquieren a través del trabajo, y después no sólo permiten que esos trabajadores se marchen con todo ese capital intelectual y humano, sino que en muchos casos realmente los incitan a marcharse, porque lo que saben y lo que quieren hacer con lo que saben no encaja con la estrategia existente en la empresa. A veces, los proyectos, productos o mercados no parecen bastante grandes como para que la empresa se preocupe por ellos. Sin embargo, otras veces, también existe un problema con el encaje estratégico en el enfoque empresarial de la compañía.

Ésta es una variante de la historia que cuenta Clayton Christensen en *El dilema de los innovadores*. Christensen descubrió que los veteranos raras veces salían perdiendo frente a los recién llegados porque los veteranos no tuvieran las habilidades o la experiencia interna necesarias para crear productos mejores y más modernos; de hecho, en muchos casos, los veteranos habían desarrollado las nuevas tecnologías e ideas *primero*.[35] Lo que ocurría era que, atados por sus compromisos con los clientes del momento y, podríamos añadir, por sus compromisos con las estrategias y las tecnologías del momento, los veteranos eran incapaces de usar esas habilidades y esos conocimientos para lanzar al mercado productos nuevos. Kodak y Polaroid son ejemplos perfectos. Ambas empresas invertían unos recursos impresionantes en I+D y contaban con personas que poseían profundos conocimientos de fotografía digital, pero la lentitud de Kodak para actuar de acuerdo con esos conocimientos ha perjudicado gravemente a la empresa, y la incapacidad aún más acusada de Polaroid para aprovecharse de sus enormes conocimientos de la fotografía digital acabó llevándola a la desaparición.[36]

La concentración está muy bien. Pero puede degenerar en obcecación. En un mundo de incertidumbre y cambio, en un mundo empresarial en el que todos, incluidos los altos directivos, son inevitablemente falibles, tener una visión demasiado concentrada o muy poco periférica provoca que las empresas puedan ser sustituidas en el mercado por nuevos competidores o competidores más listos. El libro *Innovación: cómo alcanzar el liderazgo organizacional a través de la renovación y el cambio*, de Michael Tushman y Charles O'Reilly, enumera una industria tras otra —desde relojes a cemento, pasando por neumáticos y aviones— en la que los veteranos potentes han sido reemplazados por principiantes y arribistas. El auge y la decadencia de compañías líderes de mercado es una historia bien conocida. Pero la importancia de un exceso de concentración en la estrategia como causa de esa incapacidad para mantener la ventaja competitiva es una historia que pocas veces se cuenta.[37]

Qué hacer con la estrategia

Basándonos en la lógica y la evidencia, existen algunas directrices generales que pueden ayudar a los líderes a evitar los extremos: por un lado, creer que la estrategia realmente es el destino y dedicarle todo el tiempo y la atención, y, por otro, olvidarse de pensar en la estrategia y en cuál debería ser la forma de competir y el enfoque de la compañía. A continuación, se presentan unas cuantas.

Una forma alternativa de planear qué hacer

Un motivo por el que la estrategia puede que no sea el destino y por el que la definición de la estrategia es un determinante del rendimiento sobrevalorado es la conclusión, ya expuesta en este capítulo, de que la estrategia reduce la visión periférica y la flexibilidad para adaptarse a entornos inciertos y cambiantes. Henry Mintzberg articula con fuerza esta postura argumentando que las estrategias explícitas son «como anteojeras diseñadas para centrar la dirección y bloquear nuestra visión periférica» y que «orientarse hacia un rumbo predeterminado por aguas desconocidas es la forma perfecta para dirigirse directamente hacia un iceberg».[38] Pero el requisito fundamental sigue existiendo: concentrar los esfuerzos y distribuir los recursos escasos, incluidos el tiempo y la atención. ¿Qué tiene que hacer una empresa?

John Sall, cofundador del SAS Institute, la mayor empresa privada de software , dio una respuesta en el curso de una entrevista para una investigación sobre su compañía. Después de la entrevista, planteó una serie de preguntas. «¿Verdad que Stanford es muy selectiva y sólo acepta a los mejores estudiantes y a los más listos?» Sí. «El programa del MBA dura dos años, ¿correcto?» Sí, eso también es cierto. «¿Por qué se necesitan dos años para enseñar a esos alumnos tan inteligentes el secreto del éxito: escuchar a los clientes, escuchar a los empleados, y hacer lo que te digan?» Ésa, en una frase, es la «estrategia» que ha permitido que SAS Institute tenga una facturación que supere los 1.500 millones de dólares; una rotación de plantilla que nunca ha pasado del 5%, ni siquiera en el momento más álgido del frenesí tecnológico a finales de la década de 1990; un índice de fidelización de clientes del 98%, y una increíble lealtad de los mismos. La idea: escuchar lo que el entorno le manifiesta —los clientes, el personal— y obrar en consecuencia. Por lo tanto, una vez más, aparece la noción de que ser juicioso es más importante que ser listo; lo que Sall afirma es que es más importante escuchar verdades que dárselas de listo, y que la gente tiene que hacerse buenas preguntas antes de poder dar respuestas inteligentes.

Esta sensibilidad hacia los clientes y los empleados es una variante de la «estrategia» seguida en IDEO, una de las entidades innovadoras más prósperas y más respetada, y, de hecho, una que ha ido más allá del diseño de productos y que, en la actualidad, diseña experiencias de servicio de atención al cliente y contextos laborales, ayuda a las empresas a desarrollar prácticas laborales que animan a la gente a ser más creativa, y trabaja con equipos de altos directivos de grandes compañías para fomentar la innovación. ¿Cómo ha pasado IDEO de diseñar objetos como el ratón de Apple, y equipamiento sanitario y de telecomunicaciones de tecnología punta a diseñar salas de urgencias para hospitales y productos para Procter & Gamble? No aferrándose a un mercado limitado de diseño de tecnología punta, ni tampoco a un mercado de diseño sólo de productos físicos, ni a una imagen fija e invariable de su clientela y sus mercados básicos. IDEO valora la creatividad y la innovación, no sólo en lo que diseña, sino también en sus negocios y modelos empresariales. Está experimentando constantemente con diseños organizativos diferentes, prácticas laborales y personas con raras habilidades que no saben cómo usar... de momento. Es una compañía que quiere probar cosas diferentes para poder aprender durante el proceso de experimentación, ver lo que funciona y no dejar de desarrollar sus competencias y habilidades incluso mientras desarrolla sus negocios.

Pero ¿eso no facilita que se pierda el enfoque? A lo mejor no. Por ejemplo, tanto IDEO como SAS se centran mucho en los clientes y en sus expectativas. Como observó Peter Drucker en una ocasión, «no hay negocio sin un cliente». Lo interesante es que muchas estrategias suelen descuidar a los clientes y lo que quieren y necesitan. Centrarse en los clientes y en la calidad del entorno de trabajo, algo que también ha conseguido IDEO, permite concentrarse en la creación de un núcleo central fuerte, al mismo tiempo que permite que la empresa reaccione a los cambios en el clima empresarial y en el contexto del mercado. Implica hacer hincapié en lo que importa —los clientes y el talento intelectual y la cultura empresarial necesarios para servirles bien—, hasta permite adaptarse a nuevos desafíos y oportunidades.

No confunda los problemas operativos o de implementación con la necesidad de cambiar de estrategia

En la clase de recursos humanos en Stanford y en nuestros programas ejecutivos, nuestros colegas suelen enseñar el ejemplo de un hotel de lujo de San Francisco. El Hotel Portman, que competía en el segmento de lujo, y que ya disponía de muchas comodidades físicas (por ejemplo, baños de mármol y unas vistas espectaculares desde los pisos más altos), decidió diferenciarse de otros hoteles lujosos ofreciendo un servicio superior mediante camareros personales que trabajaban en cada planta, un concepto de servicio que se puede encontrar en hoteles asiáticos como el Regent de Hong Kong. Sin embargo, el plan se ejecutó mal. Los directivos del Portman contrataron al personal equivocado, no contaban con el personal necesario, no dejaban de cambiar a los trabajadores de planta (lo que desbarataba el trabajo en equipo) y tenían un sistema salarial muy mal diseñado.

El resultado era que hacían lo correcto de forma equivocada y, en consecuencia, sufrían una rotación excesiva y ofrecían un servicio entre mediocre y malo; es decir, un ejemplo genial para una clase de recursos humanos.

Lo interesante es que, sin excepción, cuando los estudiantes de MBA analizan y discuten sobre este caso, empiezan a argumentar que Portman tenía una estrategia errónea, que una estrategia de servicio no podía funcionar y que el hotel nunca debería haber intentado diferenciarse sobre esa base. Sin embargo, los hechos indican lo contrario: uno de los hoteles con más éxito de San Francisco es el Mandarin Oriental, que ofrece los precios más altos y también el mayor porcentaje de ocupación de la ciudad, gracias a una estrategia de ofrecer un servicio superior ejecutada de forma eficaz. Es decir, los miembros del curso se lanzan a criticar la estrategia de la compañía y a recomendar que modifique su modo de enfocar el negocio, *¡aunque reconocen que la empresa nunca implementó de verdad la estrategia que ellos afirman que no funciona y que le recomiendan cambiar!*

Nuestros estudiantes de MBA (y también los estudiantes de programas para ejecutivos) hacen lo mismo que las empresas: rechazan una estrategia que no funciona porque está mal implementada, no necesariamente porque sea una estrategia errónea. Este problema de confundir los problemas estratégicos con problemas de implementación parece bastante habitual en industrias de servicios, como, por ejemplo, negocios de ventas al por menor, en los sectores hotelero y de restauración, y en el transporte, donde las aspiraciones de ofrecer un servicio excelente topan con dificultades de implementación y ejecución y las compañías, en consecuencia, concluyen que lo único que funciona es cambiar la estrategia por una de reducción de gastos. Pero competir en términos de coste, precio, calidad del producto o innovación, también requiere una implementación eficaz para poder prosperar.

Pfeffer trabajó con un fabricante de equipamiento médico ul-tramoderno de diagnóstico por imágenes que no estaba experi-mentando ningún crecimiento en el número de unidades vendidas en el mercado estadounidense. El equipo ejecutivo se preguntaba si se trataba de un problema de la estrategia del producto: ¿el pro-ducto tenía características equivocadas? O si era un problema de la estrategia de precios: ¿el producto era demasiado caro para el mercado, aunque fuera una tecnología innovadora, ultramoderna, que ofrecía una relación rendimiento-precio muy ventajosas, ade-más de ser fácil de transportar, en comparación con las soluciones existentes? ¿La compañía necesitaba vender consumibles junto con bienes de capital para aumentar sus ingresos más rápido? Pfeffer sugirió a los ejecutivos de la empresa que, antes de embarcarse en un ejercicio estratégico importante y de cuestionarse su modelo em-presarial, examinaran primero la eficacia de la organización co-mercial norteamericana y de sus líderes, que tenía unos resultados inferiores a la organización comercial en el extranjero. Y así fue: reemplazar al director de ventas en los Estados Unidos por alguien más competente y contratar a mejores vendedores hizo que se pa-sara de un aumento de las ventas del 2% a uno superior al 20% en menos de un año. El problema no era la estrategia del producto o de los precios, era el trabajo del personal de ventas.

Nuestra simple recomendación es que evite cambios estratégi-cos innecesarios o contraproducentes basados en inferencias im-perfectas, y que un fallo en la implementación no sea interpretado como que no se está haciendo lo correcto o que se cuenta con un modelo o una estrategia empresarial que no funcionan. Antes de culpar a su enfoque estratégico asegúrese de que el enfoque es el culpable, y no si se ha ejecutado bien el modelo de negocio.

Simplificar

¿Usted y sus colegas pueden describir la estrategia de la empresa en una frase o dos? ¿Se ponen de acuerdo en cuál es la estrategia? Se puede aprender una lección esencial a partir de la bibliografía sobre estrategia y esta es la importancia de contar con trabajadores que entiendan lo que se supone que tienen que hacer y que lleguen a un consenso sobre de dónde procede el éxito de la empresa, en su opinión. En términos claros, es poco probable que llegue a ninguna parte si no sabe hacia dónde se está dirigiendo.

Uno de los obstáculos para la comunicación y la coordinación, así como para la implementación real de la estrategia, es la complejidad. Parece ser que algunas compañías consideran que lo complicado es mejor. Quizá crean que las estrategias complicadas serán más difíciles de imitar o de comprender. A lo mejor creen que en un mundo complejo, complicado e incierto, la única manera de triunfar es realizar cosas complejas. Puede que las estrategias complicadas, difíciles de explicar, confundan a los competidores, o puede que no, pero casi seguro que confundirán a su propia empresa. Observe con qué se encontró Steve Jobs cuando volvió a ocupar el puesto de consejero delegado de Apple en julio de 1997. La compañía estaba perdiendo dinero y corrían rumores de que había algunos pretendientes, entre ellos Sun y Oracle, que estaban dispuestos a comprar la compañía. Apple estaba vendiendo tantos tipos de hardware informático diferentes en ese momento, que «ni siquiera podíamos recomendarles a nuestros amigos cuál comprar», en palabras de Jobs. Estos incluían el 1400, 2400, 3400, 4400, 5400, 5500, 6500, 7300, 7600, 8600, 9600, el Mac del 20.º aniversario, e-Mate, Newton y Pippin. Como cabe esperar, esa larga lista no sólo confundía a los clientes de Apple, también confundía a los programadores de Apple que querían saber en qué productos tenían que trabajar y cuáles tenían que ignorar, y confundía también a los programadores de software externos.[39] A finales de 1998, Apple no estaba vendiendo ninguno de esos productos; su línea de productos tenía sólo cuatro líneas de ordenadores: un portátil y un ordenador de sobremesa para los mercados doméstico y educativo, y un portátil y un ordenador de sobremesa para los mercados profesionales. Esa simplificación fue crucial para el retorno a la rentabilidad de Apple en 1999.

La transformación de Apple demuestra por qué muchas de las empresas más prósperas tienen estrategias sencillas, fáciles de recordar, que se repiten una y otra vez. Vamos a considerar otro ejemplo. Bajo el liderazgo de Richard Kovacevich, el banco Norwest Bank logró unos resultados extraordinarios y acabó fusionándose con el Wells Fargo Bank, y Kovacevich se puso al mando de la entidad fusionada. En 1992, Kovacevich imprimió la primera versión de un folleto de valores y de la visión que continúa empleándose (con algunas revisiones) en la actualidad. La estrategia de la compañía se describía en ese momento con las palabras siguientes: «Nuestra estrategia para alcanzar nuestros objetivos es simple. Espero que pueda repetirla entre sueños. En primer lugar, queremos superar a la competencia local y a la nacional. Debemos ofrecer mejores productos y una línea de productos más amplia que nuestros competidores locales, para que podamos convertirnos en la institución financiera escogida para realizar todas las transacciones. También debemos superar a los competidores nacionales manteniéndonos cerca de nuestros clientes en cada una de las comunidades, comprendiendo sus necesidades y ofreciendo un servicio profesional, personalizado y puntual. En segundo lugar, queremos ganar el 100% de todos los negocios de clientes solventes».[40]

La segunda parte de la estrategia lleva directamente a una medida que se ha convertido en la piedra angular del sistema de incentivos de Wells Fargo: el número de productos Wells Fargo que usa un cliente dado, que es una medida de venta cruzada. La primera parte de la estrategia, también fácil de comprender y comunicar, dirige la atención hacia la oferta de una serie de productos extensa, al mismo tiempo que se está cerca de los clientes y sus comunidades. No sólo es una estrategia simple; es procesable.

Aprender a medida que se avanza

Southwest Airlines es famosa por el rápido tiempo de respuesta de sus aviones, algo que permite que la compañía vuele a más destinos y que obtenga más beneficios con el mismo número de aviones, porque los aviones vuelan más y permanecen en tierra menos tiempo. Lo que la gente no suele saber es cómo empezó esa estrategia. Cuando Southwest comenzó a principios de los años setenta, sus competidores emprendieron una feroz batalla legal para prohibirle estar en el aire, algo posible en aquella época de regulación de las líneas aéreas. De hecho, se aprobó una ley en los Estados Unidos —la denominada Reforma Wright, que debe su nombre al congresista James Wright— que prohibía que las aerolíneas que operasen desde Love Field en Dallas, base de Southwest, volaran a cualquier lugar (ni que conectaran con ningún sitio) situado más allá de ocho estados contiguos. Cuando Southwest al final obtuvo el permiso para volar, casi no le quedaba dinero y su flota de aviones había bajado de cuatro a tres. La pequeña compañía y sus empleados decidieron probarlo igualmente y cubrir los horarios originales sólo con los tres aviones que le quedaban. Así fue cómo nació la estrategia de tiempos de respuesta rápidos de Southwest.

La escasa insistencia en la formulación estratégica ha persistido en Southwest durante años. Tal como señala el ex consejero delegado Herb Kelleher, «no hacemos planificación estratégica. Es una pérdida de tiempo. Uno puede tardar tres meses en dar con algo y, luego, tiene que esperar los comentarios de otros líderes. Cuando ha conseguido vender esa propuesta al consejo de administración, las cosas pueden haber cambiado. Entonces, hay que «desvendérsela» a todo el mundo antes de poder reaccionar. No somos egocéntricos. Uno pierde oportunidades mientras está pensando.»[41]

Una pequeña empresa llamada Audible Magic, que diseña, programa y vende tecnología para impedir la trasferencia de material protegido por *copyright*, como por ejemplo, archivos o películas por la red, también dispone de una tecnología y un servicio que permite la supervisión automatizada, y a bajo coste, de anuncios publicitarios de todo tipo; algo que es necesario para el pago correcto de cánones y para garantizar a los anunciantes que sus anuncios se reproducen tal como se compraron. Hubo un momento en que la compañía iba a cerrar el negocio de la supervisión de emisiones y la línea de productos porque no habían llegado a ningún acuerdo y el ciclo de ventas parecía prolongarse eternamente. Menos de seis meses después, ese servicio era la parte más importante, la de crecimiento más rápido y la de mayores márgenes del negocio. La lección, según el consejero delegado de la empresa, fue que «en el negocio de los medios digitales, los mercados cambian a cada momento y no podemos prever qué segmento de nuestras ofertas de productos va a empezar a tener éxito. Tenemos que seguir formando una gran cartera de productos y servicios, cuidando a los clientes y observando dónde se crean las oportunidades».

De un modo parecido, la consejera delegada Meg Whitman atribuye gran parte del éxito de eBay al hecho de que la compañía dedica menos tiempo al análisis estratégico y más tiempo a intentar retocar cosas que parece que podrían funcionar, y a aprender sobre la marcha. En 2005, Whitman declaró: «Éste es un negocio completamente nuevo, de modo que no se puede analizar demasiado». En cambio, sugiere que «es mejor sacar algo y observar la reacción y adaptarlo al vuelo. Podríamos pasarnos seis meses perfeccionándolo en el laboratorio o seis días, y será más provechoso si pasamos seis días, lo sacamos, recibimos *feedback* y entonces lo evolucionamos». Whitman refuerza sus argumentos sobre los límites de la planificación añadiendo: «No se puede prever qué va a ocurrir. Es otra forma de decir que lo «perfecto» es enemigo de lo «bastante bueno»».[42]

La idea es simple, pero no se suele implementar y queda ocultada por la concentración en la planificación y la estrategia: aprender sobre la marcha. Ya lo dijo Andy Grove, ex consejero delegado de Intel, en una entrevista con Clayton Christensen de la Harvard Business School: «Ninguno de nosotros tiene un conocimiento real de hacia dónde nos estamos dirigiendo. Yo no lo tengo. Tengo una ligera impresión [...] pero las decisiones no esperan. Las decisiones sobre inversiones y sobre personal y la priorización no esperan a que la imagen se vuelva más clara. Hay que tomarlas cuando hay que tomarlas. Por lo tanto, hay que arriesgarse y luego corregir las erróneas».[43]

Equilibre la atención a la estrategia y la atención a los detalles de la implementación

Una de las prácticas del management más peligrosas que se han analizado en este libro es la tendencia de los directivos y sus asesores a agarrarse a alguna idea —la «guerra por el talento», mantener las vidas personales al margen del entorno laboral, obtener incentivos adecuados, ver cada vez más a los líderes como la respuesta— y llevarla hasta tal extremos que se pierde la perspectiva y el equilibrio. La misma obsesión equivocada se produce con la idea de que la «estrategia es el destino». Sin duda, una empresa puede beneficiarse gracias a las decisiones acertadas sobre en qué negocios entrar y cómo competir contra otras compañías, y gracias al uso de procesos analíticos, basados en datos, para orientar esas decisiones. Por desgracia, demasiados líderes caen en la trampa de una consultora que exagera los poderes mágicos del análisis estratégico y de la prensa económica, enamorada de la gran idea que resolverá todos sus problemas de una vez por todas. El resultado es que hay demasiadas compañías que hacen excesivo hincapié en la estrategia, lo que resta valor al tiempo, los recursos, y al enfoque por los detalles menos glamurosos y valientes de la implementación y socava la adaptación a las condiciones cambiantes.

No hay mejores ejemplos de esta enfermedad que el origen de tantísimos escritos y enseñanzas sobre estrategia: las propias escuelas de negocios. En la década de 1950, incitadas por los informes de las fundaciones Carnegie y Ford y por el ejemplo de la Facultad de Administración de Empresas de la Universidad Carnegie-Mellon, las escuelas de negocios decidieron inclinarse por una estrategia de enfatizar la investigación erudita orientada hacia las disciplinas básicas, como, por ejemplo, economía, sociología y psicología social. La idea era enseñar *los conceptos fundacionales* a los estudiantes en lugar de la práctica tradicional de proporcionarles un conocimiento institucional y unas pautas para actuar. La estrategia se ha descrito varias veces como *excelencia equilibrada* o *relevancia con rigor*.

Ocurrieron dos cosas. En primer lugar, casi todas las escuelas de negocios no tardaron en implementar la misma estrategia prácticamente del mismo modo, intentando contratar a las mismas personas y publicar en las mismas revistas especializadas. Eso provocó una notable falta de diferenciación entre las escuelas de negocios, y también en los estudios que producían, los cursos que impartían y los estudiantes que se licenciaban; algo que comentó el personal de la consultora de estrategia Booz Allen Hamilton.[44]

En segundo lugar, cuando todas las escuelas de negocios más importantes decidieron que ésa era la estrategia correcta para lograr el éxito, esa decisión se utilizó para justificar por qué era mejor seguir por ese camino. Después de todo, se valoraba una dirección estratégica clara y uno no quería responder demasiado rápido a los intereses temáticos cambiantes, a las presiones del entorno, ni siquiera sobrelimitar a la competencia. Muchos observadores han señalado la sorprendente estabilidad de los planes de estudios y las líneas de investigación de las escuelas de negocios frente a todos los tipos de cambios en el funcionamiento de las empresas y todos los tipos de habilidades que necesitan los gerentes, al mismo tiempo que las pruebas sugieren que esta estrategia produce resultados de investigación irrelevantes y estudiantes de MBA sospechosos. De hecho, el reciente libro de Henry Mintzberg, *Directivos, no MBA*, defiende que la formación de los MBA tiene el efecto de generar directivos que son mucho menos eficaces que los que nunca han estudiado en una escuela de negocios.[45]

Debido a la falta de preocupación sobre si se podría o no se podría implementar la estrategia, las escuelas de negocios han contribuido muy poco a solucionar la escasez crónica de profesorado que cumpla sus criterios de relevancia y rigor. Y debido a su adhesión a la persistencia estratégica, las quejas de estudiantes, alumnos y contratantes —a menos que aparezcan reflejadas en las listas de principales escuelas que proliferan cada vez más en revistas y periódicos— han generado muy pocas respuestas. En consecuencia, el sector de las escuelas de negocios ha sido muy cuestionado y se enfrenta a problemas como la incapacidad de llenar las aulas de algunos de los programas de MBA para ejecutivos y de algunos MBA sorprendentemente elitistas.

Tendría que ser posible estar preocupado por la estrategia y por la implementación al mismo tiempo. Tendría que ser posible — y, de hecho, deseable— no sobreenfatizar el hacer lo correcto a expensas de ser capaz de hacerlo con eficacia. Es en situaciones donde se equilibran las inversiones en tiempo, atención y otros recursos tanto en la estrategia como en la implementación operativa cuando se produce el mejor rendimiento. Una vez más, Andy Grove de Intel propone una perspectiva interesante sobre esta cuestión.

> *No creo que debamos olvidar que para dirigir una empresa, sea grande o pequeña, se requiere algo más que la estrategia. La revolución en el control de calidad y la revolución en las técnicas de fabricación que se han producido en los últimos 15 años han estado motivadas por datos [...]. Y la economía norteamericana se ha beneficiado de una forma increíble durante los últimos 15 años sin ningún cambio en la estrategia, simplemente aferrándose seriamente a la ciencia de la fabricación y el control de calidad. Por lo tanto, la estrategia es importante. Planear qué hacer es importante. Llevarla a cabo y hacerlo bien es igual de importante.*[46]

7

¿Renovarse o morir?

Nadie en el mundo de los negocios reconocerá nunca que usted, su personal o su empresa son lo bastante buenos como para que puedan dormirse en los laureles. El mensaje no tan sutil es que si no sigue mejorando constantemente a través de la generación de productos, servicios y modelos empresariales nuevos, o no toma prestadas e implementa las mejores prácticas, entonces se merece que se burlen de usted y que lo despidan, y su empresa se merece una muerte inevitable, rápida y segura. Si se resiste a nuevas formas de pensar o de actuar, si no está listo para empezar a *Winning Through Innovation* (Ganar a través de la innovación), si siempre está preocupado por *¿Quién se ha llevado mi queso?*, si se irrita con consejos como *Si no está roto rómpalo*, y se queda petrificado por *El monstruo del cambio*, es mejor que usted y los que le rodean «bajen del barco» y dejen espacio para los que están dispuestos a adoptar el cambio y la innovación.[1] Glorificamos a empresas que llevan a cabo cambios eficaces, deificamos a sus líderes y demonizamos a los que se agarran al pasado. Después de todo, ¿no se trata de elegir entre «renovarse o morir»? O, tal como lo expresa un gurú, «¿Innovar o morir? ¿Cuál de las dos opciones le atrae más?»[2]

Esos eslóganes y creencias no son exactamente erróneos, pero son verdades a medias. El cambio y la innovación son espadas de doble filo traicioneras. Cuando las compañías eligen algo nuevo, suelen fracasar. Y evitar dar un paso en falso no es sencillo, en parte, porque muchas personas tienen incentivos perversos para minimizar las probabilidades de que las cosas se pongan feas y para sobrevalorar los beneficios de tecnologías, modelos empresariales y productos nuevos. Fíjese en el software para empresas, esos ubicuos sistemas de software de gestión integrada (ERP, por su sigla en inglés). Hay muchas personas que intentan venderle esos programas (y lo ayudan con la implementación), porque los enriquecen, no porque sean útiles para su empresa. En el sitio web de Oracle se enumeran centenares de historias de éxito de clientes que usan el software para ahorrarse dinero y agilizar las transacciones.[3] Como es evidente, Oracle no menciona que la implementación del software de gestión típico conlleva el doble de tiempo y el doble de dinero de lo planificado.[4] Y, sin duda, la compañía no cita ninguna historia de fracaso. Sin embargo, la implementación de un sistema financiero Oracle en la Universidad de Stanford fue una pesadilla tan terrible, que la dirección se disculpó a los trabajadores por hacerles pasar por eso, y el estado de Ohio, en nombre de la Universidad Estatal de Cleveland, demandó a PeopleSoft por una implementación de ERP chapucera.[5]

Las implementaciones de ERP son sólo un ejemplo de cómo algo que suena tan bien puede acabar tan mal. Hay muchos ejecutivos que o bien no admiten, o bien no conocen, las posibilidades de que una implementación de ERP fracase, o si es eficaz, lo que les acabará costando, el miedo que resonará por toda la empresa o las horas de frustración absoluta que aguantarán los usuarios antes de que consigan que esos sistemas notoriamente chapuceros y complejos funcionen. Conocer la realidad sobre los sistemas de ERP o cualquier otro cambio a gran escala *antes* de dar el paso puede evitar sufrimientos de todo tipo. Del mismo modo, también puede evitarlos si reflexiona de forma analítica quién va a salir ganando y quién va a salir perdiendo, si la empresa asume un cambio en concreto.

Tomar decisiones basadas en hechos en relación con los cambios propuestos parece obvio hasta que uno comprueba lo que realmente hacen las empresas. Los directivos de Hewlett-Packard (HP) nos contaron que se quedaron perplejos al descubrir que HP no había realizado ninguna investigación sobre la opinión de los consumidores acerca de los productos Compaq hasta meses *después* de que la consejera delegada de HP, Carly Fiorina, anunciara que las dos empresas pretendían fusionarse. Fiorina se sintió descontenta al oír que los consumidores consideraban que muchos de los productos Compaq estaban entre los peores del mercado y que creían que los productos HP eran muy superiores a los de Compaq. Pero esa información sólo se tuvo en cuenta mucho *después* de que los altos directivos y el consejo de administración de HP se hubieran comprometido con la fusión y después de que Fiorina hubiera dicho al equipo directivo que no quería oír ninguna discrepancia sobre los planes de fusión.

No se trata de ejemplos aislados. Plantéese las pruebas sobre los efectos y la eficacia de los cambios empresariales habituales que se resumen en la tabla 7.1. A pesar de que las empresas incipientes que nacieron con un compromiso fuerte con las prácticas de recursos humanos fracasan con menos frecuencia y obtienen mejores resultados que otras nuevas empresas, las que más adelante intentan cambiarse a esas prácticas «mejores» obtienen resultados peores y mueren más rápido que las que no llevan a cabo esos cambios, aparentemente debido al desbarajuste causado por intentar llevar a cabo ese proceso de cambio. Los programas de mejora de la calidad pueden ayudar a las empresas, como demuestran los largos, duros, caros y en último término victoriosos esfuerzos de General Motors y Hyundai.

Pero muchos programas de calidad son fachadas igual de caras que no logran reducir los defectos ni mejorar el servicio. A finales de los años ochenta, se dio mucho bombo a la reingeniería de procesos (BRP, por su sigla en inglés) como remedio para todos los problemas de las empresas, pero incluso el gurú de la BRP, Michael Hammer —que se enriqueció gracias a ese movimiento—, admite en la actualidad que la mayoría de esfuerzos de BRP no lograron cumplir con sus objetivos y que la tasa de fallos de esos programas fue casi del 70%. Los despidos son una forma cada vez más habitual y más aceptada de reducir gastos, y la investigación realizada por Darrell Rigby en Bain muestra que el 26% de empresas del S&P 500 usaron los despidos sólo entre el 16 de agosto del 2000 y el 15 de agosto del 2001. Pero no existen pruebas concluyentes de que usar los despidos en lugar de métodos menos draconianos de reducir gastos incremente el rendimiento, y existen muchísimas pruebas de que las reducciones en masa involuntarias perjudican tanto a los empleados desplazados como a los «supervivientes».

Los mismos problemas abundan en los cambios de productos y servicios. Los productos nuevos fracasan a un ritmo muy alto. A pesar de todas las investigaciones y pruebas de marketing que llevan a cabo las empresas en la actualidad, no hay ninguna señal de que esos índices de fracasos disminuyan. Si pone en marcha una compañía nueva, tiene muchas posibilidades de que fracase. Nosotros alentamos a los estudiantes de Stanford a montar empresas. Eso les enseña a dirigir, y a menudo, si miran hacia atrás, lo recuerdan como una de las experiencias más maravillosas de sus vidas. Pero les advertimos: «Existe una posibilidad minúscula de que os hagáis ricos, como los estudiantes de Stanford que montaron Google, Yahoo! o Sun; una un poco mayor de que la compañía se venda por muy poco dinero, y una posibilidad mucho mayor de que la empresa muera, y que os deje con unos cuantos años más, con menos dinero y con una historia interesante que contar». La tabla 7.1 presenta pruebas sobre los riesgos de algunos de los cambios más habituales que emprenden las compañías.

Sin embargo, a pesar de todos esos costes, riesgos e historias de terror, rechazar el cambio tampoco es la solución. Hasta los cambios más arriesgados pueden tener éxito siempre y cuando se ejecuten bien. Hewlett-Packard completó una serie de implementaciones de ERP eficaces en la década de 1990, que se terminaron más rápido y por menos dinero de lo que se había previsto originariamente.[6] La fusión en 1998 entre Wells Fargo y Norwest fue un éxito financiero rotundo, con incrementos continuos de ingresos, beneficios y rentabilidad por acción en los cinco años posteriores. Es cierto que, como ilustra la tabla 7.1, los detractores que se oponen a todos los cambios nuevos e innovaciones tendrán razón en la mayoría de casos. Pero las empresas que *nunca* intentan hacer nada nuevo, introducir productos nuevos, ni explorar estrategias novedosas casi *seguro* que morirán a largo plazo, porque los gustos de los clientes cambian, surgen tecnologías mejores y los competidores encuentran formas mejores y más rápidas de complacer a los clientes. Ése es el problema del cambio empresarial: ¡lo único que es más peligroso que realizar uno es no realizar nunca ninguno!

Las ventas de las compañías del sector automovilístico, farmacéutico, biotecnológico y de hardware y software suelen depender de productos que tienen menos de cinco años en un 50%. Y aunque un estudio de Booz Allen Hamilton sobre 700 empresas concluyó que el 46% del dinero gastado en desarrollo de los productos tenía como resultado productos fallidos, también mostró que los productos nuevos representaban el 28% del crecimiento de esas compañías en un periodo de cinco años. Hay grandes empresas donde la innovación parece ser continua, como 3M y Johnson & Johnson. Los estudios de casos abundan en compañías que han prosperado gracias a una dedicación incesante a la innovación y al cambio y, en algunos casos, se han reinventado a sí mismas. Nokia empezó como una empresa maderera en 1865, que además vendía neumáticos, botas de goma y ordenadores, y finalmente, se convirtió en el productor líder de teléfonos móviles. Hasbro comenzó vendiendo retales de alfombras en 1923 antes de convertirse en una empresa de juguetes. Marriott empezó vendiendo bebidas refrescantes en 1927 antes de pasar a ser una de las cadenas hoteleras más importante del mundo. IBM está pasando de ser una empresa informática a una compañía de servicios: aún vende servidores, pero acaba de vender su negocio de ordenadores personales. También hay pruebas de estudios a gran escala de que mantenerse al día

Tabla 7.1. Cambios empresariales peligrosos: analícelos antes de lanzarse

Tipo de cambio empresarial	Riesgo implícito	Pruebas representativas*
Fusiones y adquisiciones	A pesar de los estudios de casos de fusiones que han tenido éxito, como la de Exxon-Mobil o la de Wells Fargo-Norwest, la fusión típica de empresas que cotizan en Bolsa tiene efectos negativos en el rendimiento financiero a largo plazo de la entidad adquirente. Tampoco existen pruebas de que las fusiones de empresas de atención médica supongan una reducción de costes.	Un estudio de 947 adquisiciones realizadas entre 1970 y 1989 muestra que las empresas grandes que compran empresas pequeñas (con acciones) sufren una reducción sustancial de beneficios (25%) durante un período de cinco años en comparación con empresas parecidas que no intentan crecer a través de las adquisiciones. Los accionistas de las empresas adquiridas sí que se benefician si venden sus acciones rápido (sobre todo, en los primeros meses), pero no se benefician si las conservan durante cinco años. Un estudio posterior refleja que las pérdidas fueron especialmente pronunciadas entre 1998 y el 2001, cuando las empresas adquirentes perdieron un promedio de 12 céntimos por cada dólar gastado (una pérdida total de 240.000 millones de dólares). Un análisis del 2004 de 93 estudios publicados concluyó que, de promedio, los efectos negativos en el rendimiento de las empresas adquirentes aparecían antes de un mes (veintidós días) después de que se anunciara la adquisición y persistían a partir de ese momento. Un estudio sobre todas las fusiones de organizaciones de atención médica ocurridas en los Estados Unidos entre 1985 y 1997 no muestra ninguna prueba de que las fusiones disminuyan los gastos, a pesar de las afirmaciones de que cuanto más grande, mejor, debido a las economías de escala.[a]
Implementar nuevo software de gestión integrada	La implementación suele resultar más cara y absorber más tiempo de lo esperado. Las implementaciones chapuceras están vinculadas a obstáculos serios y fracasos empresariales.	Un estudio de 232 ejecutivos informáticos realizado por la consultora Robbins-Gioia concluyó que el 51% creía que sus implementaciones de ERP eran ineficaces. Una encuesta realizada a 365 ejecutivos informáticos por parte del Standish Group mostró que el proyecto típico de software de gestión integrada se prolongaba casi el doble y costaba casi el doble de lo que se había planificado en un principio, y un 30% se can-

254

celaba antes de completarse. Se efectuaron implementaciones impresentables en Boeing, Dell, Hershey's, Nike y Stanford. FoxMeyer afirmó que una mala implementación le causó la bancarrota.[b]

Cambiar a prácticas de recursos humanos mejores	Adoptar las «mejores» prácticas de recursos humanos. puede llegar a ser tan perjudicial que no valga la pena.	El estudio realizado por el Proyecto de Stanford sobre Empresas Emergentes a partir de 181 compañías incipientes de Silicon Valley entre 1995 y el 2001 concluyó que cambiar los sistemas de gestión del personal (aunque fuera por prácticas «mejores») después de que se hubiera fundado la empresa se asociaba con incrementos de la rotación, disminuciones de rendimiento y duplicación de los índices de defectos.[c]
Esfuerzos de mejora de la calidad	Los esfuerzos por implantar el Six Sigma y la gestión integral de la calidad (TQM, por sus siglas inglesas) pueden incrementar la calidad y la innovación gradual. Pero concentrarse en mejoras ínfimas de sistemas antiguos puede desviar la atención de los directivos y los recursos de la imagen global. Y muchos de los esfuerzos de calidad se basan más en palabras que en hechos.	Unos estudios de Harvard sobre las industrias de la pintura y la fotografía exponen que centrarse en la mejora de los procesos se asocia a innovaciones menos radicales. Los estudios sobre las implementaciones de TQM revelan que, sobre todo después de que la TQM se pusiera de moda, las compañías solían referirse a sus programas de TQM, a lo mejor realizaban formación en TQM, pero no tomaban medidas para mejorar la calidad de sus productos ni servicios.[d]
Reingeniería de procesos (BPR)	A pesar de que esa moda empresarial prometía disminuir los despilfarros y hacer más eficientes las empresas, a mediados de la década de 1990, se hizo evidente que la mayoría de proyectos BPR no cumplían con sus objetivos y que muchos proyectos implicaban despedir a personal que realmente era necesario.	Un «Informe sobre el estado de la reingeniería», elaborado por CSC Index en 1994, de 99 iniciativas de reingeniería completadas concluyó que se consideraba que el 67 % producían resultados mediocres, casi iguales o infructuosos. El coarquitecto de BPR Tom Davenport argumenta que nunca se pensó como algo que sólo redujera gastos, se lamenta de que sea «la moda que arrinconó» a las personas, y afirma que las consultoras y los vendedores de tecnología de la información son los vencedores principales. Hasta Michael Hammer, el gurú del management que se enrique-

Tabla 7.1. Cambios empresariales peligrosos: analícelos antes de lanzarse *(continuación)*

Tipo de cambio empresarial	Riesgo implícito	Pruebas representativas*
		ció y se hizo famoso gracias a esa moda, admite en la actualidad que sólo el 30% de los proyectos de BPR alcanzan sus objetivos.[e]
Despidos	Los despidos por sí solos no pueden servir para que las empresas mejoren los beneficios o el rendimiento a largo plazo, y reducen los gastos administrativos menos de lo que se cree. Acarrean costes ocultos, como demandas y pérdida de talento, y dañan la moral, el compromiso y la salud física y mental de los empleados supervivientes.	Un estudio de la Universidad de Colorado de empresas del S&P 500 entre 1982 y el 2000 expuso que no existía ningún vínculo entre la reducción de la plantilla y la posterior rentabilidad sobre activos. Un estudio de Bain sobre compañías del S&P 500 concluyó que las 158 entidades que usaban los despidos principalmente para disminuir los gastos sufrían unas bajadas modestas en los precios de sus acciones. Bain advertía que podían pasar dieciocho meses antes de comprobar los ahorros de costes de un despido, y que para ese momento podía ser que esa persona se volviera a necesitar. Otros estudios sugieren que los despidos se centran en los trabajadores en vez de en los directivos —un proceso llamado *colchón de plumas*—, de modo que la proporción de dinero gastado en administración incrementa durante las fases de «recorte de gastos». Un estudio de Right Associates concluyó que el 70% de los gerentes que seguía en empresas reducidas informaba que los despidos eran seguidos por una disminución de la moral de los empleados y de la confianza en los directivos. Un estudio de cinco años de 300 compañías llevado a cabo por Cigna y la American Management Association mostró que entre los trabajadores «supervivientes» de empresas reducidas se producía un aumento de entre un 100% y un 900% de problemas médicos, sobre todo relacionados con la salud mental, el abuso de sustancias y trastornos cardiovasculares.[f]

Lanzar un nuevo producto	Desarrollar productos nuevos y mejorar los productos antiguos son prácticas cruciales para la supervivencia a largo plazo. Pero la mayoría de esfuerzos de I+D no se plasman en productos, muchos productos nuevos fracasan y el fracaso de un producto suele ser el origen del fracaso de la compañía.	Menos del 1% de los compuestos médicos desarrollados en el proceso de I+D de las empresas farmacéuticas llegan a venderse, y sólo el 30% de los compuestos probados en personas se llegan a comercializar. Las afirmaciones de que «el 90% de los productos nuevos fracasa» que suelen hacerse en la prensa económica son bastante exageradas. Sin embargo, investigaciones realizadas con grandes muestras sugieren que entre el 30% y el 60% de los productos nuevos que se introducen no logran generar beneficios. Por ejemplo, un estudio de 151 compañías expuso que el índice de fracaso de los productos novedosos era del 40% en el caso de empresas de elaboración de alimentos y del 30%, en empresas de instrumental médico. Un estudio de Booz Allen Hamilton sobre 700 entidades concluyó que casi todo el dinero gastado en desarrollo de productos nuevos se destinaba a productos que fracasaban.9
Montar una empresa nueva	Los índices de fracaso de empresas nuevas y jóvenes son considerablemente más elevados que los de las empresas establecidas.	Dun & Bradstreet informa que sólo una tercera parte de los negocios de venta al por menor y de servicios dura más de cinco años. Estudios a gran escala sobre empresas de semiconductores, periódicos y sindicatos sugieren que los índices de fracaso son notablemente más altos durante los primeros años de vida. Un estudio realizado sobre 171.000 empresas de Alemania Occidental muestra que las empresas nuevas tienen un *periodo de luna de miel*: los índices de fracaso son más bajos al principio y luego alcanzan los niveles más altos en el *periodo de adolescencia*.

*Las fuentes de estas informaciones aparecen en el apartado de notas de la «Tabla 7.1».

257

de las innovaciones tecnológicas es crucial para la supervivencia a largo plazo. Glenn Carroll y Albert Teo estudiaron todas las empresas automovilísticas norteamericanas que operaron entre 1885 y 1981, casi 2.200 compañías. Casi todas han desaparecido en la actualidad, pero algunas duraron más que otras, y General Motors y Ford sobreviven. Carroll y Teo examinaron la introducción de 631 innovaciones de productos y procesos a lo largo de esos más de cien años y concluyeron que las entidades que introducían un flujo constante de innovaciones tenían más posibilidades de vivir más tiempo que las que no lo hacían.

Nos gustaría tener respuestas mágicas sobre qué cambios ayudarán a su empresa, sin ninguna duda, y cómo implementarlos para que ni usted ni sus trabajadores tengan que sufrir nunca un momento de duda, miedo o confusión. Los libros sobre temas de empresa como *Seeing What's Next* (Saber lo que está por venir) y *Change Without Pain* (Cambio sin dolor) tienen aspiraciones nobles, pero ese tipo de títulos no son promesas que un líder pueda llegar a cumplir.[7] Sin embargo, un enfoque empírico del cambio sí que sugiere medidas que puede tomar para disminuir el riesgo y el dolor.

¿Vale la pena llevar adelante el cambio?

Es posible que los ejecutivos, empleados, analistas, académicos y periodistas económicos tengan opiniones vehementes de si una fusión, un producto novedoso, un despido, una reorganización o la implementación de un software salvará, reforzará, mutilará o acabará con una empresa o no. Sin embargo, en el momento en que una compañía decide impulsar un cambio importante, en realidad nadie sabe si será un éxito o un fracaso. Aunque nadie pueda predecir el futuro, hay algunas medidas que los líderes y sus equipos pueden tomar para incrementar las posibilidades de llevar a cabo el cambio correcto, fijar las expectativas de modo que puedan ir aprendiendo por el camino, y para que sea más sencillo ponerle fin si la decisión inicial era incorrecta. Hemos entretejido investigaciones de economistas, psicólogos, sociólogos e investigadores económicos para identificar ocho preguntas que, si se plantean con sinceridad al principio, permiten tomar mejores decisiones sobre qué cambios emprender, aplazar y evitar. Las resumimos en la tabla 7.2.

1. ¿La práctica es mejor de lo que está realizando en ese momento?

Algunos cambios puede que no sean mejoras, porque su empresa ya los estaba realizando; ¡lo que pasa es que no lo sabía! Cada pocos años, escuchamos la misma historia de una compañía distinta. Alguien llega con un producto o práctica empresarial «nuevo» y empieza a implementarlo, y luego —a menudo, demasiado tarde— descubre que otra persona en la empresa ya estaba trabajando en ello, o peor aún, que ya existía desde hacía algunos años. En una ocasión, supervisamos a un grupo de estudiantes de Stanford que estaba elaborando un modelo de planificación de la mano de obra para una compañía tecnológica importante. Les pidieron que usaran los datos históricos para predecir cuántos trabajadores temporales necesitaría una división grande si la demanda de los productos de la empresa sufría altibajos. Después de seis semanas en ese proyecto de diez semanas, los directivos de la división descubrieron que ya existía un modelo como ese y que el director financiero lo había usado durante *años* para determinar los niveles de contratación para la división. El proyecto se terminó de forma abrupta.

Suponiendo que lo que se está planteando es algo verdaderamente novedoso para la empresa, y no algo que ya se estaba haciendo, pero que no lo sabía, podría interesarle plantearse la opción de aprender de la experiencia de los demás. Eso es difícil de hacer, ya que la confianza humana motiva a los líderes a creer que, con independencia de los problemas que se hayan encontrado los

Tabla 7.2. ¿Qué hay que plantearse antes de impulsar un cambio organizativo importante?

La gran pregunta	Tanteos sobre la respuesta correcta
¿La práctica es mejor de lo que está haciendo en ese momento?	¿Ya la está aplicando pero bajo otra etiqueta? ¿Con cuánta frecuencia ha tenido éxito en otras empresas? ¿Puede probarla primero en su empresa?
¿El cambio merece realmente el tiempo, el dinero y el desbarajuste?	¿Los plazos de tiempo y presupuestos son realistas dado lo que realmente ocurre en otras empresas? ¿La gente que le está vendiendo la solución recibe incentivos por infravalorar los costes?
¿Es mejor llevar a cabo sólo cambios simbólicos en vez de cambios fundamentales?	¿Se trata de un cambio fundamental que en realidad perjudicará el rendimiento de la empresa? ¿Hay grupos dentro o fuera de la empresa que exijan ese cambio sea como sea? Si no logra realizar ningún cambio, ¿perjudicará la reputación de su empresa y las relaciones clave?
¿El cambio es positivo para usted, pero negativo para la compañía?	¿Realizarlo incrementará su fama, su prestigio o su salario? ¿Llevarlo adelante implica que alguien poderoso le deberá un favor? ¿Facilitará su trabajo y dificultará el de los demás?
¿Posee suficiente poder para conseguir que se produzca el cambio?	¿Cuenta con suficientes recursos y apoyo internos? ¿Sus aliados actuales son lo bastante poderosos? ¿Tiene una estrategia para fortalecer a los partidarios y debilitar a los detractores?

(Continúa)

Tabla 7.2. ¿Qué hay que plantearse antes de impulsar un cambio organizativo importante? *(Continuación)*

La gran pregunta	Tanteos sobre la respuesta correcta
¿La gente ya se siente abrumada por demasiados cambios?	¿La gente cree que ese cambio realmente fraguará, o bien que no es más que un sabor del mes? ¿La gente sigue intentando recuperarse del último cambio importante? ¿Todavía lo están implementando o están tan exhaustos que no están preparados para el cambio nuevo? ¿Se han cambiado tantas cosas a la vez que es imposible que la gente lo haga todo bien?
¿El personal será capaz de aprender y reciclarse a medida que se despliegue el cambio?	¿Entienden el cambio como algo precioso y perfecto, o como un prototipo —producto semiacabado— que tendrá que ajustarse, o incluso modificarse drásticamente, cuando aparezca información nueva? ¿El equipo muestra que puede aprender y mejorar el cambio planificado como respuesta a la resistencia, las críticas y las sugerencias, o simplemente descarta todas las preocupaciones como ideas estúpidas de personas estúpidas?
¿Será capaz de ponerle fin?	¿Cómo sabrá que no está funcionando? ¿Cómo sabrá cuándo llega el momento de abandonar? ¿Quién evaluará que es un fracaso y le pondrá fin?

demás, ellos lo harán mejor. Nos encontramos con esta opinión cada vez que hablamos, por ejemplo, de fusiones o implementaciones de ERP: que las otras empresas no eran tan inteligentes, que no se habían planificado tan bien, que no contaban con el mismo nivel de talento; muchas historias sobre por qué «esta vez, será diferente». Nuestro consejo general es observar esas historias con cierto escepticismo; no es que nunca sean ciertas, pero la tentación de creer que usted lo hará mejor es casi irresistible, sea cual sea la realidad.

Con todo, hay veces en que las pruebas sobre cómo ha funcionado un cambio concreto en otra empresa pueden llegar a ser flojas o incoherentes. Por ejemplo, un cambio empresarial no evaluado en este libro es si existe una ventaja para el *primero en tomar una iniciativa* en el caso de las empresas que introducen el primer producto en una categoría o que son las primeras en entrar en un mercado nuevo: los datos son tan incongruentes que establecer unas directrices sencillas para llevar a cabo una acción empresarial todavía no es posible, al menos en nuestra opinión.[8] Y hasta en los casos en que hay pruebas de peso sobre ciertos cambios, como ocurre con las fusiones y las implementaciones de ERP, uno no puede predecir exactamente qué resultados tendrán en una empresa.

Hay formas de observar antes de lanzarse. Aparte de recopilar pruebas sobre la racionalidad de algún cambio, las compañías pueden limitar el riesgo realizando primero experimentos o programas piloto: si la idea sigue pareciendo prometedora, pueden retocarla antes de presentarla a todo el mundo. General Electric, por ejemplo, no diseñó su renombrado proceso «Work-Out» (Solución) en su forma final, y luego presentó la solución perfecta división tras división. Hubo un aprendizaje constante de ensayo y error en cada negocio, diferentes asesores probaron variantes contrapuestas en distintos negocios, y el consejero delegado, Jack Welch, presionó al personal para difundir las mejores características de las mejores variantes por toda la compañía.[9]

Los experimentos o los programas piloto no siempre son posibles; por ejemplo, lo más probable es que no pueda llevar a cabo una fusión de prueba. Pero siempre que pueda utilizar pequeños experimentos, tendrá una ventaja sobre los competidores. Y hasta suele ser posible impulsar un cambio importante y a nivel de todo el sistema en un proceso gradual que permita aprender y experimentar durante el proceso. A mediados de la década de 1990, Hewlett-Packard (HP) efectuó varias implementaciones eficaces de software SAP adoptando un enfoque que llamaron *ingeniería nueva*. Las gerentes Mei-Lin Cheng y Julie Anderson reunieron a un equipo de 35 personas que implementó un nuevo sistema para servir los pedidos desde cero. Ese sistema era primordial para HP, porque un tercio de sus ingresos fluía por el sistema. Para aprender cómo funcionaba el sistema, los miembros del equipo empezaron a «pegarse a los pedidos». Mei-Lin Cheng nos explicó: «Íbamos al puerto de Oakland, volvíamos a la sede central de Palo Alto con nuestros cepillos de dientes para simbolizar que el maldito pedido había pasado la noche en el sistema central, íbamos hasta donde estaban los clientes, etcétera», lo que sirvió para que el equipo viera los puntos débiles y para que aprendiera cómo debía funcionar el nuevo sistema. Después, empezaron a usar el software para simular el proceso de pedidos. La primera vez que introdujeron un pedido en el sistema, ni siquiera pudieron hacerlo llegar al almacén de HP. Después de acabar de solucionar los errores, el equipó empezó a sustituir el proceso usado por *una* única línea de productos que se envió a *un* cliente HP. Cuando eso funcionó (después de arreglar algunos flecos), ampliaron el sistema a una segunda línea de productos para ese cliente, y luego para otro, y fueron cerrando progresivamente el grifo del viejo sistema. Ningún cliente tuvo que elegir qué sistema quería usar. Cuando el equipo ponía en marcha el sistema nuevo para una línea de productos determinada, se apagaba el viejo para siempre, pero sólo cuando estaban seguros de que el nuevo funcionaría.

Mei-Lin Cheng destacó que no era realista esperar que algo tan complejo pudiera funcionar bien desde el primer momento. Probar el sistema a través de un proceso de ensayo y error y desplegarlo individualmente en las líneas de productos les permitió aprender sin obligar a que el sistema de distribución de HP en Norteamérica se detuviera por completo. Después de sólo ocho meses, estuvieron preparados para entregar productos a uno de sus principales clientes en ocho días (en comparación con los veintiséis días previos), al mismo tiempo que redujeron los inventarios en casi un 20%.

2. ¿El cambio merece realmente el tiempo, el dinero y el desbarajuste?

Incluso en los casos en que otra práctica es mejor que la que se está aplicando en el presente, el dolor puede que no compense los beneficios. Es posible que no sea fácil obtener unos cálculos adecuados de los gastos; los altos ejecutivos y sus asesores siempre infravaloran el coste de los cambios, como muestran las pruebas bastante horrorosas de despidos, reingeniería de procesos y desarrollo de productos.

La gente no sólo infravalora los gastos, sino que suele sobrevalorar los beneficios de implementar prácticas empresariales, tecnologías y estrategias, sobre todo acciones que están emprendiendo los demás. Esto se debe, en parte, al fenómeno «Gusta lo ajeno, más por ajeno que por bueno». Cuando somos terceros que observan lo que hace otra empresa, lo que vemos principalmente son los resultados maravillosos, no el trabajo duro, los problemas, obstáculos ni los fracasos. Por lo tanto, nos precipitamos a copiar lo que hacen los demás y solemos ignorar nuestras propias ideas y experiencia. Observamos cómo se desarrollaba este proceso hace unos cuantos años durante nuestra investigación en Fresh Choice, un restaurante-bufé que sirve ensaladas, pasta y pizzas. Fresh Choice siempre estaba a la caza de ideas nuevas que contribuyeran a solucionar sus problemas empresariales y operativos mirando hacia el exterior; por ejemplo, compró una pequeña empresa de la competencia llamado Zoopa, que era, irónicamente, a su vez, una copia de Fresh Choice, pero con una ejecución mejorada. Durante el proceso de evaluación, los ejecutivos de Fresh Choice concluyeron que Zoopa era una compañía perfecta que podría brindar nuevas ideas a la empresa. Pero cuando cerraron el trato, los ejecutivos de Fresh Choice descubrieron que el personal de Zoopa no estaba dotado de poderes ni de prácticas mágicos; simplemente hacía lo que Fresh Choice sabía que había que hacer, pero lo hacía con más coherencia y mejor. No tardaron en suprimir al personal de Zoopa de la compañía y los restaurantes adquiridos acabaron pareciéndose, en todos los aspectos, incluido el rendimiento, a las unidades de Fresh Choice. La lección: tenga cuidado con sobrevalorar los resultados que obtendrá copiando lo que ve en otras empresas. Es posible que no sepan más que usted, y, de hecho, podrían tener los mismos problemas que usted tiene. Después de que Fresh Choice adquiriera los locales Zoopa y empezara a dirigirlos, se dio cuenta de que el sistema de Zoopa se enfrentaba a la mayor parte de los mismos desafíos que el sistema de Fresh Choice; simplemente, los responsables de los locales de Zoopa estaban más capacitados para encontrar vías para minimizar los daños. Por consiguiente, las cosas suelen parecer mejores desde cierta distancia, desde la que los problemas y los defectos son menos visibles.[10]

3. ¿Es mejor impulsar sólo cambios simbólicos en vez de cambios fundamentales?

Todas las entidades se sienten acosadas por múltiples exigencias contradictorias. Hay veces en que grupos —empleados, la prensa, un grupo de interés público, analistas o accionistas— exigen cambios que son muy caros o son demasiado desbaratadores como para imponerlos en toda la compañía. Otras veces las empresas quieren enviar el mensaje de que han adoptado la última práctica empresarial, pero en realidad no quieren modificar el funcionamiento de la entidad. Limitarse a ignorar ese tipo de exigencias puede causarle problemas a la compañía. La mayoría de ejecutivos no lo admitirá, pero casi todas las empresas emprenden cambios visibles en el aspecto externo de la entidad, pero en realidad no cambian cómo se hacen las cosas en la empresa. Dos ejemplos incluyen anunciar recompras de acciones como una señal de confianza en el éxito futuro de la empresa, pero no recomprar todas las acciones autorizadas, e instituir planes salariales para los ejecutivos vinculados al rendimiento que el mundo exterior adora —sobre todo, los analistas bursátiles—, aunque las investigaciones han demostrado que estos esquemas tienen muy poca influencia en lo que se les acaba pagando a los ejecutivos, y aunque muchas empresas que anuncian programas para vincular el salario de los ejecutivos al rendimiento a largo plazo (y, en consecuencia, disfrutar de un incremento a corto plazo del precio de las acciones) nunca llegan a implementar esos programas.[11] A veces, las compañías utilizan ese camuflaje por los motivos equivocados: para poder seguir haciendo trampas, para tratar mal a los empleados o para contaminar. Pero lo cierto es que, para mantener una reputación favorable al mismo tiempo que se protegen los negocios centrales de intrusiones excesivas, bienintencionadas pero imperfectas, todas las empresas eficaces llevan adelante cambios simbólicos en sus estructuras, formación, prácticas empresariales y lenguaje, que cambian más su aspecto que su funcionamiento.

4. ¿El cambio es positivo para usted, pero negativo para la empresa?

Cuando se trata de adoptar modas empresariales como la delegación de poder a los empleados, el estudio de Barry Staw y de Lisa Epstein acerca de una de las principales empresas industriales de los Estados Unidos mostró que los efectos en el rendimiento de la entidad no estaban claros, pero que, como mínimo, fingir que se sube al carro es una buena forma para que un consejero delegado obtenga un aumento de sueldo. Los economistas se refieren a cómo esos *incentivos perversos* pueden provocar que ejecutivos y empresas tomen medidas que no son en el mejor interés de la empresa como conjunto. Ese tipo de incentivos puede servir para explicar por qué, a pesar de que las fusiones perjudican el rendimiento de las entidades adquirentes, las compañías siguen llevándolas a cabo igualmente. Los ejecutivos de las empresas adquirentes pueden acabar perjudicando sus propias acciones a largo plazo, pero liderar una empresa más grande puede aumentar su sueldo y su estatus. Los negociadores de inversiones que intermedian en estos tratos sólo pueden ganar mucho dinero si se cierra el acuerdo. El consejero delegado de Symantec, John Thompson, como la mayoría de ejecutivos experimentados, reconoce esos incentivos y por eso no se toma al pie de la letra los consejos de esos negociadores de inversiones. Explicó a un grupo de estudiantes de Stanford que era cierto que Symantec realizaba muchas adquisiciones, pero es escéptico sobre las opiniones de los negociadores de inversiones porque «llanamente, sus «pronósticos» están motivados por deseos de honorarios; el crecimiento orgánico es más barato».[12]

La idea de que los cambios pueden ser positivos para algunas personas o intereses, pero negativos para otras no es especialmente chocante: es casi inevitable que un cambio cree unos vencedores y unos perdedores. Desde el punto de vista del consejo de administración, el desafío es intentar ver quién gana y quién pierde como forma de evaluar la perspectiva de cambio propuesta. Desde el punto de vista de los líderes, o de cualquier otra persona que trabaje dentro de la entidad, el aforismo de que «todo dependerá del color del cristal con el que se mire» siempre es útil para comprender por qué la gente toma una postura concreta. Y reconocer el equilibrio entre los intereses individuales y de la empresa ante un cambio concreto es importante al reflexionar qué hacer y cómo hacerlo. Si quiere ser un líder eficaz y ético, tiene que ser consciente de que los movimientos, por muy inofensivos o útiles que parezcan, pueden resultar caros para la empresa. Por ejemplo, en una gran empresa con la que trabajamos, algunos altos ejecutivos estaban preocupados, aunque no se quejaran, por si se estaban pagando millones en honorarios a una prestigiosa empresa de servicios profesionales porque realmente necesitaban los consejos, o bien sólo porque que el consejero delegado creía que trabajar con esa famosa compañía era una forma de conseguir prestigio personal y poder.

5. ¿Posee suficiente poder para conseguir que se produzca el cambio? Si no, será mejor que se olvide de ello

El poder suele ser algo mal visto, pero es una realidad de la vida empresarial. El respaldo a un esfuerzo de cambio empresarial por parte de la alta dirección, aunque sea del jefe, no implica que se acabe implementando. La lista de líderes que han intentando transformar empresas importantes, pero que han fracasado en el intento, es interminable: Durk Jager, de Procter & Gamble; Jacques Nasser, de Ford; Jill Barad, de Mattel; Howell Raines, del *New York Times*, etc. Los líderes suelen quedarse asombrados cuando descubren el poco poder que tienen para impulsar los cambios en una compañía. Howell Raines, ex redactor jefe del *New York Times*, empezó su mandato en el 2001 con la creencia de que iba a hacer lo correcto: «Se estaba librando una guerra entre facciones, tranquila pero intensa, en el *Times*, entre los jefes de redacción que apoyaban esas mejoras y los tradicionalistas de la sala de prensa y entre los mandos intermedios. El último grupo quería que el periódico siguiera igual y se tomó como una ofensa la idea que impulsaba nuestra estrategia: la idea de que «el mejor periódico del mundo» no es tan bueno como podría serlo ni como debería serlo».[13]

Despidieron a Raines en el 2003, en parte debido al escándalo de plagio de Jayson Blair, que dañó la reputación del *Times* como periódico concienzudo y ético. Sin embargo, tal como reconoce Raines en la actualidad, también perdió su empleo porque nunca recibió el respaldo de esos tradicionalistas para los cambios radicales que intentaba realizar. Raines no se dio cuenta del poder que tenían, de lo mucho que su intimidación brusca socavó el apoyo de ambos grupos y, sobre todo, de lo mucho que erosionó su poder el hecho de que publicara tantos artículos y editoriales en el *Times* críticos con la negativa del Augusta National Golf Club a admitir a mujeres. Raines no sólo insistió en publicar artículos sobre el tema en primera plana después de que la mayor parte de la plantilla dejara de ver el interés periodístico del tema, sino que eliminó una columna del premio Pulitzer Dave Anderson que no estaba de acuerdo con un editorial del *Times* sobre Augusta. Por eso, cuando las cosas se pusieron feas durante el escándalo Blair, no hubo demasiado apoyo dentro del periódico ni para Raines ni para su estrategia.

Como explica el libro de Jeffrey Pfeffer *Managing with Power*, la gente que consigue que se produzca un cambio en la empresa tiene información realista sobre la dinámica del poder, analiza qué grupos es probable que apoyen y que se opongan a sus iniciativas, identifica de quién necesita cooperación y apoyo para triunfar, y usa medios, que van desde los cotilleos hasta los foros públicos o las encuestas de actitud, pasando por una observación meticulosa de las expresiones faciales, para seguir la pista a las preocupaciones y cambios del viento político.[14] El paisaje político no es inmutable, pero no tiene sentido empezar algo que no se puede concluir con éxito. Los ejecutivos que logran cambios organizacionales eficaces están especialmente dotados para inventarse formas de esquivar, neutralizar y hasta obtener el apoyo de enemigos naturales.

Estamos trabajando con el gigante del software SAP en una iniciativa que está encaminada a simplificar el uso de su software y estamos acelerando la utilización del diseño centrado en el usuario en toda la compañía. El Equipo de Servicios de Diseño (ESD), que encabeza este movimiento en la empresa, informa directamente al consejo de administración de SAP, está en contacto permanente con el consejero delegado Henning Kagermann y con el presidente Hasso Platner, y dispone de muchos recursos; todo ello señales clásicas de un grupo que tiene poder para convertir las ideas en hechos. Sin embargo, el líder del equipo —el vicepresidente primero y fundador del ESD, Zia Yusuf, y los codirectores del equipo, Michael Heinrich y Matthew Holloway— creen que el apoyo de los directivos y los recursos no bastan, y que nada cambiará a menos que se produzca un cambio cultural que sitúe a los usuarios finales en el centro del proceso de diseño del software y que reciban el servicio de los grupos internos poderosos que han desarrollado realmente el software. Han conseguido algunos primeros éxitos clave realizando proyectos que (de forma intencionada) cuentan con personal formado en esencia por programadores de la vieja escuela de grupos que tradicionalmente han minimizado la necesidades de los usuarios, priorizando, en cambio, la funcionalidad o los resultados técnicos. Esos primeros proyectos no sólo han generado un software fácil de utilizar, sino que han modificado las opiniones de muchos de los programadores fundamentalistas, que en la actualidad valoran el diseño centrado en los usuarios y comentan a sus colegas: «Al principio yo también era escéptico, pero esto funciona, puede ayudarnos a diseñar software mejor».[15]

6. ¿La gente ya se siente abrumada por demasiados cambios?

A pesar de las maravillas de la era de la información, las empresas siguen estando formadas por seres humanos. Incluso los grupos de personas más brillantes sólo pueden tomar un número de decisiones, aprender ciertas cosas y tomar unas medidas determinadas a la vez. Como señala el premio Nobel Herbert Simon, aunque esta idea es tan evidente que parece trivial, los economistas y los gerentes suelen usar modelos que presuponen que los seres humanos tienen una capacidad ilimitada de procesar la información. Pero la capacidad de la gente de centrarse en una cuestión y tomar decisiones es limitada. Por consiguiente, demasiadas opciones pueden llegar a provocar que se paralicen y que no hagan nada. Por ejemplo, un estudio de la participación en planes de jubilación en los Estados Unidos concluyó que cuantas más opciones de inversión tenía la gente, más allá de un número relativamente reducido, menos probable era que se diera de alta en ningún plan y más probable era que, si llegaba a darse de alta, dejara sus depósitos invertidos en cuentas del mercado monetario.[16] Un estudio de todas las empresas de semiconductores de los Estados Unidos entre 1946 y 1984 descubrió que, a pesar de que contar con un gran número de productos en el mercado contribuye a que las empresas sobrevivan más tiempo, introducir numerosos productos a la vez en el mercado es peligroso. Después de esas oleadas de introducciones de productos simultáneas, posiblemente debido a la sobrecarga tanto de los clientes como de los empleados, las posibilidades de que una empresa dejara de existir aumentaban de promedio el 40%.[17]

Lo mismo ocurre cuando las empresas introducen demasiadas prácticas de management nuevas demasiado rápido. Durante la investigación para nuestro libro, *The Knowing-Doing Gap*, descubrimos que el «problema del último grito» era uno de los impedimentos principales para convertir el conocimiento en hechos.[18] Los altos ejecutivos introducían programas nuevos a un ritmo tan elevado que era imposible que hasta los gerentes más capacitados siguieran ese ritmo; además, el personal no creía que fuera necesario tomarse en serio esos cambios porque aparecería otro sabor poco tiempo después. Como se comprobó en el caso de los incentivos, a veces menos es más.

Los líderes que impulsan menos cambios y se esfuerzan más en fomentarlos tienen más posibilidades de triunfar que los líderes que introducen tantos cambios que los trabajadores se sienten confundidos sobre cuáles son los más y los menos importantes para la compañía, y sobre cómo gestionar su tiempo y dinero entre las iniciativas.

7. ¿El personal será capaz de aprender y reciclarse a medida que se despliegue el cambio?

Hemos recalcado a lo largo de todo el libro que vivir la vida con una actitud de sentido común —la capacidad de obrar con conocimiento al mismo tiempo que se duda de lo que se sabe— es la cualidad más importante que puede tener un líder, asesor o equipo para poner en práctica el management empírico. Actualizarse a partir de información nueva, generada por la propia experiencia de la compañía, o bien a través de pruebas externas, es una parte esencial de obrar según los hechos. Eso significa que una parte de la decisión sobre si embarcarse en un cambio implica averiguar si se espera una solución preciosa y perfecta, o si la propuesta se considera un punto de partida decente que tendrá que modificarse, y a lo mejor abandonarse, cuando se despliegue y la gente aprenda de la experiencia. Si el cambio no permite la actualización a causa de sus características esenciales —algunas cosas son muy difíciles de deshacer—, o si la empresa no aprende rápida y fácilmente de la experiencia, el riesgo de llevar adelante el cambio aumenta mucho.

Presenciamos esa actitud de sensatez a mediados de la década de 1990, cuando asistimos a una reunión general de la compañía IDEO, la renombrada empresa de innovación a la que se hizo referencia en el capítulo 4, en la que el entonces consejero delegado (y actual presidente), David Kelley, anunció una reorganización considerable. La compañía, sobre todo la sede central de Palo Alto, había crecido tan rápido que cada vez era más complicado gestionar una cultura de innovación en un grupo de unos 150 profesionales que informaba directamente al equipo directivo. Decidir quién se encargaría de dotar de personal los cincuenta proyectos de diseño diferentes que aproximadamente realizaba IDEO cada año era uno de los peores dolores de cabeza. Al comienzo de la reunión, Kelley reconoció que IDEO se había vuelto ingestionable y luego presentó a cinco líderes; cada uno de ellos se encargaría de un nuevo «estudio». Cada líder vendió «por qué uno debía unirse a su estudio». A diferencia de todas las reorganizaciones que hemos presenciado, las personas involucradas eligieron a qué grupo querían unirse en vez de que las asignaran. Enumeraron sus primeras, segundas y terceras opciones, pero todos los diseñadores consiguieron la primera elección. Kelley les recordó que la filosofía que guiaba IDEO era que «los métodos de ensayo y error claros funcionan mejor que la planificación de intelectos perfectos». Así pues, Kelley animó a los diseñadores de IDEO a entender esa nueva organización estructural y su asignación como un prototipo modificable, igual que los productos, servicios y experiencias que diseñaban para los clientes. Para reforzar su mensaje, Kelley colgó centenares de carteles de *Experimento* por toda la compañía y —en un acto que nos sorprendió a todos los que lo conocíamos— se afeitó el bigote al estilo Groucho Marx que era su seña de identidad para la reunión. Anunció que «los cambios que estamos probando son lo mismo que afeitarme el bigote: experimentos temporales y reversibles».

8. ¿Será capaz de ponerle fin?

Una versión más extrema de actualizarse es ser capaz de terminar el experimento. Un cambio representa menos riesgo si existe una opción de interrumpirlo si se hace evidente que la nueva idea, por muy bienintencionada que fuera, fue un error. Eso se debe a que controlar los daños es posible, en comparación con un esfuerzo, que una vez en marcha, no se puede ni parar ni deshacer. Por desgracia, ese tipo de salidas pueden resultar difíciles porque, una vez que se han iniciado las iniciativas y los programas, adquieren una vida propia.

Muchos lectores se sentirán familiarizados con el concepto de *compromiso cada vez mayor*: la idea de que cuando se toma una decisión, en especial si la decisión es tanto pública como trascendente, somos reacios a cambiar. Así pues, por ejemplo, un primer estudio de Barry Staw mostró que las personas que tomaban una decisión inicial y recibían un *feedback* de que las cosas no marchaban demasiado bien tendían a destinar todavía más recursos a la estrategia escogida. Décadas de investigación han demostrado que el incremento del compromiso es un fenómeno extendido y uno que es difícil de evitar o superar.[19]

Un segundo proceso podría llegar a ser aún más pernicioso: la tendencia a evitar observar las consecuencias de decisiones pasadas. Fíjese que el incremento del compromiso requiere revisar una decisión y luego acumular recursos adicionales; la evasión implica que en ningún caso se mira hacia atrás. Hemos visto a muchos consejos de administración tomar decisiones trascendentes, como, por ejemplo, fusiones, cambios en la estrategia de fijación de precios y la contratación de un nuevo consejero delegado. No hemos conseguido casi nunca que los miembros del consejo miren atrás y revisen esas decisiones, no para que puedan asignar culpas, sino para que puedan aprender algo. Después de todo, no existe el aprendizaje sin una reflexión. El problema parece ser doble. En primer lugar, a la gente le gusta tener una opinión positiva de sí misma y de sus competencias. Una forma de evitar sentirse mal es evitar afrontar los propios errores, y la mejor manera de evitar enfrentarse a los problemas, aparte de no cometerlos, es evitar revisar las acciones pasadas. En segundo lugar, existe la frase que se suele citar de «lo hecho, hecho está», la compañía tiene que seguir hacia delante y sacar el mejor partido de la situación que afronta en el momento presente. A pesar de que eso es claramente cierto, y de que la expresión «a lo hecho, pecho» es pragmáticamente útil, si la gente nunca entiende cómo y por qué cometió el error en primer lugar, las posibilidades de repetición son más altas que si lo hubiera aprendido. En el peor de los casos, la gente comete los mismos errores una y otra vez, pero finge que los mismos problemas antiguos son retos completamente nuevos.

Las presiones de compromiso y la falta de una reflexión sincera son especialmente comunes en lugares donde la gente se siente insegura sobre sus posiciones, en sitios contaminados por el miedo. La recomendación del gurú de calidad W. Edwards Deming de «desterrar el miedo» contiene mucho sentido común. Cuando el miedo y la inseguridad se vuelven incontrolados, los repasos de acciones y decisiones pasadas suelen degenerar en un juego de culpas y castigos, que aplasta el aprendizaje y la mejora continuada.

¿El cambio tiene que ser complicado y llevar mucho tiempo?

Existe otra media verdad sobre el cambio organizativo (y si uno cree que es una verdad absoluta, el cambio se vuelve mucho más complicado): que el cambio empresarial siempre lleva mucho tiempo, es difícil de materializar, y que es mejor hacerlo poco a poco. Es habitual escuchar a líderes y a sus asesores lamentarse de que transformar la cultura de una empresa requiere muchos años, si es que puede llegarse a conseguir alguna vez. Esa idea convencional, y equivocada, es una explicación convincente de por qué se intenta tan pocas veces llevar a cabo un cambio profundo. Es una verdad a medias difícil de desmentir, porque tiene elementos incrustados propios de una profecía destinada a cumplirse. Después de todo, si espera que el cambio sea difícil y que se prolongue mucho en el tiempo, así será.

Se trata de una media verdad especialmente peligrosa, porque es un obstáculo para conseguir hacer algo. Examinemos tres de sus efectos. Primero, está el efecto de fecha tope. ¿Recuerda cuando iba al instituto? Si tenía que entregar un trabajo para el 10 de diciembre, ¿cuándo lo empezaba? Sea honesto, ¿lo comenzaba en octubre? Todo el mundo sabe que dejamos las cosas para el último momento. La implicación: si le digo que el cambio de cultura se prolongará cinco años, ¿cuándo lo iniciará? ¡Puede que en el cuarto año! Si aplaza el inicio de un esfuerzo de cambio o la asignación de recursos a ese esfuerzo, el cambio, sin duda, tardará más tiempo en completarse.

Segundo, está el efecto de urgencia. Los temas y problemas urgentes no se posponen; a la inversa, si algo se pospone, el mensaje es que no debe de ser urgente ni especialmente importante. Por lo tanto, cuando los líderes exponen ante el personal que el cambio de cultura se dilatará mucho tiempo, están comunicando que no es la prioridad número uno. ¿La gente se esfuerza y dedica energías extra a conseguir cosas menos importantes? No muy a menudo. Así pues, de nuevo, el mensaje de que el cambio requerirá tiempo, y sus implicaciones de que entonces no será tan urgente, crea una ausencia de energía alrededor del cambio que implica que sea mucho más complicado y que requiera mucho más tiempo implementarlo.

Y, finalmente, existe el efecto de la percepción de dificultad. Si le digo que las cosas van a ser difíciles, o si doy a entender que las cosas van a ser complicadas diciendo que requerirán mucho tiempo, le doy razones de peso para evitar ese cambio o para posponerlo. La mayoría de gente prefiere hacer cosas que no sean difíciles ni arriesgadas. Por lo tanto, el mensaje vuelve a crear su propia realidad.

Pero ¿un cambio profundo requiere tanto tiempo? De hecho no, no tiene por qué ser así. Continental Airlines (que se presentó en el capítulo 5) pasó del último al primer puesto en puntualidad y, lo más importante, cambió profundamente la cultura de servicio de atención al cliente y de sus empleados en aproximadamente un año.[20] Magma Copper cambió la cultura de relaciones de sus empleados de estar basada en disputas profesionales y baja productividad a una cultura de cooperación e incrementos extraordinarios de la productividad en unos dieciocho meses. En 1989 Magma estaba a punto de quebrar, y en la empresa no funcionaba nada, y en 1992 el artículo de portada de *Industry Week* celebraba su incremento de productividad de más del 50% y su recuperación económica.[21] DaVita (antes llamada Total Renal Care), el operador más grande de centros de diálisis renal de los Estados Unidos, estaba casi en bancarrota en el año 2000. Kent Thiry, el nuevo consejero delegado de la compañía, transformó los elementos fundamentales de la cultura en menos de dos años. En pocos años, el precio de las acciones subió de 2 dólares a 4 dólares por acción y los indicadores de resultados para los pacientes se situaron entre los mejores del sector. Podríamos seguir con más ejemplos, pero la idea ha quedado clara: un cambio de cultura no necesita dilatarse durante años, ni ser doloroso ni difícil en cada fase. Todo depende de cómo se enfoque.

Hasta la mejor decisión de cambio será un desastre si se implementa mal. La bibliografía sobre los cambios en las empresas es inmensa, pero cuando nos abrimos paso entre la enorme pila de casos, advertencias y estudios cuantitativos, surgieron cuatro lecciones persistentes sobre el cambio. Descubrimos que, aunque hay veces en que el cambio es lento y doloroso, las empresas pueden transformarse notablemente rápido cuando se dan las condiciones adecuadas. A pesar de todas las advertencias sobre la resistencia al cambio, la creencia de que «el cambio empresarial es complicado y requiere mucho tiempo» es una media verdad peligrosa. Investigadores empresariales de renombre, como James March y Karl Weick, explican que las empresas son sorprendentemente adaptables y pueden cambiar rápida y fácilmente.[22] Advierten que la entidad puede no llegar a cambiar tal como un grupo concreto (incluidos los altos directivos) espera o desea. Es posible que un programa o iniciativa de cambio tenga efectos no premeditados, tanto positivos como negativos, o que la gente lo persiga con mucho más entusiasmo de lo que sus promotores habían imaginado o deseado.

Sin embargo, existe una historia básica subyacente a los esfuerzos de cambio más eficaces. El cambio se produce cuando:

1. Los trabajadores se sienten *insatisfechos* con el statu quo.
2. La *dirección* hacia la que tienen que dirigirse es clara (al menos, la mayor parte del tiempo) y se mantienen centrados en esa dirección.
3. Se transmite la confianza a los demás —más exactamente, un *exceso de confianza*— de que se conseguirá (siempre que esté mezclada con dudas reflexivas en uno mismo y actualizaciones a medida que se presente información nueva).
4. Aceptan que el cambio es un *proceso desordenado* marcado por episodios de confusión y ansiedad que la gente debe soportar.

Definimos estos elementos como los *cuatro puntos cruciales*. Para implementar un cambio con eficacia, el trabajo de un gerente es asegurarse de que se den todos estos elementos, y si no existen, trabajar para conseguirlos. La tabla 7.3 ofrece un breve resumen de esas cuatro fuerzas entrelazadas para cambiar.

1. Insatisfacción

La capacidad motivadora de una «plataforma en llamas» es difícil de cuestionar. La dificultad y el riesgo aparentes de llevar adelante un cambio importante pueden evaporarse si se tiene una prueba convincente —y existe un acuerdo extenso— de que la empresa está en peligro. Cuando explicamos que Continental logró transformar su cultura y su servicio en un año aproximadamente, la respuesta habitual es: «Fue muy fácil para ellos, porque estaban afrontando otra situación de bancarrota y su potencial desaparición». Del mismo modo, DaVita contaba con efectivo para menos de noventa días para llevar el negocio, era morosa en el pago de la mayoría de préstamos concedidos a la compañía y se enfrentaba a una catástrofe financiera inmediata. Por lo tanto, no fue tan difícil conseguir atraer la atención de los empleados y convencerlos de la necesidad de cambiar de inmediato. Y el hecho de que General Motors cerrara su planta de montaje de coches en Fremont antes de reabrirla como una empresa en común con Toyota —llamada New United Motors Manufacturing (NUMMI)— ofreció pruebas irrefutables de que existía una crisis, y así creó el marco para llevar a cabo unas mejoras considerables en todo: desde el absentismo laboral hasta los niveles de abuso de sustancias, pasando por la productividad y la calidad.

Pero la conclusión de que los cambios profundos son más fáciles de emprender durante una crisis no es especialmente obvia. Existen pruebas de que, al menos al principio, el estrés de una crisis puede causar que el personal, los equipos y las empresas se *paralicen*: que se sientan tan acechados por el miedo y la ansiedad que se aferren todavía más al pasado.[23] Además, las compañías en

278

Tabla 7.3. Los cuatro puntos cruciales: conseguir que un cambio rápido y eficaz se produzca después de la decisión

Insatisfacción	Los trabajadores tienen que estar descontentos con la situación presente. Si el descontento con el statu quo no existe, créelo.
Dirección	Comunique constantemente cuál es el cambio, por qué es necesario y qué tendría que estar haciendo el personal en ese momento con toda la claridad que pueda. Si no verbaliza, escribe y ejemplifica el mismo mensaje una y otra vez, lo más probable es que no cuaje.
Exceso de confianza (mezclada con autodudas y actualización)	Exprese una fe excesiva de que el cambio se logrará y que al final habrá merecido la pena el dolor, el tiempo y el dinero invertidos. Crear una profecía destinada a cumplirse es una de las opciones más potentes que tiene de incrementar las posibilidades de éxito, con independencia de cuál haya sido el índice de éxito experimentado en otra parte. Sin embargo, para evitar los peligros de operar con una fe ciega, las acciones confiadas tienen que estar mezcladas con episodios en los que el personal discuta abiertamente sus dudas e incertidumbres y se actualice para incorporar hechos nuevos en la evolución de la empresa.
Aceptar el desorden	Acepte que siempre habrá errores, obstáculos, problemas de comunicación, nervios a flor de piel y rumores aterradores cuando una persona o una compañía intente hacer algo nuevo, con independencia de lo bien que se haya planificado e implementado el cambio. Considere los fallos imprevistos como una parte normal del proceso de cambio, aprenda de ellos, presuponga que todo el mundo tiene las mejores intenciones y céntrese en cómo resolver el problema en vez de a quién culpar. Señale soluciones y no culpables.

crisis disponen de menos dinero para financiar programas de cambio sustanciales. Realizar un cambio mientras se está entre la espada y la pared, sin duda, incrementa la motivación de algunas personas, pero es posible que tengan menos recursos de cualquier tipo a los que recurrir durante el esfuerzo. Además, los clientes y los trabajadores suelen tener otras opciones. Los clientes que abandonan la empresa podrían llegar a agravar los problemas financieros y crear la necesidad de dedicar aún más tiempo, dinero y energía al marketing y a los esfuerzos comerciales. Y los grandes cambios pueden ser más difíciles de impulsar si la gente experimentada se marcha, algo que es probable que suceda en momentos difíciles para la empresa. Sin embargo, un tema recurrente en toda la bibliografía sobre el cambio es que, a pesar de esos impedimentos, la insatisfacción provoca que la gente se plantee las antiguas formas de hacer las cosas, y fomenta la motivación para encontrar e instaurar soluciones nuevas mejores, sobre todo si los líderes encuentran la forma de suprimir el miedo y de incrementar la confianza y la seguridad psicológica.

A menudo, existe una ambigüedad sobre si una empresa realmente está en una situación de crisis o no. La cuestión de lo que es un rendimiento satisfactorio o insatisfactorio —y, por consiguiente, el sentido de urgencia y la motivación fomentados por la insatisfacción— depende de lo que los líderes digan y hagan, no sólo de hechos objetivos. Durante muchos años, Andy Grove consiguió con bastante éxito que Intel viviera de acuerdo con su mantra de «sólo sobreviven los paranoicos», aunque durante la mayor parte de ese periodo la compañía tuvo una cuota aplastante del mercado de los microprocesadores. En cambio, David Kearns, ex consejero delegado de Xerox, le comentó a uno de nosotros que la primera vez que asumió el control de la empresa a principios de la década de 1980, a la compañía le faltaba un sentimiento de urgencia, a pesar de que los competidores no sólo vendían fotocopiadoras más baratas y más pequeñas, sino que los costes de fabricación de las fotocopiadoras pequeñas de Xerox eran más elevados que los precios de venta al público de fotocopiadoras parecidas de la competencia. La falta de urgencia se veía reforzada por dos argumentos de los altos ejecutivos de Xerox: en primer lugar, que las fotocopiadoras pequeñas de empresas como Canon y Ricoh competían en un segmento de mercado diferente y que, por lo tanto, no afectaban al negocio principal de Xerox; y, en segundo lugar, que los costes de fabricación de Xerox estaban disminuyendo, de modo que al final Xerox se pondría al mismo nivel —ignorando que sus competidores, mientras tanto, también mejoraban en ese aspecto.

Una de las razones por las que los objetivos extremos —u «objetivos enormes, espinosos y atrevidos», como los definen en *Empresas que perduran*— son tan útiles es que generan un sentimiento de lucha e insatisfacción con el statu quo que no se consigue fácilmente, que fomenta la motivación continua.[24] Hemos mencionado que cuando Kent Thiry se convirtió en consejero delegado de DaVita (entonces Total Renal Care) en el 2000, la compañía estaba a pocos meses de quebrar y debía mucho dinero en préstamos, de modo que convencer al personal de que tenían que hacer las cosas de otro modo no fue difícil. Pero incluso en el año 2005, cuando el precio de las acciones había subido más de veinte veces y la compañía tenía buenos resultados, Thiry fue capaz de hacer que la gente aspirase a hacerlo aún mejor. Lo consiguió, en parte, repitiendo sin cesar tres preguntas con su respuesta correspondiente. Pregunta 1: «¿Qué es DaVita?». Respuesta 1: «Una empresa nueva». Entonces, señalaba que aunque la empresa tuviera cinco años en ese momento, seguía siendo nueva porque estaba llevando a cabo adquisiciones y no dejaba de autotransformarse y esforzarse por lograr niveles de rendimiento más altos. Pregunta 2: «¿De quién es la empresa?». Respuesta 2: «Nuestra». Thiry expresaba con «nuestra» que todos los miembros de la empresa tenían la oportunidad, así como también la responsabilidad, de conseguir que la empresa prosperara y alcanzara la situación que ellos querían. Por último, la pregunta 3: «¿Cómo podría ser la empresa?».

Respuesta 3: «Especial». Eso significaba convertirse en la mejor empresa de diálisis de la historia y del mundo y ofrecer los mejores resultados clínicos a los pacientes. Thiry siempre expresaba reconocimiento y aprecio por lo que DaVita había logrado. Pero repetía esas tres preguntas y respuestas una y otra vez para mantener vivo el ruido de insatisfacción que había salvado a la compañía y para inspirar al personal logros aún más importantes. Esa mentalidad estimula la mejora continua y el cambio constante que fomentan el éxito continuado.

2. Dirección

Es fácil perderse o distraerse, sucumbir al comportamiento que describe el proverbio «lo urgente no permite hacer lo importante», o perder la concentración por lo que realmente importa para el éxito de la empresa. Por consiguiente, lograr un cambio rápido exige una dirección clara y una concentración en esas actividades esenciales que son necesarias para el éxito. Reactivity, una empresa incipiente de Silicon Valley fundada durante el bum de las *puntocom*, sigue viva en la actualidad, en parte, porque eso es exactamente lo que hizo el equipo directivo para ayudar a la empresa a soportar el fracaso de las *puntocom*.

John Lilly, Brian Roddy y Bryan Rollins fundaron Reactivity en 1998. A diferencia de muchas empresas incipientes de aquella época, Reactivity obtuvo unos beneficios de 600.000 dólares el primer año ofreciendo servicios de asesoría por Internet de calidad a más de ochenta compañías. También gestaron otras nuevas empresas, la más famosa de las cuales es una compañía de software colaborativo llamada Zaplet, que al final recibió 130 millones de dólares en capital riesgo antes de fusionarse con MetricStream en el 2004. Reactivity ingresó 3 millones de dólares en ingresos de consultoría en el año 2000, y obtuvo 23 millones de dólares en fondos de riesgo, que usó para ampliar los servicios de asesoría y gestación; creció hasta contar con setenta trabajadores; abrió oficinas en Boston, Austin y Seattle, y contrató a un equipo directivo experimentado. Glenn Osaka de Hewlett-Packard fue contratado como consejero delegado en enero del 2001. Poco después de que llegara Osaka, se produjo el pinchazo de la burbuja tecnológica de Silicon Valley. Los fondos de capital riesgo que respaldaban los servicios de gestación y consultoría de empresas que tan lucrativos habían sido para Reactivity se evaporaron a finales del 2001.

A diferencia de muchas *puntocom* con dificultades, Reactivity no cerró. En lugar de eso, Osaka, Lilly y Roddy iniciaron un «*reinicio* importante». En el 2002, habían cerrado todas las oficinas excepto la de Silicon Valley, habían reducido la empresa a diecisiete empleados y habían devuelto, por voluntad propia, 12 millones de dólares a los inversores. ¿Por qué devolvieron el dinero? El equipo creía que contar con demasiado dinero en una fase muy temprana del proceso de reinicio, en palabras de John Lilly, «nos volvería lelos»: sentirían la tentación de contratar a personal que aún no necesitaban, pensarían demasiado en ideas sin probarlas, y tendrían una falsa sensación de seguridad cuando se requería un sentimiento de urgencia. Durante varios meses, el equipo celebró sesiones de lluvia de ideas sobre diferentes direcciones posibles para la compañía; sopesaron las habilidades de la plantilla, las exigencias de los mercados potenciales y lo que era realista dados sus fondos limitados. Decidieron que Reactivity se convirtiera en una compañía de software para empresas, y que diseñara productos sofisticados para «permitir servicios web y XML seguros». Después de que Osaka, Lilly y Roddy decidieran —con el respaldo y la orientación constantes del consejo de administración— impulsar ese cambio drástico, identificaron algunos aspectos que eran realmente significativos para la supervivencia de la entidad: crear los productos, conseguir clientes y, más adelante, obtener capital riesgo adicional. Detuvieron rápidamente todas las otras acciones que realizaba la empresa y durante los años siguientes centraron su propia atención y la de todos los trabajadores en realizar un número reducido de acciones clave.

Recordamos haber visto a Osaka explicarle a un diseñador de software que tenía que dejar de realizar trabajos de consultoría, porque, a pesar de que generarían efectivo a corto plazo, los distraería del desarrollo y la venta de productos, que eran la única esperanza para salvar a la empresa. Comenta Lilly: «En lo que nos centramos a lo largo de la transición fue en que los clientes y los ingresos eran, en último término, todo lo que importaba. Todas las personas que vivieron la transición realizaron trabajos de venta, incluidas ventas a puerta fría y reuniones con clientes. Fue muy duro para muchos de los ingenieros. Ése fue el mensaje en el que nos concentramos». Esa dirección clara y un enfoque implacable permitieron que Reactivity superara los momentos difíciles, desarrollara productos XML famosos y ganadores de premios, consiguiera una lista impresionante de clientes y recibiera financiación adicional para el «reinicio».[25] Como demostramos en el libro *The Knowing-Doing Gap*, y se analizará con más detalle en el capítulo siguiente sobre el liderazgo, ser concreto en las pocas cuestiones que importan más es una marca distintiva de liderazgo eficaz.

3. Exceso de confianza, mezclada con dudas (privadas) sobre uno mismo y una actualización continua

A la gente le gusta que la asocien con el éxito: personas triunfadoras, empresas prósperas y proyectos exitosos dentro de las empresas. Esta tendencia a veces se denomina *disfrutar de la gloria ajena* y queda ilustrada por un estudio que demuestra que es más probable que los estudiantes de instituto lleven ropa con los colores y con los logos del centro los lunes siguientes a la victoria del equipo del instituto que los lunes siguientes a una derrota.[26] Lo que significa que movilizar el apoyo para llevar a cabo el cambio rápido es sencillo: los que lideran el cambio necesitan proyectar confianza en su éxito final. A lo mejor, el ejemplo más extremo de ese tipo de confianza se produjo durante los graves problemas mecánicos que sucedieron en la misión espacial del *Apolo 13*, en la que se pronunció la frase «el fracaso no es una opción» (porque los astronautas morirían). Es más probable que las personas con talento quieran trabajar en proyectos que parezca que van a acabar en éxito, y en la medida que los proyectos atraigan más talento y más apoyo, más éxito tendrán. Por lo tanto, una vez más, observamos una profecía destinada a cumplirse. Además, las emociones son contagiosas, incluso las emociones de confianza y entusiasmo. Así pues, creer en el éxito ayuda a motivar y a inspirar a los demás, y crea un clima donde el esfuerzo, y en consecuencia el éxito, es más probable.[27]

Los lectores atentos ya se habrán dado cuenta de la contradicción aparente. Por un lado, la confianza y la creencia de que un esfuerzo de cambio prosperará son útiles para garantizar el éxito, pero, por otro, defendemos que hay que actualizarse, abandonar los esfuerzos abocados al fracaso y aprender de la experiencia a medida que vayamos acumulándola. ¿Cómo pueden reconciliarse la confianza y el entusiasmo —y la creencia en el éxito final del empeño y de las capacidades del equipo— con la necesidad de ser también realista, admitir dificultades y aprender de esos problemas para que las compañías no persistan en trayectorias fracasadas?

La respuesta es que los líderes obren con confianza, pero no necesariamente que crean que saben tanto o que estén tan seguros como aparentan. Como se ha comprobado y se analizará con más detalle en el capítulo siguiente, encontrar un equilibrio entre las acciones confiadas y las dudas constructivas en uno mismo forma parte de ser un líder sabio. A finales de la década de 1980, Pfeffer presenció ese equilibrio cuando observó a la doctora Frances Conley, la primera neurocirujana de Stanford. La doctora Conley estaba repasando las radiografías de un tumor cerebral maligno con sus colegas cirujanos. Hoy en día, y en aquella época mucho más, los tumores cerebrales malignos suelen ser sentencias de muerte. Las opciones de tratamiento eran limitadas y dudaban mucho de si usar la cirugía, la radiación o varios medicamentos. Al hablar con los neurocirujanos a los que ella estaba formando, Conley fue sincera con las opciones, las ventajas e inconvenientes de cada una de ellas, y abordó abiertamente la incertidumbre sobre qué hacer. Pero cuando ella y su equipo visitaron al paciente, adoptaron una conducta diferente. Sin negar la gravedad de la enfermedad, el equipo explicó con seguridad al paciente que habían decidido el mejor tratamiento. Cuando Pfeffer preguntó por ese cambio de tono, Conley hizo hincapié en la importancia del estado mental del paciente para la supervivencia y la voluntad de estar vivo, y del denominado *efecto placebo*, la conclusión bien documentada (en especial, en investigación farmacéutica) de que el simple hecho de creer que algo (incluso una píldora de azúcar) funciona puede producir una mejora de salud.[28] Conley también recalcó que era fundamental mostrarse confiada, porque no quería que el paciente saliera corriendo y se pusiera en manos de un equipo menos capaz. Como Conley y su equipo demostraron aquel día, es posible y constructivo proyectar confianza, aunque al mismo tiempo se reconozcan las incertidumbres, la limitaciones y la necesidad de aprender más.

La lección para los gerentes es clara: en privado, puede describir las dudas y las incertidumbres y reconocer completamente las limitaciones de su conocimiento y de sus habilidades, al tiempo que sigue proyectando la confianza necesaria para lograr que los demás se comprometan con energía y esfuerzo. Ahondaremos en los matices de esta lección en el próximo capítulo sobre liderazgo, ya que la capacidad de encontrar ese equilibrio también es una señal distintiva de los líderes cualificados.

4. Aceptar el desorden

Hay muchas paradojas asociadas a qué entienden por cambio los gerentes: introducir productos nuevos o cambiar prácticas empresariales. Una importante que hay que reconocer y superar es la siguiente: si le pregunta a un científico, ingeniero o gerente las posibilidades de que una nueva tecnología pase del laboratorio al mercado sin obstáculos ni cambios de dirección, le responderá que es casi imposible. Del mismo modo, la gente reconoce que implementar cambios en las prácticas empresariales exige improvisación y que las cosas casi nunca salen como se habían planificado. Sin embargo, puede encontrar muchos artículos y libros que insisten en la esperanza de los cambios planificados y controlados, y encontrará a muchos gerentes a los que les cuesta afrontar los inevitables pasos en falso, obstáculos, redirecciones y ambigüedades que son inherentes a hacer algo nuevo. Ese problema proviene, en parte, del miedo al fracaso, que impulsa a los directivos a buscar (y a veces a encontrar) una mayor previsibilidad y control sobre los acontecimientos. Esa búsqueda de la certeza, incluso cuando nada existe, también proviene de un sistema educativo que hace hincapié en problemas que tienen respuestas correctas o incorrectas y que no hace nada para preparar a los alumnos para afrontar y vivir con la ambigüedad. Y esa incomodidad, a su vez, proviene de la creencia, a veces razonable, de que sólo con que los gerentes supieran más, contrataran a más asesores, reflexionaran más, de algún modo podrían resolver todas las ambigüedades a las que se enfrentan.

En un mundo de incertidumbre, no sólo la capacidad para reducir esa incertidumbre, sino también la capacidad de vivir con ella, y a lo mejor aceptarla, son habilidades esenciales para los líderes. Pero son habilidades raras. En vez de buscar en vano la certeza absoluta, que nunca se puede lograr, los líderes que desean impulsar un cambio relativamente rápido aceptan el desorden, hacen todo lo que está en sus manos con el conocimiento y las pruebas que tienen, aprenden a medida que avanzan y toman algunas medidas mientras tanto. De nuevo, la medicina ofrece un modelo aplicable e interesante. Como la mayoría de médicos le explicarán, el motivo por el que se refieren a la *práctica* de la medicina es porque la medicina es eso: aprender y obrar a través de la práctica. Nunca es seguro, y lo principal en la mente de un médico son las limitaciones del conocimiento junto con la necesidad de tomar medidas (a menudo, urgentes).

Qué hacer con el cambio

En realidad, las empresas se transforman a cada momento. Cuando los líderes hablan de la *resistencia al cambio*, lo que suelen querer decir es que los subordinados (o a lo mejor, los miembros del consejo de administración, los accionistas o los medios de comunicación), no están haciendo lo que los líderes quieren que hagan.[29] Como se ha manifestado en este capítulo, a veces esa resistencia está bien fundada, es bienintencionada y, de hecho, es útil para evitar que las empresas hagan tonterías. Hasta los cambios supuestamente positivos comportan riesgos sustanciales, debido al trastorno y a la incertidumbre que se producen mientras tiene lugar la transformación. Por este motivo, el aforismo «renovarse o morir», empíricamente, es más probable que sea «renovarse y morir».

Los datos más fiables sugieren que las compañías pueden empeorar las cosas si creen que el cambio se dilatará mucho en el tiempo, lo que puede ocasionar que los cambios *realmente* se alarguen mucho tiempo. Si el proceso de cambio puede ser perturbador, resulta que cuanto más largo sea el proceso, más riesgos habrá de que se produzcan resultados negativos. Es lo mismo que quitarse una tirita; sea lo que sea lo que deba hacerse, a menudo es mejor hacerlo rápido. Y esa idea de llevar a cabo el cambio lo más rápido posible no es sólo un sueño imposible académico. Hay muchas empresas que emprendieron cambios profundos en sus culturas y valores, ni qué decir en sus operaciones y prácticas de management, en uno o dos años, y no en los cinco años que solemos escuchar que se requieren.

Como el cambio es arriesgado y existen ventajas si se realiza rápidamente, hemos ofrecido algunas directrices y preguntas para los líderes que están contemplando la idea de embarcarse en algún cambio, y si deciden seguir adelante, cómo hacerlo de la mejor manera y la más rápida. Estos pensamientos sobre cómo dirigir el proceso de cambio crean el marco para el siguiente capítulo sobre el liderazgo empírico. Una de las principales suposiciones en el mundo empresarial es que el cambio es, y debería ser, liderado desde arriba. Sea cierto o no —si los líderes tienen o no tienen el control de las empresas y si deberían tenerlo— es el siguiente tema que se va a plantear.

8

¿Los grandes líderes tienen el control de sus empresas?

Estamos obsesionados con el liderazgo. Hay miles de estudios y libros dedicados a este tema, y aún queremos más. En 1990, Bernard Bass publicó el *Handbook of Leadership*, (Manual del liderazgo), que tenía más de 1.000 páginas y contenía más de 7.500 referencias a investigaciones anteriores sobre el tema.[1] Aunque ese esfuerzo heroico pasó por alto muchas de las investigaciones sobre liderazgo. En el 2004, se publicó la *Encyclopedia of Leadership* (Enciclopedia del liderazgo), en cuatro volúmenes. Tiene 2.120 páginas y contiene centenares de artículos escritos por más de cuatrocientos «expertos y estudiosos sobre el liderazgo», y cuesta la asombrosa cifra de 595 dólares.[2] Ese ladrillón abarca sólo una parte del territorio. Cuando se teclea la palabra *leadership* (liderazgo) en el motor de búsqueda de libros de Amazon.com, aparecen más de 110.000 registros.[3] Las personas que compran libros y revistas de empresa parecen tener un apetito insaciable por este tema.

Se ha escrito tanto sobre los líderes porque creemos que nuestro destino, y el de nuestras empresas, está en sus manos y tendría que estarlo. Hablamos y actuamos como si los líderes fueran deidades y demonios todopoderosos que ejercen un control absoluto incluso en las empresas más importantes y que las compañías son mejores debido a ese hecho. Un artículo de la revista *Fortune* sobre el ex consejero delegado de Kellogg (y posteriormente secretario de Comercio de los Estados Unidos), Carlos Gutierrez, es típico. El título publicita a bombo y platillo a Gutierrez como «The Man Who Fixed Kellogg» (El hombre que arregló a Kellogg). El párrafo inicial enumera al menos diez formas mediante las cuales Gutierrez arregló Kellogg durante su mandato de cinco años. Cada frase lo describe como el dueño y señor de esa gran compañía, y le atribuye sólo a él desde la motivación de los empleados hasta la decisión de promocionar las películas de *Spiderman*, pasando por volver a dar vida a viejas marcas de cereales e introducir «ruido, crujidos y explosiones en las acciones de Kellogg».[4] *Fortune* describió los poderes de la consejera delegada de Xerox, Anne Mulcahy, prácticamente de la misma manera, como «la madre trabajadora que obtiene un empleo que nunca había soñado y que en la actualidad tiene el destino de una empresa en sus manos». Y *BusinessWeek* titulaba su historia «Anne Mulcahy Has Xerox by the Horns» (Anne Mulcahy tiene a Xerox cogida por los cuernos).[5] Esta glorificación del poder de los líderes no es sólo un fenómeno norteamericano. Un artículo de la revista inglesa *Financial Times* sobre el consejero delegado de General Motors, Rick Wagoner, empieza: «El aura de Rick Wagoner envuelve todo el planeta. Cada uno de sus movimientos tiene repercusiones en todo el mundo. Cada una de sus decisiones influye en las acciones de millones de personas de innumerables países».[6]

Los comités salariales, que determinan el salario de los ejecutivos, reflejan y refuerzan la opinión de que quien dirige una compañía y lo que ese líder hace son los elementos clave del rendimiento de las compañías. Los consejeros delegados de las 500 empresas más grandes de los Estados Unidos cobraron en total más de 3.300 millones de dólares en el 2003, un aumento del 8% con respecto al 2002.[7] Si los consejeros delegados se merecen lo que cobran, deben estar volviéndose más importantes y deben merecerse más a cada momento. En 1980, el consejero delegado medio de los Estados Unidos cobraba 42 veces más que el trabajador medio, una proporción que aumentó hasta 85 veces en 1990, y hasta la astronómica cifra de 531 veces en el 2000.[8] Cuando el investigador sobre liderazgo de la Harvard Business School, Rakesh Khurana, preguntó a los directores corporativos si los consejeros delegados valían todo ese dinero, reaccionaron con enfado y sorpresa, como si hubiera planteado un tema tabú. Khurana descubrió que los directores tenían unas convicciones «casi religiosas» sobre el tema, que los llevaban a descartar cualquier prueba que demostrara que la calidad de los consejeros delegados *no* es la causa principal ni importante del rendimiento de una empresa.[9]

No es sólo que la gente crea que los líderes tienen un control casi total de sus empresas. Muchas personas creen que los líderes *deberían* tener el control absoluto. Todos los lectores de este libro estarán familiarizados con el organigrama de una empresa y su jerarquía de autoridad. La mayoría cree que los líderes de puestos más altos —los que están en el punto más alto de la cadena de mando— no sólo tienen el derecho, sino también la responsabilidad, de tomar decisiones trascendentes sobre y en nombre de los que les sirven. Se supone que las personas en los puestos más altos saben qué debería hacerse y cómo hacerlo mejor que sus subordinados; después de todo, el proceso de selección que los situó en esas funciones debería garantizar que sólo las personas más cualificadas y más aptas alcancen los cargos más altos. Por lo tanto, las decisiones que toman los líderes serán, presuntamente, más acertadas y mejores que si las decisiones las tomaran los subordinados. Cuando los mercados de capitales se desmoronaron después de la catástrofe de Enron, AES, el gran productor de energía eléctrica independiente, contrajo dificultades financieras; gran parte de la culpa se atribuyó al estilo de operaciones muy descentralizado de AES. La teoría era que si los altos directivos hubieran tomado más decisiones, la compañía habría obtenido mejores resultados, aunque la mayoría de esas decisiones erróneas las tomara, o al menos las ratificara, el consejo de administración; el consejo sólo quería culpar a otros de las decisiones tomadas.

Tomar decisiones y ejercer poder sobre otras personas son dos de las recompensas que muchas personas buscan y de las que disfrutan cuando logran puestos de niveles más altos. Nosotros, como

seres humanos, obedecemos a la autoridad casi de forma instinti-
va, y con nuestra obediencia, reforzamos la idea de que los líderes
tendrían que tomar las decisiones que nosotros luego obedecemos.[10] Pero esta idea de que nosotros estamos bien servidos con líderes que tengan el control de sus empresas también es una verdad
a medias. En algunos casos, es útil que los líderes controlen las empresas. Pero en muchos otros ejemplos, las empresas han fracasado debido a una centralización excesiva y a una influencia y un
control exagerados de los líderes.

Este capítulo analiza ambas verdades a medias: que los líderes
tienen el control y que deban tenerlo. Cada una de ellas es a veces
cierta, pero a veces también es falsa. Si entendemos esas medias
verdades, podremos ofrecer una visión más matizada del liderazgo
y dar algunas directrices a los que ocupan cargos de liderazgo en
las empresas.

Los líderes marcan una gran diferencia

La historia está llena de líderes que han marcado una gran diferencia en el mundo: Gandhi y su lucha por la independencia de la
India de Inglaterra; Martin Luther King, Jr. y sus esfuerzos por conseguir derechos civiles para los afroamericanos y justicia económica para todos los ciudadanos; la reina Isabel I y su tenacidad y talento para fomentar la unidad de Inglaterra; Winston Churchill y
sus palabras y actos que ayudaron a que Gran Bretaña mantuvie-
ra su espíritu de lucha durante la Segunda Guerra Mundial, y Lyn-
don Johnson quien, como presidente de los Estados Unidos, aprobó la ley para crear el seguro de salud para los ancianos (Medicare),
numerosos gabinetes ministeriales y agencias federales, y programas de bienestar social como el Head Start, que siguen vigentes en
la actualidad. Otros líderes tuvieron efectos profundamente negativos: Yósif Stalin y Adolf Hitler, cada uno de los cuales envió a la
muerte a millones de personas.

Los líderes también marcan una diferencia en una escala empresarial más pequeña. El investigador de liderazgo Robert Hogan y sus colegas afirman: «El hecho de que el ejército de Lincoln permaneciera inerte hasta que Ulysses S. Grant asumió el mando [...] es, para muchas personas, una prueba de que el liderazgo importa».[11] Lo mismo ocurre con la carrera hacia el Polo Sur de 1910 entre el equipo noruego, liderado por Roald Amundsen, y el equipo inglés, liderado por Robert Falcon Scott. Amundsen dirigió la preparación de sus hombres, les hizo adquirir experiencia y refinó el equipamiento, lo que tuvo como resultado una expedición hasta al Polo con muy pocos obstáculos. En cambio, «la incompetencia de Scott le costó la carrera, la vida y las vidas de tres de los miembros de su equipo».[12]

Además, más allá de estos estudios de casos, la investigación cuantitativa sistemática demuestra que los líderes *pueden* influir en el rendimiento de la empresa. Un estudio de todos los equipos de la NBA durante un periodo de cuatro años, por ejemplo, concluyó que, a pesar de que limitarse a cambiar de entrenador no sirviese de nada, contratar a un entrenador nuevo mejoraba los resultados del equipo si el entrenador nuevo tenía experiencia profesional previa en el cargo, un historial positivo de victorias-derrotas y una trayectoria caracterizada por mejorar equipos. Un estudio de cincuenta pastores metodistas que habían trabajado en 132 iglesias diferentes a lo largo de un periodo de veinte años reflejaba efectos parecidos. El simple hecho de cambiar de pastor no influía en la evolución de la iglesia, pero incorporar a un nuevo pastor con un historial de incrementar el número de miembros y de donaciones en sus parroquias precedentes producía los mismos efectos positivos cuando se transfería a una congregación nueva.[13] Como se comentó en el capítulo 4, Lawrence Kahn examinó cómo influían los entrenadores de los equipos de la liga profesional norteamericana de béisbol en el registro total de victorias y derrotas del equipo, y si esos entrenadores podían contribuir a que los jugadores jugaran por encima de su potencial (valorado en comparación con el rendimiento pasado de cada jugador). Kahn concluyó que los mejores entrenadores ayudaban a que tanto sus equipos como sus jugadores individuales rindieran mejor.[14]

Uno de los estudios más complejos sobre la relacion entre el rendimiento y el liderazgo se llevó a cabo en la industria automovilística. Los autores calcularon las ecuaciones de productividad para establecer el crecimiento de la productividad laboral y de capital en seis compañías en un periodo de cuarenta años. El estudio detectó la impronta de los altos directivos en todas las compañías excepto en Toyota (porque contaba con un sistema que fortalecía los resultados y que era muy independiente de las personas que ocupaban los puestos de liderazgo) y demostró que esa impronta era significativa. Por ejemplo, Don Petersen, consejero delegado de Ford durante gran parte de los ochenta, incrementó la productividad en un 3,1% anual por encima de la media del resto de ejecutivos de Ford.[15] Quizás eso se deba, como él mismo nos contó, a que Ford estaba tan desesperada en esa época que decidió poner al mando a alguien que realmente supiera algo de coches y camiones, en vez de a un contable. El carisma de los consejeros delegados y de los presidentes parece que también influye positivamente en el rendimiento y marca una diferencia.[16] Y, en cambio, contar con un director general arrogante provoca que las compañías paguen precios excesivos al adquirir empresas nuevas, lo que más adelante perjudica los resultados a largo plazo.[17] Los estudios sobre los efectos del liderazgo realizados en grupos más pequeños o con unidades, que incluyen estudios sobre las tripulaciones de los aviones y las unidades militares, también muestran que cuando se examinan los indicadores de efectividad adecuados, los actos y la experiencia de los líderes marcan diferencias en el rendimiento de dichas unidades.[18]

Hasta los estudios sobre liderazgo que descubren unos efectos sobre el rendimiento comparativamente inferiores se pueden interpretar como que el liderazgo tiene bastante importancia. A pesar de que los estudios sobre el rendimiento de una empresa y la asignación de presupuestos municipales, por ejemplo, reflejan que los efectos de los líderes quedan eclipsados por efectos temporales o anuales, así como también por efectos medioambientales, en términos absolutos, todavía se puede atribuir a los líderes un porcentaje de efectos relativamente reducido. Un porcentaje pequeño de un número grande es una cifra considerable, o como se cree que dijo Everett Dirkson, el que fuera jefe del grupo republicano en el Senado estadounidense, «mil milloncejos por aquí, mil milloncejos por allá, y de repente estamos hablando de un montón de dinero».

Los líderes no sólo influyen en los indicadores financieros de rendimiento, como, por ejemplo, las ventas, los beneficios, la productividad o la asignación presupuestaria, sino que también afectan el ambiente interpersonal de sus empresas y la satisfacción y bienestar mental de las personas que lideran. Las pruebas sugieren de forma convincente que no hay duda de que los líderes pueden marcar una gran diferencia con respecto a las personas cuando son abusivos o ineficaces, o ambas cosas a la vez. Los investigadores han estado estudiando el ambiente de las empresas durante más de cincuenta años y sistemáticamente han concluido «que entre el 60% y el 75% de los empleados de cualquier organización —con independencia de cuándo o dónde se hiciera el estudio, y del grupo profesional que estuviera implicado— informa que el peor aspecto o el más estresante de sus trabajos es su supervisor inmediato».[19] Estudio tras estudio demuestran que los líderes pésimos destrozan la salud, la felicidad, la lealtad y la productividad de sus subordinados.

En especial en las empresas más pequeñas, los líderes pueden, y, de hecho, lo hacen, ejercer el control, y si toman decisiones equivocadas, pueden causar un desastre económico para las compañías que dirigen. Por este motivo, los inversores en capital riesgo están mucho más dispuestos a financiar empresas nuevas con líderes experimentados que cuenten con un historial positivo. Hemos presenciado de primera mano cómo unos líderes pésimos pueden hacer que trabajadores dotados y motivados se marchen y se lancen en brazos de la competencia, o incluso peor aún, pueden causar que el personal frene sus esfuerzos discrecionales aunque permanezcan en sus puestos. En una ocasión, entrevistamos a un alto ejecutivo que se sentía tan desmoralizado por la tozudez y las decisiones erróneas de su jefe que había renunciado a intentar discutírselas, y en lugar de eso implementaba escrupulosamente todas las decisiones del modo exacto que le indicaba su jefe metomentodo y quisquilloso. Ese ejecutivo aprendió a alegrarse de lo mal que marchaban las cosas: lo llamaba «acatamiento malicioso».

Este tipo de efectos pueden ser especialmente desastrosos para las empresas pequeñas o jóvenes que no tienen un colchón económico importante, un valor de marca acumulado ni bases de clientes a las que recurrir. Es decir, el hecho de que los líderes influyen tanto en la moral como en el rendimiento económico parece evidente.

Excepto cuando no lo hacen

Sin embargo, a menudo los líderes y los gerentes tienen mucha menos influencia sobre el rendimiento de lo que la mayoría de la gente cree. Afirma Mike Ditka, ex jugador de la NBA y entrenador: «Los entrenadores reciben demasiado reconocimiento y demasiadas culpas».[20] Un estudio del rendimiento de 167 empresas durante un periodo de veinte años intentó asignar la variación de rendimiento a los efectos derivados del sector, el año (periodo temporal, que presuntamente valora las condiciones económicas generales), los rasgos específicos de la compañía y las influencia de los cambios de liderazgo. No es sorprendente que la conclusión fuera que la compañía y el sector tenían una incidencia mucho mayor en la variación de ventas, beneficios y márgenes de beneficio, que el cambio de líderes.[21] Cuando Jeffrey Pfeffer publicó un análisis de las investigaciones sobre liderazgo en 1977, concluyó que, a pesar de que los líderes sí tenían algún impacto, sus actos pocas veces explican más del 10% de las diferencias en el rendimiento entre las empresas y los equipos con mejores y peores resultados. Las conclusiones de estudios más recientes confirman que el vínculo entre el liderazgo y el rendimiento es modesto. Los estudiosos que llevan a cabo y evalúan los mejores estudios sometidos a revisión paritaria discuten sobre la gran importancia que tiene el liderazgo y sobre cuándo es más importante. Pero cuando dejan de lado sus diferencias, a menudo insignificantes, la mayoría está de acuerdo en que los efectos de los líderes sobre el rendimiento son modestos en la mayor parte de situaciones, son evidentes, en algunas, y son inexistentes, en otras.[22] Los estudios de líderes de amplias muestras de consejeros delegados de compañías públicas, rectores de universidades y entrenadores de equipos deportivos profesionales y universitarios, revelan que el rendimiento empresarial viene determinado, en gran parte, por factores que ninguna persona —ni siquiera el líder— puede controlar.[23]

Incluso los ejecutivos más poderosos tienen poca influencia sobre las tendencias macroeconómicas, la cotización de las divisas, el precio del petróleo, las guerras y el terrorismo, la historia de las empresas y el clima. Por ello, a pesar de que las cotizaciones de las acciones a veces cambien drásticamente a corto plazo cuando despiden o contratan a un consejero delegado, raras veces se producen efectos a largo plazo sobre el valor de mercado.

Quienes han estudiado el impacto de las inversiones sostienen que la sustitución del jefe de una empresa suele ser como la del entrenador de un equipo de béisbol: después de una sensación refleja de alivio se produce una concienciación de que no habrá una mejora considerable si el nuevo tipo tiene que dirigir al mismo puñado de vagos cuya racha de derrotas causó que despidieran al entrenador anterior. Del mismo modo, una compañía puede tener a un líder nuevo, pero seguir cargando con una mala reputación, un cóctel empresarial improductivo y pocas posibilidades claras de curarse de su enfermedad.[24]

Existen numerosos motivos por los que es posible que los líderes sólo marquen una pequeña diferencia en el rendimiento de las compañías. Uno es que suelen operar con unas limitaciones que no pueden cambiar fácilmente o que les es imposible modificar: el personal, los productos y mercados existentes y las condiciones económicas generales. También hay pruebas de que los efectos del liderazgo son modestos, porque los empleados a los que se les permiten mantener los puestos de dirección son muy parecidos unos a otros. En teoría, líderes diferentes podrían tener un impacto enorme si vieran el mundo de maneras distintas, si existiera un abanico amplio de habilidades y competencias entre los líderes, y si hubiera diferencias considerables en cómo desempeñan el trabajo los líderes que se contratan y se retienen. No obstante, en la práctica, los líderes no muestran ese tipo de diferencias, porque se seleccionan por similitudes en formación y perspectiva. Muchos líderes terminan pensando del mismo modo y, en consecuencia, tomando las mismas decisiones. Y las empresas no tienen un acceso ilimitado a los líderes que podrían estar potencialmente disponibles. Los líderes que parecen tener éxito estarán más buscados, y será más probable que ocupen los puestos en las empresas más grandes y que ya son más prósperas. Por lo tanto, otro motivo por el que es posible que los líderes marquen menos la diferencia en la práctica que en la teoría es que las empresas con peores resultados tendrán un acceso limitado a los líderes que son más capaces de marcar una gran diferencia.

En especial, en las empresas grandes, se busca a personas que tengan credenciales, competencias y experiencias parecidas a las de otros consejeros delegados (por ejemplo, en la actualidad, sólo hay siete consejeras delegadas en la lista *Fortune 500* y siete de ellas tienen un MBA). Además, muchas entidades eligen a candidatos internos, gente que ha ido escalando puestos. Como señaló un renombrado teórico del management, James March, eso también elimina diferencias: «Si suponemos que todos los ascensos se basan en los mismos atributos, cada filtro sucesivo refina aún más el grupo, lo que reduce la variación entre los gerentes. En relación con los atributos que la empresa considera primordiales, es más probable que los vicepresidentes sean mucho más homogéneos que los gerentes de primer nivel».[25] El resultado es lo que los estadistas denominan *una restricción de la variedad* en la población de altos ejecutivos observada. March concluyó:

> *El management puede llegar a ser extremadamente difícil e importante aunque los gerentes sean indistinguibles. También es difícil decir cuál es la diferencia entre dos bombillas; pero si las quita todas, es complicado leer en la oscuridad. Lo que es difícil demostrar es hasta qué punto los gerentes con mejores resultados (o las bombillas de duración excepcionalmente larga) son algo más que el extremo de una distribución de probabilidades generada por individuos esencialmente equivalentes.*[26]

Lo que las pruebas indican es que los líderes pueden marcar una diferencia importante, y en realidad la marcan, en el rendimiento de la empresa o del grupo, a pesar de que los efectos no son tan notables como se suele presuponer, ni tan esenciales como muchos otros factores. Parece evidente que los líderes tienen algunas posibilidades de mejorar la situación, pero también pueden empeorarla tomando medidas que aumenten la rotación de empleados y disminuyan la motivación de la plantilla, así como también que fomenten las mentiras y los robos, y que causen otros problemas a la compañía. Todo eso sugiere que evitar a los líderes pésimos puede ser un objetivo crucial, a lo mejor más importante que conseguir a líderes excelentes.

Por qué persiste la media verdad de que los «líderes marcan una gran diferencia»

Está claro que los líderes tienen importancia. Pero la creencia de que los líderes tienen una influencia inmensa sobre el rendimiento resulta ser una verdad a medias. Como el investigador sobre liderazgo James Meindel indica, nuestra cultura idealiza a los líderes, y les otorga «estima, prestigio, carisma y heroísmo» que superan el peso de las pruebas.[27] ¿Por qué persiste esa fe irracional en el poder de los individuos potentes?

Una explicación es la percepción. Hace más de treinta años, Gerald Salancik llevó a cabo un experimento simple: se le pidió a una persona que manejara un tren de juguete en un circuito. Un observador miraba a la persona que intentaba conducir el tren. Ambos desconocían que el experimentador cambiaba la potencia del tren, lo que hacía que acelerara o frenara de forma inesperada, y eso provocaba que descarrilara. La persona que llevaba el tren pronto se dio cuenta de que tenía muy poco control. El observador percibió algo distinto. El observador no podía ver, y no vio, que las fluctuaciones de velocidad estaban fuera del control de la persona que manejaba el tren, sino que, en cambio, vio a una persona que no podía conseguir que un tren de juguete no se saliera de la vía. Como la persona que llevaba el tren era visible, el observador atribuyó el progreso del tren a los esfuerzos y capacidades de esa persona, no a factores invisibles e inexplicables, que eran los que estaban causando los descarrilamientos.[28] Del mismo modo, cuando observamos las empresas, vemos a las personas que están al mando; no percibimos las limitaciones que afectan sus conductas y el rendimiento de la compañía. Por consiguiente, la visibilidad de las acciones individuales influye en cómo se interpretan los acontecimientos.

Abordamos ese efecto general de atribuir en exceso los resultados a los individuos en el capítulo 4. Ese *error de atribución fundamental* se ha repetido en numerosos estudios, a pesar de que es más pronunciado en culturas occidentales, en las que se hace hincapié en el individuo, que en las culturas asiáticas u otras, donde se pone el acento en los efectos de los grupos e instituciones.[29] Nuestra atribución de potencia a las personas, incluidas las que ocupan cargos de liderazgo, es una consecuencia de las predisposiciones de la percepción y de lo que nos parece notable. Vemos que la gente actúa, pero las limitaciones a su actuación nos resultan prácticamente invisibles.

Otro motivo por el que otorgamos tantos méritos o tantas culpas a los líderes es que todos los humanos necesitamos dar un sentido al torrente de información contradictoria que nos llega. Por lo tanto, usamos *atajos cognitivos* para interpretar lo que vemos y experimentamos de forma cómoda y eficiente. La fe excesiva en los líderes es uno de esos atajos. La larga lista de posibles causas complejas y variables del rendimiento de una empresa crea la inquietante sensación de que las empresas a las que nos unimos o que nos proporcionan sus servicios y que observamos desde fuera, son difíciles —o imposibles— de controlar, lo que fomenta el miedo de que lo que nos pasa a nosotros y a la gente que nos importa también es difícil de predecir y controlar. La complejidad, además, implica que las causas del rendimiento empresarial son difíciles de comunicar de un modo eficaz. La idealización de los líderes por parte de nuestra cultura puede llegar a reflejar creencias erróneas, pero sirve para que la gente traduzca ese lío en términos sencillos que se puedan comprender, sobrellevar y comunicar a otros. Ni siquiera un líder famoso como el ex consejero delegado de GE Jack Welch pudo cambiar la historia de su empresa, ni pudo estar en todas partes al mismo tiempo. Pero las investigaciones indican que nos hace sentir mucho mejor y requiere menos esfuerzo mental de nuestra parte fingir que Welch tenía un control absoluto. Hace un tiempo, por ejemplo, conversamos con el ex ejecutivo de GE Spencer Clark, que había dirigido un negocio importante durante el mandato de Jack Welch. Clark bromeaba: «Jack hizo un buen trabajo, pero todo el mundo parece olvidar que la compañía contaba con un centenar de años de experiencia cuando él ocupó su puesto, y que había 70.000 personas más que lo ayudaban».[30]

Una tendencia asociada es que solemos generalizar a partir del rendimiento de la unidad las calidades del líder, y luego inferimos que como el rendimiento es positivo (o negativo), el líder también

303

debe de serlo. La gente concluye que las empresas eficaces cuentan con gerentes eficaces, y que las compañías ineficaces tienen gerentes ineficaces, con independencia de otros hechos. En especial, si los resultados son o bien muy buenos, o bien muy malos, el liderazgo se percibe, por error, como especialmente esencial y poderoso.[31] Ese efecto se ha producido en experimentos controlados que comparan equipos muy eficaces con equipos poco eficaces. Los miembros atribuyen los resultados del equipo a los líderes incluso cuando el experimento se apaña para que el liderazgo no sea relevante.[32] Esos *errores de atribución* no sólo los cometen observadores inexpertos. El investigador de liderazgo de Harvard Rakesh Khurana descubrió que los comités de contratación de ejecutivos casi siempre clasificaban a los candidatos de ese modo.

El inversor en capital riesgo Steve Dow suele observar el efecto contrario cuando un consejero delegado competente lidera una empresa en apuros. Las nuevas empresas tienen índices elevados de fracaso, con independencia de lo bien gestionadas que estén. Dow ha sido socio general de Sevin Rosen de Silicon Valley desde 1983 y ha servido en docenas de consejos de administración durante esos años. Nos cuenta que muchos miembros de consejos de administración, sobre todo inversores en capital riesgo jóvenes con poca experiencia operativa, se lanzan a plantear la sustitución del consejero delegado al menor indicio de problemas. Dow les pregunta: «Ahora, supongamos que *tú* fueras el consejero delegado, ¿qué harías diferente de lo que ha hecho el consejero actual?». Dow explica que en la mayoría de casos no se les ocurre casi nada, o nada, que cambiar. Como todos los demás, hasta que no lo reflexionan atentamente, esos inversores en capital riesgo no pueden separar el rendimiento del consejero delegado del rendimiento de la entidad.

Otro motivo por el que los líderes reciben demasiado reconocimiento o culpas de lo que sucede se reduce a dinero, poder y prestigio. Los altos ejecutivos, y todas las personas con las que están en contacto, tienen unos incentivos potentes para *actuar como si* los líderes controlaran las empresas y tuvieran que controlarlas.

Los líderes reciben incentivos enormes para perpetuar el mito de que poseen el control, que incluyen los casi 10 millones de dólares anuales que el consejero delegado medio de las doscientas empresas más grandes de los Estados Unidos recibía en el 2003.[33] Si fueran transparentes y admitieran lo limitado de sus poderes, eso reduciría su derecho a cobrar ese dinero, junto con el tratamiento regio y la adoración heroica que muchos esperan recibir. Las empresas de selección de ejecutivos de élite, como Korn/Ferry, Heidrick & Struggles y Spencer Stuart tienen los mismos incentivos, ya que los honorarios que cobran a sus clientes corporativos se basan en el salario de los ejecutivos (por lo general, suele ser un tercio de los ingresos en efectivo del primer año). Cuanto más cobran los altos ejecutivos, más ganan las empresas de selección. Por último, con independencia de cuál sea la influencia real de los líderes sobre el rendimiento de las empresas, los altos directivos continúan teniendo mucha libertad para decidir cómo se distribuyen los recursos de la compañía. Pueden repartir aumentos y ascensos, contratar y despedir a asesores y abogados de tarifas prohibitivas, y permitir o prohibir el acceso a los medios de comunicación. Es decir, los líderes se pasan el día rodeados de gente que recibe incentivos para halagarlos y adularlos, y que dedica una atención escrupulosa a todos sus antojos, lo que fomenta aún más la media verdad de que los líderes son los amos y señores de todo lo que sucede a su alrededor, que incluye el buen funcionamiento de sus empresas.

¿Los líderes deberían controlar sus empresas?

Si le pregunta a cualquier líder del sector privado o del público: «¿Tiene todo el poder, control o influencia que cree que necesitaría poseer sobre su empresa?», casi todos le responderán, por lo general, que *no*. Los periodistas económicos y algunos profesores universitarios pueden llegar a pensar que los líderes tienen una influencia extraordinaria en lo que ocurre, pero los propios líderes, que viven y dirigen lo mejor que pueden, reconocen igual de bien los límites de sus capacidades para lograr que sucedan las cosas. Richard Kovacevich, el consejero delegado del Wells Fargo Bank, en una ocasión describió su trabajo como básicamente hacer discursos y estrechar manos. Con más de 120.000 empleados, no considera que pueda hacer avanzar la empresa tan rápido o tanto como él desearía, y no hay duda de que reconoce los límites de su influencia directa e inmediata en lo que ocurre. Una vez Robert Sutton asesoró al consejero delegado de una compañía de la lista de las cien mayores impresas de la revista *Fortune* que se sentía continuamente frustrado porque los gerentes intermedios (a quienes llamaba «los troles») ignoraban las iniciativas y las órdenes del equipo directivo, incluso cuando había incentivos económicos para cambiar su conducta; se lamentaba de que ellos estuvieran al mando, y no él. Del mismo modo, cuando era presidente de los Estados Unidos, Richard Nixon se quejaba constantemente del personal del Departamento de Estado y de la CIA —funcionarios— que no bailaban a su son. Incluso los presidentes de los Estados Unidos, en este momento las personas más poderosas del mundo, no siempre pueden superar la burocracia para obtener lo que quieren.

Lo que suscita la pregunta: ¿los líderes *deberían* tener un control absoluto sobre sus empresas? Aunque el consejero delegado-monarca absoluto es un mito, en realidad, a lo mejor la popularidad del mito se debe a una situación potencialmente deseable que en la práctica no se puede lograr con tanta frecuencia. La respuesta a esta pregunta depende, por supuesto, de la perspectiva que se adopte.

Desde el punto de vista de los líderes, sean consejeros delegados, decanos (o vicedecanos) de facultades, rectores de universidad o jefes de organizaciones gubernamentales o no gubernamentales, un mayor control siempre se considera mejor. Eso se debe a lo que se ha descrito anteriormente sobre la predisposición al autobombo; la idea de que, para podernos ver con los mejores ojos posibles para podernos sentir mejor con nosotros mismos y alimentar nuestros egos, por lo general, sobreestimamos nuestras propias dotes y capacidades.[34] En el mundo de la toma de decisiones empresariales, todo eso significa que creemos que las actividades que hemos desarrollado, o en las que hemos influido de forma tangencial, son mejores que las actividades en las que hemos tenido una implicación menos directa.

Fíjese en el siguiente experimento llevado a cabo por Jeffrey Pfeffer y sus colegas. A los sujetos investigados, todos ellos con un MBA de Stanford, se les explicó que serían los supervisores de un subordinado que trabajaría en el borrador de un anuncio de un reloj Swatch en la habitación de al lado. Se les asignó aleatoriamente una de las tres relaciones siguientes. A los que estaban en el primer grupo se les explicó que, como estaban tan ocupados, sólo verían el anuncio final. A los supervisores del segundo grupo, se les comunicó que verían una versión del anuncio intermedia y que rellenarían un cuestionario de comprobación estandarizado que podrían usar para ofrecer feedback, pero también se les comentó que, igual que en el mundo real, las dificultades de comunicación y los límites de tiempo implicarían que no podrían ofrecer el *feedback* a los subordinados. En el tercer y último grupo, los supervisores rellenarían exactamente el mismo cuestionario después de haber visto el mismo borrador intermedio, y se les advirtió que los subordinados verían sus comentarios. En realidad, el *feedback* proporcionado por los supervisores no tenía ningún efecto en el producto final; los supervisores de los tres grupos verían un anuncio final idéntico. Después, se les pidió que valoraran la calidad del producto final, así como también sus propias habilidades como supervisores. Puede imaginarse los resultados, pero Pfeffer y sus colegas se quedaron sorprendidos por la magnitud de las diferencias. Los supervisores del tercer grupo, que creían que sus comentarios habían tenido una influencia en el anuncio final, dieron a ese mismo producto una valoración dos veces más alta que el resto de supervisores, que creían no tener influencia alguna, y ofrecieron una valoración igual de inflada a su capacidad como directores.[35] El mero acto de creer que habían efectuado una supervisión los llevó a creer que el producto final era el doble de maravilloso (y que ellos eran el doble de geniales), ¡a pesar de que sus acciones no habían tenido ningún impacto real!

No es sólo que los líderes realmente sobreestimen sus efectos positivos sobre sus subordinados, la creencia de que los líderes deberían tener el control es una media verdad peligrosa, porque cuando ejercen demasiado control e influencia sobre sus seguidores, suelen ocurrir hechos negativos para sus empresas y empleados. Ningún líder es omnisciente. Hasta el tipo más inteligente, más experimentado, más entregado, al final, es un ser humano con los prejuicios y los errores que comporta ese hecho. Una de las conclusiones más extendida en la bibliografía sobre la toma de decisiones y el rendimiento es que los grupos más eficientes obtienen resultados mejores que las personas más eficaces, porque los grupos pueden aprovecharse de la sabiduría colectiva y de la perspectiva de múltiples personas, mientras que los criterios individuales reflejan las habilidades y las perspectivas más limitadas de sólo una persona. Las habilidades y las perspectivas de una *única* persona.[36] De modo que la calidad de las decisiones se ve reforzada en las situaciones en que hay múltiples aportaciones independientes.

Los líderes cometen errores; todo el mundo los comete. Pero en la medida en que los líderes ejercen un control tremendo sobre sus empresas, existen muy pocos sistemas de equilibrio de poderes, por no decir ninguno, que limiten los errores. La mayor parte de desastres corporativos y escándalos financieros, incluidos los perpetrados por Jeff Skilling y Andy Fastow en Enron, el de Al Dunlap en Sunbeam, el de Hank Greenberg en la gran aseguradora AIG, y el de Dennis Koslowski en Tyco, ocurrieron no sólo porque esas personas fueran ambiciosas, inmorales o poco éticas, sino porque ocupaban puestos de liderazgo con tantísimo control que nadie podía cuestionarlos ni plantearles preguntas. Poner tanto poder en las manos de una sola persona viola el principio de equilibrio de poderes, un principio diseñado para garantizar que ninguna persona individual, por muy confundida o equivocada que esté, pueda causar un daño ilimitado.

Surge otro problema cuando los líderes poseen un control excesivo. Uno de los procesos psicológicos sociales más persistente y poderoso es el del compromiso; es más probable que llevemos a cabo decisiones que hemos tomado nosotros y con las que, por lo tanto, nos hemos comprometido. Cuando los líderes toman decisiones por nosotros o en nuestro nombre, creen que las decisiones son mejores —después de todo, las toman ellos—, pero al resto no le aporta nada acabar realizando unas acciones y decisiones en las que no han participado. Por consiguiente, ceder demasiado control a los líderes puede llegar a provocar que esos líderes se sientan mejor por las decisiones que se han tomado, pero casi seguro que provocará en la empresa problemas sustanciales a la hora de implementarlas.

Existe otro motivo por el que es una verdad a medias peligrosa creer que la situación mejorará si los líderes poseen un control estricto. Como Dennis Bakke, ex consejero delegado de la empresa eléctrica independiente AES, nos recuerda en su libro *Joy at Work*, en la vida no todo es rendimiento, eficacia y eficiencia.[37] La esencia de ser una persona sensible es la facultad de tomar decisiones y medidas; ser responsable, tener el control al menos de algunos aspectos de nuestras vidas, e implicarse activamente en la creación del mundo en el que vivimos. Ceder esas tareas a otras personas, aunque sea a personas que sean benignas o posiblemente más listas que nosotros, es negar toda la experiencia de ser plenamente humano y de vivir plenamente. Una extensa bibliografía sobre las ciencias del comportamiento —estudios de pacientes de centros de asistencia, trabajadores de cadenas de montaje, enfermeros quirúrgicos y programadores—, muestra que poseer un control tanto real como percibido sobre lo que ocurre en nuestras vidas es esencial para la salud mental y física de todos los seres

309

humanos, y que eso también nos lleva a esforzarnos más.[38] Así pues, aunque los líderes crean que las cosas van mejor si tienen más control sobre sus compañías, las consideraciones de la calidad de las decisiones, compromiso e implementación, y la esencia de lo que significa ser una persona sana sugieren que demasiado control en manos de muy pocas personas probablemente no es bueno para las empresas, ni para sus trabajadores.

¿Qué deberían hacer los buenos líderes?

Se ha explicado que los líderes ni tienen tanto control sobre las situaciones como mucha gente cree, ni deberían tenerlo. Sin embargo, las personas que ocupan puestos de liderazgo necesitan entender cómo ejercitar sus responsabilidades. Y a pesar de que los líderes no son omnipotentes, sus acciones, desde luego, tienen importancia. Dadas las pruebas sobre los efectos de los líderes y la conducta de los líderes eficaces, existen algunas sugerencias razonables que pueden guiar la conducta, o más precisamente, enseñar cómo diseñar y entender la conducta.

Las directrices fundamentales que proponemos provienen de cuatro paradojas que afrontan los líderes:

1. Todo el mundo espera que los líderes tengan mucha importancia, aunque tengan un impacto real limitado. Los líderes deben actuar como si tuvieran el control, proyectar confianza, hablar sobre el futuro, aunque al mismo tiempo deben reconocer y aceptar las realidades de la empresa y sus propias limitaciones.
2. Como los líderes sucumben a las mismas tendencias al autobombo que todo el mundo, magnificadas por la adulación que reciben, tienden a perder sus inhibiciones y a comportarse de modo destructivo. Tienen que evitar esta trampa y mantener una actitud juiciosa y una dosis sana de modestia.

3. Como el atractivo de ejercer un control total es en sí mismo una verdad a medias, los líderes eficaces deben aprender cuándo y cómo apartarse a un lado y permitir que los demás hagan aportaciones. Por lo tanto, a veces el mejor líder es el que no lidera.

4. Los líderes suelen tener el mayor impacto positivo cuando contribuyen a crear sistemas en los cuales las acciones de pocas personas poderosas y magníficamente dotadas importen lo menos posible. Quizá la mejor forma de entender el liderazgo es como la labor de construcción de sistemas, equipos y culturas empresariales, como de establecimiento de las condiciones y precondiciones para que los demás prosperen.

En este punto, nuestro argumento es muy parecido al de los demás capítulos: reconociendo las dos mitades de la media verdad y alcanzando el término medio de forma adecuada, los líderes, gerentes y todos los implicados en una empresa pueden construir la estrategia más eficaz.

Actúe y hable como si tuviera el control y proyecte confianza mientras habla del futuro

Los consejos de administración, los comités de selección de todo tipo, los departamentos de recursos humanos y cualquier otra persona que complete una valoración del rendimiento, probablemente sucumbirán a la creencia de que los líderes tienen el control y deberían tenerlo. Por consiguiente, contratan, elogian, mantienen y ascienden a los líderes que parecen controlar los acontecimientos. Eso implica que nunca conseguirá ni conservará un puesto de liderazgo si no puede convencer a los demás que posee el control, aunque no tenga demasiado. También significa que *fingir que tiene el control* sobre los resultados de la empresa puede servirles a los líderes para obtener *un control real* al menos sobre algunos de los aspectos de ese rendimiento.

Andy Grove, cofundador y ex consejero delegado y presidente de Intel, lo confesó poco después de jubilarse. Le preguntaron cómo mantenía motivado al personal dada su conclusión de que «ninguno de nosotros comprendía realmente hacia dónde nos estábamos dirigiendo. Ni siquiera yo». Grove contestó: «Bueno, en parte es autodisciplina y, en parte, engaño». Y añadió: «Y el engaño se hizo realidad. Engaño en el sentido de que uno se anima y se enfrenta a los hechos poniendo mejor cara que al principio. Pero después de un tiempo, si uno actúa con confianza, acaba sintiéndose más confiado, de modo que el engaño ya no es tan engañoso».[39]

Veamos el caso de Steve Ciesinski, ex consejero delegado de Resumix, una compañía valorada en 30 millones de dólares que ofrecía un software de procesamiento de currículum vítae para tomar decisiones de contratación mejores y más eficientes. Al abandonar su empresa madre, Ceridian, como parte de una compra apalancada, Resumix se enfrentó a dos problemas temibles a finales de los años noventa. En primer lugar, tenía una estructura de capital muy apalancada que dificultaba las inversiones nuevas y contaba con un consejo de administración formado, sobre todo, por inversores en capital riesgo relativamente jóvenes que habían financiado la compra y que querían dirigir los números con muy pocas consideraciones por el elemento humano. En segundo lugar, la compañía tenía una aplicación que se instalaba en los servidores de los clientes que tenía que convertirse en una aplicación situada en Internet para ser competitiva, al mismo tiempo que seguía necesitando ofrecer un servicio excelente a la clientela existente que tenía el sistema y la tecnología antiguos.

Con el objetivo de mantener comprometidos a los 450 clientes y a los 240 empleados de Resumix con la compañía y con las tareas absolutamente esenciales para sobrevivir —y ya no hablemos de prosperar—, Ciesinski no podía limitarse a afirmar: «Las cosas son complicadas, el capital es escaso, estamos enfrentándonos a desafíos muy competitivos y la salida no es fácil de vislumbrar». Los clientes abandonarían la compañía y no comprarían actualizaciones ni servicios, lo que haría precaria la supervivencia financiera.

Los empleados —recuerde que fue durante el *boom* de Internet— se marcharían ante mejores oportunidades, lo que imposibilitaría la creación y la venta de nuevas y mejores versiones del producto y la opción de proporcionar una atención a los clientes estupenda. Ciesinski fue sincero con su personal sobre la realidad económica y de la competencia, pero al mismo tiempo, proyectó una sensación de confianza tanto sobre lo que debía hacerse como sobre la capacidad de la empresa para hacerlo. Esa confianza permitió a Resumix retener a los trabajadores clave, incluidos los técnicos, lo que le permitió continuar con el desarrollo del producto. La confianza y el plan de actuación para el producto que mostraron ante los clientes consiguieron fidelizar a éstos últimos, de modo que se mantuvieron los ingresos de los servicios y de las licencias. El resultado: Ciesinski fue capaz de vender la compañía por más de 100 millones de dólares a HotJobs (que, más adelante, fue adquirida por Yahoo!), lo que proporcionó rentabilidad a los accionistas y a los empleados que tenían acciones. Nada de eso habría sido posible sin proyectar una idea de lo que había que lograr, así como también la creencia de que era viable. De ese modo, la confianza se convierte en realidad, tal como sugirió Grove, al activar conductas que en realidad mejoran la situación, por lo que la confianza queda justificada.

Lo que eso significa es que una parte del trabajo de los líderes es comportarse de manera que hagan que los demás crean en las posibilidades de éxito tanto de la empresa como del líder. Para mantener la impresión de que usted, como líder, posee el control —y también para ejercer un control real—, tiene que empezar y mantener el «Ciclo de Control del Liderazgo», ilustrado en la figura 8.1. Existen cinco partes entrelazadas en el ciclo:

1. Los líderes hablan y actúan como si tuvieran el control.
2. Los integrantes clave creen que las palabras y los actos de los líderes pueden tener un impacto trascendente en la empresa.
3. Los cambios ocurren en la empresa (por ejemplo, en el rendimiento, reputación, rotación de personal o estructura).

4. Los cambios empresariales se atribuyen a los líderes (cualquiera que sea la influencia objetiva que los líderes realmente tienen sobre los cambios de la empresa).

5. Los líderes creen que sus palabras y hechos perfilan realmente las acciones y los resultados de la compañía (aunque los líderes sensatos no crean demasiado en sus poderes y su superioridad).

Por suerte, las investigaciones sobre liderazgo ofrecen orientaciones sobre qué se requiere para empezar y mantener ese ciclo, sobre todo acerca de los tipos de palabras y hechos que promueven la percepción de que los líderes poseen —o pronto poseerán— el control sobre la empresa y que mejora el rendimiento de la organización.

Figura 8.1. El ciclo de control del liderazgo

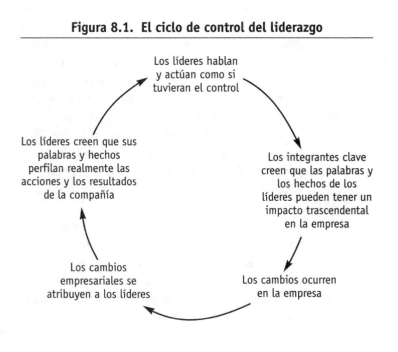

Atribúyase el mérito y algunas culpas

Una de las formas más evidentes y con más partidarios mediante las cuales los líderes amplifican la percepción de que los acontecimientos son controlables y se sienten convencidos del éxito es atribuirse el mérito cuando le ocurren cosas buenas a la empresa. Estudio tras estudio refleja que las compañías dirigidas por consejeros delegados que atribuyen resultados financieros favorables a su trabajo y al de *su personal* obtendrán mejores resultados que las compañías que son igual de prósperas, de acuerdo con los mismos indicadores financieros, pero que no hacen ese tipo de afirmaciones. Muchos líderes, sobre todo los modestos, usan la palabra *nosotros* e insisten que los otros miembros de la empresa reciban el reconocimiento por las cosas buenas que ocurren. Peter Drucker aseveró que los ejecutivos eficaces «piensan y dicen *nosotros*».[40] Jim Collins concluye: «Los líderes de nivel 5 miran por la ventana a la hora de atribuir los méritos, aunque sean indebidos».[41] Usar palabras como *nosotros* y *nuestro* puede servir para que los líderes obtengan un control más eficaz sobre los acontecimientos, porque ese tipo de lenguaje inclusivo crea entusiasmo y desencadena acciones entre los seguidores. Pero el uso estratégico del pronombre *nosotros* también intensifica las impresiones de que los líderes están al mando de los discípulos, siempre que el enfoque se centre en cómo las habilidades, el esfuerzo y la inteligencia del líder logran que las cosas vayan bien en vez de centrarse en la suerte o en acontecimientos que están fuera de su control.

La situación se vuelve más peliaguda tanto para los líderes como para las empresas cuando se trata de explicar obstáculos y reveses inevitables. Por un lado, hay mucha investigación sobre el «estilo optimista» y las «atribuciones en interés propio». Los optimistas disfrutan de una mejor salud mental y física y viven más años.[42] También son más tenaces cuando se enfrentan al fracaso. Y los estudios sobre los candidatos ganadores de las elecciones presidenciales estadounidenses en comparación con los candidatos derrotados reflejan que en el 80% de las elecciones celebradas entre

1900 y 1984 los ganadores evitaron referirse a acontecimientos negativos, y cuando surgieron obstáculos, fueron más propensos que los derrotados a negar las culpas y a señalar con el dedo a otras personas y a hechos que no podían controlar.

Por otro lado, resulta que los ejecutivos de las empresas son diferentes de los políticos. Los líderes que sostienen «no es culpa mía» y «no pude hacer nada» se hacen un flaco servicio a sí mismos y a sus empresas a la larga. Eludir las culpas podría servirles para mantener el empleo durante un tiempo, para gozar de una mejor salud mental y para persistir frente al fracaso. Pero esconder la cabeza bajo el ala hace añicos la ilusión de control. Los inversores, clientes, empleados y la prensa concluyen que los líderes que no se responsabilizan de los errores o de las dificultades no poseen el poder para mejorar las cosas. Unos experimentos controlados realizados por Fiona Lee y sus colegas muestran que los gerentes hipotéticos que se responsabilizaban de los hechos negativos, como la congelación de salarios y el fracaso de proyectos, se consideraban más poderosos, competentes y caían más simpáticos que los directivos que negaban su responsabilidad.[43]

La sensatez de reconocer la culpa queda confirmada por dos estudios que siguieron la pista a empresas de la lista *Fortune 500* durante periodos extensos. Ambos eran estudios exhaustivos diseñados para descartar explicaciones alternativas. Gerald Salancik y James Meindl examinaron a dieciocho empresas de la lista *Fortune 500* durante dieciocho años. Concluyeron que, sobre todo en las empresas con grandes oscilaciones en el rendimiento año tras año, el rendimiento era superior cuando los ejecutivos atribuían tanto el rendimiento *positivo* como el *negativo* a acciones internas.[44] Del mismo modo, Fiona Lee y sus colegas examinaron las variaciones anuales de la cotización de las acciones de catorce compañías durante una etapa de veintiún años. Descubrieron que aceptar las culpas de los problemas no sólo era eficaz en empresas con grandes oscilaciones de rentabilidad. En los años en que los directivos echaban la culpa de los problemas de la empresa a factores internos y controlables, los precios de las acciones eran sistemáticamente más altos al año siguiente, en comparación con las situaciones en que los ejecutivos negaban su responsabilidad en dichos contratiempos.[45]

El consejero delegado de Dell, Kevin Rollins, ilustra cómo asumir las responsabilidades. Cuando la compañía no cumplió las previsiones de ingresos trimestrales por varios centenares de millones de dólares —aunque los beneficios hubiesen aumentado un 28%, y los ingresos, un 15%—, se autoinculpó afirmando que «no hemos logrado gestionar los precios de venta globales». A continuación, Rollins explicó las medidas que estaban tomando él y su equipo para resolver el problema. Y responsabilizarse de los errores no era algo extraordinario en él. Varios años antes, cuando era director general, Rollins se dio cuenta de que la cultura se había manchado de codicia, y él mismo y otros altos ejecutivos asumieron las culpas por marcar la pauta equivocada. Luego, adoptó algunas medidas —que incluyeron evaluaciones a cargo de los subordinados— para hacer frente al problema.[46]

Hablar del futuro

Como el pasado, pasado está y no se puede modificar, los líderes que desean proyectar confianza y la impresión de que controlan los acontecimientos hablan de forma optimista sobre el futuro, y suelen subrayar que los sacrificios reportarán beneficios más adelante. El discurso de Gettysburg de Abraham Lincoln ofrece una ilustración elocuente de este principio. Lincoln pronunció su famoso discurso de 278 palabras durante la Guerra de Secesión el 19 de noviembre de 1863 en el campo de batalla de Gettysburg, donde 50.000 soldados acababan de morir en la batalla más sangrienta de la historia de los Estados Unidos. La última parte del discurso de Lincoln asociaba esos sacrificios horrendos con un futuro mejor: «Nos corresponde a nosotros dedicarnos a la gran tarea que tenemos delante: que tomemos de los muertos a quienes honramos una mayor devoción a la causa por la que ellos se entregaron con la mayor de las devociones, que tomemos la noble resolución de que estos muertos no han muerto en vano, de que esta nación, protegida por Dios, nacerá de nuevo en libertad, y que el gobierno del pueblo, por el pueblo y para el pueblo, no perecerá jamás».

Una analogía corporativa se puede encontrar en el caso de General Electric. Durante sus primeros años como consejero delegado, Jack Welch tenía el apodo de «Neutrón Jack», porque había gestionado despidos masivos y los cierres de numerosas fábricas en sus esfuerzos por reducir gastos y apartar a GE de cualquier negocio que no tuviera la máxima rentabilidad potencial. Welch era temido y despreciado en muchos rincones de GE y criticado en la prensa económica por ser tan cruel. Quizá para contribuir a desviar la atención del dolor presente y para conseguir que el personal se centrara en crear un futuro más próspero para la compañía, Welch concentró su atención en ese futuro en el informe anual de GE de 1989: «Queremos que GE se convierta en una compañía donde la gente vaya corriendo a trabajar cada día a intentar hacer algo que llevan pensando desde la noche anterior. Queremos que se marchen a casa del trabajo con ganas de hablar sobre lo que han hecho ese día, en vez de intentar olvidarlo. Queremos fábricas en las que, cuando suene la sirena que marca el final de la jornada, los trabajadores se asombren de cómo ha volado el tiempo, y que alguien se pregunte en voz alta por qué es necesaria esa sirena».[47]

Ese lenguaje con la mirada puesta en el futuro no sólo fomenta una sensación de control, sino que puede crear una orientación y una energía que los líderes pueden utilizar para perfilar acontecimientos posteriores. Como Robert Eccles y Nitin Nohria señalan en su libro *Más allá de la palabrería: redescubramos la esencia de la gestión*, ese tipo de lenguaje puede llegar a parecer calculado y falso teniendo en cuenta los puestos de trabajo que Welch eliminó en GE, pero hay pruebas de que la retórica innovadora y optimista de Welch sí inspiró confianza entre su personal y los inversores y, en último término, se tradujo en unas prácticas profesionales específicas de GE.[48]

Sea concreto sobre las pocas cosas que importan y no deje de repetirlas

Uno de los principales desafíos que afrontan los líderes que quieren convencer a los demás de que tienen el control, y que quieren obtener un control real, es la avalancha de detalles nimios y contradictorios que exigen atención. Warren Bennis identificó las demandas constantes a los líderes para que dedicaran atención a cosas urgentes, pero no importantes, como una de las razones primordiales por las que «los líderes no pueden liderar».[49] Después de todo, es complicado convencer a los demás de que uno posee el control cuando se lanza precipitadamente de una emergencia (a menudo trivial) a otra. Y es difícil obtener el control cuando uno pasa de un tema suelto a otro, ya que los trabajadores no pueden entender hacia dónde tienen que dirigir sus esfuerzos y atención (por oposición a lo que hay que ignorar, o al menos aplazar, en ese momento). Como explicamos en *The Knowing-Doing Gap*, los líderes pueden ayudar a dirigir esas exigencias decidiendo las pocas cosas que tienen más importancia en *ese momento concreto* y comunicándolas sin cesar.[50] Taiichi Ohno, que fue durante mucho tiempo consejero delegado de Toyota, creía que la eficacia de los altos directivos dependía de tener un contacto directo y constante con lo que ocurría en las fábricas, porque el famoso sistema de producción de Toyota era el factor más importante de su éxito. Ohno lo dejó claro al aseverar: «Los directivos de Toyota deberían estar suficientemente implicados en las fábricas como para tenerse que lavar las manos tres veces al día».[51]

Creer que es poderoso puede arruinar a su empresa

Una de las paradojas de ser eficaz en un cargo de liderazgo es que uno debe inspirar confianza a los demás para motivar su esfuerzo y convencerlos de que el futuro será brillante si actúan de una forma cooperativa y coordinada para obtener resultados. Sin embargo, aunque esté inspirando esa confianza en los demás y proyectando la imagen de que sabe lo que hace, es imperativo evitar sucumbir al propio autobombo, no creerse la propia prensa y, en consecuencia, sufrir los inconvenientes de creerse omnipotentea.

La profesora Deborah Gruenfeld, colega nuestra de Stanford, se ha sentido fascinada durante mucho tiempo por los efectos que tiene el simple hecho de colocar a una persona en un puesto de poder. Gruenfeld estaba en el negocio de las revistas antes de ser profesora universitaria. Un consejero delegado con el que trataba a menudo era Jan Wenner, redactor jefe de la revista *Rolling Stone*.

Gruenfeld describe que durante las reuniones él solía parar para tomarse un buen trozo de cebolla cruda, seguida de un trago de vodka directo de la botella. Wenner nunca le ofreció a Gruenfeld ni cebolla ni vodka, y, de hecho, ninguno de ellos hizo nunca comentario alguno sobre esa insólita costumbre. Cuando Gruenfeld pasó a ser profesora de universidad y empezó a estudiar el poder, se dio cuenta de que, a pesar de que Wenner era más pintoresco que muchas otras personas poderosas, su concentración en sus propios placeres y la abstracción aparente hacia sus invitados menos poderosos era coherente con gran parte de las investigaciones rigurosas sobre las personas que tienen poder. Gruenfeld y sus colegas exponen que, cuando se coloca a la gente en puestos de poder, estas personas empiezan a hablar más, a permitirse lo que les gusta, a ignorar lo que los demás dicen o quieren, a ignorar la reacción de personas menos poderosas ante su conducta, a comportarse de forma grosera y, por lo general, a tratar cualquier situación o persona como medio de satisfacer sus propias necesidades; el hecho de que se los haya colocado en puestos poderosos les impide ver que están actuando como imbéciles.[52]

Es evidente que hay formas de evitar, en parte, los problemas de creerse el autobombo, y que todas implican reducir las diferencias en cómo se trata a la gente, por ejemplo, en cuanto a salarios e incentivos. En Cisco Systems, todo el mundo —incluso los máximos líderes— vuela en clase turista. Cuando Ko Nishimura era consejero delegado de Solectron, carecía de una plaza de aparcamiento reservada y tenía un despacho abierto. Los líderes también pueden reducir las diferencias de poder y hacer que se esfumen sus ilusiones de superioridad rodeándose de gente que no duda en decirles que no tienen razón y por qué no la tienen. No matan al mensajero. Encuentran vías para evitar el filtraje de las malas noticias y de las opiniones contrarias que se produce cuando la información asciende por la jerarquía. Un amplio conjunto de estudios muestra que, aunque no se lo culpabilice de ninguna manera, el simple hecho de dar malas noticias a alguien provocará que le responsabilicen de ello y que experimenten sentimientos negativos hacia usted. Ésta es una de las razones por las que, cuando las noticias suben por los niveles jerárquicos, cada uno de los mensajeros cambia un poco la historia para contársela a su jefe de una forma cada vez más positiva.[53] Este efecto, llamado *efecto mamá*, sirve para explicar lo que aprendió el premio Nobel de Física Richard Feynman cuando investigaba la explosión de 1986 del transbordador espacial *Challenger*. Feynman pidió a un grupo de ingenieros que calculara la probabilidad de que el motor principal del transbordador fallara. Sus cálculos oscilaban entre 1 entre 200 y 1 entre 300. Cuando Feynman le pidió al jefe de la NASA que hiciera el mismo cálculo, éste le dio una tasa de fallos de 1 entre 100.000. Feynman afirmó que ese era sólo uno de los muchos ejemplos de que el aislamiento directivo de la realidad era ilimitado en toda la NASA, un problema que persistió después de la explosión del *Challenger*, según un grupo de expertos independiente que estudió por qué el transbordador *Columbia* se desintegró al iniciar la reentrada en el 2003.[54]

Los líderes también pueden disminuir las diferencias de poder seleccionando, formando y ascendiendo a altos directivos que se vean a sí mismos como *servidores* y no como *dominadores* de los otros miembros de la empresa. Por ejemplo, A. G. Lafley, el consejero delegado de Procter & Gamble, cree que el éxito de P&G depende de difundir buenas ideas por toda su enorme compañía, y ha hecho hincapié en que los directivos ganarán reconocimiento tanto si proponen como si aceptan ideas, y si hacen todo lo posible para contribuir a que el resto de empleados de la compañía prospere, no sólo ellos. No intentó activar la cooperación haciendo retoques minúsculos en el sistema salarial o añadiendo «cooperación» a una larga lista de factores a tener en cuenta en las decisiones de ascensos. Lafley se limitó a dejar claro —repitiéndolo una y otra vez, y aplicándolo a cada una de las decisiones de ascenso— que los gerentes que no lograran compartir sus ideas con todo el negocio y dentro de los equipos simplemente no serían ascendidos al siguiente nivel. Ese mensaje ha provocado algo más que una reducción de las diferencias de poder innecesarias y de las peleas destructivas por estatus en P&G. El mensaje incesante de Lafley de que la innovación proviene de compartir las ideas que se esconden en diferentes rincones de la compañía ha causado la aparición de docenas de productos nuevos con éxito, desde la comida para mascotas IAMS, que ayuda a eliminar el sarro, a blanqueadores de dientes, pasando por un medicamento para la osteoporosis llamado Actonel.[55]

Dese cuenta de cuándo y cómo tiene que hacerse a un lado

El estereotipo de liderazgo de la cultura occidental no sólo es que los líderes tienen el control y deberían tenerlo, sino que además tendrían que realizar ciertas tareas: plantear preguntas, ofrecer pautas, ofrecer mucho *feedback* positivo y negativo y facilitar mucha información y consejos que sirvan para orientar lo que sus subordinados hacen, y se supone que en ese proceso convierten en más eficaz la empresa. La investigadora de Stanford Elizabeth Gerber concluyó, que a pesar de que los líderes reciban consejos muy variados, casi todo el mundo, desde gurús hasta asesores empresariales o investigadores académicos, sostiene que los mejores líderes hacen sentir su presencia con toda la fuerza que pueden. El general George S. Patton ilustra esta fantasía a la perfección: famoso por ser un hombre constantemente en acción que parecía estar en todas partes al mismo tiempo durante una batalla, que corría de un pelotón de soldados al siguiente, gritando órdenes y transmitiendo coraje, insultando a los cobardes y elogiando a los héroes. O piense en cómo el gobernador de California, Arnold Schwarzenegger, introdujo su imagen cinematográfica en la política, aprovechándose de sus papeles para crear la fantasía falsa, pero atractiva, de que podría llegar a Sacramento y utilizar sus superpoderes para salvar al estado de los males que lo aquejaban.

Es evidente que hay ocasiones en las que los líderes son lo bastante inteligentes como para usar ese estilo de liderazgo provocador, como, por ejemplo, cuando saben más del trabajo que los miembros del equipo, cuando el personal necesita recursos, cuando se implican en un problema o tienen problemas interpersonales, cuando tienen que comprender los objetivos de la empresa o cuando necesitan vínculos con otras partes de la compañía que sólo el líder puede proporcionar. Sin embargo, si se analizan los datos más fiables, en muchos casos imponerse o evaluar a los subordinados —o, simplemente, observar cómo trabajan— perjudica el rendimiento. También hay muchos casos en que, aunque los líderes crean que están mejorando las cosas, sencillamente son inútiles. El primer paso que los líderes eficaces tienen que dar es no preguntarse «¿Qué puedo hacer?», sino «¿Realmente me necesitan? ¿Mis acciones, o incluso mi presencia, serán más perjudiciales que beneficiosas?». Los mejores líderes saben cuándo y cómo salir de en medio.

Phil Jackson ha sido el entrenador de más éxito de la NBA durante los últimos quince años, y ha ganado múltiples campeonatos con Los Angeles Lakers y los Chicago Bulls. Jackson es famoso por intervenir mucho menos que otros entrenadores y por ser especialmente hábil al dirigir a jugadores con un talento excepcional como Shaquille O'Neal y Michael Jordan. Jackson se da cuenta de que a veces dejar vía libre a sus grandes jugadores para que hagan su trabajo es igual de importante que dar consejos, pedir tiempos muertos e infundir ánimo. Jackson entiende que el liderazgo conlleva dejar que otras personas hagan el trabajo y, a veces, el mejor modo de conseguirlo es permitir que usen sus conocimientos y su talento sin interferencias.

¿Cómo puede decidir un líder si es mejor quitarse de en medio, o bien empezar a pasearse por donde trabaja la plantilla, hacer preguntas y dar consejos y *feedback*? Existen tres reglas básicas. Primera, si sabe menos del trabajo que sus subordinados, hágase a un lado, a menos que quiera aprender algo de ellos. Segunda, cuando un grupo realiza un trabajo creativo, hay un gran número de estudios que demuestra que cuantas más figuras de autoridad circulen por la empresa, más preguntas se planteen y, sobre todo, cuanto más *feedback* se ofrezca a los trabajadores, menos creativo será el trabajo. ¿Por qué? Porque desempeñar un trabajo creativo comporta contratiempos y fallos constantes, y el personal quiere brillar cuando el jefe lo observa, lo que implica dar soluciones menos creativas, más probadas, ¡que seguro que funcionarán![56] Por este motivo, William Coyne, vicepresidente ejecutivo de I+D en 3M durante más de una década, manifiesta que una parte fundamental de su trabajo es limitarse a dejar solo al personal y asegurarse de que el resto de ejecutivos también lo hace. Comenta: «Después de plantar una semilla en la tierra, no hay que cavar cada semana para ver cómo crece».[57]

En la práctica, convencer a los líderes de que salgan de en medio es complicado, porque su poder y sus ingresos están relacionados con cuánta gente supervisan, porque hay mucha gente que cree que una decisión tomada por un líder es mejor que una de un subordinado, y porque muchísimos líderes creen que sus decisiones son más acertadas que las de sus subordinados y que si los vigilan, los cuestionan y les dan la lata, esos subordinados serán más eficaces. Aunque pueda pensar que, bajo la presión de ser más eficientes, las empresas querrán el mínimo de jerarquía y de supervisión innecesaria posible, esto no siempre es así. Con todo, una de las formas más eficaces de garantizar que hay menos intrusión en el trabajo de los demás es contar con menos líderes y con menos niveles jerárquicos. La famosa Lincoln Electric Company, por ejemplo, siempre ha tenido zonas de supervisión muy extensas, lo que garantiza que los supervisores no puedan implicarse demasiado en el trabajo de los demás. Cuando el ex consejero delegado Don Hastings era vicepresidente de ventas, había 37 directores de ventas regionales que le informaban.[58]

Cuando los trabajadores de su empresa se quejen de que necesitan más ayuda y más recursos para ofrecer supervisión y vigilancia, en vez de reorganizarlos o añadir más personal, cuestiónese si la vigilancia adicional que desean realmente será útil o perjudicial. Pregúntese si meramente incrementará el poder de la gente que hace esas peticiones, eliminará la creatividad y llevará a interacciones molestas y destructivas en las que se cuestionarán una y otra vez las opiniones de los empleados que en un momento tuvieron autorización. Como el fundador de una compañía de la lista de *Fortune 500* se lamentaba, el «management profesional» que hoy en día dirige su empresa creó un mundo en el que todo era difícil de lograr porque, «a la gente que revisaba el trabajo, a su vez, también le revisaban el trabajo otras personas, y luego los que supervisaban a los supervisores eran supervisados por más supervisores».

Construya sistemas y equipos: los líderes como arquitectos o diseñadores

Una de las lecciones básicas de la teoría organizativa y de la investigación sobre liderazgo es que los líderes ejercen la máxima influencia personal sobre una compañía o grupo cuando ésta es joven, pequeña, o ambas cosas. Por eso, los fundadores de una empresa tienen una influencia tan fuerte y, a menudo, tan prolongada sobre el éxito a largo plazo de la compañía, así como también sobre su cultura, valores y funcionamiento.[59] También por este motivo algunos de los vínculos más fuertes entre las habilidades y el rendimiento de liderazgo se observan en las iglesias, tripulaciones de aviones, equipos de cirugía y en el baloncesto; el líder puede interactuar, persuadir y enseñar de forma directa a los miembros y a los externos clave. Sin embargo, cuando las empresas se hacen más grandes y más complejas, el liderazgo se convierte en un proceso menos directo y menos espectacular. El trabajo pasa a ser más bien el de construir un equipo eficaz en vez de consistir en poderes mágicos de un consejero delegado concreto para tomar decisiones y responsabilizarse personalmente. También se convierte en una tarea que comporta crear sistemas de confianza que funcionen de la misma forma siempre, en vez de ser un héroe que llega para salvar el día.

La imagen del líder como arquitecto aparece en numerosos libros de management populares en los que se describe el trabajo de crear una cultura y un conjunto de prácticas en las que se puede prosperar, ser innovador y productivo.[60] El hecho de que Toyota pueda progresar durante décadas, a pesar de las fluctuaciones del cambio del yen japonés, de los cambios en las preferencias por diferentes tamaños de coches y de los cambios de las condiciones tecnológicas y competitivas, y el hecho de que la compañía no refleje ningún *efecto de liderazgo* —ni cambios debido a la sucesión— confirma la construcción de un conjunto sólido de prácticas de management interrelacionadas y de filosofías que ofrecen ventajas sobre y más allá de las ideas o inspiración de personas individuales.

La mentalidad que se requiere para este trabajo implica, en parte, algo que ya se ha analizado: estar dispuesto a hacerse a un lado para dejar que otras personas trabajen, desarrollen, aprendan y cometan errores. Es complicado construir un sistema en el que otros puedan prosperar si el líder cree que él tiene que tomar todas las decisiones importantes y que sabe mejor que nadie qué hacer y cómo hacerlo. Cuando encuentran un equilibrio entre orientar y escuchar, entre dirigir y aprender, quienes ejercen el liderazgo pueden hacer sus contribuciones más útiles al rendimiento de una empresa.

Superar las medias verdades sobre el liderazgo

Todas las medias verdades que se han analizado en este libro son perjudiciales para las empresas y para la gente que sucumbe a ellas. Pero quizá las más peligrosas de todas sean las que afectan las ideas sobre liderazgo. En este capítulo, se han examinado dos verdades a medias destacadas: que los líderes controlan sus empresas y que deberían hacerlo. Se han proporcionado pruebas de que esas ideas son en parte ciertas, pero que también suelen ser incorrectas, y después se han ofrecido unas pautas para que los líderes negocien en entornos llenos de exigencias y expectativas contradictorias. Vamos a concluir el capítulo analizando algunos malentendidos más sobre el liderazgo que causan problemas a los líderes y a sus empresas.

Un error que se comete es creer que el liderazgo es una habilidad que se puede aprender leyendo, asistiendo a charlas o a clases. Este capítulo contiene pruebas y consejos que pueden servir a los líderes y gerentes para hacer un mejor trabajo al poner en práctica sus habilidades, en parte no dejándose atrapar por algunas medias verdades peligrosas sobre el liderazgo. Pero lo cierto es que ningún libro, asesor, clase o curso, ni siquiera un MBA, puede enseñarle a alguien cómo liderar a un equipo reducido, y mucho menos a empresas grandes. Es una destreza que se puede aprender sólo a través de la experiencia. Esta lección sobre el liderazgo se hace evidente a lo largo de la historia, y sigue siendo cierta a pesar de toda la formación y el conocimiento empresarial que se ha acumulado. Como demuestra el maravilloso libro del historiador David McCullough, *1776: narración épica y riguroso testimonio de un acontecimiento que cambiaría la historia*, George Washington nunca había estado al frente de un ejército en combate cuando asumió el mando del Ejército Continental en 1775. Washington se mostró indeciso y tomó decisiones nefastas que provocaron la muerte a miles de soldados durante 1776. Sin embargo, persistió, irradió calma y confianza por todas partes, acabó aprendiendo cómo hacer el trabajo suficientemente bien como para obtener algunas victorias importantes al final de 1776, y continuó convirtiéndose en un líder militar más eficaz hasta que terminó la guerra de la Independencia de los Estados Unidos en 1781.[61] La analogía que se ha hecho con la medicina a lo largo de todo el libro es adecuada, porque a pesar de que aprender a valorar las investigaciones y estudios sobre las mejores y peores prácticas y medicinas puede ayudar a los médicos a mejorar su trabajo a la hora de atender a sus pacientes, ningún médico puede aprender a practicar la medicina sin años de experiencia, sin aprender a través de los actos. Como se espera que los líderes asuman el control y cambien las cosas, aunque sus poderes reales sean limitados, y aunque suelan poder ser más eficaces si dejan hacer o ayudan a los demás en su propio trabajo, se requiere sabiduría y experiencia para moverse entre las exigencias y expectativas contradictorias que afrontan. Por este motivo, tal como Morgan McCall señaló en su análisis sobre los programas de desarrollo del liderazgo, los programas más eficaces de formación ofrecen experiencia de liderazgo y *feedback* sobre dicha experiencia.[62]

Un segundo mito sobre el liderazgo relacionado con el anterior es que un líder experto puede dirigir bien cualquier compañía o sector. Esta creencia ha provocado una confianza excesiva en la sucesión externa y los problemas que suelen presentarse cuando se contrata a personas sin un bagaje suficiente en las cuestiones institucionales específicas de la compañía que están dirigiendo. Convertirse en un gestor eficaz requiere un conocimiento profundo del sector, la empresa, la plantilla y el trabajo que se hace. Por eso, aunque muchas empresas ven a un consejero delegado externo como el salvador, las compañías que tienen unos resultados bastante positivos se benefician si ascienden a una persona interna a un puesto alto. Contratar a una persona externa suele estimular el rendimiento sólo si la compañía está pasando por dificultades financieras o si los altos directivos están robando dinero o mintiendo a los accionistas, señales de que la compañía necesita habilidades o valores nuevos y de que hay que enviar el mensaje de que se han marchado los directores pésimos anteriores y ha llegado aire nuevo. Un estudio de Rakesh Khurana y Nitin Nohria sobre la salida de consejeros delegados de compañías de la lista de *Fortune 200* entre 1980 y 1996 concluyó que, si el consejero delegado se retiraba por voluntad propia, la incorporación de una persona externa provocaba un descenso del rendimiento durante los tres años siguientes. Pero si se despedía al antiguo consejero delegado, incorporar a un externo provocaba una mejora del rendimiento.[63]

Pero ¿qué sucede si un líder acepta un empleo en una industria o empresa nuevas? Cuando se analizan casos en que los líderes han pasado con éxito de una industria o compañía a otra, se observa que suelen haber dispuesto de tiempo para aprender cuál es el trabajo de su plantilla, a sus clientes y los productos *antes* de emprender cambios significativos. Eso es exactamente lo que la consejera delegada Andrea Jung hizo durante su primer mes en Avon en 1999, en un momento en que las ventas y la cotización de las acciones de la compañía caían en picado, en que las mujeres se interesaban cada vez menos en vender cosméticos y productos similares a sus amigas o puerta a puerta, y en que la línea de productos de la empresa se había agotado y era aburrida. Una de las primeras acciones de Jung fue ponerse a trabajar como una señora Avon, «a ir puerta a puerta por [su] vecindario», porque quería conocer la experiencia de venta. Al llamar a las puertas del Upper East Side de Nueva York fue cuando comprendió el negocio principal de Avon. Escuchó quejas de la clientela sobre colores que ya no se fabricaban, pedidos mal gestionados y promociones confusas. Una clienta la reprendió por presentarse con un catálogo que no contenía su crema facial favorita. Cuando Jung hubo comprendido los problemas, actuó rápido, recortó productos antiguos, incrementó el presupuesto de I+D de Avon en casi un 50% y creó programas para contratar a un mayor número de señoras Avon, además de vender productos en tiendas —no sólo a través de la venta directa— por primera vez en la historia de Avon.[64] Pero Jung no empezó a implementar esos cambios hasta que no hubo dedicado un tiempo a conocer a los clientes, al personal y la línea de productos de Avon. Las ventas y la cotización de las acciones de Avon han ido aumentando de forma constante desde que Jung asumió el cargo, un logro que *Fortune* describe como «una de las recuperaciones más espectaculares de los últimos años».[65]

Bill George de Medtronic hizo lo mismo, pero él dedicó meses en vez de semanas a conocer a los clientes. Cuando George fue nombrado consejero delegado de esa compañía de aparatos médicos en 1991, no tenía ninguna experiencia previa en el sector —a diferencia de Jung, que había trabajado en negocios relacionados en Neiman Marcus y Bloomingdale's—. Los aparatos médicos, además, son tecnológicamente complejos de entender, y forjar relaciones con los clientes clave —cirujanos— es algo que requiere tiempo. De modo que George dedicó más del 50% de su jornada durante los primeros nueve meses a observar cómo los cirujanos implantaban aparatos de Medtronic en los pacientes, a aprender cómo hacían su trabajo los médicos y a escuchar sus preguntas y preocupaciones sobre los productos de Medtronic. George también pasó gran parte del primer año en Medtronic en las fábricas y en conversación directa con el personal de investigación y desarrollo. Su dedicación a aprender cómo se llevaba a cabo el trabajo en la empresa, sospechamos que es uno de los motivos de que fuera un líder de Medtronic con tanto éxito. El comportamiento de George es lo contrario de lo que se suele presenciar. Los líderes nuevos, en especial los que proceden de fuera, llegan y quieren dejar su huella. Lo intentan haciendo, básicamente, lo opuesto de lo que hacía el anterior titular del cargo, con independencia de que funcionara o no, y por supuesto con independencia de cualquier prueba o consejo. No es sorprendente que tantos líderes nuevos causen tantos daños a sus empresas.

El ejemplo de Bill George también desinfla otro mito o media verdad sobre el liderazgo: que los líderes llegan y marcan una diferencia enorme y positiva desde el primer momento. De hecho, del mismo modo que George dedicó un tiempo a conocer las particularidades de esa situación, hay pruebas de que los mejores resultados del liderazgo suelen llegar después de años de experimentación y aprendizaje. Danny Miller y Jamal Shamsie estudiaron a todos los directores de los principales estudios cinematográficos de los Estados Unidos entre 1936 y 1965, que incluían a leyendas como Darryl Zanuck, Louis B. Mayer y Jack Warner. Miller y Shamsie concluyeron que esos 31 líderes experimentaron mucho con diferentes géneros cinematográficos al comienzo de sus carreras, y que habían tenido que pasar quince años antes de que el estudio medio lograra su máximo nivel de rendimiento financiero.[66]

El liderazgo es una habilidad difícil, porque las expectativas siempre son muy altas, las culpas muy rápidas y duras, y los líderes tienen menos impacto en la evolución de las empresas de lo que la mayoría de la gente supone. Pero es una destreza que se puede adquirir con el tiempo, y a algunos se les da mejor que a otros. Al plantear los distintos mitos y medias verdades sobre el liderazgo, hemos comprobado que hay pruebas sobre los pasos que puedan dar los líderes para tener un mayor efecto positivo en sus empresas. La lección principal es que los mejores líderes son lo bastante inteligentes como para actuar como si estuvieran al mando, pero lo bastante sensatos como para no dejar que el poder se les suba a la cabeza y no tomárselo demasiado en serio.

TERCERA PARTE

De las pruebas a la acción

9

Cómo beneficiarse del management empírico

Este libro cuenta una historia de oportunidades perdidas, de muchísimos líderes y empresas que están más interesados en limitarse a copiar a los demás, a hacer lo que siempre han hecho y a tomar decisiones basadas en opiniones sobre lo que debería funcionar en vez de en lo que realmente funciona, por lo que no se enfrentan a los datos concretos ni usan los datos más fiables para moverse por el entorno competitivo. Pero también hay buenas noticias. Se han mostrado los beneficios obtenidos por las empresas y los líderes que están interesados en el management empírico y que usan una serie de criterios diferente para seleccionar ideas en el mercado empresarial. Se ha comprobado que el management empírico suele ser la excepción en vez de la regla, incluso en casos en los que rechazar la sabiduría convencional y centrarse en la lógica y en los hechos importantes reporta unos beneficios tremendos, ya se trate de la compaginación de la vida laboral con la vida personal, de la selección de talentos, de la estructuración salarial, de la importancia que hay que dar a la estrategia, de la gestión del cambio o del liderazgo.

Fíjese en una comparación más entre los frutos que recogen las compañías cuando descubren, afrontan y obran de acuerdo con los datos más fiables y lo que les pasa a las empresas que no lo hacen. Hay pruebas convincentes de que si las empresas usan las prácticas de recursos humanos basadas en las mejores investigaciones, superan a la competencia. Esas conclusiones se repiten en todas las industrias, desde la automovilística, hasta la textil, pasando por la del software informático o la del béisbol. Las investigaciones sobre las ofertas públicas iniciales también revelan que las nuevas empresas que otorgan más valor a sus empleados estimulan sus tasas de supervivencia más allá de cinco años.[1] Sin embargo, muchas entidades siguen usando de forma habitual prácticas de gestión del personal inadecuadas. El problema no es sólo que los gerentes de recursos humanos. sepan qué hacer, sino que logren que sus empresas lo hagan. Como otros líderes, muchos ejecutivos de recursos humanos sostienen opiniones erróneas o parciales. Son víctimas de informaciones, lógica y consejos de segunda calidad, que generan prácticas sospechosas que acaban perjudicando el rendimiento y al personal.[2] Escribimos este libro para mostrar cómo los gerentes pueden localizar y usar pruebas para que sus empresas puedan evitarse esas trayectorias horribles, en las que las mejores intenciones llevan al peor de los destinos.

Los líderes de las empresas comerciales no son los únicos que ignoran datos y toman decisiones equivocadas como consecuencia. Implementar prácticas empíricas es una batalla ardua en muchos ámbitos. En política pública, «esta desconexión entre la ciencia y la política es mucho más que asombrosa, ya que los políticos ignoran la ciencia que no les ofrece la respuesta que desean».[3] En el ámbito de la ejecución de la ley, el psicólogo Gary Wells ha demostrado repetidas veces que cuando a los testigos oculares se les pide que elijan a un sospecho en una rueda de reconocimiento tradicional, en la que todos los sospechosos están hombro con hombro (o cuando los testigos observan un *pack* de seis fotografías de sospechosos a la vez), siempre se equivocan en las identificaciones. Incluso cuando el sospechoso verdadero no está en la fila, los testigos suelen señalar falsamente a la persona que más se le parece. ¡Tres cuartas partes de las personas exoneradas por pruebas de ADN habían sido identificadas falsamente por testigos oculares en ruedas de reconocimiento! Wells ha demostrado que los testigos cometen muchos menos errores si se les presentan uno a uno los sospechosos, y no existe ninguna barrera tecnológica o económica concreta para mostrar fotos o sospechosos de forma secuencial en lugar de todos a la vez. A pesar de que Wells ha dedicado veinte años a hacer una campaña a favor de que los departamentos policiales usen las filas secuenciales, sólo *cuatro* de las más de 19.000 jurisdicciones legales norteamericanas han implementado esta práctica basada en pruebas.[4]

O tomemos el ejemplo de la educación. A principios del 2005, el gobernador de California, Arnold Schwarzenegger, propuso atacar los problemas de rendimiento escolar con sueldos en función de los resultados para los profesores. No hizo referencia a ninguna prueba que respaldara esa idea, quizá porque existen muy pocas. Como se explicó en el capítulo 1, décadas de investigación no han conseguido proporcionar pruebas de que los salarios en función de los resultados en los colegios tengan efectos positivos sobre el aprendizaje. O fíjese en el caso de la atención médica, en especial, la seguridad de los pacientes y la prevención de muertes y complicaciones innecesarias. Estudio tras estudio confirma que, cuando los hospitales tienen una proporción más alta de personal de enfermería por paciente y limitan las jornadas laborales de estos enfermeros, los pacientes tienen unas tasas de mortalidad inferiores y sufren menos complicaciones e infecciones. Sin embargo, se han implementado pocas de estas medidas, y los directores de los hospitales siempre se oponen a la obligatoriedad del mantenimiento de cierta proporción entre el número de personal de enfermería y el de pacientes contratación de personal de enfermería y jornadas laborales.[5] Cuando se trata de gestión pública, educación y atención sanitaria, o también del management, la ideología y las falsas esperanzas suelen alterar las pruebas, lo que provoca que se pierda tanto dinero como vidas.

Cuando al difunto Peter Drucker le preguntaron por qué los gerentes se tragaban consejos equivocados y no lograban usar pruebas convincentes, no tuvo pelos en la lengua: «Pensar es un trabajo muy duro. Y las modas en el management son un sustituto maravilloso del pensamiento».[6] Si está dispuesto a formular las duras reflexiones que se requieren para poner en práctica el management empírico, si quiere recoger sus frutos, tiene que reconocer los puntos débiles, prejuicios y problemas de su empresa y responsabilizarse de localizar y seguir los mejores datos y lógica. Los progresos en otros campos sugieren que eso es algo más que un sueño maravilloso de un par de profesores universitarios ingenuos. El movimiento de la medicina empírica está progresando, y hasta sus críticos más severos admiten que obrar de acuerdo con mejores datos causa una atención mejor. En educación también existe una presión creciente para basar las políticas y las prácticas en la investigación.[7] Las políticas y las ideologías a veces siguen llevándose por delante a las decisiones sensatas. No obstante, existen historias de éxitos, como la del Chicago Consortium on School Research (Consorcio de Chicago sobre Investigación Educativa), un grupo de investigadores independientes cuyos estudios rigurosos han cambiado políticas y prácticas ineficaces en los colegios de Chicago y que ha proporcionado datos de peso sobre los inconvenientes de las políticas motivadas políticamente, como los incentivos para profesores y los suspensos a alumnos que no llegan al nivel.[8] Implementar un enfoque empírico puede estimular la práctica empresarial y el rendimiento organizativo casi por igual. Pero hay que trabajar mucho.

Principios de implementación

Se ha recalcado que el management empírico no es sólo una lista de técnicas que se puedan memorizar, imitar e instalar. Es una perspectiva para recorrer la vida empresarial, una forma de pensar sobre lo que usted y su empresa saben y lo que no saben, lo que funciona y lo que no, y cuál es el paso siguiente a dar. No es una solución única que resolverá por arte de magia todos sus problemas. Pero puede dar algunos pasos cada día para conservar esa mentalidad, para seguir enfrentándose a los hechos innegables, evitar caer en la trampa de las peligrosas verdades a medias, y descubrir y rechazar las tonterías. Los denominamos principios de implementación para poner en práctica el management empírico.

Estos principios no son misteriosos ni complicados, pero no podrá obtener una ventaja competitiva si no los llega a *usar*. Un impedimento formidable al management empírico es que la gente ni siquiera lo prueba porque pone en duda su valor. Concluyen que el management empírico no funciona, o que si funciona en unas cuantas empresas raras, sería imposible implementarlo en sus propia compañía. Cuando los líderes creen que es imposible obtener una ventaja competitiva *y* que es imposible hacerlo a través de mejores inferencias y datos, ponen en marcha una profecía autorrealizable que socava el rendimiento, y sitúa a la empresa en una posición desventajosa en comparación con empresas que creen y utilizan métodos basados en pruebas. Escribimos este libro para los gerentes que quieran aprender, usar y difundir el management empírico en sus compañías, hacer lo que sea necesario para obtener y mantener esa ventaja. Hemos identificado nueve principios de implementación que servirán a la gente y a las empresas que están comprometidas a hacer lo que sea necesario para beneficiarse del management empírico.

1. Trate la empresa como si fuera un prototipo inacabado

Las compañías que prosperan a través del management empírico desarrollan la mentalidad adecuada. Su plantilla aprende incluso cuando obra de acuerdo con lo que sabe. Nos hemos referido mucho a esta «actitud de sabiduría» en este libro. Los filósofos y psicólogos definen la sabiduría como ser consciente de lo que uno sabe y lo que no sabe, y encontrar un punto medio entre el exceso de confianza y la inseguridad. El psicólogo John Meacham escribe: «He llegado a la conclusión de que la esencia de la sabiduría es mantener la actitud de que el conocimiento es falible y esforzarse por encontrar un equilibrio entre el saber y la duda».[9]

Los líderes que practican la actitud de sabiduría piensan y actúan como si la empresa fuera un prototipo inacabado, no como algo que «no se rompe, y por tanto no arreglarán». No la consideran algo que perjudicarán con nuevas ideas peligrosas, que son un lío a la hora de arreglarlas, ni que sea imposible cambiar porque habrá demasiada resistencia. Piense en algunas de las compañías y personas más juiciosas que hemos visto: el refinamiento constante del proceso de fusión de Cisco; la experimentación con los indicadores de fidelidad de los clientes en Enterprise Rent-A-Car; el uso de datos por parte de Harrah's para descubrir las verdaderas claves del éxito en el negocio de los casinos; el modo en que David Kelley ve a IDEO, como un prototipo con el que no deja de juguetear en su cabeza; el grupo de Usama Fayyad en Yahoo! que lleva a cabo experimentos con millones de visitantes al sitio web; el centenar de cambios sustanciales e imperceptibles de Anne Mulcahy en Xerox; la decisión confiada de Andy Grove de situar a Intel en la dirección que él creía que era la mejor *en ese momento*, pero que modificó cuando tuvo datos mejores.

Amazon.com también es otro ejemplo, porque su filosofía de management hace hincapié en la experimentación y el aprendizaje a partir de los resultados constantes. Como consejero delegado, Jeff Bezos explica que todo el personal de Amazon se da cuenta de que su trabajo es «optimizar la invención por unidad de tiempo» y «minimizar el coste de los experimentos con equipos reducidos». Esos equipos pequeños tienen unas cuantas limitaciones, pero se espera que todos supervisen con atención sus experimentos. Amazon utiliza «Internet para recopilar datos concretos sobre lo que funciona y lo que no», no sólo para tomar decisiones mejores, sino porque «eso evita los conflictos internos y además erradica los rangos jerárquicos».[10]

O veamos el ejemplo de la red de televenta QVC. Es un poco más pequeña que Amazon, pero el doble de rentable, y ocupa el tercer puesto en ingresos entre las emisoras norteamericanas (por detrás de la NBC y la ABC). Los productos QVC se venden en televisión y están disponibles para comprarlos de inmediato. Los productos incluyen, virtualmente, todo: desde libros de recetas, o joyas, hasta ropa u ordenadores Dell. QVC contaba con más de 7 millones de clientes en el 2004, y el 93% de sus ingresos proceden de clientes que repiten. Los productos que vende QVC se seleccionan a través de un proceso de experimentación constante, entremezclado con reflexiones empíricas sobre por qué algunos se venden y otros no. Cuando un producto se vende en antena, los productores realizan ajustes minuto a minuto en ángulos de cámara, iluminación y el diálogo del presentador, y persisten con cambios que parecen incrementar las ventas y disminuyen las modificaciones que parecen desestimularlas. La mayor parte de las reflexiones y los aprendizajes tienen lugar cada día en las evaluaciones de las 9 de la mañana, en las que los empleados de QVC visionan vídeos de las transmisiones del día precedente para intentar entender por qué el lanzamiento de algunos productos tiene éxito y otros fracasan. Por ejemplo, se plantearon si el producto con menos éxito del día anterior —ropa para practicar yoga— había fracasado debido a una presentación desacertada por parte del presentador, o bien porque era un producto malo. En ese caso, decidieron que era cuestión del producto, de modo que lo liquidaron en el sitio web de QVC (que ha alcanzado el sexto puesto entre los minoristas norteamericanos presentes en Internet).[11]

Las decisiones de QVC están motivadas por los datos, pero los datos son fluidos; la compañía obra de acuerdo con los mejores datos que los productores pueden obtener en ese momento, al mismo tiempo que siguen experimentando con ángulos de cámara o diálogos. Una implicación fundamental de considerar una empresa como un prototipo inacabado es que muchas veces probar algo mal concebido, basado en los mejores datos que se pueden obtener y hacerlo tan rápidamente, es mejor que esperar a obtener una información perfecta o a dar con la solución perfecta, en la que cada mínimo detalle se tenga en cuenta y se analice a expensas de mucho retraso. Después de todo, en el momento en que haya completado un estudio exhaustivo, el problema puede haber pasado, todos los ejecutivos pueden haber sido despedidos por inacción y la compañía puede llegar a haber expirado. Un agente de cambio empresarial se nos quejó en una ocasión de que muchos académicos olvidan que suele ser mejor obtener unas cuantas pruebas en el momento presente que una cantidad enorme más tarde. Bromeó: «Vosotros, los profesores, parecéis olvidar que cuando vais al médico para haceros un análisis de sangre, no os drenan todo el cuerpo y miran todas las células, basta con una pequeña muestra».

Tenía razón. El trabajo de un gerente es actuar de acuerdo con los datos más fiables disponibles y seguir actualizándolas. Nunca contará con todas las pruebas. En cada ámbito, sea en seguridad de las aerolíneas, medicina, las fuerzas armadas o una compañía privada, las condiciones y circunstancias varían y se van adquiriendo conocimientos nuevos a cada momento. Los líderes se enfrentan a la incertidumbre; eso es lo que deben hacer. Cuando están delante de un paciente que necesita ayuda, los médicos prescriben tratamientos y recetan medicamentos basándose no en información o conocimiento perfectos, sino en los datos más fiables de que disponen en ese momento. Esas pruebas —y los mejores tratamientos— cambian con el tiempo. Del mismo modo, el management empírico implica actuar de acuerdo con lo que se sabe en un momento determinado, de acuerdo con los mejores datos que se disponen, a la vez que se intenta crear las condiciones para aprender más —lo que significa entender la verdad como un objetivo móvil—; es decir, entender tanto la empresa como el conocimiento que tiene sobre cómo gestionarla como prototipos inacabados pero útiles.

2. Alardes, no; hechos

En el capítulo 1, se expuso el caso de DaVita, que opera con más de seiscientos centros de diálisis en 37 estados de EE. UU. Uno de los mantras de la empresa es «Alardes, no; hechos». Este principio rector centra la atención de la gente en las fuerzas que impulsan la calidad de la atención que ofrecen, junto con la eficiencia y la rentabilidad del funcionamiento de sus negocios. DaVita también insiste en el eslogan «Alardes, no; hechos» porque quiere eliminar el autobombo que quizá ayudaran a los empleados individuales y a la compañía a prosperar a corto plazo o a que la empresa se sintiera más satisfecha con su rendimiento, pero que podrían perjudicar la atención a los pacientes y la eficacia operativa a largo plazo si no se afronta la realidad.

«Alardes, no; hechos» es el mejor eslogan que conocemos para orientar e inspirar un movimiento de management empírico. Es el antídoto a los discursos inteligentes, autoengrandecimiento y decisiones basadas en tonterías que contaminan gran parte de la vida empresarial. Como Harry Frankfurt, de Yale, lo define, tonterías significa que una persona hace declaraciones con «una indiferencia completa a si lo que está afirmando se corresponde con los hechos».[12] Si tiene que haber un movimiento de management empírico, al menos en su empresa, comporta hacer lo contrario. En vez de tolerar las verdades a medias y las tonterías, significa que los trabajadores se responsabilizarán unos a otros por hacer afirmaciones que se correspondan con los hechos y, como ya se ha remarcado, actuarán de acuerdo con los mejores hechos aunque sea doloroso escucharlos. Piense en ello. «Alardes, no; hechos» habría significado que los ejecutivos de Merck habrían afrontado las pruebas sobre Vioxx en lugar de formar a los comerciales en el juego del «balón prisionero», como lo llamaron, para eludir las preguntas de los médicos sobre los riesgos de problemas cardíacos. También habría implicado que Hewlett-Packard habría estudiado lo negativamente que los consumidores veían los productos de Compaq *antes* de materializar lo que resultó ser una fusión nefasta.

O habría significado que, cuando los ejecutivos de HP supieran esos hechos, habrían considerado en serio las implicaciones para el éxito de la fusión propuesta, en vez de culpabilizar al mensajero. Pero fue «alardes, no hechos», tanto en Merck como en HP;

343

maldecir las pruebas y seguir rápidamente hacia adelante. Y fíjese en cuáles fueron los resultados.

3. Dominar lo obvio y lo corriente

Es posible que se pregunte cómo el uso de los datos más fiables puede producir mejores resultados; parece demasiado fácil y evidente. A veces, eso nos recuerda el viejo chiste de dos economistas que van paseando por la calle y se encuentran un billete de 20 euros en la acera. El primero dice: «Mira, un billete de 20 euros. Cojámoslo». El segundo responde: «No es posible que sea un billete de 20 euros; si hubiera un billete de 20 euros en medio de la acera, ya lo habría cogido alguien». Los gerentes también evitan lo que tienen claramente delante; se limitan a suponer que ya están haciendo todo lo que pueden para tomar decisiones correctas, de modo que no tiene sentido modificar nada.

Las pautas para poner en práctica el management empírico y los pasos que hemos desarrollado para gestionar a la luz de las seis medias verdades peligrosas abundan en sentido común obvio y corriente. Pero, como se ha argumentado, a pesar de que mucho de lo que sugerimos pueda parecer sentido común, no es una práctica común, y de hecho el sentido común escasea. Una recomendación evidente, por ejemplo, es que si está planteándose un programa o una práctica, es positivo averiguar si otros —otra empresa, una consultora o profesores universitarios— ya han recopilado pruebas convincentes de si funciona en otra parte, y si es así, cuándo, dónde y por qué. Nos asombra el número de empresas que dedican meses o incluso años a hacer una investigación interna, a poner en marcha programas piloto y experimentos para decidir si adoptar algún programa o práctica sin primero pararse a mirar si ya existen pruebas pertinentes en algún lado. Ignorar datos que no se han elaborado localmente es sólo otra manifestación del síndrome de «no se ha inventado aquí». Sin duda, como se ha visto, los experimentos y los programas piloto son útiles, pero antes de lanzar uno, vale la pena comprobar que no esté reinventando la rueda cuadrada. Esa idea puede llegar a parecer de un sentido común aplastante, pero es tan obvia que a los listos se les olvida. Se la hemos sugerido a docenas de empresas durante muchos años, desde los ejecutivos de General Electric hasta a los asesores de McKinsey. En casi todos los casos, la primera reacción fue: «Ah, no habíamos pensado en eso». También nos encontramos con personas que rechazaban esa sugerencia porque parecía demasiado fácil y evidente como para ser positiva. «Dominar lo evidente» puede que no parezca emocionante y no hará que lo cataloguen como un genio, pero puede hacerle ganar y ahorrar mucho dinero a su empresa.

Una consecuencia relacionada de adoptar un enfoque empírico es que las cosas aburridas, que parecen triviales, pueden marcar grandes diferencias. Fíjese en un experimento de la Universidad de Missouri que comparaba el proceso de toma de decisiones en 56 grupos en los que los miembros *permanecían de pie* durante reuniones breves (de entre diez y veinte minutos), por un lado, y, por el otro, 55 grupos cuyos miembros *permanecían sentados* durante las reuniones. Los grupos donde los miembros se quedaban de pie tardaban un 34% menos en tomar la decisión asignada, y no había diferencias significativas en la calidad de las decisiones.[13] Que la gente esté sentada o de pie durante las reuniones podría parecer una tontería a primera vista. Pero haga números: ¿cuántos empleados tiene?, ¿cuántas reuniones de entre diez y veinte minutos celebran al año? Seguro que hay ocasiones en las que la gente tiene que estar sentada durante las reuniones, por ejemplo, cuando se abordan cuestiones emocionalmente delicadas, pero hay muchas otras en las que permanecer de pie ya vale. Veamos el caso del gigante energético Chevron, que cuenta con más de 50.000 empleados. Si cada empleado sustituyera una sola reunión al año de veinte minutos en la que estuviera sentado por una reunión de pie, esa investigación implica que dicha reunión sería siete minutos más corta, pero igual de eficaz, lo que ahorraría a Chevron más de 350.000 minutos —casi 6.000 horas— al año.

4. Observarse a sí mismo y a la empresa como lo harían terceros

Un impedimento considerable al management empírico es que los seres humanos, sobre todo los que gozan de buena salud mental, suelen tener opiniones infladas de sus propios talentos y perspectivas de éxito. Ese optimismo desmedido es una espada de doble filo. El lado positivo es que crea profecías positivas que tienden a cumplirse, lo que incrementa las probabilidades de éxito. El negativo es que el optimismo excesivo provoca que se reste importancia a los hechos o que no se vean los riesgos, y que se persista a pesar de las pruebas evidentes de que se está yendo por mal camino. Un estudio concluyó, por ejemplo, que más del 80% de los empresarios encuestados calculó que las posibilidades de que su iniciativa prosperara eran del 70%, y más del 30% creía que su empresa seguro que prosperaría —a pesar de que sólo un 35% de los nuevos negocios sobreviven a sus primeros cinco años—.[14] El libro sobre tomas de decisiones empresariales de Max Bazerman revela que las personas externas suelen realizar evaluaciones más objetivas que las internas, de modo que tener un amigo, mentor o asesor francos puede servirle para observar y obrar de acuerdo con los datos más fiables.[15] Este es uno de los motivos por los que el estudio de Kathleen Eisenhardt sobre empresas incipientes de Silicon Valley que han triunfado o que han fracasado concluyó que en las compañías que sobrevivían y prosperaban, el consejero delegado solía contar con un asesor de confianza en el equipo, mientras que los consejeros delegados de las empresas fracasadas no solían tenerlo. Esos asesores eran, típicamente, entre diez y veinte años mayores que el consejero delegado, tenían una experiencia dilatada en la industria y eran muy valiosos para ayudar a los consejeros delegados a reconocer que estaban yendo por mal camino y que necesitaban dar un giro en la dirección estratégica.[16]

Dice el chiste que, cuando contratamos a un asesor, éste nos mira el reloj y nos dice qué hora marca. Por desgracia, los prejuicios humanos son tan fuertes que las compañías pueden ser sensatas al contratar a asesores sólo con esa finalidad, ya que a veces los líderes son incapaces o no están dispuestos a ver lo que es obvio para todos los demás. Pero los líderes que puedan ponerse en la piel de otra persona y observar a las empresas *como si* fueran terceros tomarán decisiones más acertadas. Aric Press, redactor jefe de *American Lawyer*, lo dejó claro cuando sugirió que los bufetes de abogados deberían usar «auditorías reflejas» para localizar, reformar y deshacerse de los abogados desagradables, ofensivos. «Como mínimo, lo que sugiero es que se pregunte a sí mismo: ¿Por qué tenemos que aguantar ese comportamiento? Si la respuesta es minutas por valor de 2.500 dólares la hora, al menos habrá identificado sus prioridades sin tener que gastar dinero en asesores».[17]

5. El poder, el prestigio y el rendimiento lo vuelven testarudo, estúpido y resistente a las pruebas fiables

El ego: el gran destructor. Sin duda, el miedo y la falta de coraje han hundido empresas, pero el exceso de confianza y de certeza es más habitual y más destructivo. Muchos líderes caen en la trampa de este problema, porque creen que sólo pueden lograr y reflejar grandeza si nunca admiten que han cometido un error, que no saben algo o que tienen un resquicio de duda. A finales de los años noventa, Microsoft perdió un juicio antimonopolio famoso. Un artículo de *Fortune* planteaba: «He aquí el gran misterio del juicio de Microsoft: ¿Por qué una empresa tan inteligente ha montado una defensa tan estúpida?».[18] La respuesta parece ser que el exceso de confianza es un efecto secundario peligroso de ser un monopolio. Los ejecutivos de Microsoft estaban tan seguros de su postura, tan seguros de que tenían razón, que parecían incapaces de ver las cosas desde la perspectiva de los otros, de modo que, en consecuencia, fueron incapaces de tomarse bastante en serio el proceso judicial.

Coca-Cola bajo el mandato de Douglas Ivester sufrió un problema parecido por motivos similares. Coca-Cola está entre las marcas más potentes y más reconocidas de todo el mundo. Como

Microsoft, ha gozado de una posición dominante en el mercado durante décadas, y a finales de los años noventa, tuvo un periodo de rendimiento económico notable. Cuando algunos europeos creyeron que una Coca-Cola contaminada había provocado que cayeran enfermos, la respuesta inicial de Ivester fue insultante e impropia, lo que le salió caro al negocio y a la imagen de la compañía. Convencido de que tenía razón, Ivester se limitó a decir a sus trabajadores y a los funcionarios franceses: «No hay ningún problema de salud» y «No hay nada malo en la Coca-Cola».[19]

Fortune se preguntó: «¿Por qué Ivester no habló claro? ¿No fue a la televisión? ¿No les contó a los consumidores europeos los hechos o al menos mostró un poco de empatía y reconoció su dolor?» A lo mejor, no lo hizo porque Ivester se «empeñó en mantenerse firme». Quizá no lo hiciera porque «la gente que conoce a Ivester dirá que él cree que puede manejar la situación a su manera».[20] Es decir, muchos de los problemas que padecieron Ivester y Coca-Cola se debieron a la arrogancia y a sus terribles efectos dominó: la gente arrogante no se molesta en escuchar, en pedir consejos ni ayuda, o en adoptar la perspectiva de los demás porque *sabe* que es más lista que todos los demás. Como ya se ha comentado, la arrogancia de los consejeros delegados, además, provoca que las empresas paguen de más en las adquisiciones.

Considere otra variante de este problema. Llega un nuevo consejero delegado y promete dejar su impronta en la empresa. En lugar de aprovechar lo mejor del pasado y construir a partir de eso, muchos ejecutivos nuevos rompen del todo con el pasado para demostrar su diferencia y dejar su propia marca, aunque algunas de las ideas y prácticas anteriores que descartan fueran eficaces. Además, los consejeros delegados tienen teorías favoritas, a menudo adquiridas a través de la experiencia o que nacen de sus propias opiniones o ideologías. Cualesquiera que sean los motivos, muchos consejeros delegados nuevos llegan con confianza, energía y decididos a ser diferentes, así que se acaba lo anterior y llega lo nuevo, aunque lo anterior estuviera basado en hechos innegables.

Hewlett-Packard es otro buen ejemplo. HP había sido una empresa bien dirigida, en parte porque el personal estaba muy interesado en el management basado en hechos. A principios de los noventa, a pesar de que los ejecutivos de HP creían en la diferenciación salarial y en los sueldos en función del rendimiento, decidieron probar esos sistemas antes de implementarlos realmente. Así pues, los negocios de HP experimentaron con trece programas salariales diferentes. «La mayoría eran sistemas salariales basados en habilidades y en equipos; algunos implicaban participación en los beneficios y algunos incentivos o extras en efectivo».[21] El objetivo de la compañía «era aprender a partir de esos «experimentos» y usar los datos para decidir si fomentaban un uso más extendido del salario según rendimiento en Hewlett-Packard».

Las conclusiones fueron coherentes. «Los gerentes locales que iniciaron con entusiasmo esos programas de sueldos en función del rendimiento tuvieron dificultades al implementarlos y mantenerlos, y estuvieron dispuestos a abandonarlos para poder dedicar sus esfuerzos a otra cosa». Como consecuencia, «de acuerdo con las experiencias descritas por los directivos de esos trece sitios, los ejecutivos de Hewlett-Packard decidieron suspender los experimentos con los programas salariales en función del rendimiento alternativos».[22] Esos experimentos descubrirían que, en efecto, el sueldo motivaba el rendimiento, como demuestran investigaciones previas. Pero los beneficios no compensaban todos esos costes. La pérdida de confianza en la compañía, el compromiso dañado de los empleados, desviar la atención del trabajo hacia los sueldos, conflictos internos sobre los niveles salariales y la dificultad de gestionar esos programas comportó que, simplemente, no merecieran la pena: una conclusión compartida por los altos ejecutivos que al principio habían respaldado esos planes, los gerentes de divisiones que los habían implementado y los trabajadores que habían vivido esos experimentos.

Parece un final feliz, pero no lo fue. Carly Fiorina creía en los salarios en función del rendimiento y en aumentar las diferencias salariales entre los mejores y los peores trabajadores; de modo que cuando asumió el cargo de consejera delegada, obligó a aplicar el sistema en toda la empresa, sin tener en cuenta las pruebas que había reunido la propia compañía. La historia de HP es muy habitual. Los antojos, las opiniones, el ego y la ideología del consejero delegado, en vez de las pruebas, dirigen demasiado lo que hacen las compañías y cómo lo hacen. Como se describió en el capítulo 8, y como evidencian los ejemplos de Microsoft, Coca-Cola y HP, los líderes sensatos deberían empezar asumiendo —con independencia de lo flexibles, inteligentes y abiertos a los hechos que hubieran sido en el pasado— que el mero acto de incorporarse a un puesto de poder puede transformarles en estúpidos tozudos y resistentes a las pruebas.

6. El management empírico no es sólo para los altos ejecutivos

El management empírico es muy importante como para dejarlo sólo en manos de los máximos líderes. Las mejores empresas son lugares donde todos los trabajadores tienen permiso, o aún mejor, la responsabilidad de recopilar y obrar de acuerdo con datos cuantitativos y cualitativos, y de ayudar a los demás a aprender lo que ellos saben. Recuerde la investigación sobre los errores de algunos tratamientos de Amy Edmondson que se presentó en el capítulo 4. El personal de enfermería de las mejores unidades se sentía obligado —por las presiones de supervisores y colegas— a reconocer sus propios errores y los de los demás, y a ayudar a todo el mundo a aprender de los errores. Ese personal, valorado según los resultados de los pacientes, hablaba abiertamente de las equivocaciones, ya que «los errores son graves debido a la toxicidad de los medicamentos, de modo que nunca tenemos miedo de contárselo al responsable de enfermería». Los enfermeros de las peores unidades, en cambio, tenían miedo a informar sobre los errores porque «los jefes harán rodar cabezas».[23] O piense en la similitud escalofriante entre las tragedias del *Challenger* y del *Columbia*, donde en ambos casos los ingenieros disponían de datos que indicaban que era probable que se produjera un error, pero las personas con más poder, pero con menos conocimientos, ignoraron sus advertencias y, algunas veces, llegaron a intimidar a quienes les advertían. Peor todavía, a muchas otras personas en la NASA, y a sus contratistas, les habían enseñado que la norma era quedarse callado, incluso cuando tuvieran hechos cruciales. Como concluyó el Columbia Investigation Board, las personas que eran «marginales y tenían menos poder» tenían «informaciones y opiniones útiles» que no expresaron.[24]

¿Cuál fue el fundamento del cambio asombroso de la fábrica de automóviles NUMMI en Fremont (California), que pasó de ser una de las peores fábricas del mundo, bajo el control de General Motors, a ser una de las mejores, bajo la dirección de Toyota, con casi la misma plantilla? Una de las diferencias principales entre el sistema antiguo y el nuevo era que, con el sistema de Toyota, los trabajadores de montaje estaban implicados de forma activa y se responsabilizaban de hacer el seguimiento de su propia calidad y productividad, proponían ideas sobre cómo mejorarlas y diseñaban experimentos para probar sus ideas; todo bajo una supervisión muy somera de parte de los directivos.[25] O piense en Google y 3M, compañías con culturas, plantillas, tecnologías e historias enormemente diferentes (Google apenas tiene cinco años, mientras que 3M tiene casi un siglo). Sin embargo, ambas prosperan gracias a la creatividad del personal. El personal técnico de ambas empresas recibe tiempo, recursos, además de confianza y responsabilidad, para retocar sus propias ideas que podrían acabar siendo útiles para la compañía.

El tema que trasciende de todas estas situaciones es que, cuando los gerentes tratan a los empleados como si una parte primordial de su trabajo fuera inventar, encontrar, probar e implementar las mejores ideas, entonces los gerentes cometen menos errores, las empresas aprenden más y se genera más innovación. Esa conclusión no está respaldada sólo por estudios de casos selectivos. La mayoría de las investigaciones revela que cuando las empresas usan más la inteligencia y el talento de los trabajadores, ganan más dinero.[26] Esta investigación refleja una de las principales diferencias entre las suposiciones subyacentes hechas por el anticuado «management científico» y el moderno «management empírico». Un principio básico del libro clásico de Fredrick Winslow Taylor *Scientific Management* y una serie de trabajos relacionados aparecidos a comienzos del siglo XX era que el rendimiento superior dependía de gerentes inteligentes que se ocupaban de pensar y de trabajadores obedientes que no hacían más que lo que se les mandaba; era como si los gerentes y los trabajadores fueran de especies diferentes, unos con un cerebro gigante, y los otros con un cerebro minúsculo.[27] Muchos de los métodos de Taylor para diseñar sistemas de trabajo eran grandes avances, pero las pruebas recopiladas desde entonces muestran que esa suposición sobre la relación más eficaz entre gerentes y trabajadores era equivocada. La conclusión es que es esencial enseñar *a todo el mundo* las prácticas y la perspectiva del management empírico.

7. Como siempre, todavía le falta venderlo

Se ha explicado que uno de los principales obstáculos al management empírico es que los tipos de información que los gerentes (y todo el mundo) obtienen, recuerdan e intentan utilizar suelen ser lo contrario a lo que se requiere para poner en práctica el management empírico: estudios de casos sobre éxitos en vez de información sistemática sobre resultados positivos y negativos, y sobre todo, una inclinación por lo nuevo y novedoso. Por desgracia, las ideas nuevas y emocionantes captan la atención, incluso cuando son mucho inferiores que las antiguas. Reconocemos a los genios y superestrellas, aunque el conocimiento se incrementa en las comunidades que cogen las ideas y las ponen del derecho y del revés. Y las historias y estudios de casos vívidos y jugosos venden mejor que los datos minuciosos, rigurosos y admitidos como monótonos, con independencia de lo equivocadas que sean las historias o lo ciertos que sean los datos. Una forma de resolver ese dilema es usar las pruebas sobre lo que vende mejor para vender los datos más fiables. Eso implica utilizar muchos de los mismos trucos que los proveedores de prácticas negativas para promover el management empírico.

Una táctica es localizar a gurús y estrellas ampliamente admirados que usen la atención que reciben para promover prácticas empíricas, para enfatizar que no son genios aislados sino que sus ideas reflejan el trabajo de una comunidad de gente, y por tanto niegan que sean magos con poderes mágicos. No tenemos que inventar a esas personas; ya existen. El doctor David Sackett es el ejemplo por antonomasia. Como se explicó en los primeros capítulos, Sackett es presentado como el padre de la medicina empírica moderna. Sin embargo, responde a esos halagos enfatizando que a él se le ha otorgado demasiado reconocimiento y a sus colegas demasiado poco. Sackett ha advertido repetidas veces de los peligros de convertirse en un «experto», porque puede implicar que uno deje de aprender y que los demás le den demasiada importancia a su conocimiento. Además, exigen continuamente métodos y criterios de investigación que hagan avanzar la medicina empírica. Es probable que no se pueda detener la idolatría que domina en la cultura empresarial, pero podemos hacer avanzar el management empírico con antihéroes que usan enfoques que recuerdan a los de Sackett, gente como Gary Loveman, de Harrah's, o Jeff Bezos, de Amazon.com.

Otro truco es hacer que las pruebas válidas tomen vida, para que la gente pueda sentirse atraída hacia ellas y actuar en consecuencia. La idea es usar un proceso de dos fases. En la primera, se identifica un problema organizativo o una práctica preferida basados en pruebas sólidas, aunque no sean prometedoras. En la segunda, se usan historias, casos vivos, o mejor aún, se crean experiencias vivas para atraer la atención directiva y activar las medidas empresariales. Hace algunos años, Pfeffer estaba impartiendo un programa ejecutivo sobre la importancia de gestionar al personal y la cultura. Quería dejar claro que, sobre todo en las industrias de servicios, el personal marca la diferencia. Así pues, pidió a todos los asistentes del curso que tuvieran móvil que llamaran a la central de reservas de United Airlines y que levantaran la mano (y cortaran la llamada) cuando se cansaran de escuchar *Rhapsody in Blue*. Luego, les pidió que llamaran al 1-800-I FLY SWA, la línea telefónica de Southwest Airlines, pero que estuvieran preparados porque la llamada la responderían al primer timbre. Muchos alumnos conversaron con el agente que les respondió, y algunos incluso compraron billetes para viajes, como escapadas de fin de semana a Las Vegas, que no sabían que querían hacer. La explicación quedó clara, y la diferencia en la experiencia de servicio se transformó de una serie de ideas y estadísticas a una experiencia en vivo.

Las mejores ideas no triunfan automáticamente al final. Las nuevas tecnologías y prácticas que ganan en el mercado de las ideas suelen contar con defensores incansables y expertos. Uno de los colaboradores de Thomas Alva Edison, Francis Jehl, se quejaba una y otra vez de que Edison era más un vendedor cualificado que un inventor, y que su «genialidad» se parecía más a la del *showman* P. T. Barnum. Sin embargo, la fábrica de la invención de Edison nunca se habría fundado, y pocos clientes habrían comprado los inventos de su empresa, sin su capacidad para vender.[28] Steve Wozniak fue el genio técnico que había detrás de los primeros ordenadores de Apple, pero el capitalista en capital riesgo Arthur Rock no habría fundado la compañía, y Apple no se habría ganado su seguimiento como culto sin la capacidad de Steve Jobs para activar la imaginación humana. Charles Darwin no sólo escribió centenares de cartas para promocionar su teoría de la evolución, un equipo de partidarios famosos también promovió con vigor sus ideas, amigos íntimos de Darwin que «se movían al unísono instintivamente».[29] Los llamados *cuatro mosqueteros*, el geólogo Charles Lyell, el biólogo Thomas Henry Huxley (conocido como el «bulldog de Darwin»), el botánico Joseph Hooker y el botánico norteamericano Asa Gray, dieron discursos, debatieron en público y por correspondencia con críticos y escribieron numerosos artículos; con eso, divulgaron y vendieron las ideas de *El origen de las especies*.

8. Si todo lo demás falla, disminuya la proliferación de malas prácticas

En un mundo perfecto, los líderes buscarían y encontrarían las mejores prácticas, y nunca implementarían prácticas ni políticas que toparan con pruebas convincentes. Pero no vivimos en un mundo perfecto. Por desgracia, como se ha manifestado, muchos gerentes y otros empleados se enfrentan a presiones para llevar a cabo actividades que no sólo no están probadas, sino que se sabe que son ineficaces. En esos casos, puede surgir un reto —un dilema moral genuino—, porque si siguen órdenes de los superiores, pueden perjudicar conscientemente a las empresas, colegas y clientes. Dudamos que haya que recomendar lo que podría denominarse una *mala conducta empírica*. Pero se puede argumentar que, cuando los líderes estén equivocados —y el personal no tenga poder para invertir sus órdenes—, ignorar órdenes, aplazar acciones o implementar programas de forma incompleta puede que sea la mejor opción para todos los implicados.

James March muestra que a pesar de que la resistencia al cambio suele ser descrita como un rechazo irracional a hacer algo, que obstaculiza el rendimiento, puede proteger a las personas que toman las decisiones y a las empresas de la locura. Si uno ha hecho todo lo que estaba en sus manos para persuadir a los superiores de que una práctica es equivocada, y ellos insisten en seguir hacia delante de todos modos, podría desafiar abiertamente sus instrucciones. Pero ese tipo de insubordinación puede provocar un despido. Eso no sólo sería negativo para usted, sino que si le sustituye otra persona que implementa entusiastamente esa práctica, la empresa puede salir mal parada. Una opción alternativa es ignorar tranquilamente las prácticas erróneas y hacer lo que considere que es lo correcto.

A mediados de la década de 1980, Robert Sutton observó cómo se usaba esta táctica en un gran banco que estaba cerrando más de cien sucursales en California. Sutton quería aprender formas eficaces versus formas ineficaces de cerrar empresas y eso es aparentemente lo que hizo el banco. Así pues, el equipo de acción minorista que supervisaba los cierres eligió cuatro sucursales que consideraba *buenos* cierres, y cuatro que consideraba *malos* cierres (sobre todo, en términos de porcentaje de clientes retenidos). Después, Sutton entrevistó a cada uno de los directores de las oficinas. Había un modelo claro. La dirección de los cierres eficaces había ignorado en gran parte los procedimientos desarrollados por el equipo de acción minorista y, en contrapartida, había creado sus propias prácticas. Pero no estaba ignorando los procedimientos oficiales para ser malévola; lo hicieron, como diría James March, para proteger a su banco de la locura, porque los procedimientos del equipo de acción eran engorrosos e ineficaces. Un directivo levantó un libro voluminoso donde estaban reunidos los procedimientos y las políticas del equipo de acción minorista, y bromeó que su éxito era consecuencia de ¡haber ignorado todo lo que decía ese libro! En cambio, los directores de las sucursales con cierres negativos se lamentaban de que había intentado seguir al pie de la letra todos los procedimientos oficiales, y eso había dificultado su capacidad para convencer a los clientes que se pasaran a otras sucursales. Cuando Sutton empezó a presentar sus hallazgos al equipo de acción minorista, le mostraron rápidamente dónde estaba la puerta, y no le devolvieron sus llamadas de seguimiento.

Si no puede rechazar abiertamente o ignorar discretamente una política deficiente, una práctica relacionada es remolonear todo lo posible, y cuando no pueda más, implementarla en el mínimo de áreas de la empresa posible. De nuevo, es mucho mejor tomar e implementar decisiones sólidas, pero un hecho de la vida empresarial es que la gente más poderosa a veces exige a sus subordinados que hagan tonterías. Con franqueza, dudaríamos en plantear este tipo de táctica indecente de «mala conducta empírica» si no hubiéramos comprobado la difícil posición de los directores de centros escolares en los Estados Unidos como consecuencia de presiones políticas rigurosas —en muchos casos, directamente de los alcaldes— para acabar con la promoción social y empezar a suspender a los alumnos que no cumplieran los niveles de su curso. Como se expuso en el capítulo 2, a pesar de que la idea de hacer pasar de curso sólo a los estudiantes cualificados suena bien, existen pruebas aplastantes de que la promoción social es la opción menos mala, ya que ocasiona mejores resultados en exámenes y en graduaciones, y es mucho menos costosa que suspender a los estudiantes.

Hace un par de años, Sutton charló con los directores experimentados de dos grandes distritos escolares de los Estados Unidos, ambos estaban en medio del proceso de terminar con la promoción social (de nuevo, ambos distritos habían pasado por intentos infructuosos en años anteriores). Sutton les preguntó si sabían que todas y cada una de las pruebas ponían de manifiesto que estaban implementando una práctica errónea. Ambos respondieron casi lo mismo. Sí, conocían muy bien la bibliografía y habían intentado hablar con los políticos sobre la finalización de la promoción social, pero habían fracasado porque era una política que apoyaban muchos votantes. Por consiguiente, ambos se habían sentido obligados a continuar con la implementación de esa política en sus centros. *Pero* ambos lo estaban haciendo tan despacio y tan incompletamente como podían. De hecho, ambos explicaban —en tonos defensivos y algo molestos— que en un mundo perfecto sin política, no tendrían que obrar de ese modo, pero que su resistencia sutil ocasionaría menos daños a sus colegios y estudiantes. El mensaje era que o bien se resistían de esa forma, o bien serían despedidos y sustituidos por alguien que sí que creyera en la finalización de la promoción social y que causara muchos más daños. Es decir, la resistencia y el remoloneo no siempre son inútiles. Se puede argumentar a favor de que la mala conducta empírica es lo mejor que se puede hacer por su empresa en algunas ocasiones.

9. La mejor pregunta diagnóstica: ¿Qué sucede cuando la gente se equivoca?

Cuando estábamos acabando la última revisión de *El fin de la superstición en el management. La nueva dirección de empresas basada en la evidencia*, nos detuvimos a reflexionar sobre cómo encajaban las ideas de este nuevo libro con las de nuestro último libro, *The Knowing-Doing Gap*. Consideramos las lecciones más cruciales que habíamos deducido de escribir ambos libros, de estudiar a empresas y hablar con tantos directivos, y de intentar contribuir a localizar e implementar prácticas empíricas. Llegamos a la conclusión de que cuando queríamos aprender mucho sobre una compañía y muy deprisa —queríamos una mirada rápida sobre si los líderes de una empresa tenían o no tenían la actitud de sabiduría, si una compañía usaba o no prácticas que estuvieran respaldadas por los datos más fiables, y si las condiciones eran o no eran las oportunas para convertir todo ese conocimiento en acciones—, ambos nos planteábamos la misma pregunta diagnóstica: «*¿Qué sucede cuando la gente se equivoca?*».

Desearíamos poder vivir en un mundo donde los errores, obstáculos y dificultades no se produjeran nunca. Despreciamos nuestros propios fallos, nos duele que la gente que nos importa sufra reveses e incluso nos parece mal que la gente que no nos gusta cometa errores. Equivocarse duele, es embarazoso, y preferiríamos vivir sin eso. Sin embargo, no se aprende sin errar. Como se ha comprobado, siempre existe una curva de aprendizaje cuando una empresa prueba algo nuevo o forma a los trabajadores —incluidos médicos y gerentes— para que lleven a cabo algo nuevo. Si se fija cómo se gestionan los sistemas más eficaces del mundo, una marca distintiva es que cuando algo va mal, la gente que afronta los datos concretos, aprende qué ha ocurrido y por qué, y no deja de utilizar esos datos para mejorar el sistema.

El sistema de aviación civil norteamericano es el más seguro del mundo y se ha ido volviendo cada vez más seguro gracias al sistema de informes de accidentes e incidentes que ha utilizado durante años. Ese sistema permite a los pilotos (y a otras personas) informar anónimamente a la Administración Federal de Aviación de los Estados Unidos de incidentes como, por ejemplo, fallos que han estado a punto de ocurrir y problemas de equipamiento que podrían haber sido potencialmente desastrosos. Entonces, ese organismo hace un seguimiento de esos informes, busca modelos habituales que requieran medidas correctivas para eliminar las causas fundamentales de los problemas. Por ejemplo, los procedimientos para hacer rodar los aviones por la pista se han cambiado como respuesta a las muchas colisiones que estuvieron a punto de producirse.

También hemos comprobado que no se puede innovar sin equivocarse. La mayoría de esfuerzos de cambio de las empresas tiene una tasa de fallo elevada: desde las fusiones hasta las introducciones de productos nuevos, pasando por los esfuerzos de cambio tecnológico. Pero el problema es que lo único más peligroso que cambiar una empresa es no cambiarla nunca. Aprender de los esfuerzos de cambio pasados y presentes es crucial para tratar a las empresas como prototipos inacabados, y ese tipo de aprendizaje depende de crear un clima de seguridad psicológica donde el personal pueda hablar con franqueza sobre lo que ha salido mal y podría llegar a salir mal. También hemos observado que los grandes líderes, incluido George Washington, no aprendían sus oficios sin cometer errores y que hasta los líderes más experimentados continuarán equivocándose. La diferencia es que los líderes pésimos cometen los mismos errores una y otra vez, mientras que los líderes brillantes, que crean las condiciones para el aprendizaje, cometen errores nuevos y distintos. Y son los líderes de las grandes empresas que admiten que se equivocan, y que demuestran que han aprendido de eso, quienes ayudan a sus compañías a obtener mejores resultados a largo plazo, no los que sólo se atribuyen el mérito de las buenas noticias y culpan de los contratiempos a los demás o a la mala suerte.

El consejo más sucinto y más útil que sabemos sobre cómo afrontar los fallos procede de la medicina, en la que el lema es *perdonar y recordar*.[30] Perdonar, de modo que el personal esté dispuesto a hablar y admitir los errores que son inevitables en cualquier esfuerzo humano, y recordar, de modo que los mismos errores no se produzcan repetidamente. Las empresas que perdonan y recuerdan evitan cometer los mismos errores una y otra vez. Las empresas que recuerdan, pero que culpabilizan, estigmatizan y castigan a los perdedores, crean un clima de miedo. Por lo tanto, el reto consiste en evitar el castigo y la humillación personales, no ayudar a los demás a aprender o a arreglar el sistema. Perdonar pero recordar los fallos promueve el aprendizaje sin crear ese clima de miedo. Recordar también ayuda, porque cuando las mismas personas no dejan de repetir los mismos errores una y otra vez (y otras personas no), es una señal de que esos empleados necesitan más formación o que son más convenientes para un puesto distinto.

Eso significa que, si quiere dar un primer paso hacia la práctica del management empírico y acabar con las diferencias de conocimiento, tiene que averiguar: ¿qué le sucede a las personas que se equivocan en su empresa?, ¿alguna vez admite sus propios errores? y ¿su compañía perdona y recuerda si la gente se equivoca, y usa esa información para mejorar la situación?

Y no se limite a escuchar lo que le recomienden sus amigos, ni las personas que siguen en la empresa. Reúna algunas pruebas anónimas. Averigüe si realmente aprende algo de las decisiones de contratación equivocadas, de los esfuerzos de desarrollo de productos fallidos, de fusiones chapuzas, y de los errores y obstáculos que también abundan en los proyectos con éxito. Hable con personas con las que no suele estar de acuerdo, que no le gustan, que no conoce, que se han marchado y, quizá, a las que ha despedido. Recopile las pruebas y afronte los hechos ineludibles.

Una perspectiva distinta sobre el liderazgo

El mito del sobrehumano *über-ejecutivo* persiste, pero es una tontería descomunal. No existe ni una sola prueba de que los grandes líderes tengan poderes mágicos que ocasionen decisiones y estrategias superiores, diseñadas con poca o casi ninguna ayuda de los meros mortales a los que dominan, inspiran y mandan. Las investigaciones sobre lo que realmente hacen los líderes revelan que viven en un mundo desordenado, incierto, de toma y daca, con interrupciones que se acumulan sobre otras interrupciones, y dedican sus jornadas a ir dando tumbos entre una interacción breve, y a menudo no planificada, y la siguiente, donde intentan motivar, formar e influir en el personal para que obtenga resultados.[31] *El fin de la superstición en el management. La nueva dirección de empresas basada en la evidencia* enseña que mientras los líderes recorren sus desordenadas vidas profesionales, uno de los puntos más cruciales es mostrar y promover la curiosidad, para que ellos y sus seguidores sigan aprendiendo habilidades nuevas, asuman las mejores lógicas y pruebas, y apliquen lo que saben (hasta ese momento) para cambiar a mejor sus empresas. Los líderes generan ese tipo de curiosidad teniendo la humildad de los estudiantes, al mismo tiempo que gozan de la confianza de los profesores. Y los mejores líderes saben cuándo y cómo intercambiar esos papeles.

Adoptar el papel de estudiante es esencial para aprender el arte del management, pero sólo es el comienzo. El consejero delegado, «Wim» Roelandts, por ejemplo, mostró una gran habilidad al guiar a la compañía de semiconductores Xilinx más allá de su enorme caída de ingresos en el 2001. Roelandts y su equipo directivo invirtieron la curva descendente de la compañía y emergieron como los líderes sectoriales de su segmento, y todo lo lograron sin despidos, y permaneciendo en la lista de las diez «mejores empresas donde trabajar» de la revista *Fortune* a lo largo de ese vía crucis. Los líderes no adquirieron ese tipo de habilidad de la noche a la mañana. Roelandts pasó veintinueve años en HP, y su primer puesto gerencial implicaba supervisar a un solo empleado; así pues, «por suerte, todos los primeros errores que cometí afectaron sólo a una persona». HP incrementó su experiencia y responsabilidad gerencial durante los años, y al final dirigió la empresa de sistemas informáticos, que tenía 20.000 empleados y unas ventas anuales de 6.000 millones de dólares.[32] Los mejores líderes son estudiantes de por vida, porque son curiosos y se sienten motivados a seguir aprendiendo qué funciona mejor en sus compañías.

Lo comprobamos en la forma como Bill George pasó más del 50% de sus primeros nueve meses como consejero delegado de Medtronic observando y haciendo preguntas mientras los médicos instalaban los primeros dispositivos médicos de su empresa. Anne Mulcahy también demostró los atributos de los buenos estudiantes cuando pasó a ser la directora general de Xerox en el año 2000 y se dio cuenta de que ni ella ni los otros altos ejecutivos habían entendido la situación desesperada en que se encontraba la compañía, y de que tampoco conocían bastante los negocios de Xerox como para tomar decisiones convincentes. Por lo tanto, Mulcahy se propuso aprender informaciones sobre la compañía para la que llevaba trabajando desde 1976. Por ejemplo, Mulcahy no tenía conocimientos de finanzas y el director financiero era de poca ayuda, de modo que «los controladores de gestión se pasaron muchas horas conmigo asegurándose de que estaba preparada para responder a todas las preguntas terribles y duras de los banqueros».[33] También hemos observado esa curiosidad y el impulso hacia la mejora continuada en Hasso Platner, presidente y cofundador del gigante del software SAP. Cuando Platner se interesó en el diseño centrado en los usuarios, él y otros ejecutivos de SAP y directores del Equipo de Servicios de Diseño realizaron talleres en IDEO y recibieron un *coaching* extensivo para aprender cómo ejecutar —no sólo hablar de ello— un diseño centrado en los usuarios.

A los estudiantes de medicina se les explica —medio en broma— que aprender un procedimiento quirúrgico comporta cuatro pasos: «escuchar, ver, hacer, enseñar». Cuando un cirujano aprende algo útil, está obligado a enseñárselo a sus colegas. Añadiríamos que es una marca distintiva de los equipos y de las empresas con éxito en general. Ese tipo de enseñanza puede producirse a través de clases, como los talleres sobre el diseño centrado en los usuarios

362

que esos directivos de SAP llevaron a cabo en IDEO. Esos directivos, después, enseñaron y aconsejaron a los equipos de desarrollo de SAP la lógica y los métodos del diseño centrado en los usuarios, lo que causó que esos equipos produjeran más de cien prototipos fáciles de usar en cien días. Cuando pensamos en los gerentes y líderes que mejor ejemplifican la mentalidad requerida para poner en práctica el management empírico, una creencia y un compromiso profundos con la docencia suelen ser una parte esencial de la historia. No es casualidad que Jack Welch dedicara tanto tiempo a enseñar a los ejecutivos de GE en el centro educativo de Crotonville. Como esos gerentes del Equipo de Servicios de Diseño de SAP, después de que Welch aprendiera los métodos Six Sigma, impartió clases de calidad para el personal interno de GE y ejerció de *coach* de empleados de toda la empresa para enseñarles a usar los métodos.

O piense en el ejemplo de DaVita, que se encuentra bajo una presión constante por parte del Medicare, las aseguradoras privadas y los hospitales para reducir los gastos de sus servicios de diálisis. Muchos de los más de seiscientos centros de diálisis de DaVita están dirigidos por personal de enfermería titulado que ha creado equipos entregados y que cuenta con una vasta experiencia en nefrología, que es vital para ofrecer una atención excelente a los pacientes. Pero esos líderes de los centros no suelen saber demasiado sobre dirigir un negocio. De modo que el director general, Joe Mello, y el consejero delegado, Kent Thiry, respondieron a su falta de intuición empresarial creando la Universidad DaVita (DVU), una serie extensa de programas de formación y comunicación que abarcan todas las actividades de management. Los nuevos directores de los centros van a la DVU a aprender habilidades básicas, como, por ejemplo, Microsoft Excel, así como también los puntos básicos del negocio de dirigir un centro, que incluyen pérdidas y ganancias, elaboración de presupuestos y tareas de programación de horarios. Luego, DVU ofrece una amplia formación adicional en otras habilidades empresariales. La capacidad de DaVita para ofrecer la atención de mejor calidad de la industria, al mismo tiempo que la mejora continua de la productividad de su plantilla en los últimos cinco años, son el resultado directo de ese aprendizaje continuo por parte de los líderes de los centros, que no sólo aprenden a hacer mejor sus trabajos, sino también a formar a su personal para que sean gerentes más eficaces y para que tomen decisiones más pertinentes. Y la docencia en la DVU no la llevan a cabo asesores externos, sino personal de DaVita, que, a su vez, adquiere dotes y conocimientos de liderazgo a través de la experiencia docente.

Ese compromiso con la docencia también se observa en los líderes que se encargan ellos mismos de enseñar sus habilidades y valores a futuros gerentes. Andy Grove ha impartido una clase de estrategia en la Stanford Business School durante años, y los estudiantes de Grove cuentan que siempre les presiona para que le lleven la contraria, defiendan sus opiniones y aprendan cómo valorar la lógica y las pruebas que hay detrás de sus ideas. Bill George se ha retirado de Medtronic y en la actualidad da clases de liderazgo en algunos MBA de Harvard. Y el éxito de Gary Loveman en la *otra* dirección fomenta su opinión de que los grandes líderes son grandes maestros. Loveman pasó de ser un profesor asociado contratado de la Harvard Business School, de dirigir a un ayudante administrativo y a unos cuantos ayudantes de investigación, a dirigir una empresa con más de 40.000 trabajadores. Muchas personas supusieron que su falta de experiencia de management lo condenaría al fracaso. Sin embargo, resultó que la experiencia y bagaje académicos de Loveman lo ayudaron a prepararse para una función de liderazgo.

Piense en lo que tienen que hacer los líderes. Como se ha explicado, la búsqueda del salvador de empresas —el individuo solitario, brillante, que con fuerza de voluntad y mucha inteligencia puede resolver todos los problemas de la compañía— es una mala apuesta.

El mundo empresarial es turbulento, fluye de forma constante y es intensamente competitivo. La adaptabilidad, flexibilidad y el aprendizaje constante son indispensables en esas condiciones, en gran parte porque una respuesta acertada hoy podría ser una incorrecta mañana. Y en las empresas bien dirigidas, buscar pruebas y lógica sobre las mejores y las peores prácticas empresariales, llevar a cabo pequeños experimentos y aprender de ellos, no dejar de cuestionar, evolucionar y aprender a través de los actos y de la experiencia no sólo es una actividad realizada por el consejero delegado, sino que debería ser una perspectiva sobre el management —una mentalidad— usada en toda la empresa.

Por este motivo, Loveman, un profesor universitario excelente, tenía algunas de las cualidades esenciales de un consejero delegado brillante. Los mejores profesores no dan clases a los estudiantes sobre qué deberían saber, sino que plantean preguntas que orienten a los alumnos a aprender por su cuenta. Después de todo, los estudiantes aprenden mucho más si piensan por sí solos. Y en el proceso de aprendizaje y enseñanza sobre las ciencias sociales o físicas, tener en cuenta la teoría y las pruebas, y cómo aprender de los experimentos y experiencias son partes esenciales de la lección que los mejores maestros y estudiantes dominan. A pesar de que Loveman no había dirigido a muchas personas antes de convertirse en director general de Harrah's, contaba con una larga experiencia de dirigir conversaciones que engendraban curiosidad intelectual, de enseñar a pensar y a responder a preguntas, y de trabajar con pruebas y datos. La investigación y la ciencia consisten en consultas, y plantear preguntas es central para el método socrático usado en la docencia que se imparte en centros como la Harvard Business School.

Como explica el consejero delegado de DaVita, Kent Thiry: «una pregunta bien planteada está medio contestada». Por eso, cuando observamos a Thiry y a Loveman en acción, vimos a líderes que no dejaban de hacerse preguntas a ellos mismos y a los demás, que siempre estaban consultando, a quienes no dejaban bastante tranquilos y que presionaban, constantemente, para impartir su espíritu de aprendizaje, curiosidad e investigación en toda la empresa. Los líderes no tienen que saberlo todo, ni tampoco pueden saberlo. Su trabajo es crear un lugar donde el personal aprenda y enseñe cosas nuevas constantemente, donde la plantilla no deje de descubrir qué funciona y qué no, y no dejar de empujar a los trabajadores para que reflexionen con intensidad y afronten los hechos innegables durante el proceso.

Esta tarea de liderazgo no es algo que se pueda delegar a otras personas. Los ejecutivos se han acostumbrado a confiar a los asesores las funciones de reducir la complejidad y de realizar gran parte del proceso de reflexión, y se han habituado a subcontratar la reflexión y buscar «perspectivas y recetas que sean vigorosas, sucintas, explícitas y plausibles».[34] Las labores esenciales de liderazgo no pueden, o al menos no deberían, subcontratarse. Crear una perspectiva empírica sobre cómo piensa y opera el personal de una empresa es una de esas labores más fundamentales. Ha habido más palabras que hechos en la creación de sistemas que causen que el personal aprenda y obre de acuerdo con lo que sabe, en lugar de en lo que cree o espera que sea cierto. Sin embargo, esas diferencias entre la retórica sobre el aprendizaje y las prácticas empresariales reales, la desconexión entre lo que se sabe y lo que se aplica en la práctica empresarial, y la incoherencia entre la necesidad de prácticas reflexivas y los pocos gerentes que realmente se detienen y se toman un tiempo para reflexionar —y para motivar al personal a que también lo haga— no son problemas irresolubles. Esas y muchas otras discontinuidades entre la acción y los hechos innegables brindan oportunidades de oro a esos líderes y empresas que realmente implementan un enfoque empírico. La pregunta sigue en pie: ¿quién tendrá el coraje y la sabiduría para hacerlo?

Notas

Capítulo 1

1. Por ejemplo, véase Anne B. Fisher, «The Decade's Worst Mergers», *Fortune*, 30 de abril de 1984, págs. 262-270.
2. David R. King et al., «Meta-Analyses of Post-Acquisition Performance: Indicators of Unidentified Moderators», *Strategic Management Journal*, 25 (2004): págs. 187-200.
3. Charles O'Reilly, «Cisco Systems: The Acquisition of Technology Is the Acquisition of People», Caso-HR 10. Palo Alto, CA, Stanford Graduate School of Business, 1998.
4. Julie Creswell, «When Bad Mergers Happen to Good Firms», *Fortune*, 1 de mayo del 2000, pág. 46.
5. Fundador y consejero delegado de una de las adquisiciones fallidas de Siebel, mensaje de correo electrónico a Jeffrey Pfeffer, agosto del 2005.
6. O'Reilly, «Cisco Systems».
7. Scott McCartney y Michael J. McCarthy, «Southwest Flies Circles Around United's Shuttle», *Wall Street Journal*, 20 de febrero de 1996.
8. Para un estudio de las pruebas sobre la ineficacia de la mayoría de despidos, véase Wayne F. Cascio, *Responsible Restructuring: Creative and Profitable Alternatives to Layoffs*, San Francisco, Berrett-Koehler, 2002.
9. Gretchen Morgenson, «When Options Rise to Top, Guess Who Pays», *New York Times*, 10 de noviembre del 2002.
10. Matt Murray, «Option Frenzy: What Went Wrong?», *Wall*

Street Journal, 17 de diciembre del 2002.

11. Floyd Norris, «Stock Options: Do They Make Bosses Cheat?», *New York Times*, 8 de agosto del 2005.

12. *Ibíd.*

13. Roger Martin, «The Wrong Incentive», *Barron's*, 22 de diciembre del 2003, págs. 30-31.

14. Dan R. Dalton et al., «Meta-Analyses of Financial Performance and Equity: Fusion and Confusion?», *Academy of Management Journal*, 46 (2003): págs. 13-27.

15. Lucian Arye Bebchuk, Jesse M. Fried y David I. Walker, «Managerial Power and Rent Extraction in the Design of Executive Compensation», *The University of Chicago Law Review*, 69 (verano del 2002): págs. 751-846.

16. David R. Baker, «Silicon Valley Fights Fiercely for Options», *San Francisco Chronicle*, 10 de noviembre del 2002.

17. Lisa E. Bolton y Chip Heath, «Believing in First Mover Advantage», Palo Alto, CA, Stanford Graduate School of Business, 2005.

18. Andy Grove, «Taking on Prostate Cancer», *Fortune*, 13 de mayo de 1996, págs. 54-72.

19. Kevin Patterson, «What Doctors Don't Know (Almost Everything)», *New York Times Magazine*, 5 de mayo del 2002, pág. 77.

20. Para un estudio y una discusión más completos sobre la medicina empírica, véase David Sachett et al., *Medicina basada en la evidencia: cómo practicar y enseñar la M.B.E.*, Madrid, Churchill Communications Europe España, S. L.,.1997; y William Rosenberg y Donald Anna, «Evidence-Based Medicine: An Approach to Clinical Problem-Solving», *British Medical Journal*, 310 (1995): págs. 1122-1126.

21. Gabrielle Bauer, «A Reluctant Policy Wonk: Dr. David Sackett, a Pioneer in Evidence-Based Medicine, Has No Time to Play King, but the World Seems Intent on Crowning Him», *The Medical Post*, 22 de agosto del 2002.

22. Rajiv Lal, «Harrah's Entertainment, Inc.», Caso 9-502-011. Boston, Harvard Business School, 2002.

23. Richard A. Hightower y Paul M. Sommers, «Do Contenders Really Outspend Non-Contenders in Major League Baseball?» Economics Discussion Paper 02-36. Middlebury, VT: Middlebury College, 2002.

24. David Leonhardt, «Passing on Blue Chip Players Can Pay Off», *New York Times*, 28 de agosto del 2005.

25. *Ibíd.*

26. Usama Fayyad y Nitin Sharma, entrevista con Robert Sutton, julio del 2005.

27. Richard J. Murnane y David K. Cohen, «Merit Pay and the Evaluation Problem: Why Most Merit Pay Plans Fail and a Few Survive», *Harvard Educational Review*, 56 (1983): pág. 2.

28. *Ibíd.*

29. Brian Jacob y Steven D. Levitt, «Rotten Apples: An Investigation of Prevalence and Predictors of Teacher Cheating», *working paper* 9413, National Bureau of Economic Research, Nueva York, 2002; véase también, Brian Jacob y Steven D. Levitt, «Catching Cheating Teachers: The Results of an Unusual Experiment in Implementing Theory», *working paper* 9414, National Bureau of Economic Research, Nueva York, 2002.

30. Tony Bryk, conversación con Robert Sutton en el Center for Advanced Study in the Behavioral Sciences, Palo Alto, California, marzo del 2003.

31. Numerosas medias verdades peligrosas se defienden en la bibliografía sobre el management, son vendidas por asesores y profesores universitarios, y son objeto de reflexión de la sabiduría convencional aceptada por muchos ejecutivos. Eso plantea la pregunta de cómo y por qué elegimos las verdades a medias examinadas en este libro. Realizamos una encuesta sobre lo que varios centenares de gerentes —personas que asistían a varios de nuestros programas ejecutivos— creían que era cierto en relación con el rendimiento empresarial. Esa encuesta incluía to-

das las medias verdades que se enumeran en este libro, junto con muchas otras. Las seis verdades a medias en las que nos centramos en el libro son todas las cosas que muchos de esos ejecutivos —a menudo casi todos— creían que eran ciertas, y no lo son, en sentido estricto. Al final, examinamos los datos más fiables que pudimos reunir, reflexionamos sobre nuestra experiencia docente y en el campo de la asesoría durante años, y priorizamos las verdades a medias que creímos que estaban más extendidas y que, al mismo tiempo, eran especialmente perjudiciales cuando se creían y se usaban para orientar las acciones de una empresa. Es posible que usted tenga otras preferencias.

32. Melvin Konner, *Becoming a Doctor*, Nueva York, Viking, 1987, pág. XI.

Capítulo 2

1. Alex Taylor III, «How Toyota Defies Gravity», *Fortune*, 8 de diciembre de 1997, págs. 100-108; Michael N. Kennedy y Allen Ward, *Product Development for the Lean Enterprise: Why Toyota's System Is Four Times More Productive and How You Can Implement It*, Richmond (Virginia), Oaklea Press, 2003.

2. Kevin Patterson, «What Doctors Don't Know (Almost Everything)», *New York Times Magazine*, 5 de mayo del 2002, pág. 77.

3. Rakesh Khurana, *Searching for the Corporate Savior: The Irrational Quest for Charismatic CEOs*, Princeton, Princeton Universtiy Press, 2002.

4. Este cálculo se basa en cuentas de revistas y periódicos empresariales listados en Yahoo.com, en una búsqueda realizada en octubre del 2002.

5. Este cálculo se basa en información proporcionada en Barnesandnoble.com y Amazon.com.

6. Peter Meyers, «Cranky Consumer: Rating Business-Book Summaries», *Wall Street Journal*, 5 de noviembre del 2002.

7. Pursues Publishing, *Business: The Ultimate Resource*, Cambridge (Massachusetts), Perseus, 2002.

8. Compare, por ejemplo, las recomendaciones de Jim Collins, *Empresas que sobresalen: por qué unas sí pueden mejorar la rentabilidad y otras no*, Barcelona, Ediciones Gestión 2000, 2006, con las de Tony Alessandra, *Charisma: Seven Keys to Developing the Magnetism That Leads to Success*, Nueva York, Warner, 1998.

9. Bill Jensen, *Simplicity: The New Competitive Advantage in a World of More, Better, Faster*, Nueva York, Perseus, 2001; Robert Axelrod y Michael D. Cohen, *Harnessing Complexity: Organizational Implications of a Scientific Frontier*, Nueva York, Free Press, 2000.

10. Robert S. Kaplan y David P. Norton, *La organización focalizada en la estrategia: cómo implementar el balanced scorecard*, Barcelona, Ediciones Gestión 2000, 2005; Henry Mintzberg, *The Rise and Fall of Strategic Planning*, Nueva York, Free Press, 1993.

11. En pequeñas consultoras afincadas en Nueva York y San Francisco, especializadas en cambios culturales y empresariales y en implementación estratégica, el Trim Group hace el seguimiento de encuestas para comprobar si los cambios de conocimiento, actitudes, comportamiento y los resultados proceden de su trabajo con los clientes. Además, la empresa tiene un modelo de fijación de precios del tercer nivel, en el que los clientes, *voluntariamente*, deciden si pagan más si el proyecto ha superado sus objetivos y expectativas, y acuerdan una cantidad si ha cumplido con los objetivos, o una menor si el proyecto no alcanza todo lo que se esperaba. Eso incentiva a la compañía a realizar un buen trabajo, no sólo vender negocio.

12. Darrell Rigby, «Management Tools and Techniques: A Survey», *California Management Review*, 43, (invierno del 2001), págs. 139-160.

13. Cita de Jack Welch de *Workforce Magazine*, disponible en lí-

nea en www.workforce.com/archive/feature/23/47/39/234742.
php.

14. Para un análisis de parte de la bibliografía sobre esta cuestión,
véase Alfie Kohn, *No Contest: The Case Against Competition*,
Boston, Houghton Mifflin, 1986, en especial el capítulo 3, «Is
Competition More Productive?», y el capítulo 10, «Learning
Together».

15. Paul Lukacs, *American Vintage: The Rise of American Wine*,
Boston, Houghton Mifflin, 2002.

16. Michael Porter y Gregory C. Bond, «Robert Mondavi: Competitive Strategy», Caso 799-124. Boston, Harvard Business
School, 1999.

17. Ed Michaels, Helen Handfield-Jones, Beth Axelrod. *La guerra
por el talento*, Madrid, Editorial Centro de Estudios Ramón
Areces, S. A., 2003. El apéndice deja claro que la variable dependiente, la rentabilidad total para los accionistas, era para los
años previos al año concreto en que se realizó el estudio para
reunir la información sobre prácticas empresariales. Los datos
de rendimiento de los diez años precedentes estaban correlacionados con prácticas vigentes para las 77 empresas que partici-
paron en el estudio de 1997; los datos de rendimiento de los tres
a los cinco años precedentes estaba correlacionados con el rendimiento vigente en la encuesta del 2000. Si la lógica temporal
de los autores se aplicara a las investigaciones sobre el vínculo
entre fumar y el cáncer de pulmón, la conclusión sería que el
cáncer de pulmón es la causa de que la gente fume.

18. Jerker Denrell, «Vicarious Learning, Undersampling of Failure, and the Myths of Management», *Organizational Science*, 14
(2003), págs. 227-243.

19. *Ibíd.*, 229.

20. Glenn R. Carroll y Michael T. Hannan, «Automobile Manufacturers», en *Organizations in Industry*, eds. Glenn R. Carroll
y Michael T. Hannan, Nueva York, Oxford University Press,
1995, págs. 195-214.

Notas

21. Denrell, «Vicarious Learning», pág. 228.

22. D. Eden y A. B. Shani, «Pygmalion Goes to Boot Camp: Expectancy, Leadership and Trainee Performance», *Journal of Applied Psychology*, 67 (1982), págs. 194-199; R. Rosenthal y D. B. Rubin, «Interpersonal Expectancy Effects: The First 345 Studies», *The Behavioral and Brain Sciences*, 3 (1978), págs. 377-386; Brian D. McNatt, «Ancient Pygmalion Joins Contemporary Management: A Meta-Analysis of the Result», *Journal of Applied Psychology*, 85 (2000), págs. 314-322.

23. Por ejemplo, véase Alexander G. Staijkovic y Fred Luthans, «Differential Effects of Incentive Motivators on Work Performance», *Academy of Management Journal*, 44 (2001), págs. 580-591; Richard W. Griffin, «Objective and Social Sources of Information in Task Redesign: A Field Experiment», *Administrative Science Quarterly*, 28 (1983), págs. 184-200; Gregory R. Oldham y Daniel J. Brass, «Employee Reactions to an Open-Plan Office: A Naturally Occurring Quasi-Experiment», *Administrative Science Quarterly*, 24 (1979), págs. 267-284.

24. Véase http://www.bain.com. Escribimos a George Cogan, un socio principal en Bain, sobre el problema de que «correlación no implica causalidad». Rápidamente reconoció que así era, y señaló que los materiales de formación de Bain recalcan que «evidentemente no podemos atribuirnos el mérito de esos resultados», pero esa modestia brilla por su ausencia en la página web de Bain. En el momento de publicar la edición estadounidense de este libro, la afirmación de que «los resultados de nuestros clientes cuadruplican la media del mercado» (donde antes la triplicaban) es lo primero que observan los visitantes cuando entran en www.bain.com, y la implicación de que Bain es responsable de ese rendimiento superior perdura, reforzada por la afirmación de que «A las compañías que superan el rendimiento medio del mercado les gusta trabajar con nosotros; nos sentimos tan entusiasmados por sus éxitos como ellos». (Las citas de George Cogan proceden de un intercambio de co-

rreos electrónicos con Robert Sutton el 17 de septiembre del 2005.)

25. John Steinbeck, *Por el mar de Cortés*, Barcelona, Península, 2005.

26. G. MacKenzie, *Orbiting the Giant Hairball: A Corporate Fool's Guide to Surviving with Grace*, Nueva York, Viking, 1996.

27. Andrea Gabor, «Quality Revival, Part 2: Ford Embraces Six Sigma», *New York Times*, 13 de junio del 2001.

28. Keith H. Hammonds, «Grassroots Leadership—Ford Motor Co.», *Fast Company*, abril del 2000, págs. 138-143.

29. *Ibíd.*

30. Véase, por ejemplo, M. A. Mone y W. McKinley, «The Uniqueness Value and Its Consequences for Organization Studies», *Journal of Management Inquiry*, 2 (1993): págs. 284-296.

31. Véase Andrew Hargadon, *How Breakthroughs Happen: The Surprising Truth About How Companies Innovate*, Boston, Harvard Business School Press, 2003.

32. Alfie Kohn, «Why Incentives Plan Cannot Work», *Harvard Business Review* (septiembre-octubre de 1993): págs. 3-7; Jeffrey Pfeffer, «Six Dangerous Myths About Pay», *Harvard Business Review* (mayo-junio de 1998): págs. 107-119; Egon Zehnder, «A Simpler Way to Pay», *Harvard Business Review* (abril del 2001): págs. 3-8.

33. Véase http://www.gladwell.com.

34. Un sociólogo famoso escribió un libro encantador que intenta, pero al final no consigue, localizar al localizador de esa frase. Véase Merton, Robert K., *A hombros de gigantes*, Barcelona, Edicions 62, 1990.

35. Véase, por ejemplo, Leslie Berlin, *The Man Behind the Microchip: Robert Noyce and the Invention of Silicon Valley*, Nueva York, Oxford University Press, 2005. A pesar del título, el libro detalla el gran número de personas diferentes implicadas en esa importante invención tecnológica, y el papel, protagonista aunque limitado, de Noyce en toda la empresa.

36. «The 2002 HBR List: Breakthrough Ideas for Today's Business Agenda», *Harvard Business Review* (marzo del 2002): págs. 58-66.

37. James March, e-mail a Robert Sutton, 2 de noviembre del 2002.

38. Russell L. Ackoff, «Management Gurus and Educators», *Reflections*, 2 (2001): págs. 66-67.

39. Stefan Stern, «Guru Guide», *Management Today*, octubre del 2001, págs. 82-87. La cita es de la página 87.

40. Mary J. Benner y Michael L. Tushman, «Exploration, Exploitation, and Process Management: The Productivity Dilemma Revisited», *Academy of Management Review*, 28 (2003): págs. 238-256.

41. Richard J. Hackman, «On the Coming Demise of Job Enrichment», en *Man and Work in Society*, eds. E. L. Cass y F. G. Zimmer, Nueva York, Van Nostrand Renhold, 1975, págs. 97-115.

42. Michael A. Hitt y R. Duane Ireland, «Peters and Waterman Revisited: The Unended Quest for Excellence», *Academy of Management Executive*, 1 (1987): págs. 91-98.

43. Véase, por ejemplo, Billie Jo Zirger y Modesto A. Maidique, «A Model of New Product Development: An Empirical Test», *Management Science*, 36 (1990): págs. 867-884; para un análisis de más bibliografía relacionada, véase Shona Brown y Kathleen Eisenhardt, «Product Development: Past Research, Present Findings, and Future Directions», *Academy of Management Review*, 20 (1995): págs. 343-378.

44. Ambrose Bierce, *El diccionario del diablo*, Madrid. M. E. Editores, 1997.

45. Baruch Fischhoff, «For Those Condemned to Study the Past: Heuristics and Biases in Hindsight», en *Judgement Under Uncertainty: Heuristics and Biases*, eds. Daniel Kahneman, Paul Slovic y Amos Tversky. Cambridge, Inglaterra. Cambridge University Press, 1982, págs. 335-353.

46. Barry M. Staw, «Attribution of the 'Causes' of Performance:

An Alternative Interpretation of Cross-Sectional Research on Organizations», *Organizational Behavior and Human Performance*, 13 (1975): págs. 414-432.

47. Robert B. Cialdini, *Influence: Science and Practice*, 4.ª edición, Boston, Allyn & Bacon, 2001.

48. D. T. Miller, «The Norm of Self-Interest», *American Psychologist*, 54 (1999): págs. 1053-1060.

49. B. Frank y G. G. Shulze, «Does Economics Make Citizens Corrupt?», *Journal of Economic Behavior & Organization*, 43 (2000): págs. 101-113; H. Frank, T. D. Gilovich y D. T. Regan, «Does Studying Economics Inhibit Cooperation?», *Journal of Economic Perspectives*, 7 (1993): págs. 159-171.

50. Estas investigaciones se resumen en Robert M. Hauser, «What if We Ended Social Promotion?», *Education Week*, 7 de abril de 1999, págs. 64-66.

51. *Ibíd.*

52. Sheryl McCarthy, «Schools Repeat Social Promotion Problems», *Newsday*, 28 de marzo del 2002.

53. Véase John A. Meacham, «The Loss of Wisdom», en *Wisdom: Its Nature, Origins, and Development*, ed. Robert J. Sternberg, Cambridge (Reino Unido), Cambridge University Press, 1990, págs. 181-211; y John A. Meacham, «Wisdom and the Context of Knowledge: Knowing What One Doesn't Know One Doesn't Know», en *On the Development of Development Psychology*, eds. D. Huhn y J. A. Meacham, Basilea, Krager, 1983, págs. 111-134; véase Robert J. Sternberg, «Implicit Theories of Intelligence, Creativity, and Wisdom», *Journal of Personality and Social Psychology*, 49 (1985): págs. 607-627.

54. Gabrielle Bauer, «A Reluctant Policy Wonk: Dr. David Sackett, a Pioneer in Evidence-Based Medicine, Has No Time to Play King, but the World Seems Intent on Crowning Him», *The Medical Post*, 22 de agosto del 2002.

Capítulo 3

1. Libby Sartain con Martha I. Finney, *Recursos Humanos desde el corazón. Cómo construir grandes empresas a la medida de las personas*, Barcelona, Deusto, 2005.
2. *Ibíd.*, 18.
3. *Ibíd.*, 19.
4. Robert Sutton se enteró cuando un alto cargo de la facultad primero intentó bromear con él, y cuando eso no funcionó, le explicó seriamente que Sutton y Pfeffer eran demasiado ruidosos y reían demasiado para un lugar como la Stanford Business School, donde se producía «pensamiento serio».
5. http://www.spectorcne.com/.
6. Véase Randall Stross, «Digital Domain: When Long Hours at a Video Game Stop Being Fun», *New York Times*, 21 de noviembre del 2004; Matt Richtell, «Fringes vs. Basics in Silicon Valley», *New York Times*, 9 de marzo del 2005.
7. Kimberly Elsbach y Daniel Cable, «Passive 'Face Time' as Performance Relevant Information: Implications for Remote Workers», artículo presentado en el Center for Work, Technology and Organization, Universidad de Stanford, Palo Alto, CA, febrero del 2005.
8. Anat Rafaeli y Michael G. Pratt, «Tailored Meanings: On the Meaning and Impact of Organizational Dress», *Academy of Management Review*, 18 (1993): págs. 32-55.
9. *Ibíd.*, 43.
10. En realidad, el futuro consejero delegado, Lou Gerstner, se presentó a su entrevista de trabajo con una camisa azul, desafiando a la cultura de «camisas blancas» de IBM y enviando el mensaje de que, al esperar que se vistieran igual, sería una señal de que pensaban igual. Gerstner flexibilizó el código de vestir de forma notable bajo su mandato. Véase Louis V. Gerstner, *Who Says That Elephants Can't Dance?* Nueva York, HarperBusiness, 2002.
11. Existen varias encuestas que muestran, básicamente, los mis-

mos resultados. Véase, por ejemplo, «U. S. Job Satisfaction Keeps Falling, the Conference Reports Today», comunicado de noticias, Conference Board, 28 de febrero del 2005, http://www.conference-board.org; «62% of Global Executives Dissatisfied with Current Positions», comunicado de prensa, Korn/Ferry International, 30 de septiembre del 2003, http://www.kornferry.com/; «Building a Highly Engaged Workforce: How Great Managers Inspire Virtuoso Performance, a GMJ Q & A with Curt Coffman», *Gallup Management Journal*, 3 de junio del 2002, http://gmj.gallup.com/content/default.asp?ci=238.

12. Anat Rafaeli y Robert I. Sutton, «The Expression of Emotion in Organizational Life», en *Research in Organizational Behavior*, vol. 11, eds. L. L. Cummings y Barry M. Staw, Greenwick, CT, JAI Press, 1989; Robert I. Sutton, «Maintaining Norms About Expressed Emotions: The Case of Bill Collectors», *Administrative Science Quarterly*, 36 (1991): págs. 245-268.

13. Véase, por ejemplo, Rebecca Abraham, «The Impact of Emotional Dissonance on Organizational Commitment and Turnover», *The Journal of Psychology*, 133 (199): págs. 441-455; Patricia A. Simpson y Linda K. Stroh, «Gender Differences: Emotional Expression and Feelings of Personal Inauthenticity», *Journal of Applied Psychology*, 89 (2004); págs. 715-722; Emily A. Butter et al., «The Social Consequences of Expressive Suppression», *Emotion*, 3 (2003): págs. 48-67.

14. Rafaeli y Sutton, «The Expression of Emotion».

15. Robert I. Sutton, *Weird Ideas That Work: 11 and ? Practices for Promoting, Managing, and Sustaining Innovation*, Nueva York, Free Press, 2002, pág. 35.

16. Sheila Anne Feeney, «Love Hurts», *Workforce Magaziene*, febrero del 2004, pág. 38.

17. Sheila Puffer, «CompUSA's James Halpin on Technology, Rewards, and Commitment», *Academy of Management Executive*, 13 (1999): págs. 29-37.

18. Olivier Williamson, *Markets and Hierarchies*, Nueva York, Free Press, 1975.

19. Benedit Carey, «Fear in the Workplace: The Bullying Boss», *New York Times*, 22 de junio del 2004.

20. John A. Byrne, *Chainsaw: The Notorious Career of Al Dunlap in the Era of Profit-at-Any-Price*. Nueva York, HarperBusiness, 1999, pág. 5.

21. Peter Elkind, «The Fall of the House of Grasso», *Fortune*, 18 de octubre del 2004, pág. 294.

22. Carey, «Fear in the Workplace».

23. Leslie Kaufman, «Questions of Style in Warnaco's Fall», *New York Times*, 6 de mayo del 2001.

24. Robert Lacey, *Ford: The Men and the Machine*. Nueva York, Little, Brown, 1986, pág. 130.

25. *Ibíd.*, 131.

26. *Ibíd.*, 134.

27. Sanford M. Jacoby, *Modern Manors: Welfare Capitalism Since the New Deal*. Princeton, Princeton Universtiy Press, 1997.

28. *Ibíd.*, 353.

29. Tim Sanders, «Love is the Killer App», presentación en la Conferencia DigitalNow, Orlando (Florida), 31 de marzo del 2005.

30. Arnold Bakker y Sabine A. E. Geurts, «Toward a Dual-Process Model of Work-Home Interference», *Work and Occupations*, 31 (agosto del 2004): págs. 345-346.

31. Véase, por ejemplo, E. E. Kossek y C. Ozeki, «Work-Family Conflict, Policies, and the Job-Life Satisfaction Relationship: A Review and Directions for Organizational Behavior-Human Resources Research», *Journal of Applied Psychology*, 83 (1998): págs. 139-149.

32. Alison M. Conrad y Robert Mangel, «The Impact of Work-Life Programs on Firm Productivity», *Strategic Management Journal*, 21 (2000): págs. 1225-1237.

33. Peter Nolan y Stephen Wood, «Mapping the Future of Work», *British Journal of Industrial Relations*, 4 (2003): pág. 170.

34. Conrad y Mangel, «The Impact of Work-Life Programs».
35. Robert Putnam, *Solo en la bolera: colapso y resurgimiento de la comunidad norteamericana*, Barcelona, Galaxia Gutenberg, 2002.
36. Ros Davidson, «You Are Being Watched», *Sunday Herald Online*, 27 de marzo del 2005, http://www.sundayherald.com/48616.
37. Arlie Russell Hochschild, *The Time Bind*. Nueva York, Basic Books, 1997, pág. 19.
38. Sharon Shinn, «Luv, Colleen», *BizEd*, marzo/abril del 2003, pág. 19.
39. Jody Hoffer Gittell, *The Southwest Airlines Way*. Nueva York, McGraw-Hill, 2003, pág. 119.
40. *Ibíd.*
41. Feeney, «Love Hurts».
42. Michael G. Pratt y Jose Antonio Rosa, «Transforming Work-Family Conflict into Commitment in Network Marking Organizations», *Academy of Management Journal*, 46 (2003): págs. 395-418.
43. *Ibíd*, 405.
44. De Sarahsmiley.com. Cita de http://www.sarahsmiley.com/ask-sarah.htm#How_should_senior_wives_relate_to_JO_wives_ (consultado el 16 de abril del 2005).
45. Olga Kharif, «Anne Mulcahy Has Xerox by the Horns», *BusinessWeek Online*, 29 de mayo del 2003, http://www.businessweek.com/technology/content/may2003/tc20030529_1642_tc 111.htm.
46. Erving Goffman, *La presentación de la persona en la vida cotidiana*, Madrid, H.F. Martínez de Murguía, 1987; Arlie Russell Hochschild, *The Managed Heart: Commercialization of Human Feeling*, Berkeley, University of California Press, 1983.
47. Véase, por ejemplo, Abraham, «The Impact of Emotional Dissonance»; Simpson y Stroh «Gender Differences».
48. Sutton, *Weird Ideas That Work*.

49. Su Fen Lee, Cliff Redeker, Julie Shin y Yilin Yeo, «Pixar: An Incredible Story of Creativity», estudio de un caso para la clase de Organizational Behavior and Management, en la Facultad de Ingeniergía de Stanford, Departamento de Ciencias Empresariales e Ingeniería, Palo Alto, CA.

50. Bill George, *Authentic Leadership: Rediscovering the Secrets to Creating Lasting Value*, San Francisco, Jossey-Bass, 2003.

51. Carey, «Fear in the Workplace», D6.

52. Bernard Tepper, «Consequences of Abusive Supervision», *Academy of Management Journal*, 43 (2000): págs. 178-190.

53. Shirleen Holt, «Giving the Goodies: Many Employees See Advantages in Maintaining Workplace Perks», *Seattle Times*, 23 de marzo del 2003.

54. Anne Miner, «Idiosyncratic Jobs in Formalized Organizations», *Administrative Science Quarterly*, 32 (1987): págs. 327-352.

55. Kossek y Ozeki, «Work-Family Conflict».

Capítulo 4

1. Para más información sobre IDEO, véase Thomas Kelley, *The Art of Innovation*. Nueva York, Doubleday, 2001 y http://www.ideo.com.

2. Esta investigación dio lugar a varios artículos, que incluyen: R. I. Sutton y A. Hargadon, «Brainstorming Groups in Context: Effectiveness in a Product Design Firm», *Administrative Science Quarterly*, 41 (1996): págs. 685-718; A. Hargadon y R. I. Sutton, «Building an Innovation Factory», *Harvard Business Review* (mayo-junio del 2000): págs. 157-166; A. Hargadon y R. I. Sutton, «Technology Brokering and Innovation in a Product Development Firm», *Administrative Science Quarterly*, 42 (1997): págs. 716-749.

3. Benjamin Schneider, «The People Make the Place», *Personnel Psychology*, 40 (1987): págs. 437-453.

4. *Ibíd.*, 440.

5. Jim Collins, *Empresas que sobresalen : por qué unas sí pueden mejorar la rentabilidad y otras no*, Barcelona, Ediciones Gestión 2000, 2006.
6. Edwin A. Locke et al., «The Importance of the Individual in the Age of Groupism», en *Groups at Work*, ed. Marlene E. Tuner. Mahwah, NJ, Earlbaum, 2001, págs. 501-528.
7. Ed Michaels, Helen Handfield-Jones, Beth Axelrod. *La guerra por el talento*. Madrid, Editorial Centro de Estudios Ramón Areces, 2003.
8. Por ejemplo, en su muestra de 1997 sobre 77 compañías, los autores informan que las compañías *primero* fueron clasificadas en función de si tenían resultados superiores o medios basándose en la rentabilidad para los accionistas durante la década precedente, y *luego* se realizaron entrevistas y encuestas para valorar cómo estaban «luchando» esas empresas en la guerra por el talento. Un cambio no puede ser provocado por algo que sucede *después* de que se produzca el cambio; sin embargo, los autores consideraron las prácticas empresariales como «causas» y los rendimientos previos como «efectos».

Aunque supongamos (como podrían haber hecho los autores) que los datos de las encuestas y entrevistas de 1997 de esas compañías valoraban cómo habían gestionado el talento durante los diez años precedentes, es plausible —en realidad, mucho más probable— que un rendimiento financiero mejor *causara* que las empresas usaran las prácticas que recomendaban. Michaels y sus colegas exponen, por ejemplo, que las compañías con mejores resultados tenían más posibilidades que las empresas con unos resultados medios de «pagar lo que fuera para evitar perder a los mejores trabajadores». ¿No podría ser que las entidades con un rendimiento económico superior simplemente tuvieran más dinero que derrochar entre los trabajadores más eficaces? Quizá la afirmación más cuestionable del libro se haga en el último capítulo de *La guerra por el talento*, que dice que los líderes que sigan sus consejos pueden «esperar tener un gran impacto en un año». No hemos encontrado pruebas cuantitativas en el libro (ni en ninguna otra investigación) que respalde esa afirmación; en lugar de eso, parece estar orientada por historias sobre los héroes de los autores. Teniendo en cuenta las limitaciones de los casos que analizamos en el capítulo 2, y que la mayor parte de consejos del libro no están respaldados por pruebas y chocan con estudios anteriores, esa afirmación, simplemente, no está justificada.

9. Dean Ketih Simonton, *Greatness: Who Makes History and Why*, Nueva York, Guilford Press, 1994, págs. 419-420.

10. Esta investigación fue publicada por H. Sackman, W. J. Erickson y E. E. Grant en 1968. Se describe en el libro de Frederick P. Brooks Jr., *The Mythical Man Month*. Reading (Massachusetts), Addison-Wesley, 1995.

11. Frank L. Schmidt y John E. Hunter, «The Validity and Utility of Selection Methods in Personnel Psychology: Practical ant Theoretical Implications of 85 Years of Research Findings», *Psychological Bulletin*, 124 (1998): págs. 262-274.

12. *Ibíd.*

13. Un par de *best sellers* de Daniel Goleman y sus colegas —Daniel Goleman, *Inteligencia emocional*, Barcelona, Círculo de Lectores, 1999; y Daniel Goleman, Richard Boyatzis y Annie McKee, *El líder resonante crea más: el poder de la inteligencia emocional*, Barcelona, Nuevas Ediciones de Bolsillo, 2003— han fomentado gran parte del entusiasmo reciente por el poder de la inteligencia emocional (IE) para predecir el éxito de los empleados. Estos libros se basan en investigaciones anteriores y en pruebas originales para argumentar que los miembros de las empresas más aptos en la detección y gestión de las emociones tendrán más éxito en sus carreras profesionales y liderarán empresas más prósperas que sus homólogos que son muy similares a ellos, pero que tienen un CE (coeficiente emocional) más bajo. Creemos que esas afirmaciones son interesantes y nos parecen coherentes con los trabajos previos sobre inteligencia práctica.

Y es posible que al final las investigaciones demuestren el valor del CE para prever qué miembros de la empresa triunfarán y, por consiguiente, a quién hay que mantener a bordo. Sin embargo, por desgracia, un torrente de investigaciones y escritos académicos recientes sugieren que existen datos confusos —y opiniones contradictorios— sobre qué es la inteligencia emocional, cómo valorarla y si los diecinueve rasgos de los líderes emocionalmente inteligentes identificados por Goleman y sus colegas son originales. Un resumen equilibrado de la polémica actual se puede encontrar en un número especial del 2005 del *Journal of Organizational Behavior* que está dedicado a la inteligencia emocional. Véase Paul E. Spector, «Introduction: Emotional Intelligence», *Journal of Organizational Behavior*, 26 (2005): págs. 409-410.

El resultado es que, aunque parezca sensato que las personas, sobre todo los líderes, que son hábiles al detectar las emociones de los demás y gestionar los propios sentimientos tengan más éxito, el valor de contratar a expertos en inteligencia emocional para asesorar y formar al personal sigue siendo cuestionable por el momento y la validez de la «inteligencia emocional» como concepto coherente es debatible.

14. Martin E. P. Seligman y Peter Schulman, «Explanatory Style as a Predictor of Productivity and Quitting Among Life Insurance Sales Agents», *Journal of Personality and Social Psychology*, 50 (1986): págs. 832-838.

15. Hank Gilman et al., «The Smart Way to Hire Superstars», *Fortune*, 10 de julio del 2000.

16. Bradford D. Smart, *Topgrading*, Nueva York, Prentice-Hall, 1999, pág. 34. (Existe trad. española: *El valor del capital humano: cómo las empresas de éxito contratan e incentivan a sus directivos*, Barcelona, Ediciones Paidós Ibérica, 2001.)

17. Michaels, Handfield-Jones, Axelrod, *La guerra por el talento*.

18. Para un análisis, véase: R. B. Cialdini, *Influence: The Psychology of Persuasion*, Nueva York, Quill, 1993; K. Y. Williams y

C. A. O'Reilly, «Demography and Diversity in Organizations: A Review of 40 Years of Research», en *Research in Organizational Behavior*, vol. 20, eds. B. M. Staw y L. L. Cummings, Stamford, CT, JAI Press, 1998; J. Pfeffer, «Organizational Demography», en *Research in Organizational Behavior*, vol. 5, eds. L. L. Cummings y B. M. Staw, Greenwich, CT, JAI Press, 1983: págs. 299-357; J. Pfeffer, *New Directions for Organization Theory: Problems and Prospects*, Nueva York, Oxford, 1997.

19. Véase, por ejemplo, R. M. Kanter, *Men and Women of the Corporation*, Nueva York, Basic Books, 1977; R. W. Eder y G. R. Ferris, *The Employment Interview: Theory, Research, and Practice*, Newbury Park, CA, Sage Publications, 1989; Thung-rung Lin, Gregory H. Dobbins y Jiing-lih Fard, «A Field Study of Race and Age Similarity Effects on Interview Ratings in Conventional and Situational Interviews», *Journal of Applied Psychology*, 77 (1992): págs. 363-371.

20. Greg J. Sears y Patricia M. Rowe, «A Personality-Based Similar to Me Effect in the Employment Interview: Conscientiousness, Affect- Versus Competence-Mediated Interpretations, and the Role of Job Relevance», *Canadian Journal of Behavioural Science*, 35 (2003): págs. 13-24.

21. Michael Schrage, «The Rules of Collaboration», *Forbes ASAP*, 5 de junio de 1995, pág. 88.

22. Ira Miller, «Dark Horses Become Workhorses», *San Francisco Chronicle*, 22 de octubre del 2001.

23. Harold F. Rothe, «Output Rates Among Industrial Employees», *Journal of Applied Psychology*, 63 (1978): págs. 40-46.

24. F. D. Schoorman, «Escalation Bias in Performance Appraisals: An Unintended Consequence of Supervisor Participation in Hiring Decisiones», *Journal of Applied Psychology*, 73 (1988): págs. 58-62.

25. Robert L. Cardy y Gregory H. Dobbins, «Affect and Appraisal Accuracy: Liking as an Integral Dimension in Evaluation Performance», *Journal of Applied Psychology*, 71 (1986): págs.

672-678; Barry M. Staw y Ha Hoang, «Sunk Costs in the NBA: Why Draft Order Affects Playing Time and Survival in Professional Basketball», *Administrative Science Quarterly*, 40 (1995): págs. 474-494.

26. Edward Rothstein, «Myths About Genius», *New York Times*, 5 de enero del 2002.

27. Lawrence M. Kahn, «Managerial Quality, Team Success, and Individual Player Performance in Major League Baseball», *Industrial and Labor Relations Review*, 46 (1993): págs. 531-547.

28. Véase K. A. Ericsson y A. C. Lehman, «Expert and Exceptional Performance: Evidence of Maximal Adaptation to Task Constraints», *Annual Review of Psychology*, 47 (1996): págs. 273-305; K. A. Ericsson, *The Road of Excellence*, Nueva York, Earlbaum, 1996. Además, Robert Sutton pasó muchas horas charlando con K. A. Ericsson durante el curso académico 2002-2003, cuando ambos trabajaron como profesores en el Center for Advanced Study in the Behavioral Sciences de Palo Alto (California).

29. D. K. Simonton, *Origins of Genius: Darwinian Perspectives on Creativity*, Nueva York, Oxford, 1999.

30. Atul Gawande, *Complicaciones: confesiones de un cirujano acerca de una ciencia imperfecta*, Barcelona, Editorial Diagonal, 2003.

31. Richard Hackman, *Leading Teams*, Boston, Harvard Business School Press, 2002.

32. El estudio de Ralph Katz reveló que la productividad de los equipos de investigación y desarrollo sigue mejorando a lo largo de los tres o cuatro primeros años en que trabajan conjuntamente, pero los equipos que han experimentado pocos cambios en el personal y que han tenido poco contacto con terceros que tienen ideas nuevas sufren una disminución del rendimiento creativo. Por lo tanto, al menos en el caso del trabajo creativo, agitar el panorama moviendo a los miembros hacia dentro y hacia fuera y poniéndolos en contacto con terceros parece sensa-

to. Pero incluso en ese caso, tiene que haber un equilibrio entre la estabilidad y la agitación, ya que los equipos siguen mejorando por lo menoss menos durante los tres primeros años que trabajan juntos. Véase R. Katz, «The Effects of Group Longevity on Project Communication and Performance», *Administrative Science Quarterly*, 27 (1982): págs. 81-104; R. Katz y T. J. Allen, «Investigation the Not Invented Here Syndrome: A Look at Performance, Tenure, and Communication Patterns of 50 R&D Project Groups», *R&D Management*, 12 (1982): págs. 7-19.

33. Para un resumen de esta investigación y de otras relacionadas, véase Earl L. Wiener, Barbara G. Kanki y Robert L. Helmreich, *Cockpit Resource Management*, San Diego, CA, Academic Press, 1993; Richard Hackman, *Leading Teams*, Boston, Harvard Business School Press, 2002.

34. Kathleen M. Eisenhardt y Claudia Bird Schoonhoven, «Organizational Growth: Linking Founding Team, Strategy, Environment, and Growth Among U. S. Semiconductor Ventures, 1978-1988», *Administrative Science Quarterly*, 35 (1990): págs. 504-529.

35. Carol S. Dweck, «Beliefs tha Make Smart People Dumb», en *Why Smart People Can Be So Stupid*, ed. Robert J. Sternberg. New Haven, CT, Yale University Press, 2002, págs. 24-41.

36. *Ibíd.*, 31.

37. Esta y otras citas de las investigaciones de Harold W. Gehman Jr. et al., *Columbia Accident Investigation Board: Report Volume I.* Washington, DC, Government Printing Office, 2003, http://www.caib.us/.

38. Véase, por ejemplo, John Paul MacDuffie, «Human Resource Bundles and Manufacturing Performance: Organizational Logic and Flexible Production Systems in the World Auto Industry», *Industrial and Labor Relations Review*, 48 1995): págs. 197-221; Frits K. Pil y John Paul MacDuffie, «The Adoption of High-Involvement Work Practices», *Industrial Relations*, 35

(1996): págs. 423-455; John Paul MacDuffie, «The Road to 'Root Cause': Shop Floor Problem Solving at Three Auto Assembly Plants», *Management Science*, 43 (1997): págs. 479-502.

39. M. B. Lieberman, L. Lau y M. Williams, «Firm Level Productivity and Management Influence: A Comparison of U.S. and Japanese Automobile Manufacturers», *Management Science*, 36 (1990): págs. 1193-1215.

40. Para un resumen de la experiencia de NUMMI, véase Charles O'Reilly III y Jeffrey Pfeffer, *Hidden Value*. Boston, Harvard Business School Press, 2000.

41. Boris Groysberg, Ashish Nanda y Nitin Nohria, «The Risky Business of Hiring Stars», *Harvard Business Review* (mayo del 2004): pág. 94.

42. Nelson P. Repenning y John D. Sterman, «Capability Traps and Self-Confirming Attribution Errors in the Dynamics of Process Improvement», *Administrative Science Quarterly*, 47 (2002): págs. 265-295.

43. *Ibíd.*, 287.

44. Brian D. Brio, *Beyond Success*, Nueva York, Perigee, 1997, pág. 30; John Wooden, *Wooden*, Chicago, Contemporary Books, 1997.

45. Richard J. Hernstein y Charles Murray, *The Bell Curve*, Nueva York, Free Press, 1999.

46. Joshua Aronson, Carrie B. Fried y Catherine Good, «Reducing the Effects of Stereotype Threat on African American College Students by Shaping Theories of Intelligence», *Journal of Experimental Social Psychology*, 22 (2001): págs. 1-13.

47. Staw y Hoang, «Sunk Costs in the NBA».

48. *Ibíd.*, 487.

49. Lee D. Ross, «The Intuitive Psychologist and His Shortcomings», en *Advances in Experimental Social Psychology*, vol. 10, ed. L. Berkowitz. Nueva York, Random House, 1977, págs. 173-220.

50. Véase John A. Meacham, «The Loss of Wisdom», en *Wisdom: Its Nature, Origins, and Development*, ed. Robert J. Sternberg. Cambridge, Inglaterra. Cambridge University Press, 1990, págs. 181-211; y John A. Meacham, «Wisdom and the Context of Knowledge: Knowing What One Doesn't Know One Doesn't Know», en *On the Development of Development Psychology*, eds. D. Huhn y J. A. Meacham. Basilea, Suiza, Krager, 1983, págs. 111-134; véase Robert J. Sternberg, «Implicit Theories of Intelligence, Creativity, and Wisdom», *Journal of Personality and Social Psychology*, 49 (1985): págs. 607-627.

51. Estos datos y perspectivas se han recogido principalmente a partir de dos artículos: Amy C. Edmondson, «Learning from Mistakes Is Easier Said Than Done: Group and Organizational Influences on the Detection and Correction of Human Error», *Journal of Applied Behavioral Science*, 32 (1996): págs. 5-28; y Anita L. Tucker y Amy C. Edmondson, «Why Hospitals Don't Learn from Failures: Organizational and Psychological Dynamics that Inhibit System Change», *California Management Review*, 45 (2003): págs. 55-72.

52. Gehman et al., Columbia Accident Investigation Board, pág. 203.

53. Novations Group, «Uncovering the Growing Disenchantment with Forced Ranking Performance Management Systems», libro blanco, Boston (Massachusetts), Novations Group, agosto del 2004.

Capítulo 5

1. Esta afirmación procede de la página 2 de la Declaración de Representación 2004 de la Cendant Corporation, de 1 de marzo del 2004. Afirmaciones parecidas se pueden encontrar en muchas otras declaraciones de representación. Cendant y su director general, Henry Silverman, han sido muy criticados por pagar un salario excesivo al consejero delegado y por salarios no muy acordes con el rendimiento de la compañía (véase, por

ejemplo, Gretchen Morgenson, «Two Pay Packages, Two Different Galaxies», *New York Times*, 4 de abril del 2004). Sin embargo, la alineación de los incentivos parece ser un objetivo importante y se ha tomado como un artículo de fe que es importante en la mayoría de declaraciones de representación.

2. Jay R. Schuster y Patricia K. Zingheim, *The New Pay*. San Francisco, Jossey-Bass, 1992, pág. IX.

3. Frederick W. Taylor, *Shop Management*. Nueva York, Harper, 1903.

4. Edward P. Lazear, «Performance Pay and Productivity», *American Economic Review*, 90 (2000): pág. 1346.

5. Véase, por ejemplo, B. F. Skinner, *Ciencia y conducta humana*, Madrid, MR Ediciones, 1986. Los principios de condicionamiento operativos se han aplicado en el management y en la conducta empresarial por, entre otros, Walter Nord, «Beyond the Teaching Machine: The Neglected Area of Operant Conditioning in the Theory and Practice of Management», *Organizational Behavior and Human Performance*, 4 (1969): págs. 375-401; y Fred Luthans y Robert Kreitner, *Organizational Behavior Modification*. Glenview (Illinois), Scott, Foresman, 1975.

6. Esta teoría de la probabilidad de la motivación es bastante prominente en psicología social. Se puede encontrar una formulación anterior en Victor H. Vroom, *Work and Motivation*, Nueva York, John Wiley, 1964. Además, las investigaciones psicológicas modernas sobre la toma de decisiones y la negociación reflejan muchas de estas suposiciones sobre el poder de las recompensas financieras, pero también muestran que los prejuicios cognitivos «hacen tropezar» a la gente en su búsqueda de optimizar los resultados valorados, sobre todo cuando se trata de maximizar las ganancias financieras. Véase Max H. Bazerman, *Judgment in Managerial Decision Making*, 6.ª ed., Somerset, (Nueva Jersey), Wiley, 2006.

7. Véase, por ejemplo, Andrea Gabor, *The Man Who Discovered Quality*, Nueva York, Times Books, 1990.

8. Scott McCartney, «How to Make an Airline Run on Schedule», *Wall Street Journal*, 22 de diciembre de 1995.

9. Edward P. Lazear, «The Power of Incentives», *The American Economic Review*, 90 (2000): pág. 410.

10. Robert L. Heneman, «Merit Pay Research», en *Research in Personnel and Human Resource Management*, vol. 8. Greenwich (Connecticut), JAI Press, 1990, págs. 203-263.

11. Un estudio realizado por Hewitt Associates exponía que a finales de los años noventa el 72% de las compañías tenían salarios variables al menos para algunos grupos de trabajadores, en comparación con el 47% de 1990. Véase Rebecca Ganzel, «What's Wrong with Pay for Performance?», *Training*, diciembre de 1998, págs. 34-40.

12. Ellen G. Frank, «Trends in Incentive Compensation» (información preparada para los autores de los estudios sobre compensación de Hewitt, junio del 2004).

13. «Christmas Bonuses Give Way to Incentive Pay», *Edmonton Journal*, 28 de noviembre del 2003.

14. «Garbage Truck Drivers Rushing to Finish Work Are Safety Risk», *Associated Press*, 30 de enero del 2004.

15. Diana Jean Schemo, «When Students' Gains Help Teachers' Bottom Line», *New York Times*, 9 de mayo del 2004.

16. «Results-Oriented Cultures: Creating a Clear Linkage Between Individual Performance and Organizational Success», GAO-03-488. Washington, DC, General Accounting Office, marzo del 2003.

17. Christopher Lee, «Civil Service System on Way Out at DHS», *Washington Post*, 27 de enero del 2005, http://www.washingtonpost.com/wp-dyn/articles/A39934-2005Jan26.html (consultado el 1 de mayo del 2005).

18. Chip Heath, «On the Social Psychology of Agency Relationships: Lay Theories of Motivation Overemphasize Extrinsic Incentives», *Organizational Behavior and Human Decision Processes*, 78 (1999): págs. 25-62.

19. *Ibíd.*, 28.

20. *Ibíd.*, 38.

21. Informe de la compañía Watson Wyatt Worldwide, «Strategic Rewards: Maximizing the Return on Your Reward Investment», 2004, pág. 11.

22. Michael Beer y Nancy Katz, «Do Incentives Work? The Perceptions of a Worlwide Sample of Senior Executives», *Human Resource Planning*, 26 (2003): págs. 30-44.

23. *Ibíd.*

24. «At Emery Air Freight: Reinforcement Boosts Performance», *Organizational Dynamics*, 1 (1973): pág. 42.

25. *Ibíd.*, 47.

26. Robert Rodin, *Free, Perfect, and Now*, Nueva York, Simon and Schuster, 1999, pág. 45.

27. Lazear, «Performance Pay and Productivity».

28. *Ibíd.*, 1353.

29. *Ibíd.*, 1354.

30. *Ibíd.*, 1352.

31. *Ibíd.*, 1358.

32. *Ibíd.*

33. «Garbage Truck Drivers».

34. *Ibíd.*

35. Trascripción de la emisora de radio norteamericana National Public Radio, *All Things Considered*, 30 de octubre del 2003, edición 9-10 h, p. 2.

36. *Ibíd.*

37. Chip Cummins, Susan Warren, Alexei Barrionuevo y Bhushan Bahree, «Losing Reserve: At Shell, Strategy and Structure Fueled Troubles», *Wall Street Journal*, 12 de marzo del 2004.

38. La imagen de los bomberos de Nueva York subiendo al World Trade Center después del inicio del desastre del 11 de septiembre del 2001 probablemente está muy sobada. Pero plantea la interesante cuestión de si puede convencerse a la gente de que arriesgue su vida por dinero, o si es sólo el sentido del deber, el

servicio y la motivación profesional lo que produce actos heroicos de ese calibre.

39. Lazear, «Performance Pay and Productivity», pág. 1357.

40. Donald L. McCabe y Linda Klebe Trevino, «Cheating Among Business Students: A Challenge for Business Leaders and Educators», *Journal of Management Education*, 19 (1995): págs. 205-218; Donald L. McCabe y Linda Klebe Trevino, «What We Know About Cheating in College», *Change*, 28 (1996): págs. 29-33.

41. J. D. Brown, «Evaluations of Self and Others: Self-Enhancement Biases in Social Judgments», *Social Cognition*, 4 (1986): págs. 353-376; J. Kruger y D. Dunning, «Unskilled and Unaware of It: How Difficulties in Recognizing One's Own Incompetence Lead to Inflated Self-Assessments», *Journal of Personality and Social Psychology*, 77 (1999): págs. 1121-1134; D. T. Miller y M. Ross, «Self-Serving Biases in the Attribution of Causality: Fact of Faction?», *Psychological Bulletin*, 82 (1975): págs. 213-225.

42. «Many Companies Fail to Achieve Success with Pay-for-Performance Programs», *Hewitt Associates News & Information*, 9 de junio del 2004.

43. Watson Wyatt, «Strategic Rewards», pág. 12.

44. Gerald S. Leventhal, «The Distribution of Rewards and Resources in Groups and Organizations», en Leonard Berkowitz y Elaine Walster eds., *Advances in Experimental Social Psychology*, vol. 9, Nueva York, Academic Press, 1976, págs. 92-259, ofrece un buen resumen de esa investigación. Véase también G. S. Leventhal, J. W. Michaels y C. Sanford, «Inequity and Interpersonal Conflict: Reward Allocation and Secrecy About Reward as Methods of Preventing Conflict», *Journal of Personality and Social Psychology*, 23 (1972): págs. 88-102.

45. *Hewitt Associates News & Information*, «Many Companies Fail to Achieve Success».

46. Sue Fernie y David Metcalf, «It's Not What You Pay, It's the

Way You Pay It and That's What Gets Results: Jockey's Pay and Performance», documento de debate 295, London School of Economics, Londres, 1996; J. Paarsch y Bruce S. Shearer, «The Response of Worker Effort to Piece Rates: Evidence form the British Columbia Tree-Planting Industry», *Journal of Human Resources*, 35 (1999): págs. 1-25; M. Ryan Haley, «The Response of Worker Effort to Piece Rates: Evidence from the Midwest Logging Industry», *Journal of Human Resources*, 38 (2003): págs. 881-890.

47. Gary Bornstein e Ido Erev, «The Enhancing Effect of Intergroup Competition on Group Performance», en *Using Conflict in Organizations*, eds. Carsten De Dreu y Evert Van De Vliert. Londres, Sage, 2003, págs. 147-160.

48. R. G. Ehrenberg y M. L. Bognanno, «The Incentive Effects of Tournaments Revisited: Evidence from the European PGA Tour», *Industrial and Labor Relations Review*, 43 (1990): págs. 74S-88S; B. E. Becker y M. A. Huselid, «The Incentive Effects of Tournament Compensation Systems», *Administrative Science Quarterly*, 37 (1992): págs. 336-350.

49. Jeffrey Pfeffer y Nancy Langton, «The Effect of Wage Dispersion on Satisfaction Productivity, and Working Collaboratively: Evidence from College and University Faculty», *Administrative Science Quarterly*, 38 (1993): págs. 382-407.

50. Phyllis A. Siegel y Donald C. Hambrick, «Pay Disparities Within Top Management Groups: Evidence of Harmful Effects on Performance of High-Technology Firms», *Organization Science*, 16 (2005): págs. 259-274.

51. D. M. Cowherd y D. I. Levine, «Product Quality and Pay Equity Between Lower-Level Employees and Tope Management: An Investigation of Distributive Justice Theory», *Administrative Science Quarterly*, 37 (1992): págs. 302-320.

52. Matt Bloom, «The Performance Effects of Pay Dispersion on Individuals and Organizations», *Academy of Management Journal*, 42 (1999): págs. 25-40.

53. Jeffrey Pfeffer, «SAS Institute (A): A Different Approach to Incentives and People Management in the Software Industry», caso #HR6A, Stanford, CA, 1998, pág. 8.

Capítulo 6

1. The National Association of Corporate Directors, *Report of the NACD Blue Ribbon Commission on the Role of the Board in Corporate Strategy*. Washington, DC, NACD, 2004, pág. 1.
2. *Ibíd.*
3. Véase, por ejemplo, Gordon E. Greenley, «Does Strategic Planning Improve Company Performance?», *Long Range Planning*, 19 (1986): págs. 101-109; S. Al-Bazzaz y P. M. Grinyer, «How Planning Works in Practice—A Survey of 48 U. K. Companies», *Long Range Planning*, 13 (1980): págs. 30-41.
4. Véase, por ejemplo, Henry Mintzberg, *Rise and Fall of Strategic Planning*, Nueva York, Free Press, 1993.
5. Que sea positivo o negativo es discutible. Véase, por ejemplo, Henry Mintzberg, *Directivos, no MBAs: una visión crítica de la dirección de empresas y la formación empresarial*, Barcelona, Ediciones Deusto, 2005.
6. Neng Liang y Jiaquian Wang, «Implicit Mental Models in Teaching Cases: An Empirical Study of Popular MBA Cases in the United States and China», *Academy of Management Learning and Education*, 3 (2004): págs. 403, 405.
7. Torben Juul Andersen, «Integrating Decentralized Strategy Making and Strategic Planning Processes in Dynamic Environments», *Journal of Management Studies*, 41 (2004): pág. 1273.
8. Alfred P. Sloan, *My Years at General Motors*. Nueva York, Currency, 1990.
9. Véase, por ejemplo, Robert Burgelman, *Strategy is Destiny: How Strategy-Making Shapes a Company's Future*, Nueva York, Free Press, 2002; y Robert Sutton *Weird Ideas That Work: 11 and ? Practices for Promoting, Managing, and Sustaining Innovation*. Nueva York, Free Press, 2002.

10. Greenley, «Does Strategic Planning Improve Company Performance?», págs. 104-105.

11. C. Chet Miller y Laura B. Cardinal, «Strategic Planning and Firm Performance: A Synthesis of More Than Two Decades of Research», *Academy of Management Journal*, 37 (1994): pág. 1650; J. A. Pearce, E. B. Freeman y R. B. Robinson, «The Tenuous Link Between Formal Strategic Planning and Financial Performance», *Academy of Management Review*, 12 (1987): págs. 658-675.

12. Antonio-Rafael Ramos-Rodríguez y José Ruiz-Navarro, «Changes in the Intellectual Structure of Strategic Management Research: A Bibliometric Study of the *Strategic Management Journal*, 1980-2000», *Strategic Management Journal*, 25 (2004): págs. 981-1004.

13. Michael E. Porter, *Competitive Strategy: Techniques of Analyzing Competitors and Industries*, Nueva York, Free Press, 1998.

14. Véase, por ejemplo, Richard E. Caves, «Corporate Strategy and Structure», *Journal of Economic Literature*, 28 (1980): págs. 64-92; Porter, *Competitive Strategy*; Michael E. Porter, «The Structure Within Industries and Companies' Performance», *Review of Economics and Statistics*, 61 (1979): págs. 214-227.

15. Thomas H. Brush, Philip Bromiley y Margaretha Hendrickx, «The Relative Influence of Industry and Corporation on Business Segment Performance: An Alternative Estimate», *Strategic Management Journal*, 20 (1999): págs. 519-547.

16. Jon Birger, «The 30 Best Stocks from 1972 to 2002», *Money*, otoño del 2002, págs. 88-95.

17. Charles E. Lucier y Amy Astin, «Toward a New Theory of Growth», *Strategy and Business*, 1, invierno de 1996, pág. 11.

18. Dwigth L. Gertz y Joao P. A. Baptista, *Grow to Be Great*, Nueva York, Free Press, 1995.

19. Robert A. Burgelman, «Intel Corporation in 1999», caso SM-70, Palo Alto, CA, Stanford Graduate School of Business, revisado el 12 de octubre del 2004, pág. 1.

20. *Ibíd.*
21. Robert A. Burgelman y Andrew S. Grove, «Strategic Dissonance», *California Management Review*, 38, invierno de 1996, págs. 8-28.
22. *Ibíd.*, págs. 11-12.
23. Robert A. Burgelman, «A Process Model of Strategic Business Exit: Implications for an Evolutionary Perspective on Strategy», *Strategic Management Journal*, 17 (1996): págs. 193-214; Burgelman y Grove, «Strategic Dissonance», pág. 24.
24. Robert A. Burgelman, «Strategy as Vector and the Inertia of Coevolutionary Lock-in», *Administrative Science Quarterly*, 47 (2002): pág. 331.
25. Para una discusión sobre estas ideas, véase, por ejemplo, Nile W. Hatch y Jeffrey H. Dyer, «Human Capital and Learning as a Source of Sustainable Competitve Advantage», *Strategic Management Journal*, 25 (2004): págs. 1155-1178.
26. G. Bruce Knecht, «Banking Maverick: Norwest Corp. Relies on Branches, Pushes Service—and Prospers», *Wall Street Journal*, 17 de agosto de 1995.
27. Betsy Morris, «The Accidental CEO», *Fortune*, 23 de junio del 2003, págs. 42-47.
28. Para una descripción de la destreza y los procesos de la fabricación de Dell, véase, por ejemplo, Gary Rivlin, «Who's Afraid of China? How Dell Became the World's Most Efficient Computer Maker», *New York Times*, 19 de diciembre del 2004.
29. Thomas R. Stewart y Louise O'Brien, «Execution Without Excuses: An Interview with Michael Dell and Kevin Rollins», *Harvard Business Review* (marzo del 2005): págs. 103-111.
30. Parte clave del discurso de Steve Mariucci en la cena-ceremonia de entrega de premios «Empresario del Año de California del Norte» de Ernst & Young, en San Francisco, febrero del 2000.
31. El estudio de Lawrence C. Rhyne sobre la relación de la planificación con el rendimiento económico, por ejemplo, indica explícitamente la función de «control» de la planificación e inclu-

ye la presupuestación como una parte de su definición y valoración de la planificación estratégica. Véase Lawrence C. Rhyne, «The Relationship of Strategic Planning to Financial Performance», *Strategic Management Journal*, 7 (1986): págs. 423-436.

32. Jeremy Hope y Robin Fraser, *Más allá del sistema presupuestario: cómo los directivos pueden librarse de la trampa del rendimiento anual*, Barcelona, Ediciones Deusto, 2004.

33. *Ibíd.*, pág. 6.

34. Rivlin, «Who's Afraid of China?

35. Clayton M. Christensen, *The Innovator's Dilemma*. Boston, Harvard Business School Press, 1998.

36. Para casos sobre Kodak, véase Giovanni Gavetti, Rebecca Henderson y Simona Giorgi, «Kodak (A)», Caso 9-703-503, Boston, Harvard Business School, 2004; Giovanni Gavetti, Rebecca Henderson y Simona Giorgi, «Kodak (B)», Caso 9-704-489, Boston, Harvard Business School, 2004.

37. Michael L. Tushman y Charles O'Reilly III, *Innovación: cómo alcanzar el liderazgo organizacional a través de la renovación y el cambio*, México, Prentice Hall Hispanoamericana, 1998.

38. Henry Mintzberg, «The Design School: Reconsidering the Basic Premises of Strategic Management», *Strategic Management Journal*, 11 (1990): pág. 184; Henry Mintzberg, «The Strategy Concept II: Another Look at Why Organizations Need Strategies», *California Management Review*, 30 (1987): pág. 26.

39. Steve Jobs, discurso en DeAnza College's Flint Center, Cupertino, CA, 6 de mayo de 1998. Este ejemplo se ha adoptado de *Weird Ideas That Work*.

40. *Norwest: Sharing the Vision, Living the Values*, folleto para los trabajadores, versión 4/98, págs. 8-9.

41. Darrin Earl, «Kelleher Visits McComb», *Texas Business Weekly*, 5 de febrero del 2003.

42. Kevin Maney, «10 Years Ago, eBay Changed the World, Sort of byt Accident», *USA Today*, 22 de marzo del 2005.

43. Andrew Grove, entrevista realizada por Clayton M. Christensen, presentado en la Conferencia Harvard Business School Press, Cupertino, CA, 3 de octubre del 2002.

44. Joyve Doria, Horacio Rozanski y Ed Cohen, «What Business Needs from Business Schools», *Strategy + Business* (otoño del 2003), págs. 39-45.

45. Henry Mintzberg, *Directivos, no MBAs*; L. W. Porter y L. E. McKibbin, *Management Education and Development: Drift or Thrust into the 21st Century*, Nueva York, McGraw-Hill, 1988; Jeffrey Pfeffer y Christina T. Fong, «The End of Business Schools? Less Success Than Meets the Eye», *Academy of Management Learning and Education*, 1 (2002): págs. 78-95.

46. Grove, Conferencia Harvard Business School Press.

Capítulo 7

1. Michael L. Tushman y Charles O'Reilly III, *Innovación: cómo alcanzar el liderazgo organizacional a través de la renovación y el cambio*, México, Prentice Hall Hispanoamericana, 1998; Robert J. Kriegel y Louis Patten, *Si no está roto rómpalo: ideas no convencionales para un mundo de negocios cambiante*, Barcelona, Ediciones Gestión 2000, 2001; Jeanie Daniel Duck, *El monstruo del cambio: el factor humano como elemento decisivo para estimular o frustar el cambio en la empresa*, Barcelona, Empresa Activa, 2002; Spencer Johnson, *¿Quién se ha llevado mi queso? Cómo adaptarnos a un mundo en constante cambio*, Barcelona, Empresa Activa, 2000.

2. De un anuncio para un discurso de Michael Peter, fundador de Identica Partnership, Conferencia «Innotown», Noruega, 2003.

3. De http://www.oracle.com/customers/index.html.

4. Barbara Palmer, «Oracle Financials Launch: 'Cut Colleagues a Little Sack'», *Stanford Report*, 20 de agosto del 2003; Barbara Palmer, «Oracle Update: Better, but More Work Still Needs to be Bone», *Stanford Report*, 19 de mayo del 2004; Dan Carne-

vale, «Cleveland State U. Sues PeopleSoft», *Chronicle of Higher Education*, 9 de abril del 2004.

5. Amy Zuckerman, «ERP: Pathway to the Future or Yesterday's Buzz?», *Transportations & Distribution*, 40, n.º 8 (1999): págs. 37-44.

6. Stratford Sherman y Rajiv M. Rao, «Secrets of HP's 'Muddled Team'», *Fortune*, 18 de marzo de 1996, págs. 116-120.

7. Clayton M. Christensen, Scott D. Anthony y Erik A. Roth, *Seeing What's Next: Using the Theories of Innovation to Predict Industry Change*, Boston, Harvard Business School Press, 2004; Eric Abrahamson, *Change Without Pain: How Managers Can Overcome Initiative Overload, Organizational Chaos, and Burnout*, Boston, Harvard Business School Press, 2004.

8. Véase Gurumurthy Kalynaram, William T. Robinson y Glenn L. Urban, «Order of Market Entry: Established Generalizations, Emerging Generalizatoins, and Future Research», *Marketing Science*, 11 (1995): págs. G2212-G221. Estos autores concluyen que, como los estudios existentes presentan este tipo de conclusiones incoherentes, no existe una relación clara entre el orden de entrada en el mercado y el rendimiento o la supervivencia de la entidad. Investigaciones más recientes continúan presentando una imagen confusa, así como también escritos populares que confunden las empresas que entran pronto con las que entran por primero. Por ejemplo, Amazon.com, el líder en ventas de libros en línea, suele presentarse como la primera librería *online*, pero, en realidad, hay tres empresas que entraron antes en este segmento de mercado que Amazon.

9. Stephen Kerr, comunicación personal con el autor, 29 de marzo del 2005. Kerr estaba implicado en la implementación de una primera versión de Work-Out en un negocio de GE y, al final, se convirtió en el director del departamento de formación de la empresa.

10. Jeffrey Pfeffer y Robert I. Sutton, *The Knowing-Doing Gap:*

How Smart Companies Turn Knowledge into Action. Boston, Harvard Business School Press, 2000.

11. James D. Westphal y Edward J. Zajac, «Substance and Symbolism in CEO's Long-term Incentive Plans», *Administrative Science Quarterly*, 39 (1994): págs. 367-391.

12. Barry M. Staw y Lisa D. Epstein, «What Bandwagons Bring: Effects of Popular Management Techniques on Corporate Performance, Reputation, and CEO Pay», *Administrative Science Quarterly*, 45 (2000): págs. 523-556.

13. Howell Raines, «My Times», *Atlantic Monthly*, mayo del 2004.

14. Jeffrey Pfeffer, *Managing with Power: Politics and Influence in Organizations*. Boston, Harvard Business School Press, 1992.

15. Robert I. Sutton y Elizabet Gerber, «The Birth of a Broker», presentado en la National Academy of Management Meetings, Honolulu, Hawái, agosto del 2005.

16. Sheena S. Iyengar y Wei Jiang, «The Psychological Costs of Ever Increasing Choice: A Fallback to the Sure Bet», manuscrito no publicado, Universidad de Columbia, 2005.

17. William P. Barnett y John Freeman, «Too Much of a Good Thing? Product Proliferation and Failure», *Organization Science*, 12 (2001): págs. 539-558.

18. Pfeffer y Sutton, *The Knowing-Doing Gap*.

19. Barry M. Staw y Jerry Ross, «Behavior in Escalation Situations: Antecedents, Prototypes and Solutions», en *Research in Organizational Behavior*, 9, eds. L. L. Cummings y Barry M. Staw, Greenwich CT, JAI Press, 1987, págs. 39-78.

20. Gordon Bethune, *From Worst to First: Behind the Scenes of Continental's Remarkable Comeback*, Nueva York, Wiley, 1998.

21. George W. Bohlander y Marshall H. Campbell, «Problem-Solving, Bargaining, and Work Redesign: Magma Copper's Labor-Management Partnership», *National Productivity Review*, 12 (1993), pág. 531. Véase también William H. Miller, «Meta-

morphosis in the Desert», *Industry Week*, 16 de marzo de 1992, pág. 30.

22. Véase James G. March, «Footnotes to Organizational Change», *Administrative Science Quarterly*, 26 (1981): págs. 563-577; Karl Weick, «Emergent Change as a Universal in Organizations», en *Breaking the Code of Change*, eds. Michael Beer y Nitin Nohria, Boston, Harvard Business School Press, 2000, págs. 223-241.

23. Barry M. Staw, Lance E. Sandelands y Jane E. Dutton, «Threat-Rigidity Effects in Organizational Behavior: A Multilevel Analysis», *Administrative Science Quarterly*, 26 (1981): págs. 501-524; Robert I. Sutton y Thomas D'Aunno, «Decreasing Organizational Size: Untangling the Effects of People and Money», *Academy of Management Review*, 14 (1989): págs. 194-212.

24. Jim Collins y Jerry I. Porras, *Empresas que perduran: principios básicos de las compañías con visión de futuro*, Barcelona, Ediciones Paidós Ibérica, 1996.

25. Esta información procede de Robert Sutton, que trabajó como miembro asociado de Reactivity entre los años 2000 y 2001 y visitó la compañía quizá veinte veces durante dicho período, de dos entrevistas realizadas con John Lilly en 1999 y el 2000, de conversaciones con Tom Byers, y de varios intercambios de correos electrónicos detallados entre John Lilly y Robert Sutton para revisar datos y concretar detalles a principios del 2005.

26. R. B. Cialdini et al., «Basking in Reflected Glory: Three (Football) Field Studies», *Journal of Personality and Social Psychology*, 34 (1976); págs. 366-375.

27. Los investigadores conductuales han llevado a cabo investigaciones extensas de esos efectos de las «expectativas interpersonales». El artículo clásico es Robert K. Merton, «The Self-Fulfilling Prophecy», *Antioch Review*, 8 (1948): págs. 193-210. Las numerosas pruebas de esos efectos se resumen en R. Rosenthal y D. B. Rubin, «Interpersonal Expectancy Effects: The First 345 Studies», *Behavioral and Brain Sciences*, 3 (1978): págs. 377-

386. Desde ese análisis, se han publicado centenares de estudios sobre los matices de la profesión autorrealizable.
28. M. Talbot, «The Placebo Prescription», *New York Times Magazine*, 9 de enero del 2000.
29. James G. March, «Footnotes to Organizational Change», *Administrative Science Quarterly*, 26 (1981): págs. 563-577.

Tabla 7.1

a. Tim Loughran y Anand M. Vijh, «Do Long-Term Shareholders Benefit from Corporate Acquisitions?», *Journal of Finance*, 52 (1997): págs. 1765-1790; Sara B. Moeller, Frederik P. Schlingemann y Rene M. Stultz, «Wealth Destruction on Massive Scale? A Study of Acquiring Firm Returns in the Recent Merger Wave», *Journal of Finance* (de próxima aparición); David R. King et al., «Meta-Analyses of Post-Acquisition Performance: Indicators of Unidentified Moderators», *Strategic Management Journal*, 25 (2004): págs. 187-200; John Enberg et al., «The Effects of Mergers on Firms' Costs: Evidence from the HMO Industry», *Quarterly Review of Economics and Finance*, 44 (2004): págs. 574-600.

b. Amy Zuckerman, «ERP: Pathway to the Future or Yesterday's Buzz?», *Transportations & Distribution*, 40 (1999): págs. 37-44; M. Williamson, «From SAP to 'Nuts!'», *Computerworld*, 31 (1997): págs. 68-69; E. L. Appleton, «How to Survive ERP», *Datamation*, 43 (1997): págs. 50-53; J. King, «Dell Zaps SAP», *Computerworld*, 31 (1997): pág. 2. Para un resumen de estudios importantes sobre la tasa de fallos de proyectos IT, véase http://www.it-cortex.com/Stat_Failure_Rate.htm.

c. James N. Baron y Michael T. Hannan, «Organizational Blueprints for Success in High-Tech Start-Ups: Lessons from the Stanford Project on Emerging Companies», *California Management Review*, 44 (2002): págs. 8-36.

d. Mary J. Benner y Michael L. Tushman, «Exploitation, Exploration, and Process Management: The Productivity Dilemma Revisited», *Academy of Management Review*, 28 (2003): págs. 238-256; Mary J. Benner y Michael L. Tushman, «Process Management and Technological Innovation: A Longitudinal Study of Photography and Paint Industries», *Administrative Science Quarterly*, 47 (2002): págs. 676-706; Mark J. Zbaracki, «The Rhetoric and Reality of Total Quality Management», *Administrative Science Quarterly*, 43 (1998): págs. 602-636; James D. Westphal, Ranjay Gulati y Stephen M. Shortell, «Customization or Conformity? An Institutional and Network Perspective on the Content and Consequences of TQM Adoption», *Administrative Science Quarterly*, 42 (1997): págs. 366-394.

e. Tom Davenport, «The Fad That Forgot People», *Fast Company*, noviembre de 1995, págs. 70-75. También Michael Finley, «It's Hammer Time! Michael Hammer Reengineers Reengineering», 2001, http://www.mfinley.com/experts/hammer/hammer.htm.

f. Wayne F. Casio, *Responsible Restructuring*, San Francisco, Berrett-Koehler, 2002; Darrell Rigby, «Debunking Layoff Myths», Boston, Bain & Company, 2002, disponible en http://www.bain.com/bainweb/PDFs/cms/Marketing/6759.pdf; D. M. Gordon, *Fat and Mean: The Corporate Squeeze of Working Americans and the Myth of Managerial Downsizing*, Nueva York, Free Press, 1996; Jeffrey D. Ford, «The Administrative Component in Growing and Declining Organizations: A Longitudinal Analysis», *Academy of Management Journal*, 23 (1980): págs. 615-630.

g. Joseph A. DiMasi et al., «The Cost of Innovation in the Pharmaceutical Industry», *Journal of Health Economics*, 10 (1991): págs. 107-142; Fahri Karakaya y Bulent Kobu, «New Product Development Success: An Investigation of Success and Failure in High-Technology and Non-High-Technology Firms», *Journal of Business Venturing*, 9 (1994): págs. 49-68; Melissa A. Schilling y Charles W. L. Hill, «Managing the New Product Development Process: Strategic Imperatives», *Academy of Management Executive*, 12 (1998): págs. 67-81.

h. Dun & Bradstreet, *Industry Norms and Key Business Ratios*, Philadelphia, PA, Dun & Bradstreet, 1994; John Freeman, Glenn R. Carroll y Michael T. Hannan, «The Liability of Newness: Age Dependance in Organizational Death Rates», *American Sociological Review*, 48 (1983): págs. 692-710; Josef Bruderl y Rudolf Schussler, «Organizational Mortality: The Liabilities of Newness and Adolescence», *Administrative Science Quarterly*, 35 (1990): págs. 530-547.

Capítulo 8

1. Bernard Bass, *Bass & Stogdill's Handbook of Leadership*, Nueva York, Free Press, 1990.
2. George Goethals, Georgia J. Sorenson y James MacGregor Burns, *Encyclopedia of Leadership*, Thousand Oaks (California), Sage, 2004.
3. Ambas búsquedas se realizaron el 8 de noviembre del 2004. El número exacto de artículos hallados sobre «liderazgo» sometidos a revisión paritaria en Business Source Premier fue 14.121 y, cuando se eliminó la restricción de la «revisión paritaria», el número ascendió a 48.461. El número exacto de entradas sobre liderazgo en la búsqueda realizada en Amazon.com fue 116.527. Sin duda, había entradas duplicadas en esta segunda búsqueda, pero sigue siendo una cifra asombrosa de libros.
4. Mathhew Boyle, «The Man Who Fixed Kellogg», *Fortune*, 6 de septiembre del 2001, pág. 218.
5. Betsy Morris, «The Accidental CEO», *Fortune*, 23 de junio del 2003, págs. 42-47; Olga Kharif, «Anne Mulcahy Has Xerox by the Horns», *BusinessWeek Online*, 29 de mayo del 2003, http://www.businessweek.com/technology/content/may2003/.
6. Tessa R. Salazar, «World's Biggest Automaker Revs Up Asia Pacific», *Philippine Daily Inquirer*, 19 de enero del 2005.
7. «The Best and Worse Bosses: Executive Pay», *Forbes*, 10 de mayo del 2004, pág. 214. O véase http://forbes.com/executive-pay/forbes/2004/0510/124.html.

8. Rakesh Khurana, *Searching for a Corporate Savior*, Princeton, Princeton University Press, 2002.

9. *Ibíd.*, 110.

10. Stanley Milgram, *Obediencia a la autoridad: un punto de vista experimental*, Bilbao, Editorial Desclée de Brouwer, S. A., 2007.

11. Robert Hogan, Gordon J. Curphy y Joyce Hogan, «What We Know About Leadership: Effectiveness and Personality», *American Psychologist*, 49 (1994): págs. 493-50.

12. *Ibíd.*, 494.

13. Jeffrey Pfeffer y Alison Davis Blake, «Administrative Succession and Organizational Performance: How Administrative Experience Mediates the Succession Effect», *Academy of Management Journal*, 29 (1986): págs. 72-83; Jonathon E. Smith, Kenneth P. Carson y Ralph A. Alexander, «Leadership: It Can Make a Difference», *Academy of Management Journal*, 27 (1984): págs. 765-776.

14. Lawrence M. Kahn, «Managerial Quality, Team Success, and Individual Player Performance in Major League Baseball», *Industrial and Labor Relations Review*, 46 (1993): págs. 531-547.

15. M. B. Lieberman, L. L. Lau y M. D. Williams, «Firm-level Productivity and Management Influence: A Comparison of U.S. and Japanese Automobile Producers», *Management Science*, 36 (1990); págs. 1193-1215.

16. Véase, por ejemplo, David A. Waldman y Francis K. Yammarino, «CEO Charismatic Leadership: Levels-of-Management and Levels-of-Analysis Effect», *Academy of Management Review*, 24 (1999): págs. 266-288; R. J. House, W. D. Spangler y J. Woycke, «Personality and Charisma in the U.S. Presidency: A Psychological Theory of Leadership Effectiveness», *Administrative Science Quarterly*, 36 (1991): págs. 364-396.

17. Mathew L. A. Hayward y Donald C. Hambrick, «Explaining the Premiums Paid for Large Acquisitions: Evidence of CEO

Hubris», *Administrative Science Quarterly*, 42 (1997): págs. 103-127.

18. T. R. Chidester et al., «Pilot Personality and Crew Coordination», *International Journal of Aviation Psychology*, 1 (1991): págs. 25-44; G. J. Curphy, «An Empirical Investigation of the Effects of Transformational and Transactional Leadership on Organizational Climate, Attrition, and Performance», en *Impact of Leadership*, eds. K. E. Clark, M. B. Clark y D. P. Campbell, Greensboro, NC, Center for Creative Leadership, 1993, págs. 177-188.

19. Hogan, Curphy y Hogan, «What We Know About Leadership», pág. 494.

20. http://www.nj.com/weblogs/eagles/.

21. S. Lieberson y J. F. O'Connor, «Leadership and Organizational Performance: A Study of Large Organizations», *American Sociological Review*, 37 (1972): págs. 117-130.

22. Algunos investigadores parecen concluir que el liderazgo no tiene ningún efecto en el rendimiento, lo que descarta la idea de centenares de estudios exhaustivos que muestran que el liderazgo puede influir en un grupo y en el rendimiento empresarial en determinadas condiciones. Por ejemplo, los investigadores Glenn Carroll y Michael Hannan parecen rechazar la importancia del liderazgo, porque un número importante de estudios (la mayoría realizados por ellos y sus estudiantes) refleja que cambiar de consejero delegado no tiene ningún efecto estadísticamente significativo sobre la tasa de mortalidad de las empresas. Véase Glenn Carroll y Michael Hannan, *The Demography of Corporations and Industries*, Princeton, Princeton University Press, 2000. Estamos de acuerdo en que los efectos del liderazgo están sobrevalorados, pero muchos otros estudios de campo y experimentos rigurosos han documentado condiciones en las que la destreza y las acciones de los líderes sí tienen efectos significativos. Pueden encontrarse ejemplos abundantes en George Goethals, Georgia J. Sorenson y James MacGregor Burns, *Ency-*

clopedia of Leadership, Thousand Oaks (California), Sage, 2004.

23. J. Pfeffer, «The Ambiguity of Leadership», *Academy of Management Review*, 2 (1977): págs. 104-112.

24. Conrad de Aenlle, «See You, Carly. Goodbye, Harry. Hello, Investors», *New York Times*, 13 de marzo del 2005.

25. James G. March, «How We Talk and How We Act: Administrative Theory and Administrative Life», en *Leadership and Organizational Cultures*, eds. Thomas J. Sergiovanni y John E. Corbally. Ubana, IL, Universidad de Illinois, 1984, págs. 18-35.

26. *Ibíd.*, 27.

27. James R. Meindl, Sanford B. Ehrlich y Janet M. Dukerich, «The Romance of Leadership», *Administrative Science Quarterly*, 30 (1985): págs. 78-102.

28. Michael R. Wolfson y Gerald R. Salancik, «Observer Orientation and Actor-Observer Differences in Attributions for Failure», *Journal of Experimental Social Psychology*, 13 (1977): págs. 441-451.

29. Lee D. Ross, «The Intuitive Psychologist and His Shortcomings: Distortions in the Attribution Process», en *Advances in Experimental Social Psychology*, vol. 10, ed. Leonard Berkowitz, Nueva York, Random House, 1977, págs. 173-220.

30. Ex ejecutivo de GE, Spencer Clark, comunicación personal con el autor, Universidad de Stanford, Stanfor, CA, agosto del 2003.

31. Véase Meindl, Ehrlich y Dukerich, «The Romance of Leadership». Su conclusión de que es bastante probable que la gente otorgue un reconocimiento y unas culpas excesivos cuando el rendimiento se encuentra en niveles extremos contribuye a explicar por qué tanto las personas de dentro de la empresa como las de fuera entienden el liderazgo como algo crucial para el rendimiento de las compañías excelentes estudiadas por Jim Collins y su equipo.

32. Véase, por ejemplo, Roberto Weber, «The Illusion of Leader-

ship: Misattribution of Cause in Coordination Games», *Organization Science*, 12 (2001): págs. 582-598.

33. Patrick McGeehan, «Executive Pay: A Special Report; Is CEO Pay Up or Down? Both», *New York Times*, 4 de abril del 2004.
34. Un buen resumen de esta bibliografía se puede encontrar en Jeffrey Pfeffer y Christina T. Fong, «Building Organization Theory from First Principles: The Self-Enhancement Motive and Understanding Power and Influence», *Organizational Science*, 16 (2005): págs. 372-388.
35. Jeffrey Pfeffer, Robert B. Cialdini, Benjamin Hanna y Kathleen Knopoff, «Faith in Supervision and the Self-Enhancement Bias: Two Psychological Reasons Why Managers Don't Empower Workers», *Basic and Applied Social Psychology*, 20 (1998): págs. 313-321.
36. Véase, por ejemplo, James H. David, «Social Interaction and Performance», en *Group Performance*. Reading, MA, Addison-Wesley, 1969.
37. Dennis W. Bakke, *Joy at Work: A Revolutionary Approach to Fun on the Job*. Seattle, WA, PVG, 2005.
38. Véase Martin E. Seligman, *Learned Optimism*, Nueva York, Free Press, 1998; Robert I. Sutton y Robert L. Kahn, «Prediction, Understanding, and Control as Antidotes to Organizational Stress», en *Handbook of Organizational Behavior*, ed. Jay Lorsch, Englewood Cliffs, NJ, Prentice-Hall, 1987, págs. 272-285.
39. De la transcripción de un discurso de Andy Grove en la Conferencia Harvard Business School Publishing, Cupertino, CA, 3 de octubre del 2002.
40. Peter F. Drucker, «What Makes an Effective Executive», *Harvard Business Review* (junio del 2004): pág. 58.
41. Jim Collins, «Level 5 Leadership», *Harvard Business Review* (enero del 2001): pág. 66-67.
42. C. Peterson, Martin E. P. Seligman y G. E. Vaillant, «Pessimistic Explanatory Style Is a Risk Factor for Physical Illness: A

Thirty-Five Year Longitudinal Study», *Journal of Personality and Social Psychology*, 55 (1988): págs. 23-27.

43. Fiona Lee y R. Robinson, «An Attributional Analysis of Social Accounts: Implications of Playing the Blame Game», *Journal of Applied Social Psychology*, 30 (2000): págs. 1853-1879; F. Lee y Larissa Tiedens, «Who's Being Served? 'Self'-Serving Attributions and Their Implications for Power», *Organizational Behavior and Human Decision Processes*, 84 (2001): págs. 254-287.

44. Gerald Salancik y James Meindl, «Corporate Attributions as Strategic Illusions of Management Control», *Administrative Science Quarterly*, 29 (1984): págs. 238-254.

45. Fiona Lee, Christopher Peterson y Larissa Z. Tiedens, «Mea Culpa: Predicting Stock Prices from Organizational Attributions», *Personality and Social Psychology Bulletin*, 30 (2004): págs. 1-14.

46. Gary Rivlin, «He Naps, He Sings, He Isn't Michael Dell», *New York Times*, 11 de septiembre del 2005.

47. GE, *Annual Report*, 1989.

48. Robert G. Eccles y Nitin Nohria. *Más allá de la palabrería: redescubramos la esencia de la gestión*, Arganda del Rey, Ediciones Apóstrofe, 1995.

49. Warren Bennis, *Why Leaders Can't Lead: The Unconscious Conspiracy Continues*. San Francisco, Jossey-Bass, 1997.

50. Jeffrey Pfeffer y Robert I. Sutton, *The Knowing-Doing Gap: How Smart Companies Turn Knowledge into Action*, Boston, Harvard Business School Press, 2000.

51. Clay Chandler, «Full Speed Ahead», *Fortune*, 7 de febrero del 2005, págs. 78-84.

52. Dacher Keltner, Deborah H. Gruenfeld y Cameron Anderson Power, «Approach and Inhibition», *Psychological Review*, 110 (2003): págs. 265-284.

53. Mark R. Leary, *Self-Presentation: Impression Management and Interpersonal Behavior*. Boulder (Colorado), Westview, 1996.

54. Howard S. Schwartz, *Narcissistic Process and Corporate Decay*, Nueva York, New York University Press, 1992, pág. 89; Harold W. Gehman Jr. et al., *Columbia Accident Investigation Board: Report Volume I*. Washington, DC, Government Printing Office, 2003. Disponible en http://www.caib.us/.
55. Patricia Sellars, «P&G: Teaching and Old Dog New Tricks», *Fortune*, 31 de mayo del 2004, págs. 166-180.
56. Robert I. Sutton, *Weird Ideas That Work: 11 and ½ Practices for Promoting, Managing, and Sustaining Innovation*, Nueva York, Free Press, 2002.
57. *Ibíd.*, 127.
58. «The Lincoln Electric Company», Caso 376-028. Boston, Harvard Business School, 1975.
59. James N. Baron y Michael T. Hannan, «Organizational Blueprints for Success in High-Tech Start-Ups: Lessons from the Stanford Project on Emerging Companies», *California Management Review*, 44 (2002): págs. 8-36.
60. Por ejemplo, Jim Collins y Jerry I. Porras, *Empresas que perduran: principios básicos de las compañías con visión de futuro*, Barcelona, Ediciones Paidós Ibérica, 1996; Michael L. Tushman y Charles O'Reilly III, *Innovación: cómo alcanzar el liderazgo organizacional a través de la renovación y el cambio*, México, Prentice Hall Hispanoamericana, 1998.
61. David McCullough. *1776: narración épica y riguroso testimonio de un acontecimiento que cambiaría la historia*, Barcelona, Belacqua de Ediciones y Publicaciones, 2006.
62. Morgan McCall, *High Flyers*. Boston, Harvard Business School Press, 1998.
63. Rakesh Khurana, *Searching for the Corporate Savior: The Irrational Quest for Charismatic CEOs*. Princeton, NJ, Princeton Universtiy Press, 2002; véase, también, Katherine Zoe Andrews, «The Performace Impact of News CEOs», *Sloan Management Review*, 42 (primavera del 2001): pág. 14.
64. Katrina Booker, «It Took a Lady to Save Avon», *Fortune*, 15

de octubre del 2001, http://www.fortune.com/fortune/subs/article/0,15114,367458-2,00.html.

65. «The Diversity List», *Fortune*, 22 de agosto del 2005, págs. 89-100.

66. Danny Miller y Jamal Shamsie, «Learning Across the Life Cycle: Experimentation and Performance Among the Hollywood Studio Heads», *Strategic Management Journal*, 22 (2001): págs. 725-745.

Capítulo 9

1. Theresa M. Welbourne y Alice O. Andrews, «Predicting the Performance of Initial Public Offerings: Should Human Resource Management Be in the Equation?», *Academy of Management Journal*, 39 (1996): págs. 891-919.

2. Michael J. Burke, Fritz Drasgow y Jack E. Edwards, «Closing the Science-Practice Knowledge Gaps: Contributions of Psychological Research to Human Resource Management», *Human Resource Management*, 43 (2004): págs. 299-304.

3. Sharon Begley, «Inertia, Hope, Morality Score TKOs in Bouts with 'Solid Science'», *Wall Street Journal*, 6 de junio del 2003.

4. *Ibíd.*

5. Ann Page, ed., *Keeping Patients Safe: Transforming the Work Environment of Nurses*. Washington, DC, National Academies Press, 2004.

6. Tom Daventport, «Peter F. Drucker—A Meeting of the Minds», *CIO Magazine*, 15 de septiembre de 1997, pág. 2, http://www.cio.com/archive/091597/.

7. Sharon Begley, «To Improve Education, We Need Clinical Trials to Show What Works», *Wall Street Journal*, 17 de dicimbre del 2004.

8. Véase http://www.consortium-chicago.org/aboutus/u001.html.

9. John A. Meacham, «The Loss of Wisdom», en *Wisdom: Its Nature, Origins, and Development*, ed. Robert J. Sternberg, Cam-

bridge (Reino Unido), Cambridge University Press, 1990, pág. 181.

10. Helen Chang, «Customer Focus Keeps Amazon Experimenting, Bezos Says», octubre del 2003, http://www.gsb.stanford.edu/news/headlines/vftt_bezos.shmtl.

11. Elizabeth Esfahani, «A Sales Channel They Can't Resist», *Business 2.0*, 25 de agosto del 2005, págs. 91-96.

12. Harry G. Frankfurt, *On bullshit: sobre la manipulación de la verdad*, Barcelona, Ediciones Paidós Ibérica, S. A.,.2006.

13. Allen C. Bluedorn, Daniel B. Turban y Mary Sue Love, «The Effects of Stand-Up and Sit-Down Meeting Formats on Meeting Outcomes», *Journal of Applied Psychology*, 84 (1999): págs. 277-285.

14. A. Cooper, C. Woo y W. Dunkelberg, «Entrepreneurs' Perceived Chances for Success», *Journal of Business Venturing*, 3 (1988): págs. 97-108.

15. Max H. Bazerman, *Judgement in Managerial Decision Making*, 6.ª ed. Somerset, NJ, Wiley, 2006.

16. Kathleen M. Eisenhardt, «Making Fast Strategic Decisions in High-Velocity Environments», *Academy of Management Journal*, 32 (1989): págs. 543-576.

17. Aric Press, «In-House at the American Lawyer», *American Lawyer*, abril del 2004, http://www.americanlayer.com/newinhouse0404.html.

18. Joseph Nocera, «Curtain Call», *Fortune*, 19 de julio de 1999, pág. 98.

19. Patricia Sellers, «Crunch Time for Coke», *Fortune*, 19 de julio de 1999, pág. 76.

20. *Ibíd.*, 74.

21. Michael Beer y Mark D. Cannon, «Promise and Peril in Implementing Pay for Performance», *Human Resource Management*, 43 (primavera del 2004): pág. 6-7.

22. *Ibíd.*, 11.

23. Amy C. Edmondson, «Learning from Mistakes Is Easier Said

Than Done: Group and Organizational Influences on the Detection and Correction of Human Error», *Journal of Applied Behavioral Science*, 32 (1996): págs. 5-28.

24. Harold W. Gehman Jr. et al., *Columbia Accident Investigation Board: Report Volume I*. Washington, DC, Government Printing Office, 2003, http://www.caib.us/.

25. Charles O'Reilly III y Jeffrey Pfeffer, *Hidden Value*, Boston, Harvard Business School Press, 2000.

26. Jeffrey Pfeffer, *La ecuación humana*, Barcelona, Ediciones Gestión 2000, 1998.

27. F. W. Taylor, *The Principles of Scientific Management*, Nueva York, Harper, 1911.

28. Andre Millard, *Edison and the Business of Invention*. Baltimore, MD, John Hopkins University Press, 1990.

29. Janet Browne, *Charles Darwin: The Power of Place*, Nueva York, Knopf, 2002, pág. 130.

30. Charles L. Bosk, *Forgive and Remember*, Chicago, University of Chicago Press, 1979.

31. Henry Mintzberg, *La naturaleza del trabajo directivo*, Barcelona, Editorial Ariel, 1983; John Kotter, *The General Managers*, Nueva York, Free Press, 1982; Rakesh Khurana, *Searching for the Corporate Savior: The Irrational Quest for Charismatic CEOs*, Princeton, Princeton Universtiy Press, 2002.

32. Thomas Delong y Christina Darwall, «Xilinx, Inc. (A)», Caso 9-403-136. Boston, Harvard Business School, 2003, pág. 3.

33. Bill George y Andrew N. McLean, «Anne Mulcahy: Leading Xerox Through The Perfect Storm», Caso 9-405-050. Boston, Harvard Business School, 2005, pág. 8.

34. Arndt Sorge y Arjen van Witteloostuijn, «The (Non)sense of Organizational Change: An *Essai* about Universal Management Hypes, Slick Consultancy Metaphors, and Health Organization Theories», *Organization Studies*, 25 (2004): pág. 1207.

Agradecimientos

El fin de la superstición en el management. La nueva dirección de empresas basadas en la evidencia refleja la culminación de una relación profesional y de una amistad bulliciosa, intensa y divertida. Pero nunca podríamos haber aprendido tanto sobre el management empírico, ni haber terminado este libro, sin la ayuda y el apoyo de muchas personas y empresas a lo largo de este proceso. Hemos contado entre los dos con un total de más de doscientos coautores diferentes a lo largo de estos años. Jeffrey Pfeffer ha estado especialmente influido por el difunto Jerry Salancik, Bob Cialdini, Charles O'Reilly, Jim Baron, Morten Hansen y Jerry Davis. Robert Sutton ha estado especialmente influido por Robert Kahn, Tom D'Aunno, Larry Ford, Anat Rafaeli, Barry Staw, Kim Elsbach y Andy Hargadon. Agradecemos a estas personas inteligentes y diversas el enorme impacto que han ejercido sobre nuestra opinión y práctica de esta profesión.

Mientras escribíamos el libro, tuvimos discusiones maravillosas sobre las ideas y los consejos de la bibliografía que debíamos leer de una serie de colegas y estudiantes juiciosos. Entre nuestros colegas de Stanford más serviciales se incluyen Charles A. O'Reilly III, Tom Byers, Chip Heath, Kathleen Eisenhardt, Bill Barnett, Pamela Hinds, Diane Bailey, Steve Barely, Debra Gruenfeld, George Kembel, Randy Komisar, James March, David Kelley, Tina Seelig y Deborah Stipeck. Además, en el curso 2002-2003, Robert Sutton tuvo la suerte de trabajar como profesor residente del Center for Advanced Study in the Behavioral Sciences (Centro para el Estudio

Avanzado en Ciencias Conductuales) de Stanford, donde esbozó varios capítulos de este libro y tuvo agradables charlas con profesores universitarios sobre ideas nuevas, especialmente con Tony Bryk, Frank Dobbin, Anders Ericsson, Debra Gruenfeld, Steve Levitt y Alan Ryan. Sutton impartió un seminario doctoral sobre el management empírico en el 2004 en el Departamento de Ciencias e Ingeniería Empresariales, y recibió sugerencias excelentes —y críticas estimulantes— de los estudiantes a ese seminario Rosalind Chow, Yosem Companys, Liz Gerber, Gale LeMens, Paul Leonardi, Carlos Lluesma, Ingrid Marlies, Renee Rottner y Olivia Williamson, así como también de otros estudiantes de doctorado de Stanford, entre los que figuran Tsedal Beyene, Jan Chong, Ralph Maurer, Nathan Furr, Emily Cox, Nick Switanek y Dana Wang. También queremos agradecer de todo corazón a varios estudiantes especialmente intuitivos sus comentarios sobre las perspectivas y los retos de desarrollar el management empírico: Cliff Redeker, Albert Lee, Dr. Albert Chan, Parnav Goel y Dr. Roni Zeiger. Nos inspiramos y recibimos comentarios constructivos de colegas de fuera de Stanford: Sally Baron, Max Bazerman, Rob Cross, Tom Davenport, Amy Edmondson, Fabrizio Ferraro, Katherine Klein, Julia Kirby, Sheila Puffer, Larry Prusak, Kelley Porter, Denise Rousseau, Siobhan O'Mahony, Rakesh Khurana, Tom Stewart, Victor Seidel y Mark Zbaracki. Robert Sutton también querría mostrar su agradecimiento especial a James Plummer, decano de la Facultad de Ingeniería de Stanford, y a los decanos asociados, Laura Breyfogle y Channing Robertson, que han convertido la Facultad de Ingeniería en un lugar perfecto donde trabajar. Esos líderes se preocupan mucho por la gente, son desinteresados y siempre anteponen las necesidades de la institución a todo lo demás. Es un privilegio trabajar con ellos.

Las ideas, pruebas e historias de este libro han surgido a través de miles de interacciones, literalmente, que hemos tenido con el paso de los años con ingenieros y otros profesionales, asesores, gerentes y ejecutivos, así como también con muchos trabajadores bri-

Agradecimientos

llantes de primera línea que llevan a cabo el trabajo que hace prosperar a sus empresas. Esas interacciones engloban: conversaciones informales breves, entrevistas estructuradas y no estructuradas, observaciones rápidas, estudios etnográficos a largo plazo, compromisos de charlas y consultorías, trabajos en consejos asesores y en consejos de administración. Desearíamos poder dar las gracias a todas esas personas, pero no podemos recordarlas a todas, y aunque pudiéramos, necesitaríamos ¡todo un libro! Pero sí que queremos reconocer a las más influyentes, y pedir perdón a las que hemos omitido. Damos las gracias a Paul Saffo del Institute for the Future; Gary Loveman de Harrah's; Joe Mello y Kent Thiry y sus innumerables colegas de DaVita; Dennis Boyle, Brendan Boyle, Duane Bray, Tim Brown, Jane Fulton-Suri, Kathleen Hughes, Cliff Jue, David Kelley, Tom Kelley, Whitney Mortimer, Diego Rodriguez, Roby Stancel, Rickson Sun y Scott Underwood de IDEO; ex empleados de IDEO, que incluyen a Gwen Books, Dave Lyons, Alex Kazaks, Peter Skillman, Larry Schubert y todos los otros empleados pasados y presentes de IDEO; John Reinertsen de McDonald's; John Lilly, antes en Reactivity (hoy en Mozilla Corporation); Libby Sartain, Nitin Sharma y Usama Fayyad de Yahoo!; una serie de ex directivos y ejecutivos de HP, que incluyen a Don Schmickrath, Mei-lin Cheng y, sobre todo, a Corey Billingotn; Dennis Bakke, anteriormente en AES y en la actualidad consejero delegado de Imagine Schools; Jim Goognight, David Russo (en la actualidad en Peopleclick), Jeff Chambers y John Dornan de SAS Institute; Dra. Laura Esserman de la Universidad de California en San Francisco; Joey Altman del Wild Hare (ya fallecido); Spencer Clark de Cadence; Sonia Clark; Steve Dow de Sevin Rosen; Richard Kovacevich de Wells Fargo Bank; Jan Benson, Hallie Kintner, Bill Jordon y Jan Aase de General Motors; Steve Ciesinski, ex consejero delegado de Resumix y en el presente consejero delegado de Laszlo Systems; George Zimmer de The Men's Wearhouse; Bill Crown de CC Industries; Peter Ebert, Anamarie Franc, Michael Heinrich, Erin Liman, Matthew Holloway, Zia Yusuf y el resto de miembros

417

(y fundadores) del Equipo de Servicios de Diseño de SAP; Tim Tomlinson de Tomlinson, Zisko; Kevin Goodwin y sus colegas de SonoSite; y Vance Ikezoye, Jim Schrempp, Mike McTeigue, y el resto de personal de Audible Magic. Robert Sutton también quiere dar las gracias a Ellen Pearlman, Marcia Stepanek y Edward Baker por su ayuda en la publicación de su columna «Organizational Behavior» en *CIO Insight*, donde se publicaron por primera vez los primeros rayos de algunas de las ideas de este libro.

Robert Sutton recibió apoyo económico de varios grupos y empresas generosos mientras escribía este libro, incluido el Stanford/General Motors Collaborative Research Laboratory, el Center for Advanced Study in the Behavioral Sciences, el Stanford Technology Ventures Program, el Stanford's Center for Work, Technology and Organization, el IBM Services Sciences, Management and Engineering Faculty Award, el John & Daryl Lillie Fund en la Facultad de Ingeniería de Stanford, y la MacArthur Foundation Research Network on Teaching and Learning. Jeffrey Pfeffer ha sido apoyado generosamente por la Stanford Business School y sus múltiples donantes. Apreciamos este apoyo a nuestro trabajo. Nunca dimos por sentada la colaboración de los maravillosos colegas e infraestructuras de Stanford, que ha hecho posible nuestro trabajo.

Estamos en deuda con Donald Lamm, que es oficialmente nuestro agente literario, pero que es mucho más que eso. Don trabajó en el mundo empresarial durante más de cuarenta años, y al final ascendió al puesto de consejero delegado de W. W. Norton antes de «retirarse» para trabajar y convertirse en agente literario. Don ha estado implicado en este proyecto desde antes de que empezáramos a escribir la primera palabra, ofreciéndonos consejos, ayudándonos con el título, la edición, luchando con y para nosotros y presionándonos, con cuidado, durante el trayecto. Es una de las personas más atentas y más inteligentes que conocemos. Y cuando alguien nos comenta «Llevo veinte años en el negocio de la edición y puedo deciros...», Don siempre da la misma respuesta: «Yo llevo casi cincuenta años en el negocio de la edición, y lo úni-

Agradecimientos

co que puedo deciros es que nadie puede predecir qué ocurrirá.» También queremos dar las gracias a Christy Fletcher de Fletcher-Parry, que colaboró con Don en momentos fundamentales del proceso. Su brillantez y tenacidad son algo que contemplar. Robert Sutton también desea agradecer a Les Tuerk y Tom Neilssen del BrightSight Group el apoyo durante el largo proceso de elaborar este libro, por encargarle tantos discursos durante los años y por se tan divertido trabajar con ellos.

Estamos encantados con nuestras experiencias con Harvard Business School Press. Especialmente, damos las gracias a Melinda Merino, que es imaginativa, entusiasta e implacable: cualidades que han provocado que este libro mejorara en cada fase. También agradecemos a la directora de marketing, Zeenat Potia, su magnífico trabajo (sobre todo por ser tan abierta con los diseños iniciales de la cubierta realizados por la sorprendente Elizabeth Gerber), a Marcy Barnes-Henrie que haya producido el manuscrito tan rápido y tan bien; a Monica Jainschigg, por preocuparse por el lenguaje y la fluidez del libro, y a Erin Brown, por su colaboración excepcional con la publicidad del libro. Además, queremos expresar nuestro reconocimiento a las diferentes secciones de Harvard Business School Publishing —que incluyen a Harvard Business School Press, Harvard Business Review, HBSP Conferences, HBSP Newsletters y HBSP eLearning— por su cooperación excepcional en este libro. En un mundo donde reina la competencia interna disfuncional en tantas empresas, la colaboración que hemos presenciado entre estos grupos —y de la que nos hemos beneficiado— ha sido de lo más impresionante.

Finalmente, queremos dar las gracias a nuestros allegados por apoyarnos en todo momento. Robert Sutton da las gracias a su madre Annette Sutton y a su difunto padre Lewis Sutton, por todo su amor y apoyo durante todos estos años, y a sus adorables, queridos y ruidosos hijos, Eve, Clair y Tyler. Dedicamos este libro a las inteligentes, pacientes y preciosas Kathleen Fowler y Marina Park Sutton, los amores de nuestras vidas.

419

Índice temático

421